CIP-Titelaufnahme der Deutschen Bibliothek

Freestyle Skateboard Book
Young & Old Generation
Mokulys
Leer: Sir-Marshall-Verlag, 2022
Neu 2022
ISBN: 978-3-9822280-2-0
NE: Mokulys, Guenter (Verf.)

Neu: 2022
http://www.guentermokulys.de
Titelfoto: Amien Patrick Daouiji
Skater: Guenter Mokulys
Umschlaggestaltung: Guenter Mokulys
ISBN: 978-3-9822280-2-0

- Mokulys -

Freestyle - Skateboard

Young & Old Generation

Book

Teil 1

Sir-Marshall-Verlag

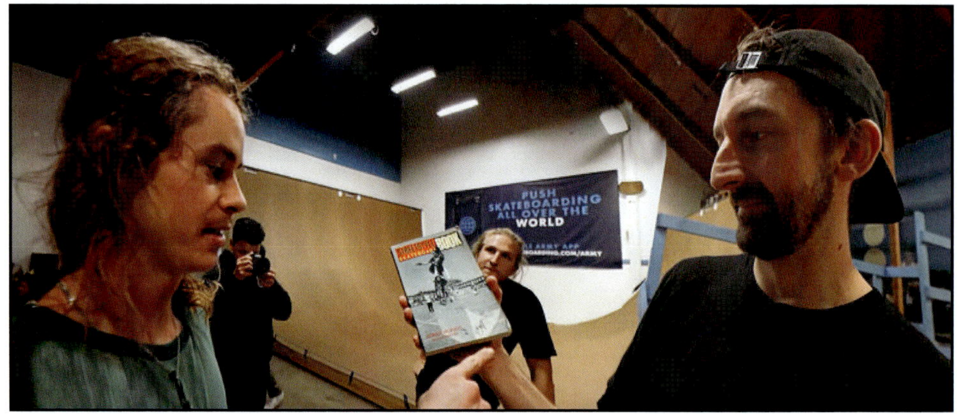

Andy Anderson hat Tricks aus dem "Streetstyle Book" aus 1989 gelernt.

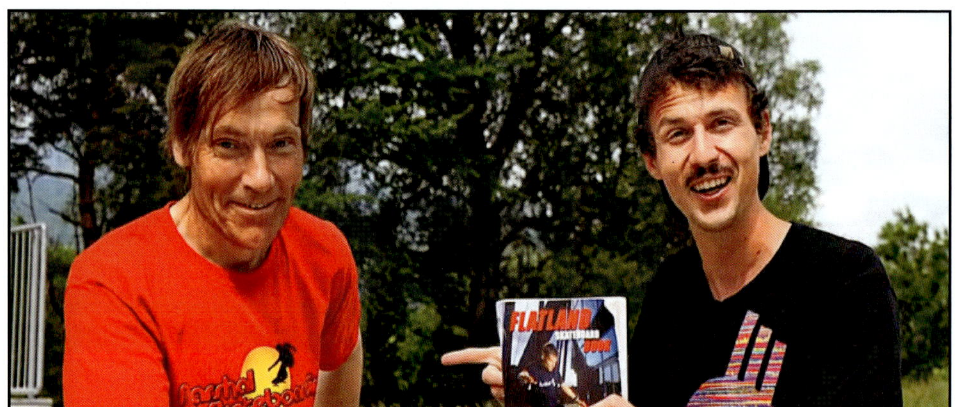

Jonny Giger hat Tricks aus dem "Flatland Book" aus 2004 gelernt.

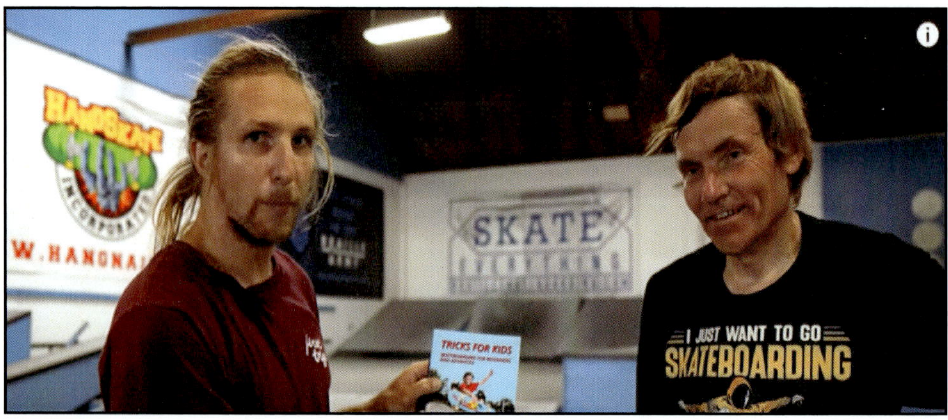

Ricky Glaser von Braille Skateboarding versucht sich zusammen mit Guenter an Tricks aus dem Buch "Tricks für Kids" aus 2021.

Inhalt

Freestyle - Skateboarding

Hey, schön, dass du dieses Buch gekauft hast!
Das bedeutet, dass du dich für Freestyle Skateboarding interessierst.

Freestyle Skateboarding, auch Flatland Skateboarding genannt, befasst sich mit Skateboarding auf ebenem Boden . Auf diesem Flat gibt es keinerlei Hindernisse, wie Curbs, Rampen oder andere Obstacles, die man sonst so auf dem Skateplatz schätzt. Nur die Gravitation, dein Board und deine Fähigkeit an unendlichen Trickmöglichkeiten zu verbessern, werden deine zu überwindenden Hindernisse sein.

Die Disziplin ist in den 70er Jahren entstanden, war sehr populär in den 80er Jahren und war dann fast ausgestorben in den 90er Jahren. Ungefähr ab 2000 erfuhr Freestyle eine Widerbelebung und wird mit vielen neuen Skateboardern , Fans und weltweiten Contests von Jahr zu Jahr populärer. Nicht nur die Anzahl der Freestyle Skateboarder steigt stetig, sondern auch deren Altersspanne ist heutzutage stark ausgedehnt: Von 8-jährigen, bis hin zu 70-jährigen Skatern, die regelmäßig diesen Sport betreiben, ist beinahe jeder Jahrgang vertreten. Somit war auch der Titel für diese Buch ganz klar: **Freestyle Skateboarding, Young and Old Generation**.

Ob du diesen Sport nur als Hobby gelegentlich, regelmäßig oder gar als Leistungs-Sport mit dem Ziel der Teilnahme an Wettbewerben betreibst, in diesem Buch ist für jeden etwas dabei. Auch für Streetskater, die gerne Street und Freestyle miteinander verbinden möchten, um diese Skills dann an Hindernissen zu beeindruckenden hybriden Trickabfolgen zu kombinieren und weiter zu entwickeln.

Freestyle Skateboarding verlangt dir viel ab. Es erfordert sehr viel Training und Geschicklichkeit, aber am wichtigsten sind Geduld und Ausdauer.
Es hat wenig Sinn, sofort schwere Tricks zu versuchen, die nie klappen können ohne ein gewisses Fahrvermögen und Erfahrung. Fängst du direkt mit schweren Tricks an, verlierst du schnell aus Frust die Lust. Wenn du systematisch aufbauend vorgehst, mit leichten Tricks anfängst, werden dir schwere Tricks irgendwann leicht fallen. Nach diesem Prinzip gehen wir auch in diesem Buch vor.Verzweifle nicht an einem Trick, sieh ihn dir ruhig an und versuche ihn zu verstehen. Übe schrittweise und denke immer daran, dass nur Ruhe und Geduld zum Erfolg führen, nicht Hast und Aufregung. Denke über jeden Trick nach, denn nicht nur dein Körper, sondern auch dein Kopf muss ihn verstehen lernen. Alle guten Skater haben so angefangen, auch Rodney Mullen.

Freestyle-Wettbewerbe werden rund um den Globus ausgerichtet und laufen wie folgt ab: Die Teilnehmer treten mit einer selbst gestalteten Kür, zu einem selbst gewählten Musiktitel gegeneinander an. In der Regel dauert dieser Run 1,5 - 2 Minuten, ganz ähnlich wie beim Eiskunstlaufen. Meist gibt es 2 Läufe (Runs) für jeden Contestant, nur der Bessere wird gewertet. Bewertet werden mittels eines Punktesystems: Trick-Vielfalt, Trick-Schwierigkeit, Raumausnutzung, Flow/Style, Einklang zur Musik und natürlich werden Fehler mit Abzügen bestraft. Eine 2 Minuten Kür kann sehr anstrengend sein und wird deine Kondition auf die Probe stellen. Vor einer großen Menschenmenge kommt dann noch die Nervosität und Anspannung dazu, gegen die du bewältigen must. Aber glaube mir, es macht einen Riesenspass, wenn du die Menge rockst, sich alle deine Mühen auszahle und die Fans mit dir jubeln und feiern, so ein Erlebnis wirst du nie wieder vergessen!

Following

Wir befassen uns in diesem Buch mit dem Freestyle Skateboard und allem, was nötig ist, damit du die Tricks aus diesem Buch meistern kannst.
Grundstellungen, Stretching, Wheelies, Pirouetten. Dann die verschiedenen Trickgruppen, angefangen mit leichten und elementaren Tricks, die man in kurzer Zeit lernen kann. Dann viele Tricks aus dem Stand, aus der Fahrt und einige Handstand-Tricks. Danach noch einige Trick-Kombinationen, die das Ganze abrunden.

In diesem Buch sind viele verschiedene Skateboarder mit den unterschiedlichsten Tricks. Genügend Material zum Üben, Lernen und viele Möglichkeiten, damit du am Ende sogar deine eigene mehrminütige Kür zusammenstellen kannst.

Alle Tricks aus diesem Buch funktionieren, alle Sequenzen sind echtes Fotomaterial. Fotos dürfen nur mit Genehmigung vom Sir-Marshall-Verlag kopiert und verwendet werden.

Skateboards sind Sportgeräte und mit solchen kann man sich daher auch Verletzungen zuziehen. Wir übernehmen keine Haftung für Verletzungen beim Lernen der Tricks aus dem Buch. Die Einhaltung einer in der Schwierigkeitsstufe aufbauenden Herangehensweise und das Tragen von Schutzausrüstung und Helm zumindest am Anfang, können das Risiko minimieren.

Mein Name ist Guenter Mokulys, ich fahre seit fast 40 Jahren Skateboard. Ich habe weltweit an mehr als 100 Wettbewerben teilgenommen und bin dabei unter anderem 11 mal Weltmeister geworden.
Durch diesen Sport haben ich über die Jahre fast alle bekannten Skateboarder rund um den Globus kennengelernt und viele Tipps, Tricks und Erfahrungen gesammelt.
Dies ist das 10te Buch aus meiner Skateboard Trick Buch Serie. Skateboarder wie Andy Anderson, Kilian Martin, Jonny Giger, Mike Ostermann und viele andere haben aus diesen Büchern gelernt und Ideen für eigene Tricks entwickelt und diese verwirklicht und gehören heute zu den bekanntesten und besten Skateboardern auf dem Planeten.
Ich wünsche Euch viel Spaß und Erfolg mit diesem Buch!

Guenter Mokulys

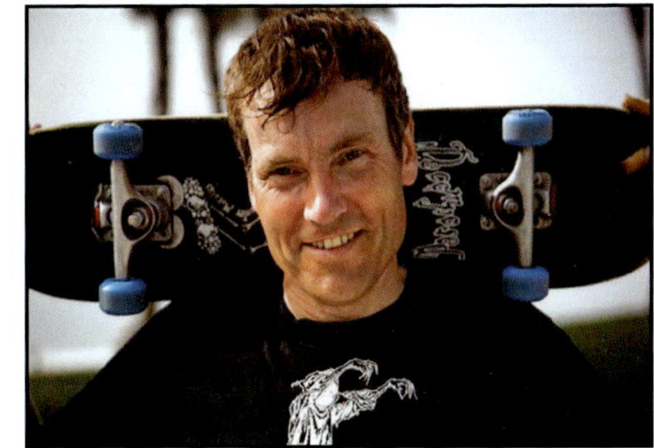

Freestyle - Skateboards

Freestyle-Skateboards haben ein paar Besonderheiten gegenüber regulären Skateboards: Die Breite der Decks liegt zwischen 7.0" bis 7.5" bei einer länge von 27" bis 30". Breitere Skateboards sind nicht empfehlenswert, da manche Tricks damit nicht funktionieren können. Generell gilt: Schmalere Bretter können sich schneller um die Längsachse drehen, z.B. bei Flip-Tricks. Andererseits sind diese durch die kleinere Stand- und Kontaktfläche schwerer zu kontrollieren.
Mittlerweile haben die meisten Freestyle Decks eine leicht gebogene Nose und Concave, wie bei einem normalen Skateboard. Es gibt aber auch ursprünglichere Freestyle Decks, mit sogenannter Flat Nose und ohne Concave. Welches das Passende für dich ist, musst du ausprobieren und letztendlich danach entscheiden, was sich am besten für dich anfühlt.

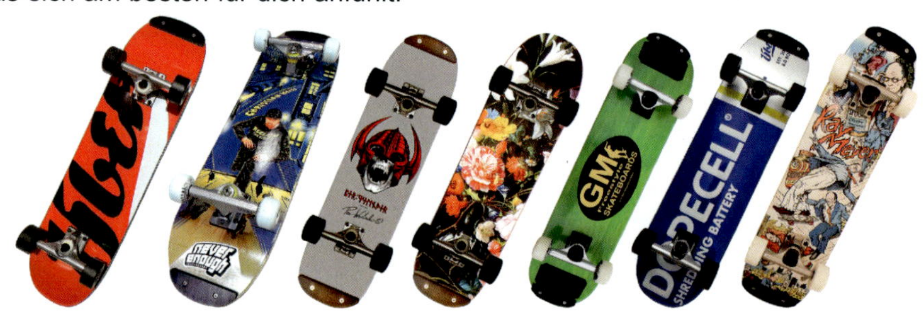

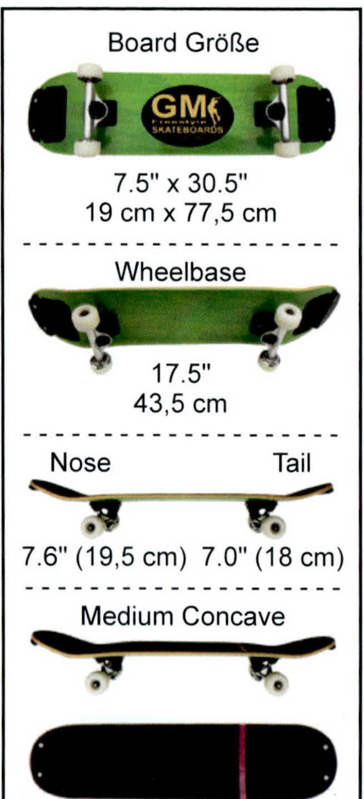

Mein Board-Setup ist eher ungewöhnlich, ich fahre ein Streetboard-Shape, das aber sehr wirkungsvoll für viele verschiedene Freestyle Tricks ist. Vorteile:

1) Perfekte Board-Form für die meisten verschiedene Freestyle-Tricks.

2) Ideale Wheelbase für schnelle Bewegungen.

3) Lange Nose für perfekten Wheelies und Pirouetten.

4) Kurzes Tail für den richtigen Halt bei Casper- Tricks, No-Hand 50/50's, Railtricks und Shove-it's. Kräftiger Pop für Ollie-Tricks, auch mit Tailsaver.

5) Medium Concave für sicheren Halt und Kontolle.

6) Tailsaver an Nose und Tail.

7) Griptape unter dem Board an Nose und Tail für einen sicheren Halt bei Casper-Tricks.

8) Der rote Streifen im Griptape für eine schnelle Orientierung, damit du immer weißt, wo Nose und Tail sind.

9) Mit den richtigen Achsen und den richtigen Rollen, das ideale Profi-Board für Freestyle, Street und jedes Alter.

10) Auf eine aufwändige Grafik habe ich verzichtet, hier geht es nur um Shape und Funktionalität, um möglichst viele verschiedene Tricks aller Kategorien perfekt meistern zu können. Alle Boards, weitere Infos und Vieles mehr findet ihr auch in meinem Onlineshop: www.marshall-skateboarding.**de Schaut doch mal rein!**

Freestyle - Decks

Decks wurden auch schon aus Aluminium, Plastik, Fiberglas und anderen Materialien hergestellt, heute werden nahezu alle Decks ausnahmslos aus Holz gefertigt. Qualitätsdecks bestehen aus sieben verleimten Schichten kanadischen Bergahorns (7-Ply). Dieses Material ist ideal, da es aufgrund der im Norden langsam wachsenden Hölzer eine sehr hohe Eigenhärte hat und dennoch relativ leicht und flexibel ist. Ein 7-fach verleimtes Deck sollte grundsätzlich 5 Lagen mit der Maserung in Längsrichtung und 2 Lagen (die 3. und 5.) mit der Maserung in Querrichtung haben. Die 5 Schichten mit der Längsmaserung geben dem Brett die Stabilität gegen Querbrüche. Die quer verleimten Hölzer sollen das Brett gegen Längsrisse schützen. Da die Gefahr eines Längsbruchs aufgrund der normalen Fußstellung beim Skaten nicht so groß ist, reichen 2 Schichten aus.

Wie lange hält so ein Brett? Von allen namhaften Skateboard-Firmen sind die Decks qualitativ hochwertig. Entscheidend ist dein Skate-Verhalten und wie geschickt du auf dem Brett rumspringst und landest. Es gibt Skater, die wenig Gefühl für die Belastbarkeit ihres Decks haben, die brechen jedes Brett irgendwann durch. Dann wiederum gibt es Skater, die verkehrt landen und das Brett dadurch zerbrechen. Das kann jedem Skater passieren, auch den Besten. Ein Skateboard-Deck nutzt sich mit der Zeit ab und das Holz wird durch die ständige Belastung weicher und spröder, das ist normal. Top-Skater wechseln fast jede Woche ihre Decks, das kann man aber auch nur, wenn man einen großzügigen Sponsor hat. In der Regel hält ein Deck einige Monate, abhängig von der Trainingsintensität. Genau festlegen kann man das nicht, die Lebensdauer deines Decks ist sehr von deinem Skate-Verhalten abhängig.

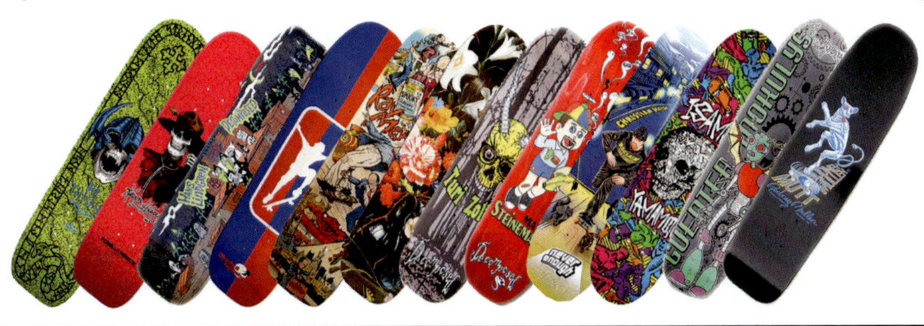

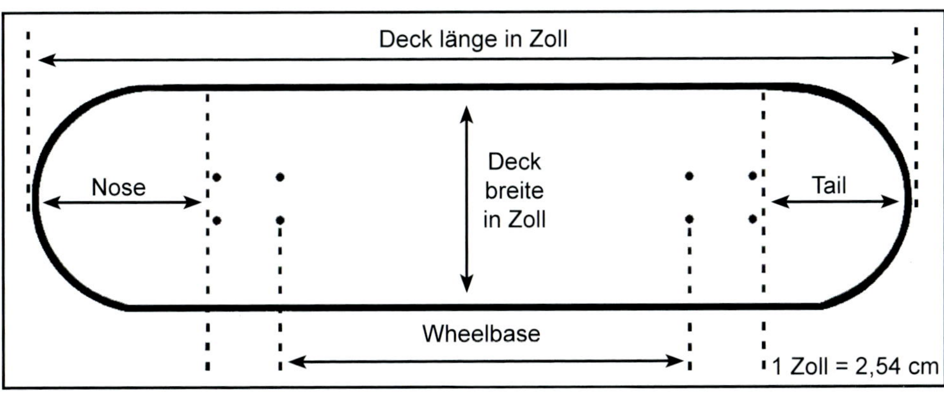

Freestyle - Achsen (Trucks)

Marken-Achsen werden aus hochwertigem Aluminium hergestellt, das danach zum Teil poliert oder lackiert wird. Sie werden gegossen unter Verwendung eines Sand-, Spritz- oder Permanentgußverfahrens.

Trucks bestehen aus dem Hanger (dem Achsgehäuse) und der Baseplate (Grundplatte). Der Hanger steckt in der Baseplate. Die Stabilität und Wendigkeit der Achse hängt davon ab, wie der "Kingpin", dem Befestigungsbolzen, in der Baseplate sitzt und in welchem Winkel der Hanger auf die Baseplate trifft. Dieses Dreiecksverhältnis und der damit verbundene Wendekreis wird als "Achsengeometrie" bezeichnet. Durch Anziehen oder Lockern der Mutter auf dem Kingpin ist die Achse weniger oder mehr beweglich. Einen ähnlichen Effekt haben die Härtegrade der Lenkgummis: weich = hohe Beweglichkeit; hart = unbeweglicher, aber auch mehr Stabilität.

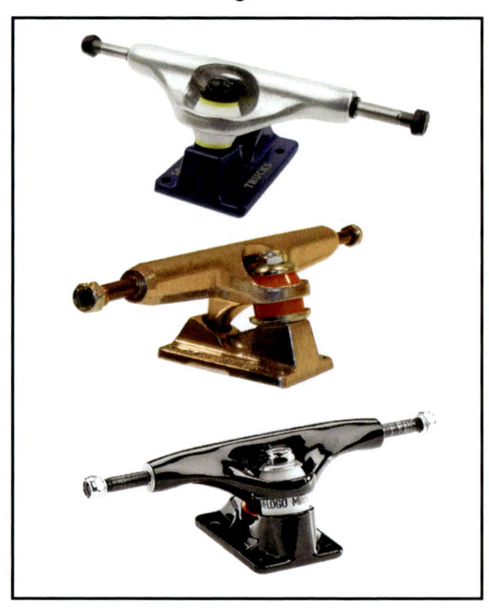

Aufbau der Achse:

Die Breite der Achse entscheidet sich durch die Breite des Decks. Am besten: Achse + Rolle = Boardbreite.

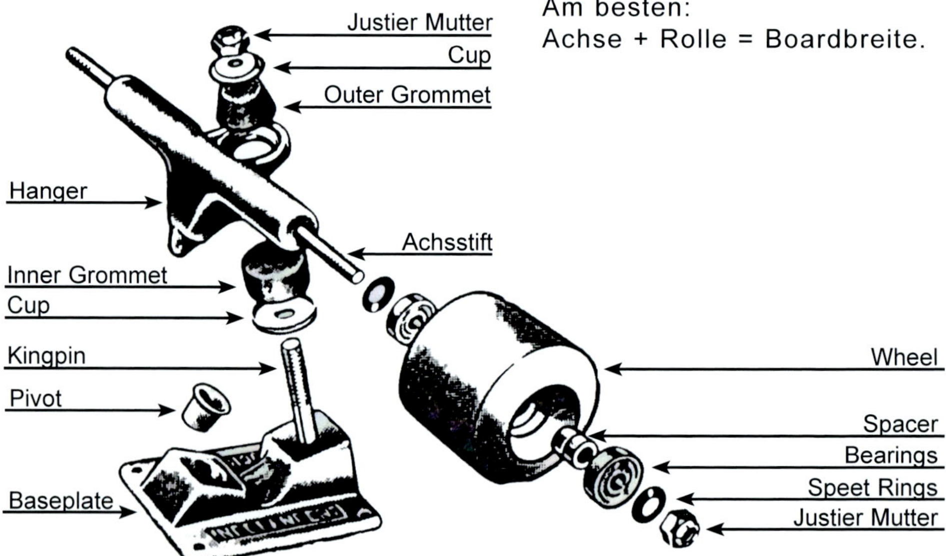

Freestyle - Wheels / Bearings

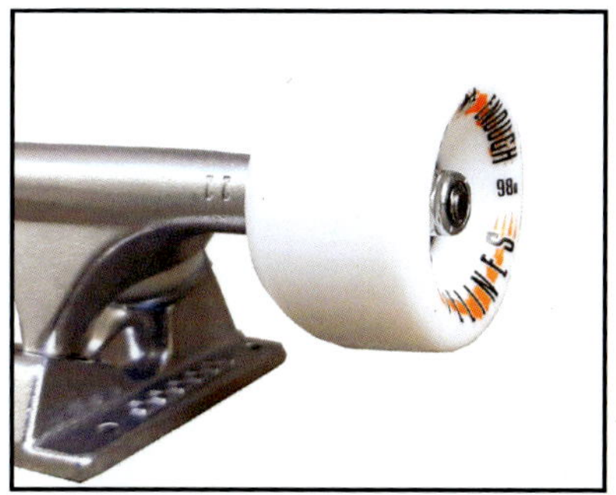

Freestyle Wheels: Unterscheiden sich erstmal nicht von normalen Skateboard Wheels. Durchmesser, Lauffläche und der Härtegrad, alles dasselbe. Der wesentliche Unterschied, es sind Offset-Wheels, Wheels wo die Radmutter sich in der Rolle befindet. Das ist wichtig, sonst kannst du nicht perfekt auf dem Rail stehen und somit nur ganz unsicher Railtricks machen.

Durchmesser:
Eine große Rolle erreicht höhere Geschwindigkeiten, diese hält länger und läuft leichter über Unebenheiten. Eine Rolle mit kleinem Durchmesser beschleunigt schneller, ist wendiger und natürlich leichter.

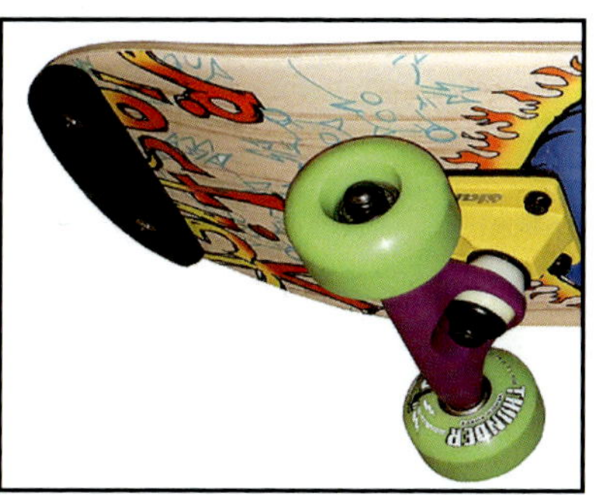

Lauffläche:
Rollen mit schmaler Lauffläche sind schneller, breite Rollen haften besser.

Härtegrad:
Die Härte wird in A gemessen, in einem Bereich von 78 A bis 101 A, wobei die Härte mit der Höhe der Zahl ansteigt. Harte Rollen (Mehr als 95 A) sind auf glattem, hartem Boden grundsätzlich schneller als weiche Rollen (weniger als 85 A) gleicher Qualität und Größe. Auf rauem Boden, wie Pflaster und Asphalt, schluckt eine weiche Rolle die Unebenheiten besser und hat auch die bessere Haftung. Mit einem harten Wheel kannst Du dagegen besser sliden (kontrolliert rutschen mit quergestellten Rollen).

Skateboard - Bearings: Werden auch Kugellager genannt.
Abec 3, Abec 5 oder Abec 11 ? Abec ist eine US-Norm für Wälzlager und bedeutet: Annular Bearing Engineer's Committee. Genauigkeitsklasse für die Maß-, Form und Laufgenauigkeit.
Die Bezeichnung der Zahlen Abec 1-12 sagt aus, wie fein die Wälzkörper im Inneren des Wälzlagers gearbeitet sind. Wälzkörper sorgen für die Beweglichkeit und können Kugeln sein oder auch Rollen, die z.B. kegelförmig sind. Man spricht darum auch von Wälzlagern.
Wichtiger als jede Abec-Bezeichnung ist im Freestyle-Skating die Qualität und Stabilität des Lagers. Jede namhafte Skate-Firma bietet in der Regel gute Qualitätslager im Bereich Abec 3 – 7 an. Eine höhere Abec-Zahl ist nur interessant für das Speed- und Slalomskaten.

Tailsaver / Skidplates / Griptape

Tailsaver / Skidplates:

Tailsaver werden auch Skidplates genannt. Beim Freestyle-Skateboarding ein Muss, ansonsten wird dein Deck sehr schnell an Nose und Tail bei 50/50- und Pogo-Tricks abnutzen und splittern. Außerdem wird der Grip bei Casper Tricks verbessert. Das professionelle Anbringen der Tailsaver ist zwar aufwendig, aber dafür werden Nose und Tail deines wertvollen Decks nicht mehr direkt zerstört. Tailsaver bekommst Du nur im Online-Fachhandel, besuche uns dafür gerne auch auf **www.tailsaver.de.** Auf Wunsch montieren wir natürlich auch für dich.

Montage-Anleitung für Tailsaver:

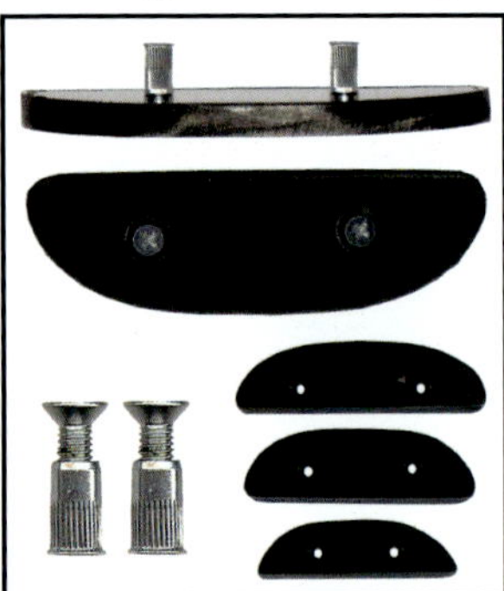

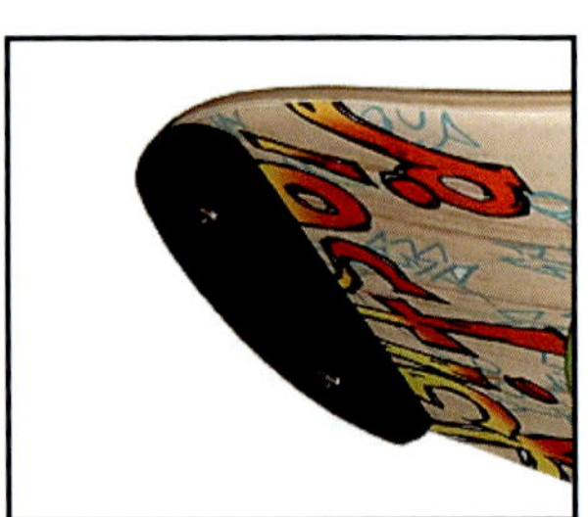

Für die Montage wird benötigt: 1 x Tailsaver, 2 x Linsenschrauben, 2 x Gewindehülsen, 1 × 4,5 mm Bohrer, 1 × 6,5 mm Bohrer, 1 x Schraubzwinge, 1 x Rohrzange, 1 x Kreuzschlitz Schraubenzieher oder Akkuschrauber.

Montage: Den Tailsaver mit der Schraubzwinge in der richtigen Position bündig am Tail, bzw. Nose fixieren. Mit dem 4,5 mm Bohrer durch die beiden Löcher im Tailsaver, durch das Holz bohren. Tailsaver wieder vom Board entfernen. Die 2 vorhandenen 4,5 mm Löcher jetzt mit den 6,5 mm Bohrer vergrößern. Die 2 Gewindehülsen von der Oberseite des Decks mit der Rohrzange in das Holz drücken. Die 2 Linsenschrauben werden dann in die Tailsaver gedreht und an das Deck montiert. Etwas Holzleim zwischen Tailsaver und Deck und auch an den Gewindehülsen perfektioniert die Montage, es geht aber auch ohne. Fertig!

Tailsaver können auch an jedes andere Skateboard montiert werden, um vor Abnutzung zu schützen. Allerdings gibt es auch Nachteile, z.B. bei Ollies und beim Grinden.

Griptape unter Tail und Nose:

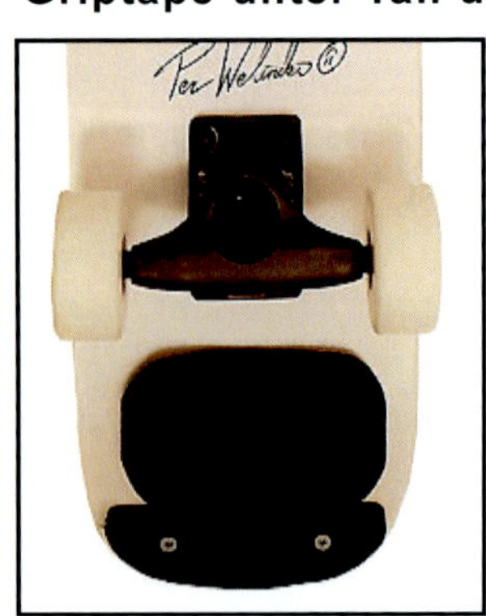

Wenn Du Nohand Casper Tricks machen möchtest, ist es sinnvoll, wenn Griptape unter Tail und Nose geklebt wird, dadurch hast du einen besseren Halt auf dem Board.

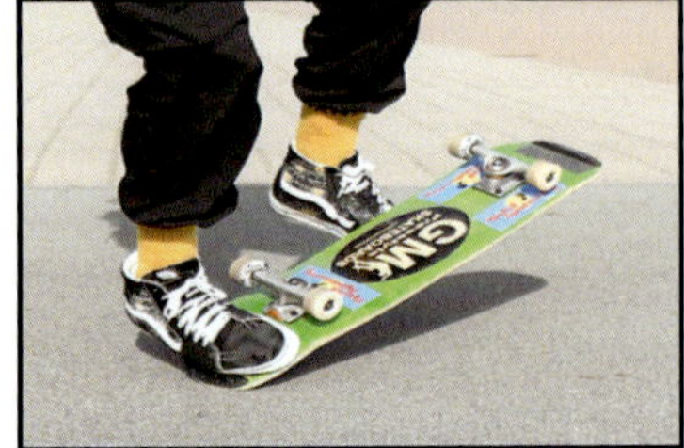

Bei 50/50 Tricks kann etwas Griptape auf der Achse das allzuleichte Abrutschen des Fußes verhindern.

Schutzausrüstung / Zubehör / Musik

Schutzausrüstung:
Die meisten Freestyle-Skater tragen keine Schutzausrüstung, so wie auch unsere Skater in diesem Buch. Sie haben das richtige Fallen bereits erlernt und bewegen sich sehr sicher auf dem Brett. Lass dich davon aber nicht beeinflussen. Wenn Du der Meinung bist, daß Du Dich mit Schutzausrüstung besser und sicherer besonders am Anfang fühlst, dann ziehe die Schutzausrüstung unbedingt an. Besonders Anfänger sollten komplette Schutzausrüstung tragen. So manche Verletzung wurde dadurch schon verhindert und der Lernerfolg beschleunigt, durch den Zuwachs an Mut und Zutrauen und mangels Verletzungspausen. Für Anfänger empfehle ich daher zumindest am Anfang Helm, Ellenbogen- und Knieschoner.

Leukoplast (Pflaster):
Durch das Griptape am Deck reibt sich bei Fingerflips und 50/50-Tricks die Haut an den Fingerspitzen stark ab. Das kann sehr unangenehm sein und sofern du keinen Wert auf Entfernung deiner Fingerabdrücke legst, kannst du deine Fingerkuppen samt Daumen zum Schutz mit Leukoplast umkleben.

Schuhe:
Welche Schuhe sind die Richtigen zum Skaten? Mittlerweile gibt es eine Vielzahl von Skateboard Schuhen, die nahezu alle gut sind. Früher hat man halbhohe Schuhe bevorzugt, weil diese vor dem Umknicken der Füße schützen. Ist auch heute noch sinnvoll, doch die meisten Skater ziehen flache Schuhe an, um beweglicher zu sein. Natürlich müssen diese gut passen und richtig geschnürt sein. Die Schwachstelle an jedem Schuh sind die zunächst die Sohlen. Sie werden vom Griptape abgerieben, während die Außenseite des Schuhs durch Ollies beschädigt und die Schnürsenkel durch Casper-Tricks durchgescheuert werden. Je intensiver du trainierst, um so schneller nutzen die Schuhe sich ab, so ist das nun mal. Es gab Zeiten, da habe ich ein Paar Schuhe in zwei, drei Tagen platt gemacht. Auf Dauer und ohne Sponsor kann das teuer werden. Das Einzige, was man schützen kann sind die Schnürsenkel.

Etwas Gewebeband (Gaffa-Tape) über den Schnürsenkel kleben. Du hast dann auch einen besseren Halt bei Casper-Tricks. Die Preise der Schuhe sind sehr unterschiedlich. Von 30 € bis ca. 200 € ist alles möglich. Dabei sind die billigeren Schuhe oft genauso gut wie die Teureren. Auf alle Fälle empfehle ich Skateboard-Schuhe, keine anderen Sportschuhe, weil diese nun mal von Skatern speziell zum Skaten entwickelt wurden und den hohen und speziellen Anforderungen gerecht werden.

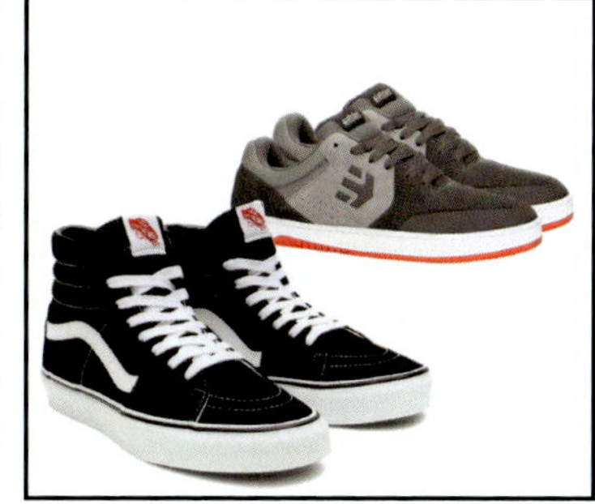

Musik:
Musik ist sehr wichtig beim Freestyle-Skaten, besonders wenn du alleine trainierst und die Basis bei der Entwicklung eine Kür für Wettbewerbe oder einer Performance für eine Bühnenshow: Mit der richtigen Musik geht alles besser!

Stretching

Das richtige Aufwärmen und Stretching der Muskeln, Gelenke und Sehnen sind wichtige Pflicht-Übungen vor jeder Trainingseinheit, in fast jedem Sport. Kinder und Jugendliche meiden sehr oft das Aufwärmen, und das Stretching sowieso. Dabei ist es sehr wichtig, auch als junger Mensch. Wärmst du dich nicht auf, sind Verletzungen vorprogrammiert. Aufgewärmt und gedehnt sind Muskeln, Gelenke und Sehnen geschmeidiger und beweglicher und werden besser mit Blut- und Sauerstoff versorgt und sind dadurch viel weniger anfällig für Stauchungen und Zerrungen bei Stürzen. Und umso gelenkiger du wirst, umso leichter lernst du neue Tricks. Eine halbe Stunde Stretching am Tag und das Aufwärmen vor jedem Training solltest du fest in deine Trainingsroutine mit einbeziehen. Es gibt unzählige Übungen, ich zeige dir hier welche, die mir speziell beim Skaten viel gebracht haben. Unter anderem habe ich nicht zuletzt dadurch Weltmeisterschaften auch noch in höherem Alter bestreiten und gewinnen können, die letzte mit 51 Jahren, das ist wohl Rekord. Jede Landung nach dem Sprung beim Skaten muss natürlich gut abgefedert werden, meist macht dein Körper das automatisch, doch durch Stretch-Training landest du geschmeidiger und schonst und pflegst langfristig Körper und Gesundheit.

In meinen besten Trainingszeiten schaffte ich es bis zu 500 Sprüngen in der Stunde und das belastet den Körper sehr. Immer weich landen, dann kann man so eine Belastung über Jahre körperlich aushalten. Ein Zeichen für die falsche Landung ist, wenn dein Brett schnell weich wird und es sehr oft bricht. Manchmal liegt es am Material, doch meistens liegt es an der falschen Landung auf dem Skateboard. Ich schaffe es auch, mit angebrochenen Skateboards zu Skaten, ohne das sie durchbrechen, das liegt nicht nur daran das ich weiß, wie ich lande, sondern vor allem durch das weiche Landen, wie eine Feder auf dem Brett. Und das kommt nur durch das Stretching. Viele Skater machen sich darüber lustig, wenn sie das Wort Stretching hören. Dabei könnten diese Leute um einiges besser Skaten, wenn sie es regelmäßig tun würden. Die Top-Skater Tony Hawk und Rodney Mullen hatten sogar zeitweise einen eigenen Trainer für das Stretching, und wie gut die skaten brauche ich ja wohl nicht zu erwähnen. Stretching macht den Körper lockerer, beweglicher, schützt vor Zerrungen und bei Stürzen wird das Verletzungsrisiko minimiert.

Betreibe auch andere Sportarten, die dir beim Skaten weiterhelfen können, z.B.:

Joggen: Regelmäßiges Joggen ist gut um Kondition zu bekommen und macht den Körper lockerer. Sehr zu empfehlen, wenn du an Wettbewerben teilnehmen möchtest.

Radfahren: Regelmäßiges Radfahren ist auch sehr gut für das Skaten. Durch das Radfahren werden deine Beine und Fußgelenke gut durchblutet und gestärkt.

Schwimmen: Öfters mal Schwimmen ist gut, um Kondition und Körperspannung zu fördern und den Körper zu entspannen.

Die Bilder, die ich euch als Übung zeige, sind, aus meiner Erfahrung her, gut für das Skateboard fahren.
Auch beim Stretching kannst du dich verletzen. Überdehne deinen Körper nicht. Genauso wie beim Skaten langsam anfangen, mit der Zeit wirst du lockerer und kannst dich weiter dehnen.

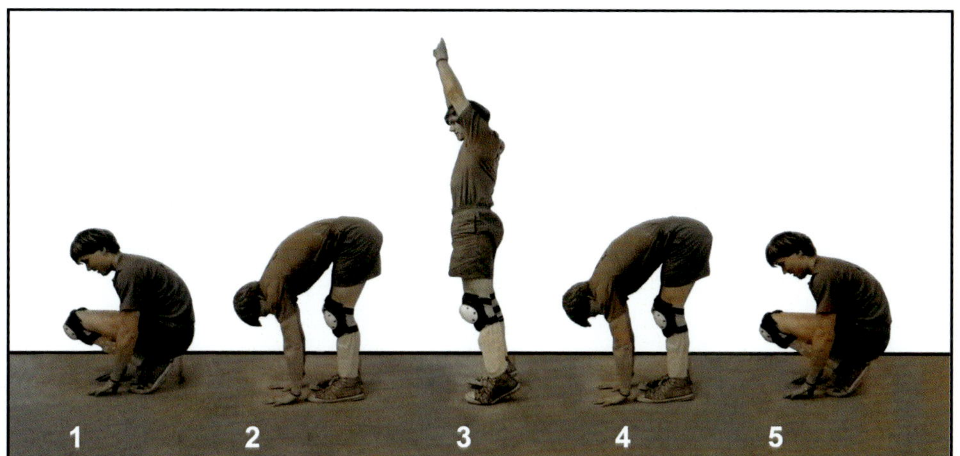

Knie, Beine und Oberkörper werden bei dieser Übung beansprucht.

1) In die Hocke, Beine zusammen, die Knie werden beansprucht.
2) Beine strecken, versuche die Hände auf dem Boden zu lassen, Kopf runter. In den Oberschenkeln ist ein leichtes ziehen.
3) Arme nach oben, auf Zehenspitzen, den Körper strecken.
4) Dann wieder runter, Beine strecken, Hände auf den Boden, Kopf runter.
5) Und in die Hocke.

Diese Übung wiederhole einige Mal und lass Dir Zeit dabei.

Vorsicht: Ungeübte können sich bei Nr. 2 und 4 Zerrungen holen. Am Anfang reicht es, wenn Du mit den Fingern den Boden berührst. Mit der Zeit wirst Du tiefer kommen.

Bei dieser Übung werden die Oberschenkel beansprucht und gedehnt.

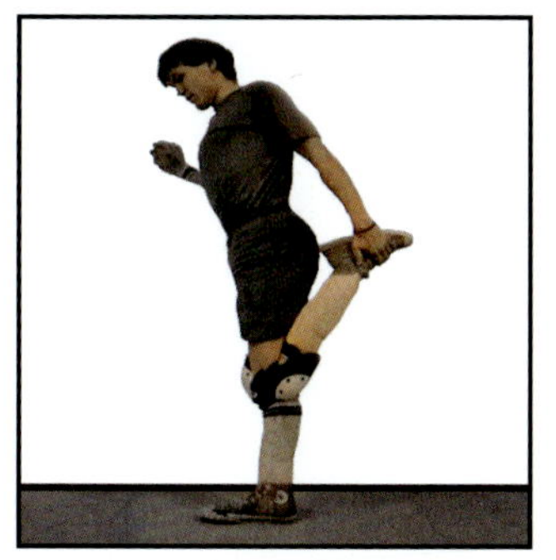

Halte Dich an einer Wand fest. Fasse Dein Fußgelenk und ziehe es so weit, bis Du Deinen Hintern berührst. Halte Deinen Körper aufrecht und bleibe so ca. 10 Sekunden. Wiederhole die Übung mit dem anderen Bein.

Vorsicht:
Ungeübte können sich hierbei Zerrungen holen. Mache diese Übung langsam und das Bein nur soweit anwinkeln wie Du kannst.

Stretching

Für diese Übungen solltest Du schon etwas sportlich sein.

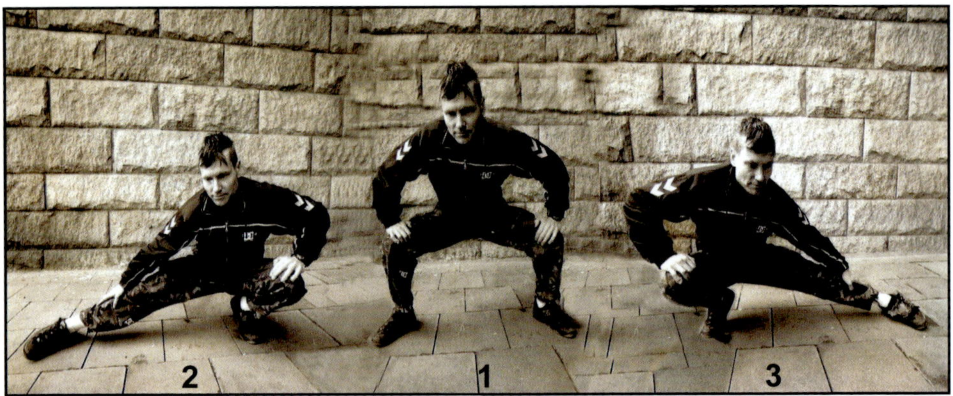

Dehnung der Innen- und Außenschenkel. (Fang bei Nr.1 an).

1) Gehe etwas in die Hocke, Beine auseinander und versuche den Hintern etwas nach unten zu drücken. Die Innenschenkel werden gedehnt.
2) Strecke das eine Bein und hocke Dich aufs Andere. Die Außenschenkel werden gedehnt. Bleibe so ca. 5 Sekunden.
   Zurück zu Nr.1.
3) Jetzt zur anderen Seite und den gleichen Ablauf.
   Wiederhole auch dieses einige Mal.

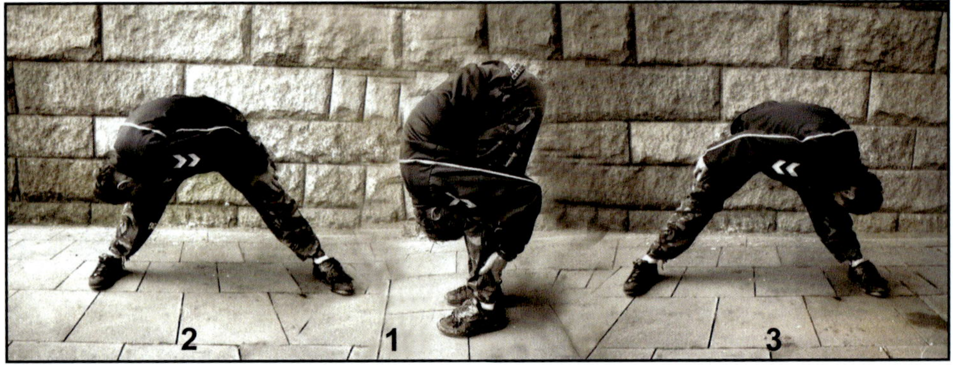

Dehnung der ganzen Beine Innen und Außen. (Fang bei Nr.1 an).

1) Beine zusammen und strecken. Versuche Deinen Kopf an die Knie zu bekommen. Bleibe so 5 Sek. Die Beine werden dadurch gedehnt.
2) Beine auseinander und strecken, Oberkörper erst zu einer Seite, Kopf Richtung Knie.
3) Dann zu der anderen Seite. Mehrmals wiederholen.

Vorsicht: Mache keine Übung mit Gewalt. Dadurch schädigst Du Deine Muskulatur. Bei regelmäßigem Training wirst Du gelenkiger und kannst Dich weiter dehnen. Mache jede Übung mit Vorsicht.

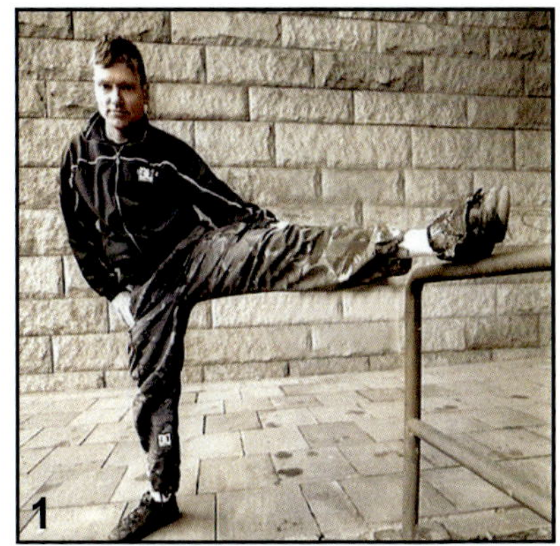

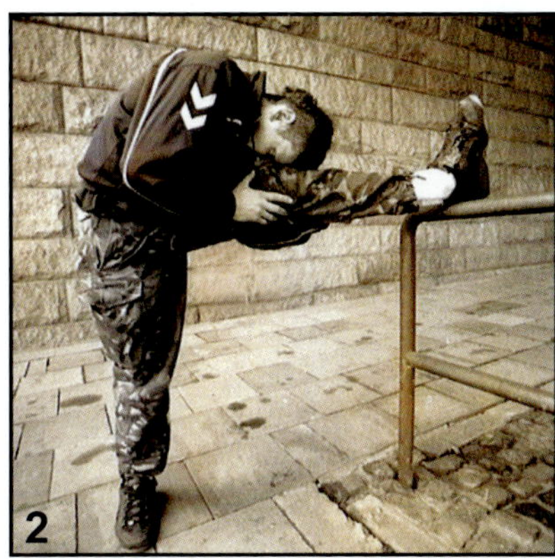

Dehnung und Anspannung der Innen- und Außenmuskulatur der Oberschenkel.

1) Strecke die Beine, ein Bein auf ein Gegenstand (z. B. Geländer). Stell Dich gerade hin, im 90° Winkel. Ein leichtes Ziehen im Bereich des Innenschenkels macht sich bemerkbar.

2) Lehne Deinen Oberkörper nach vorne, versuche Deinen Kopf auf das Knie zu legen. Der Innenschenkel wird gestreckt. Bleibe so etwa 5 Sek. Dann die Beine wechseln.

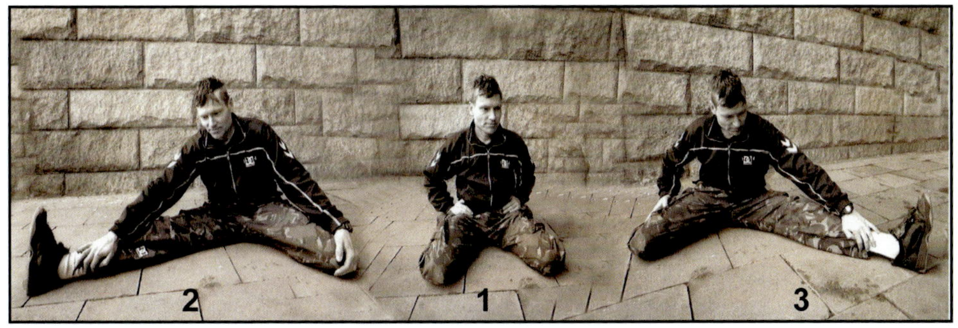

Dehnung der Innen- und Außenschenkel. (Fang bei Nr. 1 an).

1) Ihm sitzen die Beine anwinkeln. Versuche Deinen Hintern auf den Boden zu setzen. In den Oberschenkeln spürst Du ein ziehen.

2) Strecke ein Bein, das andere bleibt angewinkelt. Im 90° Winkel. Versuche Deinen Kopf in Richtung gestrecktes Bein zu bekommen. Beide Beine werden so gedehnt. Mit dem anderen Bein genau das Gleiche.

Grundstellungen

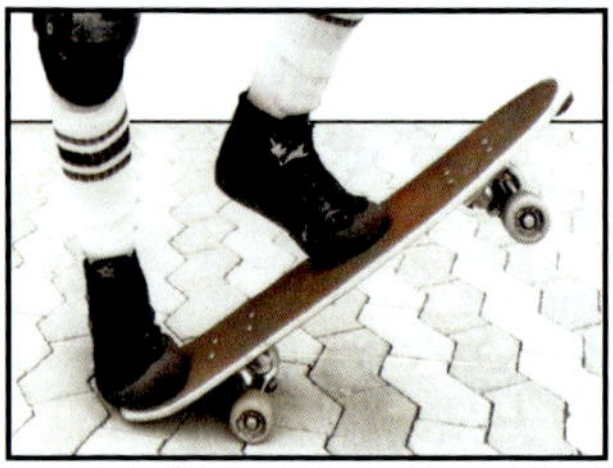

Tail / Nose

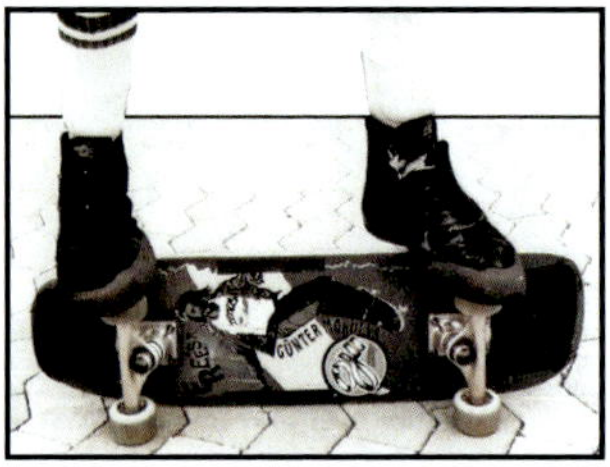

Rail

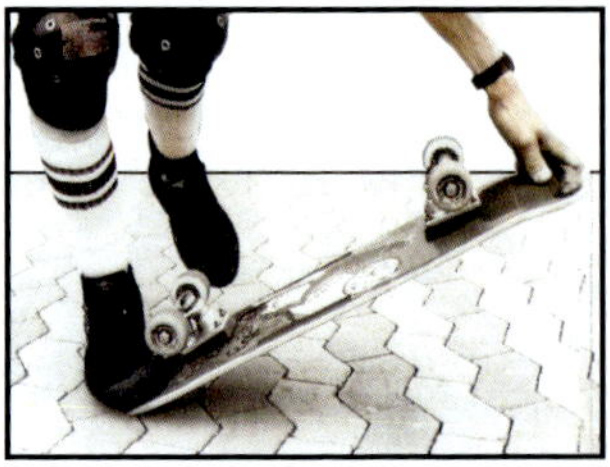

50/50 Casper

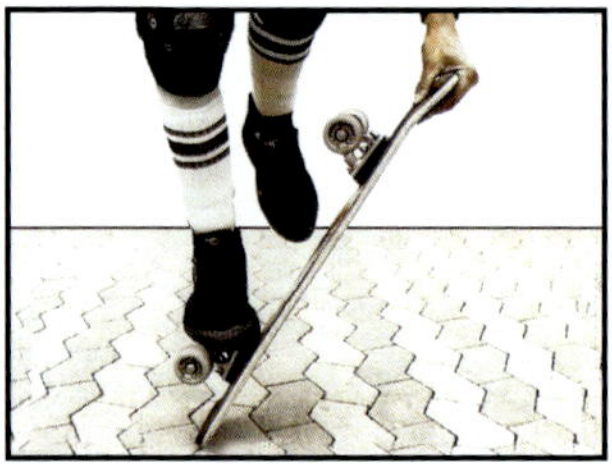

50/50

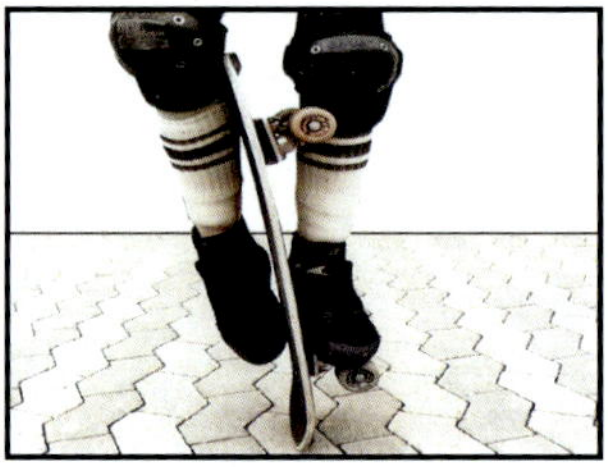

Pogo

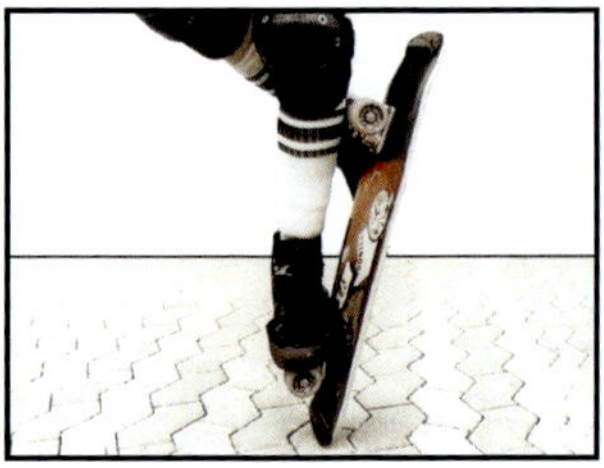

Crossfoot Pogo

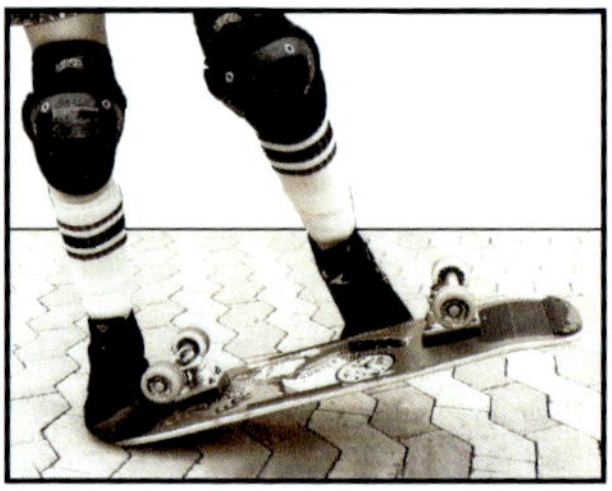

No-Hand Casper

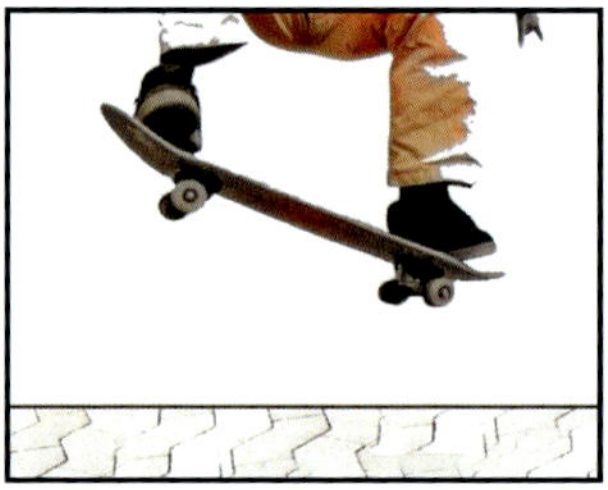

Ollie Pop

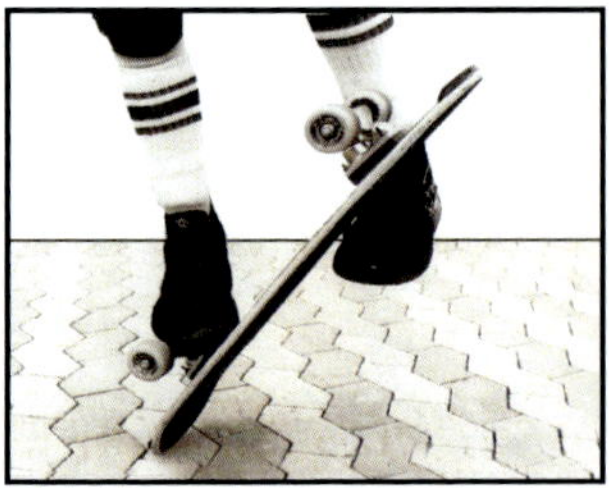

No-Hand 50/50

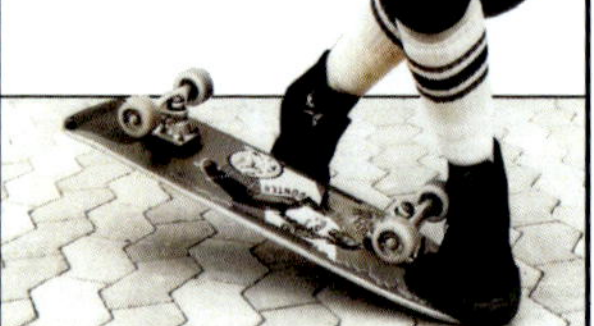

Crossfoot Casper

Die Grundstellungen im Freestyle Skateboarding: Die leichtesten Tricks sind **Tail, Rail, 50/50 Casper, 50/50** und **Pogo**. Für den **Crossfoot Pogo, Nohand Casper** und **Ollie** brauchst du schon etwas mehr Übung. **No-Hand 50/50** und **Nohand Crossfoot** sind die Schwersten.
Viel üben, Balance und Technik gehören dazu.

Bist du Regular oder Goofy Skater?
Wir haben viele Skater in diesem Buch, manche fahren Regular, manche Goofy. Du musst dann je nachdem wie herum du skatest, manche Tricks seitenverkehrt dir vorstellen.

Grundstellung - Rail - 50/50 Casper

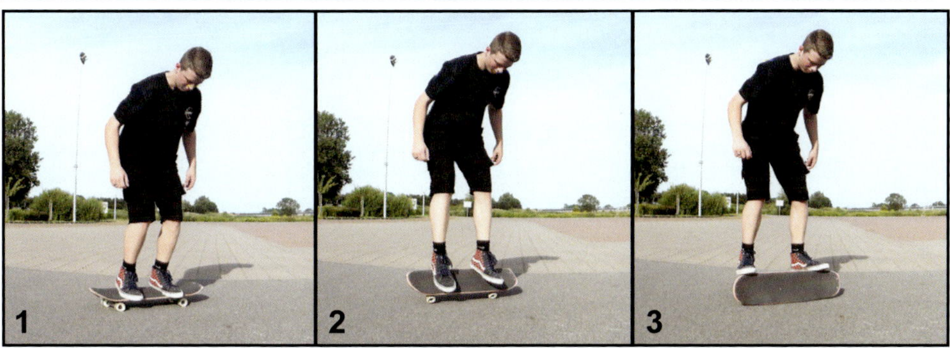

To Rail: Beide Füße über den Achsen, dann mit den Fußspitzen das Board nach vorne kippen, dabei leicht nach oben springen.

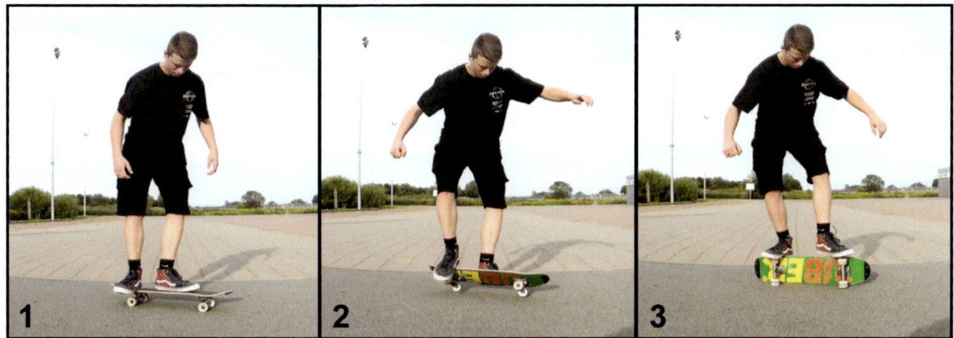

To Rail: Der hintere Fußballen steht genau über der Achse. Der vordere Fuß steht seitlich auf dem Board, mit diesen Kippst du das Board um und ziehst diesen Fuß auf die Achse.

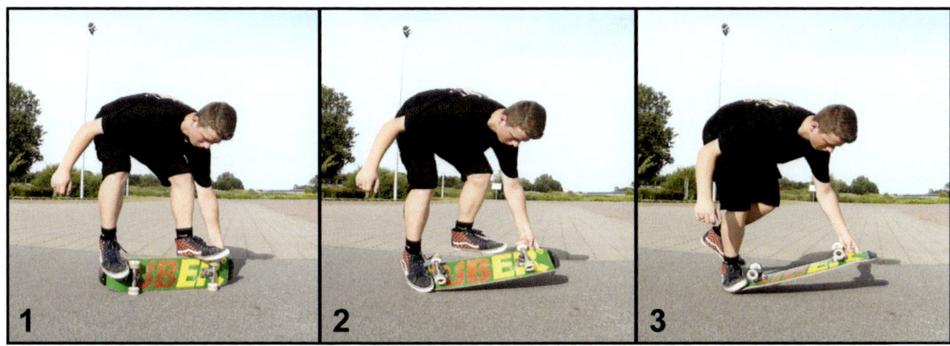

50/50 Casper: 1) Vom Rail, den hinteren Fußballen über das Tail. **2,3)** Mit der Hand kippst du das Board, dabei zieh es etwas hoch, dadurch rutscht der hintere Fuß auf das Tail. So kannst du jetzt verschiedene Tricks machen.

Grundstellung - 50/50

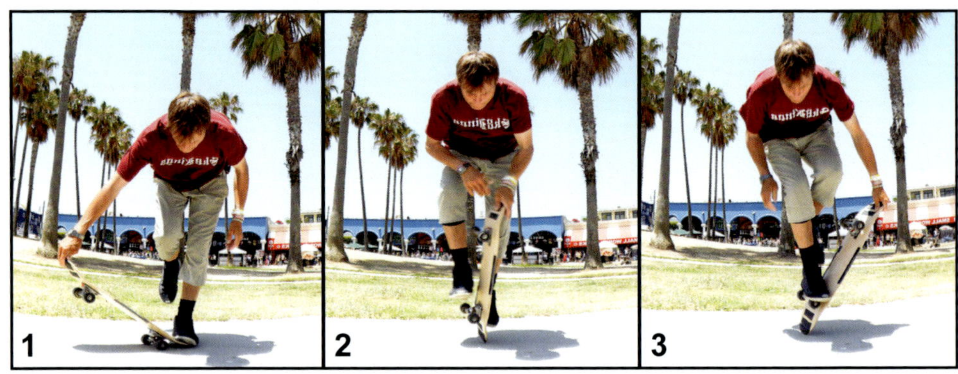

50/50: Die einfachste Möglichkeit, in den 50/50 zu kommen. Das Board mit der Hand hochziehen. Zugleich den Fuß auf die Achse setzen.
Nr. 4) Am besten mit beiden Händen das Board festhalten und Balancieren durch Hüpfen.

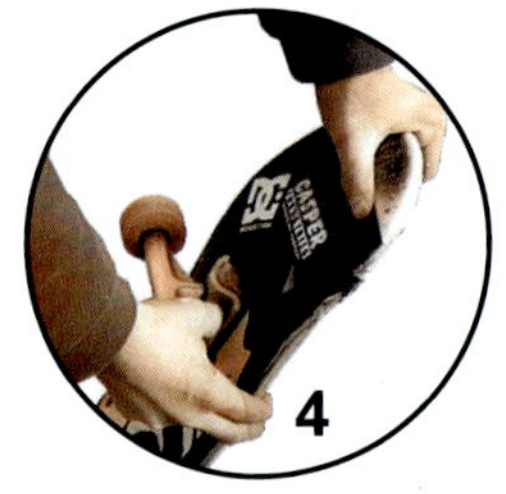

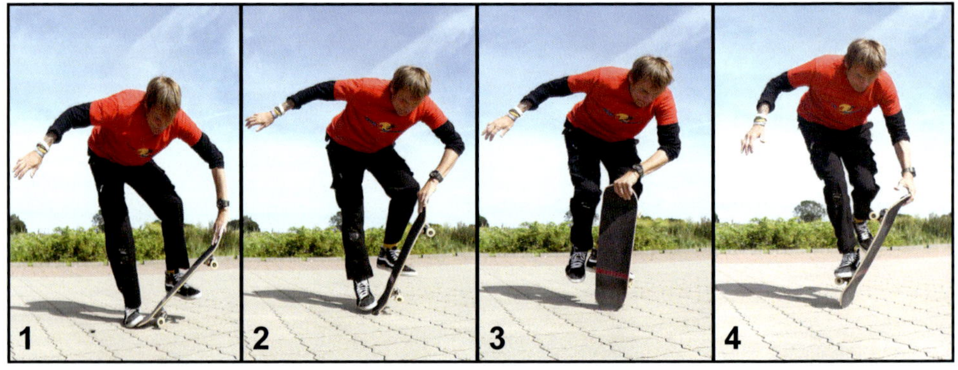

50/50: Für diese Bewegung brauchst Du mehr Gleichgewichtsübung. Entscheidend ist die richtige Anfangshaltung, besonders die richtige haltung der Hand.
Nr. 5). Zieh das Board hoch, dreh es mit der Hand und wechsel den Fuß. Jetzt stehst du perfekt im 50/50.

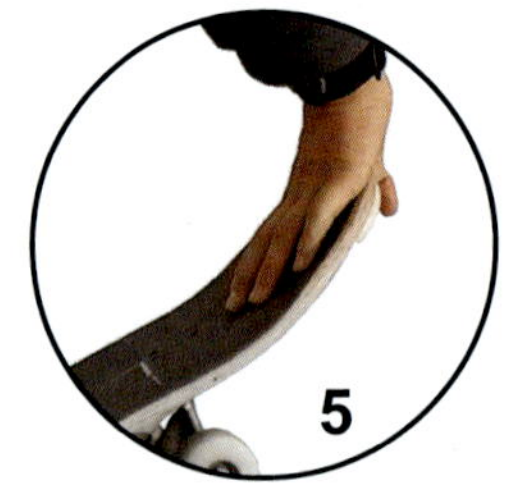

Grundstellung - 50/50 - Pogo - Crossfoot Pogo

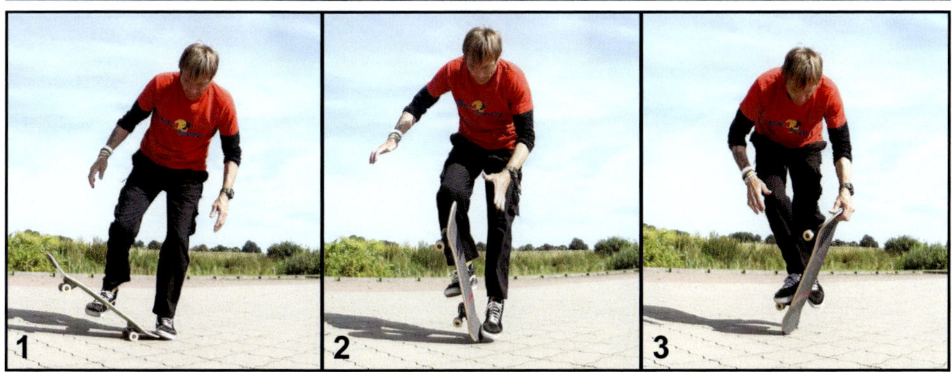

50/50: Bei dieser Übung benutzt Du nur die Füße, um in den 50/50 zu kommen. Fußoberseite unter die obere Achse. Ziehe mit diesem Fuß das Board zu Dir hin, sodass es sich aufrichtet. Dabei den anderen Fuß vom Boden nehmen. Mit der Hand das Board schnappen und im 50/50 weiter.

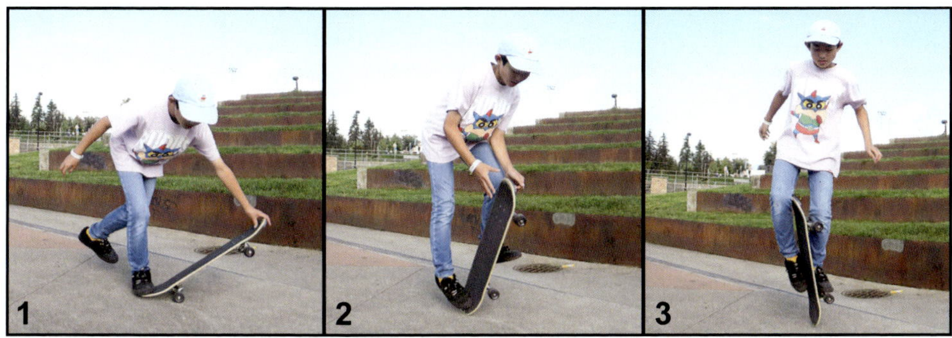

Pogo: Vom Tail in den 50/50. Den Fuß auf die Achse dabei drück das Bein an die obere Achse. Das Board zwischen die Beine, umklammern. Lass das Board los. So kannst du im Pogo hüpfen, balancieren.

Crossfoot Pogo: Vom 50/50 den Fuß wechseln. Das Bein von dem Fuß, welches auf der Achse steht, drückst du gegen die obere Achse. Das andere Bein kreuzen und die Fußoberseite gegen das Board drücken. So hast du einen halt, um im Pogo zu hüpfen.

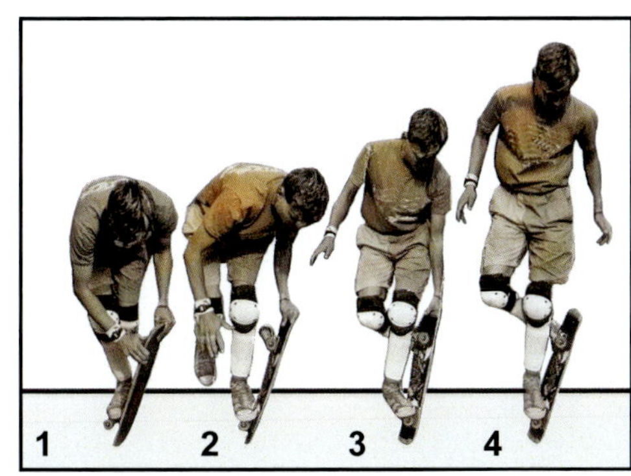

Grundstellung - No-Hand Casper - No-Hand 50/50

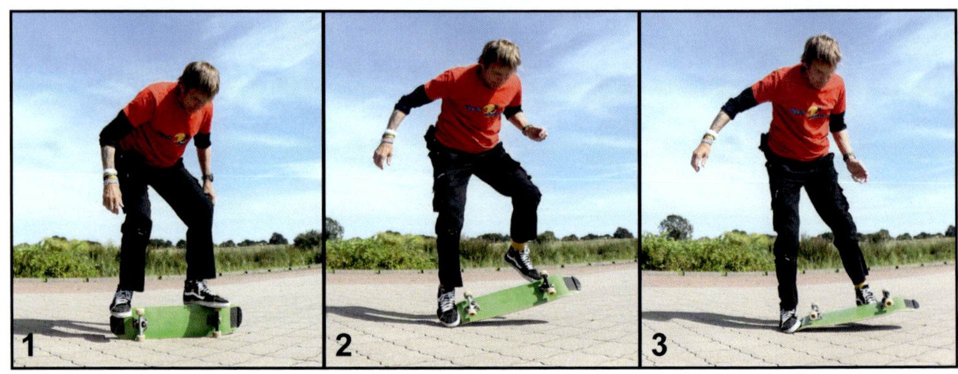

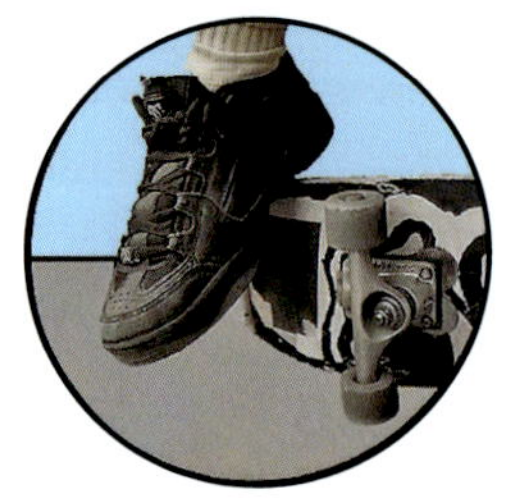

No-Hand Casper: Die einfachste Möglichkeit in den No-Hand Casper zu kommen ist vom Rail. Wichtig dabei, der Fußballen steht auf der Kante vom Tail, damit dieser Fuß genau auf dem Tail landen kann. Das Board kippt um, sobald du den anderen Fuß anhebst, dabei aber schnell genug diese Fußspitze unter das Board bekommen. Dabei den Fuß nicht auf den Boden stellen. Etwas Geschick und Übung gehört dazu.

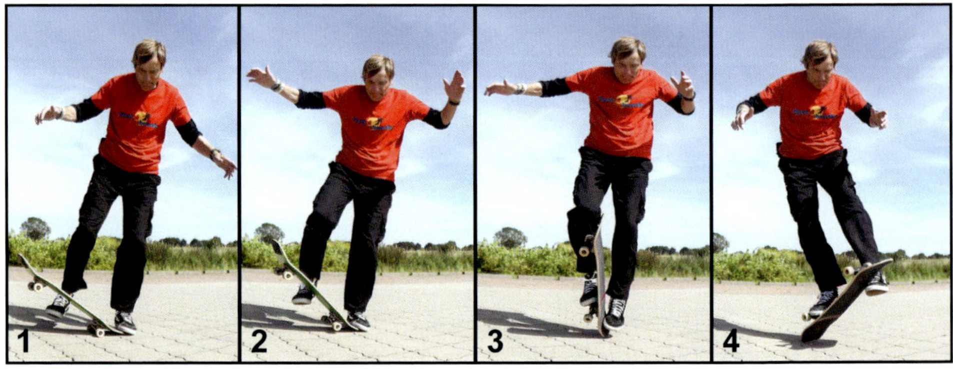

No-Hand 50/50: Für diese Grundstellung musst du schon sicher auf dem Board fahren können und gutes Gleichgewichtsgefühl haben. Ein Geländer, um dich festzuhalten ist am Anfang hilfreich, damit du das Gefühl für diesen Bewegungsablauf bekommst. **1)** Ein Fuß auf das Tail, der andere Fuß, die Fußspitze unter die obere Achse. Mit diesem Fuß ziehst du das Board hoch und setzt diesen auf die Achse. Zugleich den anderen Fuß vom Tail nach oben zur Nose ziehen. Das ganze ausbalancieren, was am Anfang nicht einfach ist. Üben, üben.

Grundstellung - Crossfoot Casper

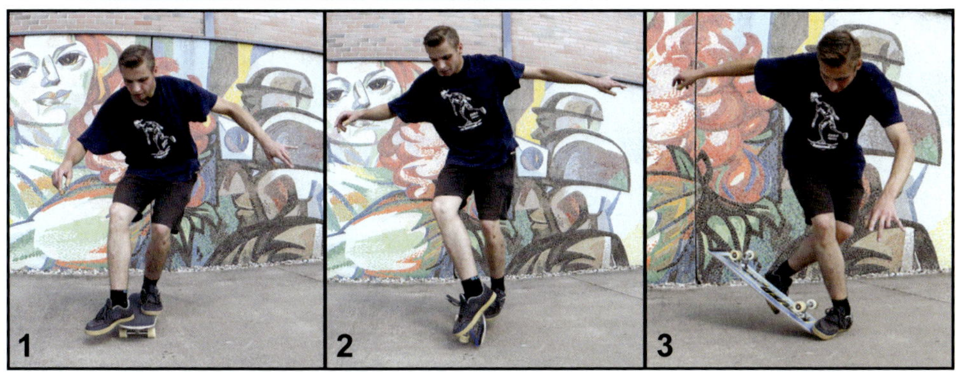

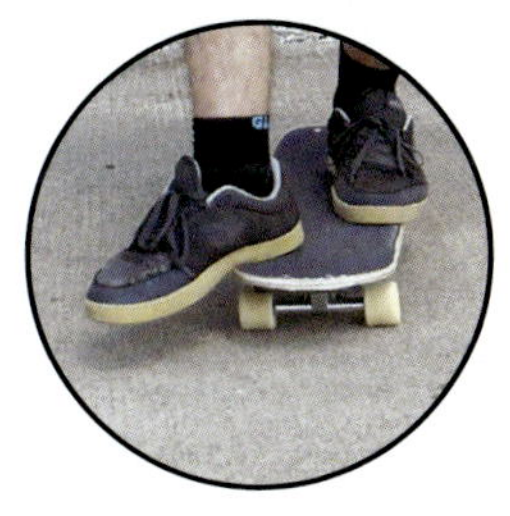

Crossfoot Casper: Am besten aus der Fahrt, in Fahrtrichtung. Zuerst den vorderen Fuß in der Mitte, seitlich auf dem Board stellen. Dann den hinteren Fuß nach vorne, den Fußballen auf die Nose stellen, die Fußspitze seitlich herausschauen lassen. Mit dem Fuß, der seitlich auf dem Board steht, kippst du das Board um, die Fußspitze bleibt am Board und hält das Board. Nicht den Boden berühren. Der Fuß an der Nose hält diese. Nicht leicht, diese Bewegung. Und wieder aufs Board springen ist auch nicht einfach.

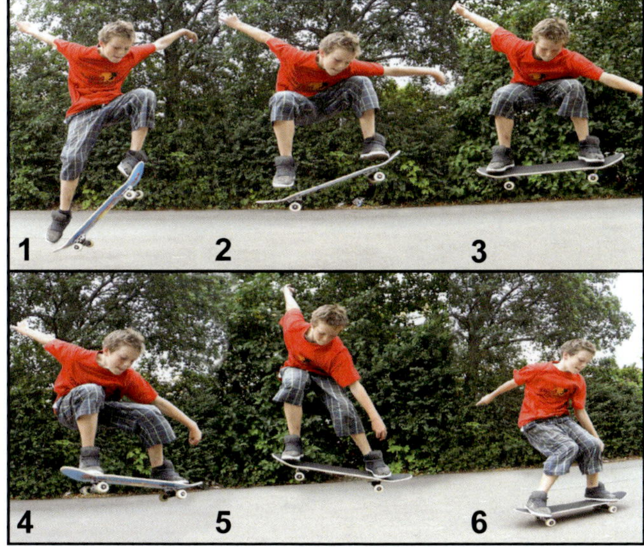

Ollie Pop: Der Ollie Pop ist der bekannteste Skateboard-Trick und der wichtigste im Street-Skateboarding. Aber eigentlich ein Freestyle Trick, von Freestyler, im Flat erfunden. Nur die meisten Freestyler machen diesen Trick kaum noch. Es gibt auch nur wenige Tricks im Freestyle, die man damit verbinden kann. Trotzdem ein schöner und wichtiger Trick.

Footwork

Es gibt zahlreiche Übungen und Kombinationen im Footwork. Es ist sinnvoll sie täglich zu üben. Dadurch wirst Du lockerer, sicherer und Du bekommst ein besseres Boardgefühl. Diese Übungen sind ideal zum Aufwärmen bevor Du Tricks versuchst.

Walk the Dog

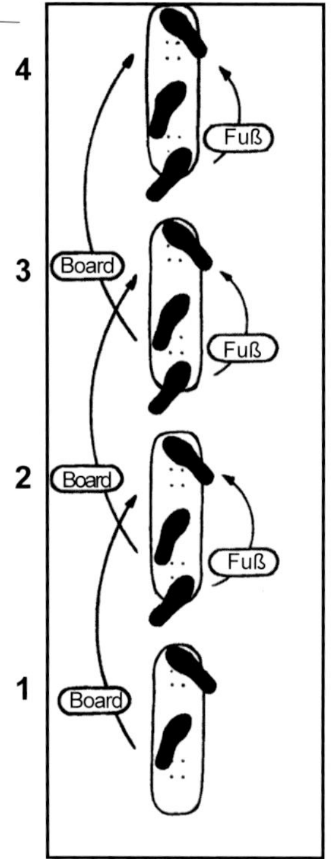

1) Eine Fußspitze in der Mitte vom Brett und die andere Fußspitze vor der Achse.

2) Mit dem vorderen Fuß drehst Du das Brett. Versuche dabei den hinteren Fuß in der Mitte stehenzulassen, am Anfang ist das nicht so einfach.

3) Das Brett macht immer eine 180° Drehung. Den rechten Fuß nach der Drehung immer wieder nach vorne setzen. Ende offen.

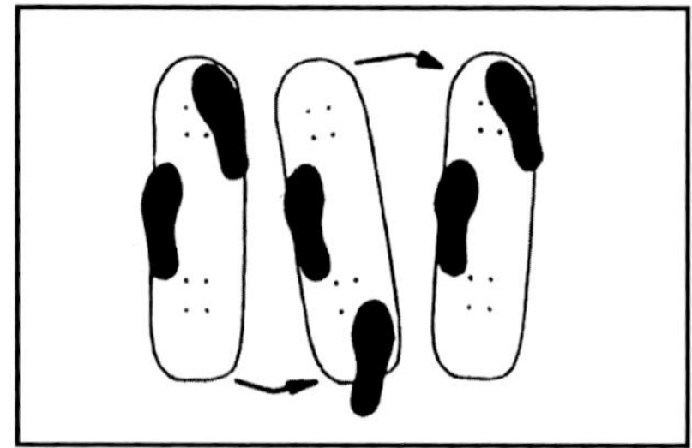

Dies ist die einfachste Footwork Bewegung. Du setzt den Fuß abwechselnd von Nose zu Tail und versetzt damit das Brett.

Footwork

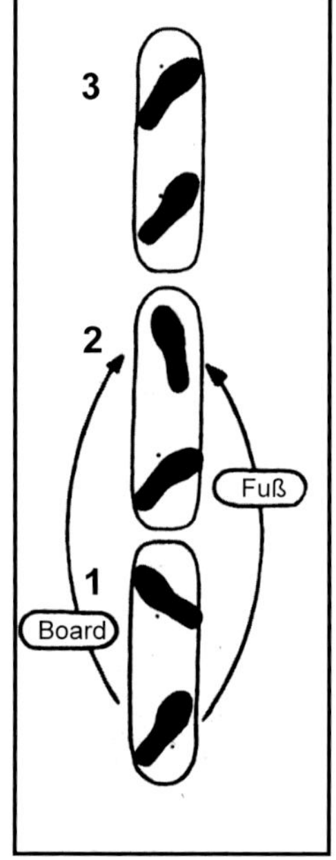

1) Setze die Füße wie auf Zeichnung Nr. 1, drehe den linken Fuß ohne ihn anzuheben nach innen. Dadurch dreht sich das Brett um 180° im Uhrzeigersinn.

2) Zugleich setzt Du den rechten Fuß von hinten nach vorne. Nun stehst Du gekreuzt.

3) Springe in Fahrposition.

Footwork

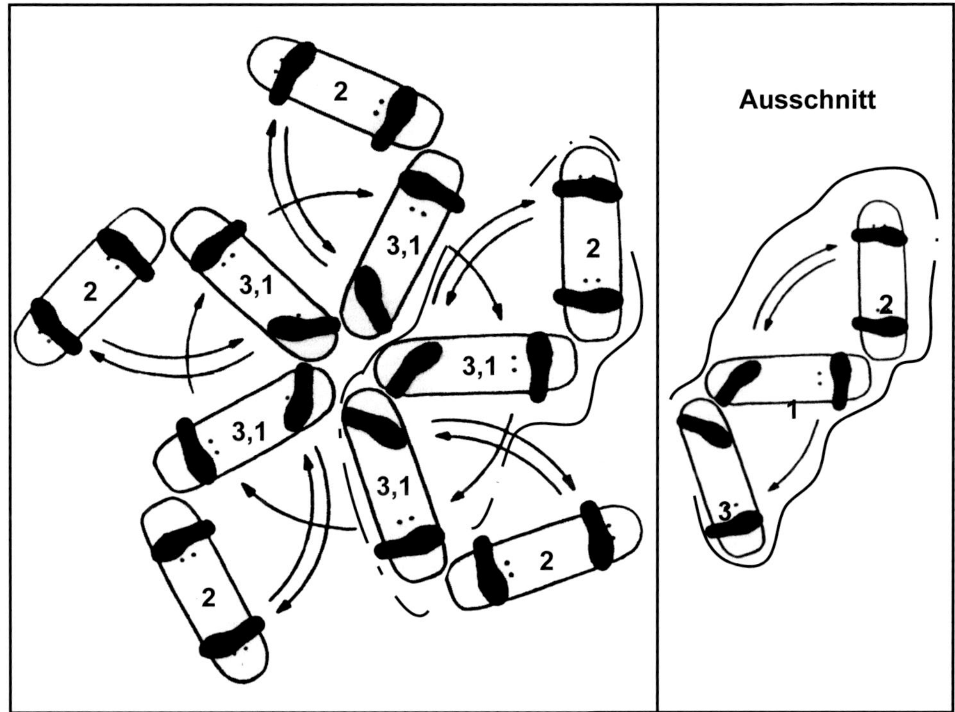

Diese Art von Footwork ist sehr interessant. Sie wirkt kompliziert, ist aber im Grunde ganz einfach, vorausgesetzt man hat die 3 Fußbewegungen verstanden. Es sind nur 3 Fußbewegungen, die sich ständig wiederholen. Es ist wie beim Tanzen einen Schritt lernen. Der Ausschnitt zeigt Dir die 3 Bewegungen. Diese Bewegung ist für Regular Foot erklärt.

1) Fang im Ausschnitt bei Nr 1 an. Halte die Füße genauso wie auf der Zeichnung. Rechter Fuß über die rechte Achse. Linker Fuß über die linke Achse, etwas nach innen gedreht. Den linken Fuß etwas anheben und mit dem rechten Fuß das Brett in Pfeilrichtung ca. 90° nach vorne drehen.

2) Kurz den linken Fuß aufsetzen, wieder anheben und das Brett mit dem rechten Fuß ca. 90° zurück auf Position Nr. 1 drehen. Den linken Fuß aufsetzen und mit diesem Fuß (also rechte Seite, Fuß und Brett anheben) das Brett ca. 70° in Position 3 nach hinten drehen.

3) Jetzt wird aus Position Nr. 3, Nr. 1, und der Schritt geht von vorne los. Wenn Du diese Übung kannst, versuche mal Walk the dog und Footwork zu kombinieren. Es gibt unzählige Möglichkeiten, das Brett zu drehen. So entstehen immer wieder neue Figuren in der Fußarbeit.

Wheelies

Wheelies, auch Manuals genannt, sind ein Grundelement im Skateboarding. Eine perfekte Übung, um Balance und Bordgefühl intensiv zu trainieren.

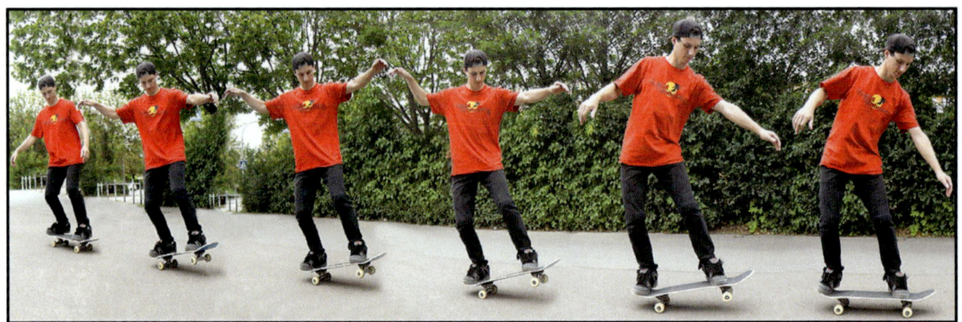

Der **Tail Wheelie** ist der Einfachste. Fahre schnell an. Beine auseinander, verlagere dein Gewicht mehr auf das Tail, balanciere auf der hinteren Achse. Die Arme auseinander für ein besseres Gleichgewicht.

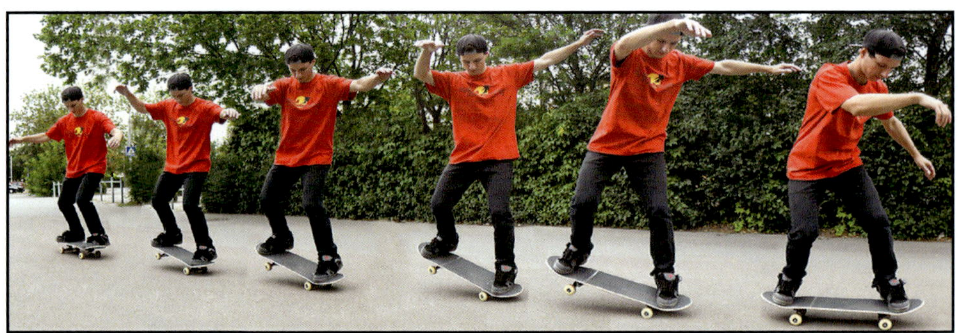

Nose Wheelie: Dieser Manual ist schon etwas schwieriger. Schnell anfahren, Beine auseinander, Gewicht etwas auf die Nose verlagern, Balancieren auf der vorderen Achse, Gleichgewicht halten mit ausgestreckten Armen.

Es gibt noch einige andere Wheelies, auf den **Seiten 28, 29.**
One-Foot Tail Wheelie. One-Foot Nose Wheelie, One-Wheeler (Auf einer Rolle fahren, dabei solltest du die Achse hart anziehen, dann klappt es ganz gut).
Nose Wheelie, auch G-Turn genannt, wenn man einen großen Kreis dabei zieht. **Wheelie**, dabei kann man auch einen Spacewalk machen. (Tick Tack Bewegung auf der hinteren Achse). Der **Nose Spacewalk**, beide Füße auf der Nose ist schon um einiges anspruchsvoller und benötigt viel Übung. **Tail-Spacewalk** (Seite 35) ist nur empfehlenswert, wenn du einen Tailsaver montiert hast. Hierbei schleifst du das Tail über den Boden. **Tucknee Wheelie/Spacewalk**, von Guenter Mokulys 1986 erfunden, ist ein Balance-Trick. Schnell anfahren, einen Fuß und ein Knie auf der Nose, Gewicht nach vorne, nur nicht zu viel. Im Nose Wheelie Balance halten und viel Üben.

Pirouetten

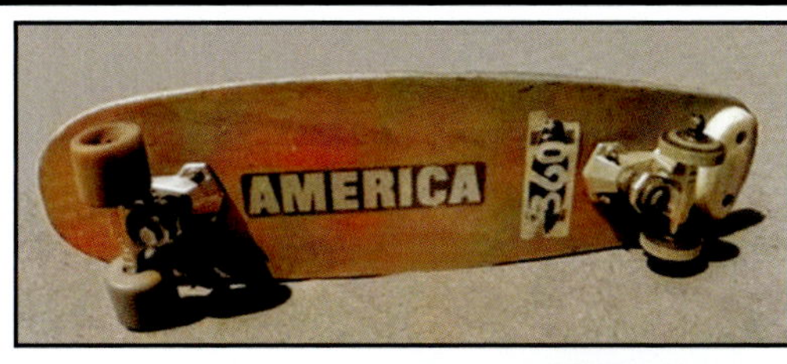

Pirouetten (auch 360°s oder Spinning genannt). Haben ihre eigenen Wettbewerbe, Spinning-Contest. Dazu gibt es spezielle Boards, am besten sehr schmale Achsen und spezielle Rollen, Rollen, am besten mit einer Rollfläche von ca. 1 cm. Rollen aus Titan oder Stahl. Wenn man dann den richtigen Boden dazu hat, nicht zu glatt, am besten Beton. Dann kann es losgehen. Spezialisten schaffen über 100 Drehungen, wie der Rekordhalter **Russ Howell**. Doch bevor du so weit bist, wirst du feststellen, wie schwer es am Anfang ist, eine 360° Drehung zu machen.

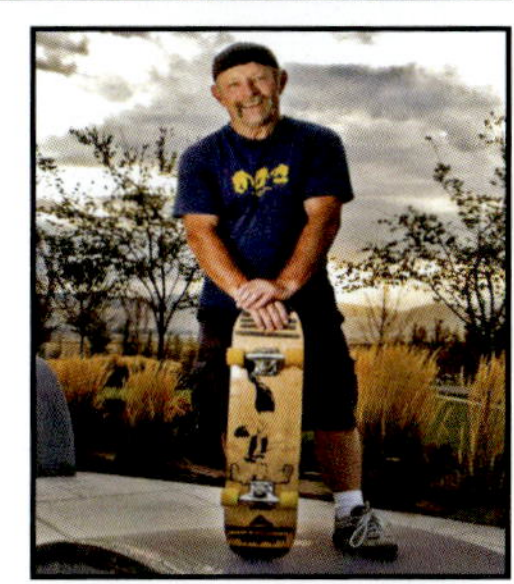

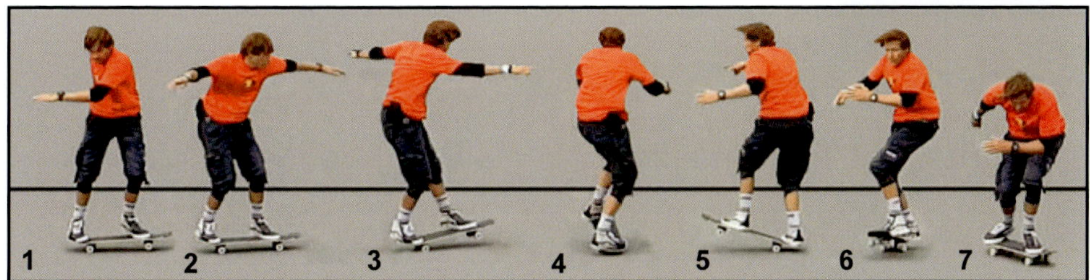

Der Bewegungsablauf: Die Arme sind entscheidend bei den Drehungen. Bei allen Drehungen hast du den Schwerpunkt genau über der drehenden Achse. Auf den Bildern ist eine Frontside Drehung: **(1)** Schwung mit ausgestreckten Armen holen, **(2)** abstoßen, **(3)** drehen, **(4-7)** Balance halten, in die Richtung schauen, in die man drehen möchte und während der Drehung die Arme zum Erhalt des Drehimpulses nach und nach einziehen. Viel Training, starker Schwung und meisterhafte Balance sind unerlässlich.

Es gibt da noch andere Drehungen, die Du lernen kannst. **(Seite 30, 31)** Dabei sind die **Backside / Frontside Drehung** noch die einfachsten. Bei der **One-Foot Drehung** auf dem Tail, auf der Nose balancierst du auf einer Achse, um in den Schwung zu kommen. Bei der **G-Turn Pirouette** lässt du etwas die Nose über den Boden schleifen, um in die Drehung zu kommen. Versuchst du die **Nose Pirouetten** musst du schnell die Arme einziehen, um in die Drehung zu kommen und die **Tuck-Knee-Pirouetten** sind ganz spezielle Drehungen über der Nose gedreht. Schwung mit den Armen, diese dann über den Kopf ziehen und dabei in die Hocke gehen. Das geht, ist aber richtig schwer. Bei allen Pirouetten, viel üben.

Wheelies

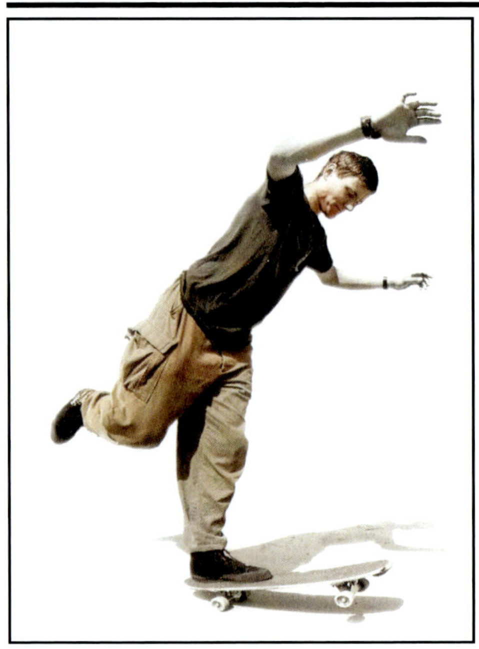

One-Foot Tail Wheelie

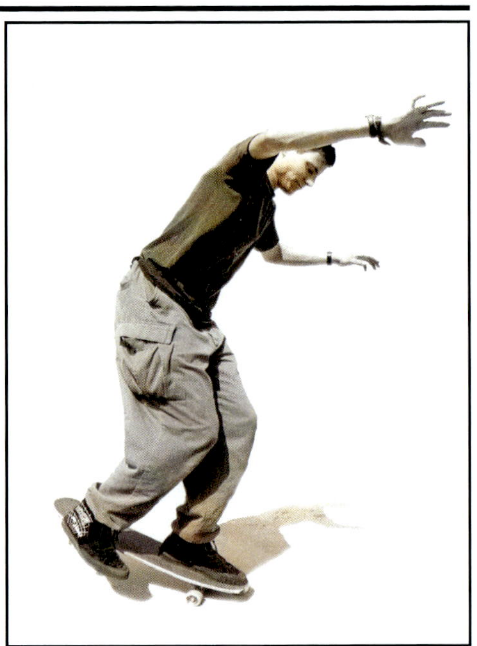

One-Foot Nose Wheelie

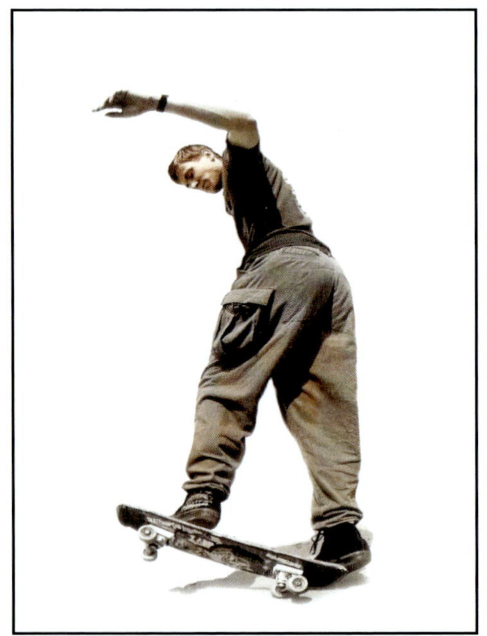

One-Wheeler

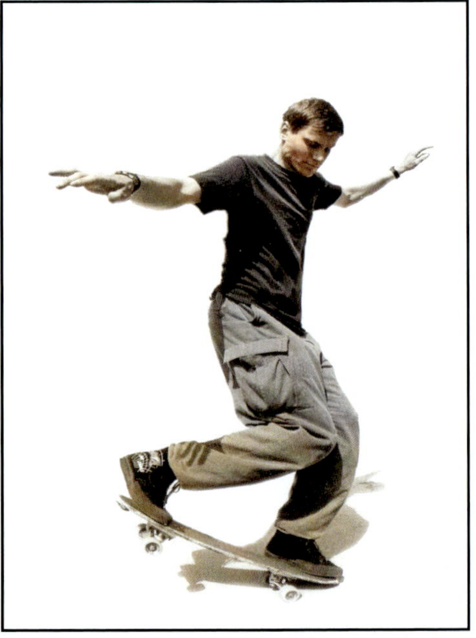

Nose-Wheelie (G-Turn)

Wheelies

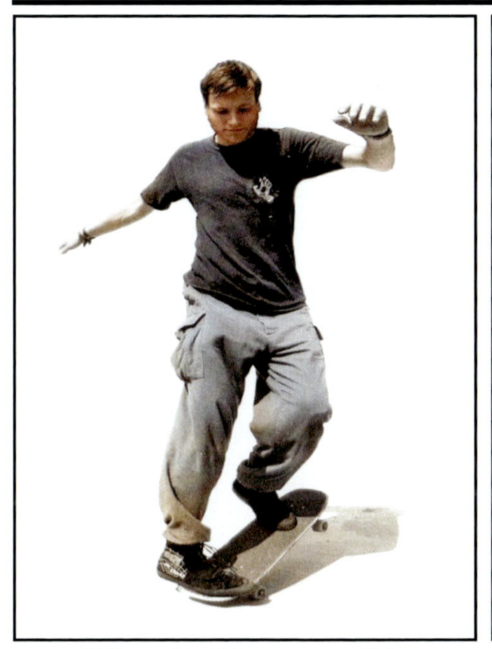

Wheelie (Spacewalk)

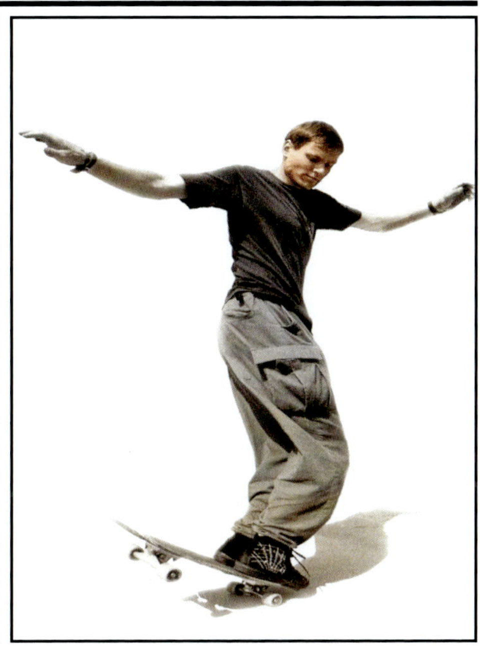

Nose-Spacewalk

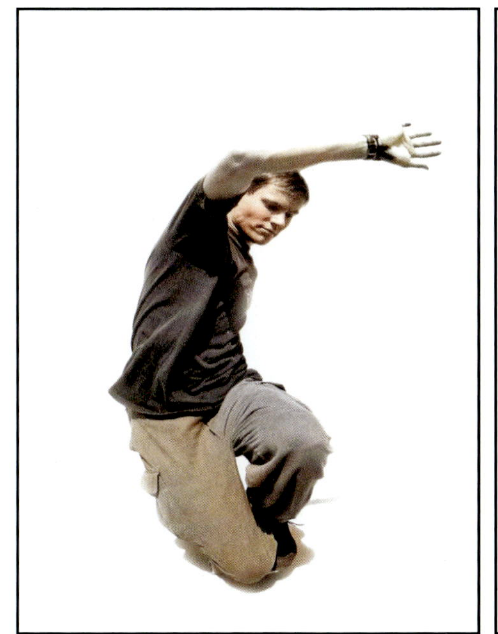

Knee-Spacewalk

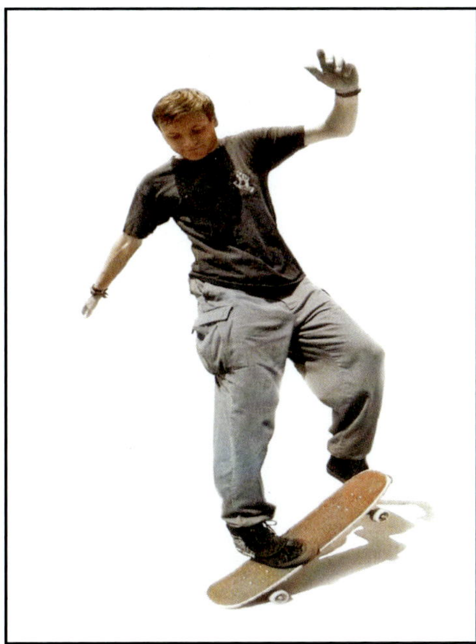

Tail-Spacewalk

Pirouetten

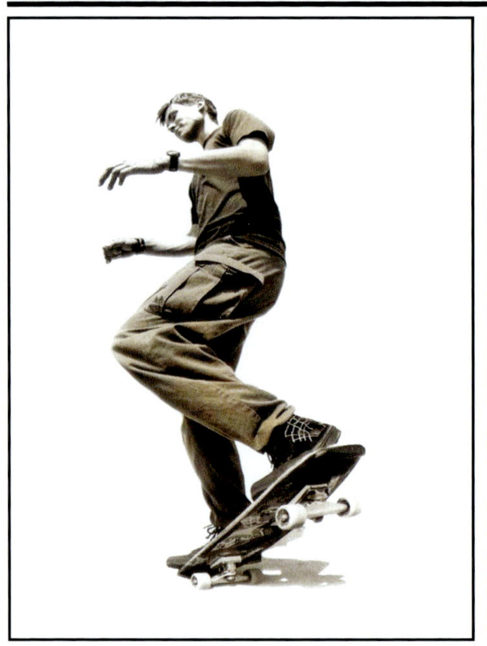

Backside Pirouette

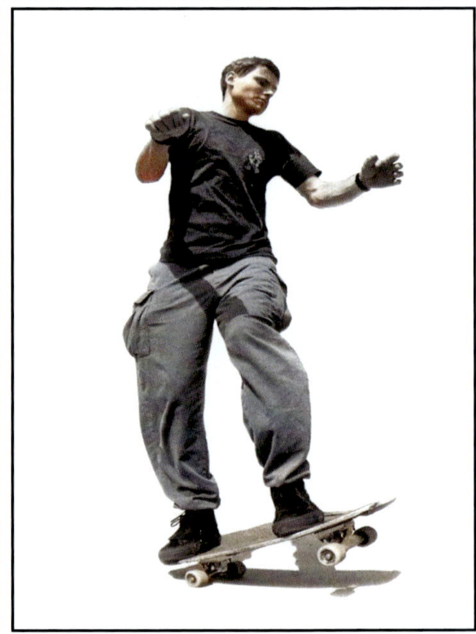

Frontside Pirouette

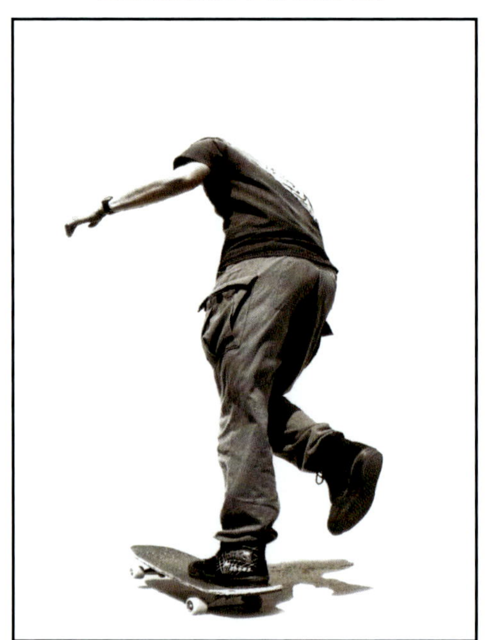

One-Foot Tail Pirouette

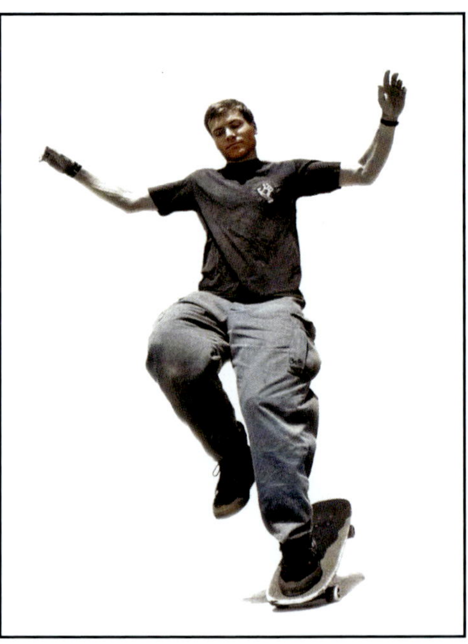

One-Foot Nose Pirouette

Pirouetten

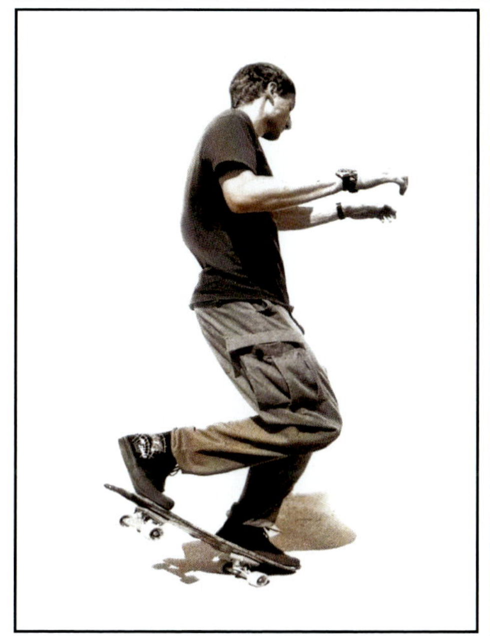

G-Turn Pirouette

One-Wheel Pirouette

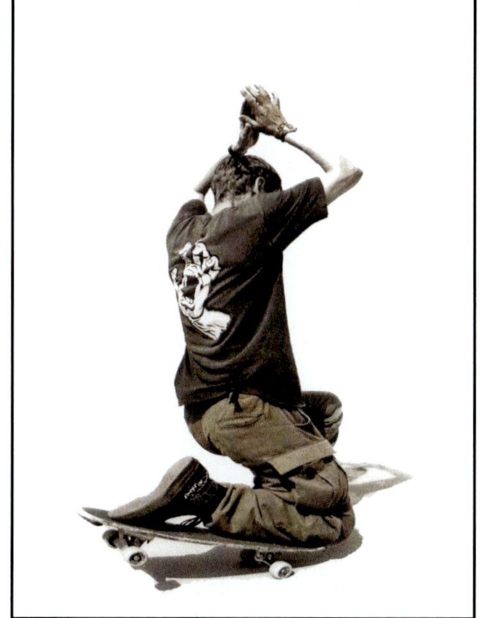

Tuck-Nee Pirouette

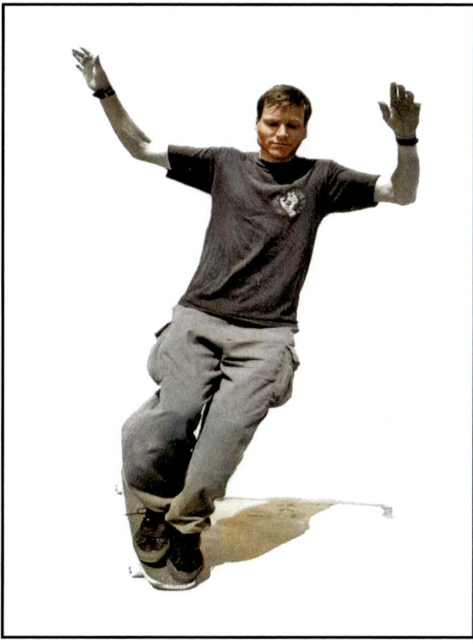

Nose-Pirouette

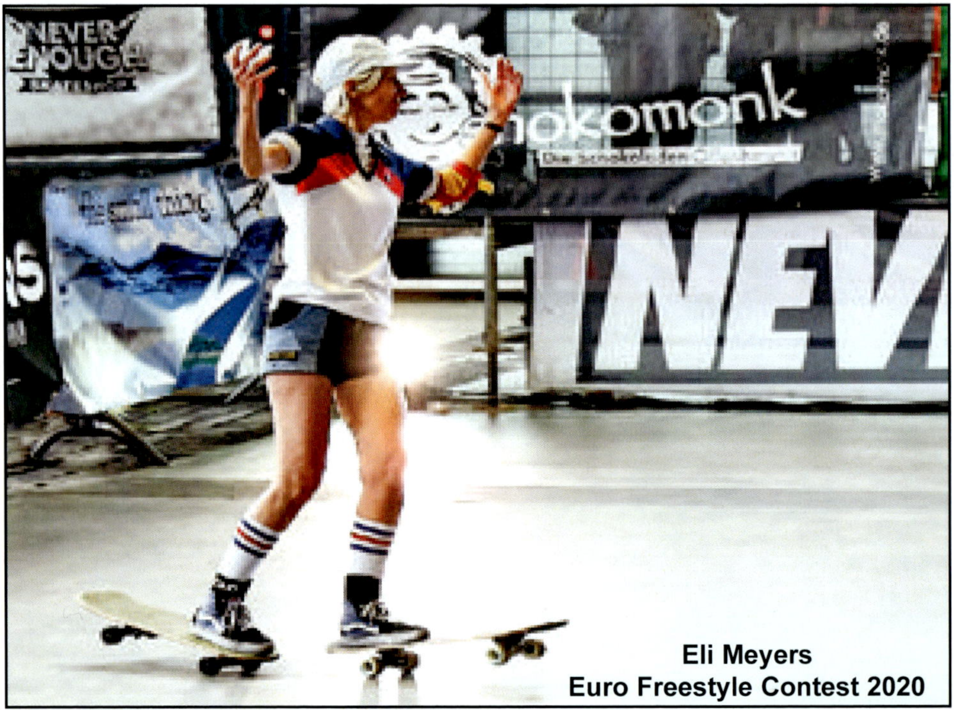

Eli Meyers
Euro Freestyle Contest 2020

Die ersten Freestyle Skateboarder aus den 70er Jahren:
Eli Meyers, K. P. Reintges, YoYo Schulz, Starsky und Hermann Finkmann.
Aus den 80er: Guenter Mokulys, Monica Pasekel.
Aus den 90er: TaiTai, Albert Kuncz, Alexandre Feliz.

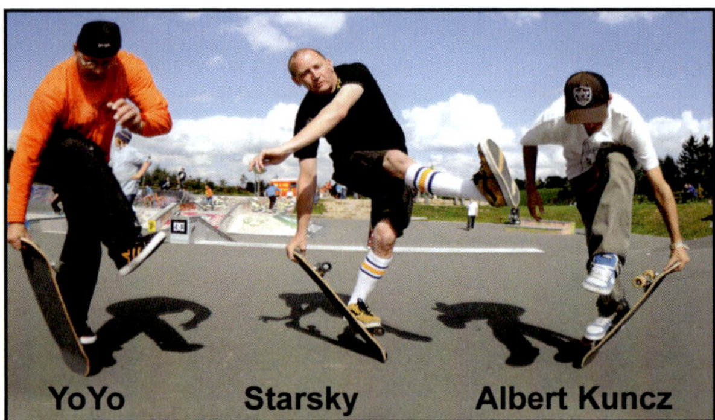
YoYo Starsky Albert Kuncz

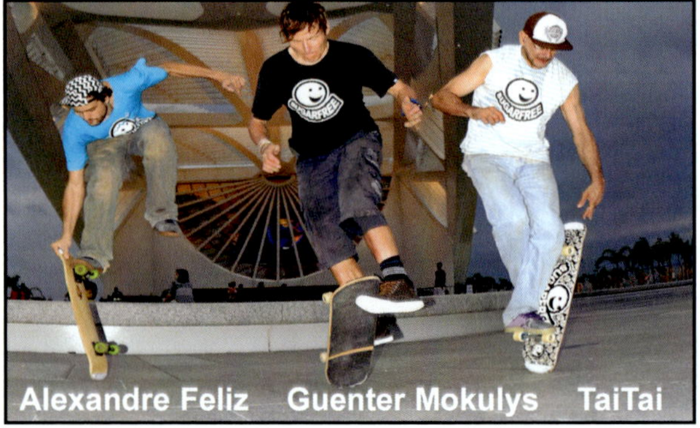
Alexandre Feliz Guenter Mokulys TaiTai

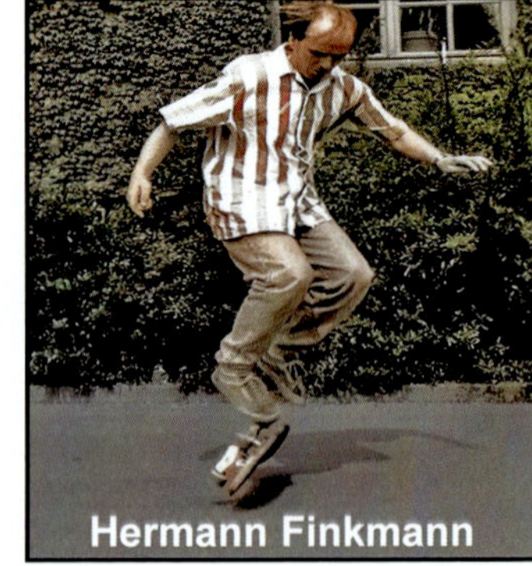
Hermann Finkmann

Tricks für Einsteiger

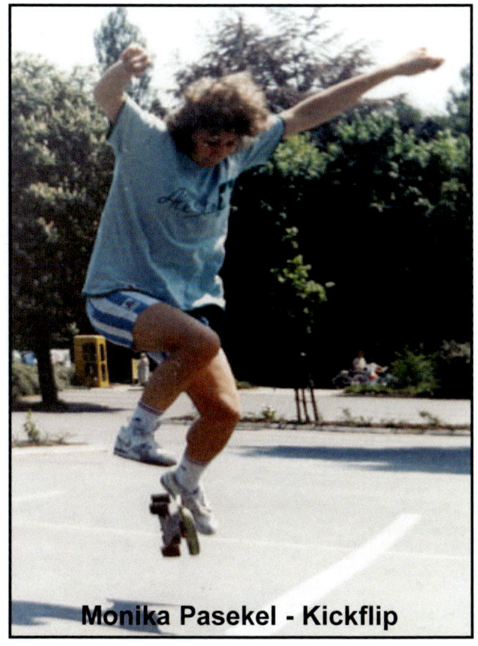
Monika Pasekel - Kickflip

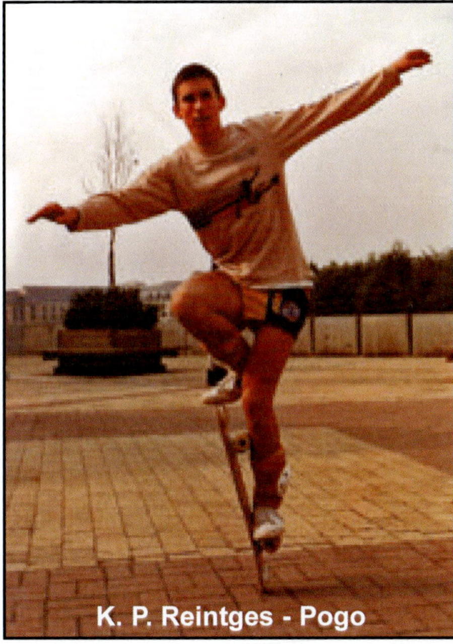
K. P. Reintges - Pogo

Ollie Pop

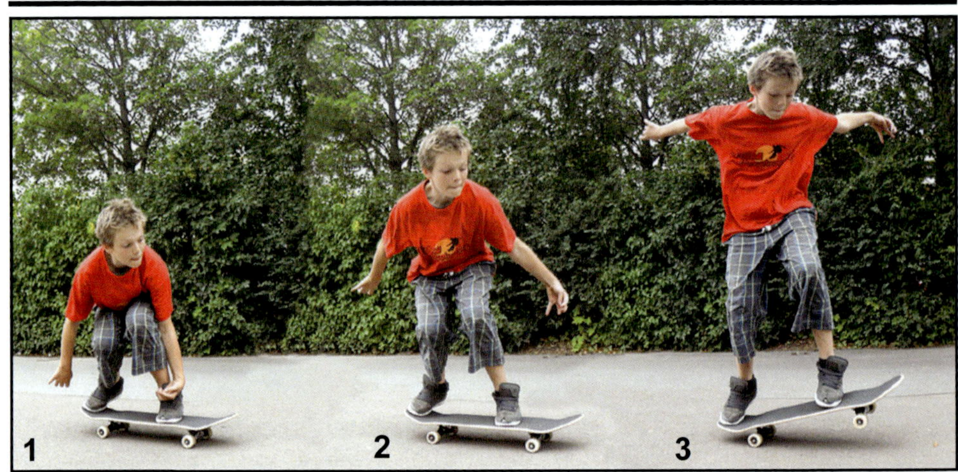

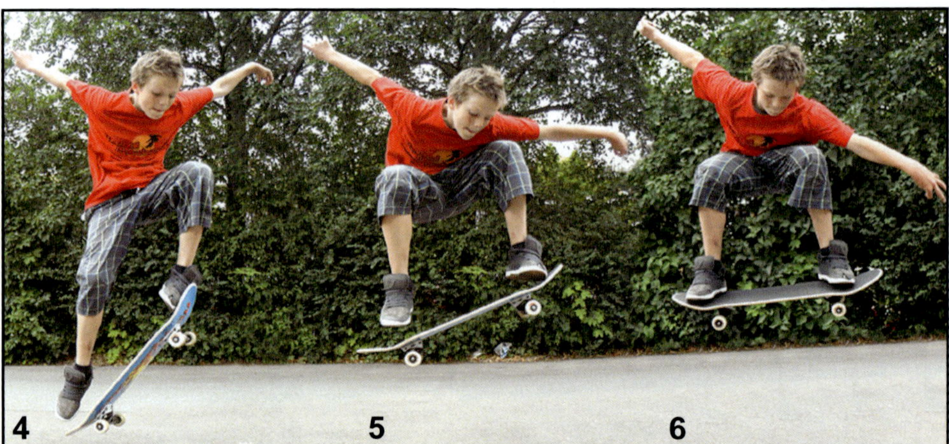

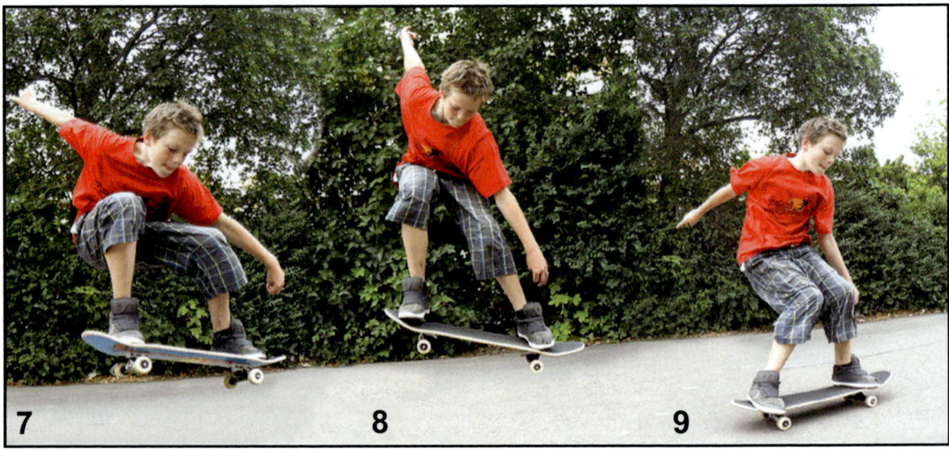

Alan"Ollie" Gelfand einer der ersten Vertskater ist nach Berichten zu folgen der Erfinder des Ollie, im Jahre 1979. Rodney Mullen hat dann diesen Trick übertragen ins Flatskating. Heute ist der Ollie sicherlich der bekannteste Skateboard-Trick und im Streetskating geht es fast gar nicht ohne Ollies. Im Grunde wird jeder Skater diesen Trick ausprobieren, ihn üben. Ein Trick, den man als Skater einfach können muss. Mit viel Übung ist es möglich ihn bis zu einem Meter hoch zu pushen. Der Ollie ist der Grundstein für viele schöne Tricks. Aus dem Stand, der Fahrt oder rückwärts (Fakie), von Hindernissen, auf Hindernisse oder über Hindernisse, vieles ist möglich.

1-3) Zügig fahren. Stelle deine Füße parallel auf das Board, den hinteren Fuß mit dem Ballen auf den Tail, den vorderen Fuß hinter den vorderen Achsschrauben. Die Schultern seitlich ausrichten, Kopf hoch, wie auf den Fotos. In die Knie gehen, dabei anspannen wie eine Feder. Dein Gewicht über dem Board, etwas mehr auf dem hinteren Fußballen.

4,5) Abspringen, der hintere Fuß poppt zeitgleich das Tail auf den Boden, dabei das vordere Bein anwinkeln und Board mit hochziehen.

6) Nach dem Pop ziehst du das hintere Bein auch hoch. Der vordere Fuß führt das Board mit der Außenseite des Schuhs nach oben. In der Luft das Board waagerecht stellen. Der Ollie wird um so höher, je stärker du beim Absprung die Beine anwinkelst.

7-9) Beim Landen in die Knie gehen und abfedern.

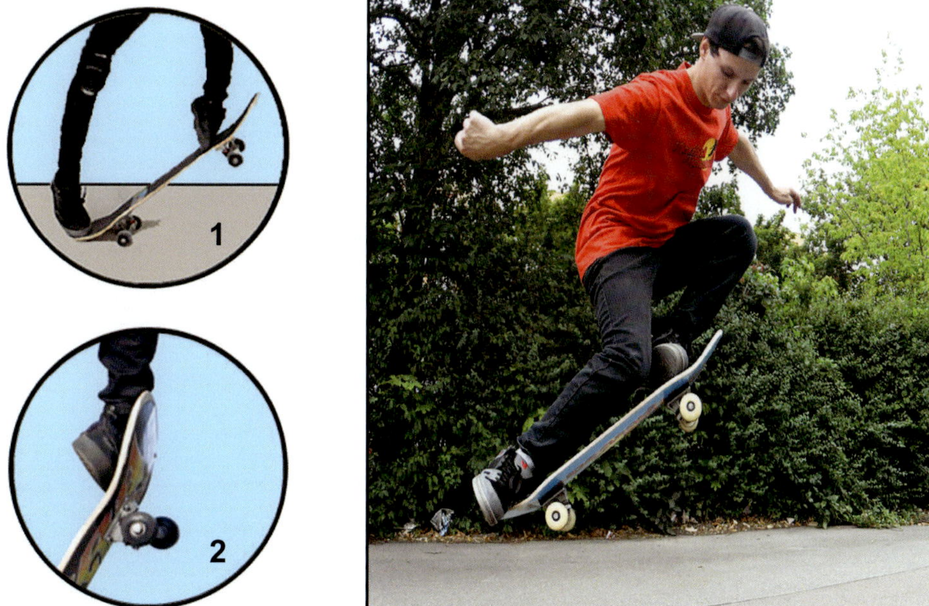

1) Der hintere Fuß poppt das Board, **2)** dabei führt der vordere Fuß das Board. Dann beide Beine anwinkeln. Die Übung macht den Meister.

Fingerflip

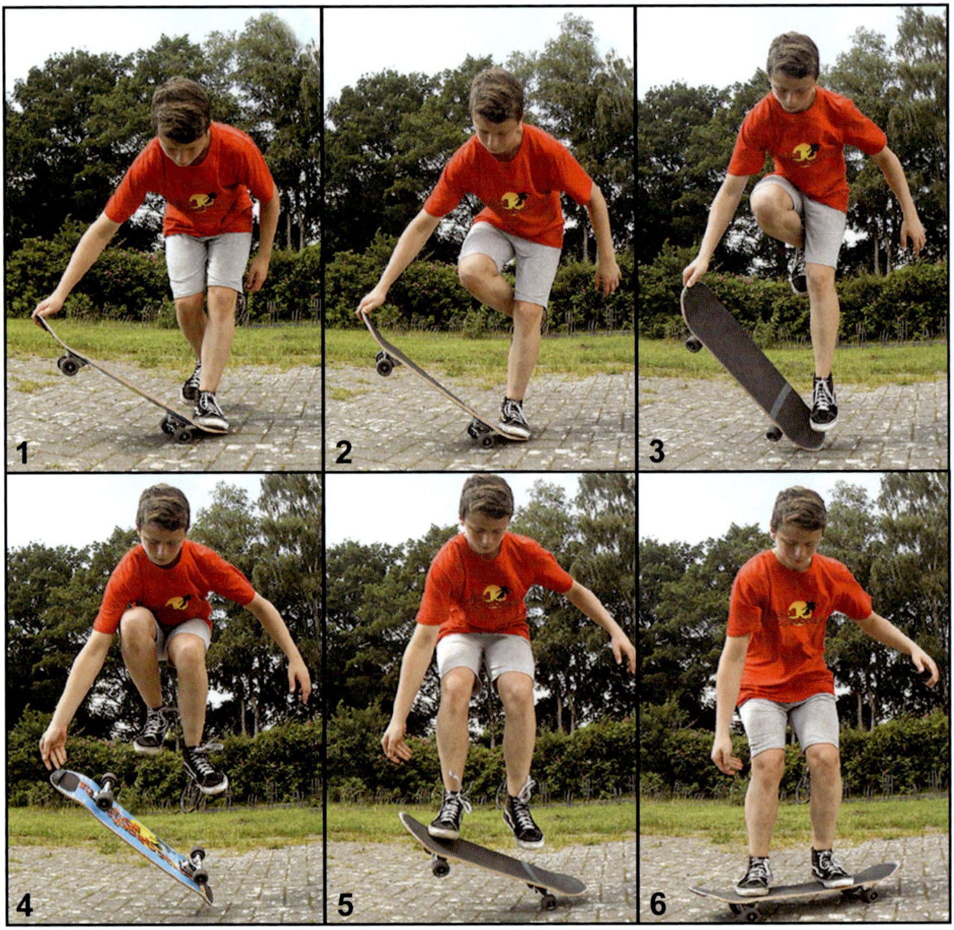

Fingerflip: Der Fingerflip gehört zu den ältesten Tricks und ist einer der einfachsten Skateboard Tricks. Dieser Trick vermittelt Dir das Gefühl, für das richtige Timing zum Springen und Drehen zu bekommen.

1) Eine Hand an die Nose. Der Daumen auf der Nose, die Finger unter die Nose. Und einen Fuß auf den Tail setzen, so wie auf dem Foto.

2) Mit dem anderen Fuß, bzw. dem Bein holst du Schwung für den Sprung.

4,5) Drehe das Board mit der Hand, zugleich springe hoch.

6) Breitbeinig landen, abfedern.

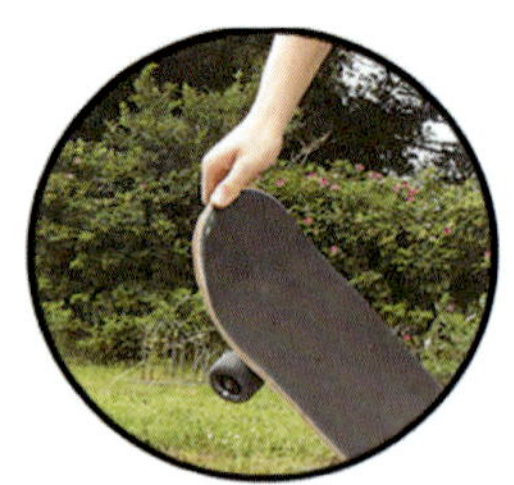

Kickflip

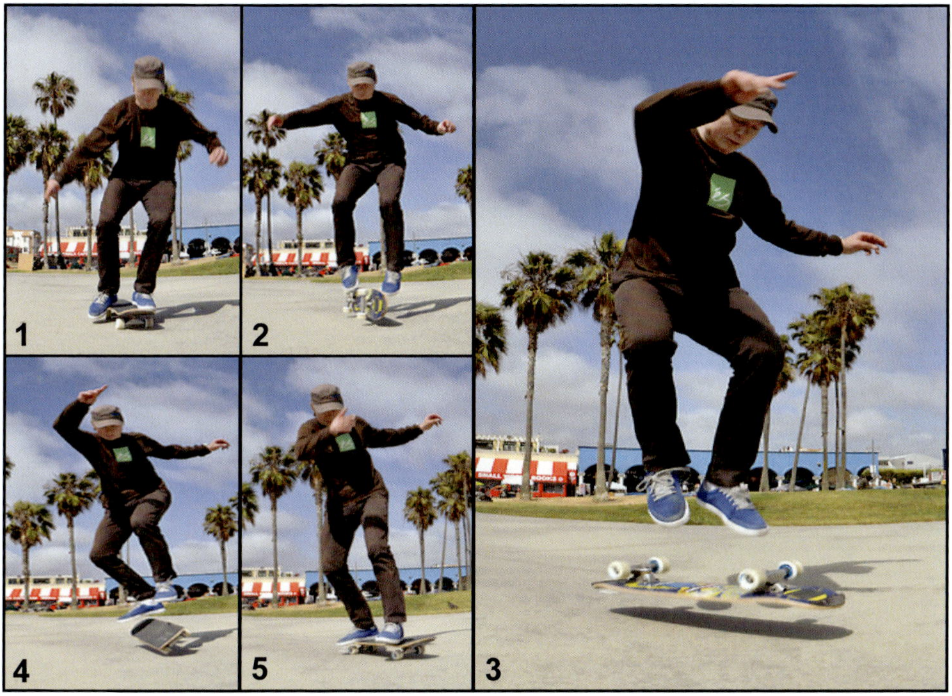

Kickflip: Der original Kickflip, aus den 70-iger Jahren. Ob im Stand oder aus der Fahrt, man kann den Kickflip schnell lernen. Ein guter Trick um Gefühl für das Board zu bekommen.

1) Deine Füße stehen parallel zueinander in Fahrtrichtung auf dem Board. Ein Fuß steht an der Kante, die Fußspitze zeigt nach unten, so als ob Du das Board umklammern wolltest. Mit diesem Fuß ziehst du das Board hoch. Der andere Fuß gegenüber an der Außenkante. Mit diesem Fuß drücke das Board runter.

2) Beide Bewegungen gleichzeitig und dabei etwas hochspringen. Das richtige Timing ist wichtig.

3,4) Das Board macht eine 360°-Drehung um die Längsachse.

5) Beim Landen abfedern und immer so landen, dass du breitbeinig und stabil auf dem Board stehst. Am besten so, dass du direkt weiterfahren kannst.

Der Ausschnitt zeigt dir die genaue Stellung beider Füße parallel nebeneinander. Springe hoch und ziehe zugleich mit **1** der Fuß-Innenseite das Board hoch **(Nr. 1)**. Mit dem anderen Fuß drücke es gleichzeitig runter **(Nr. 2)**

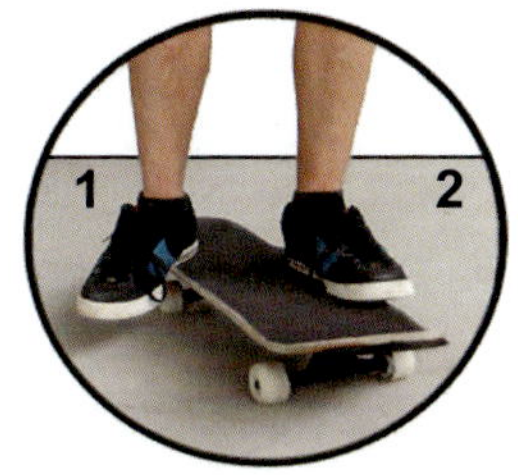

Double Railflip

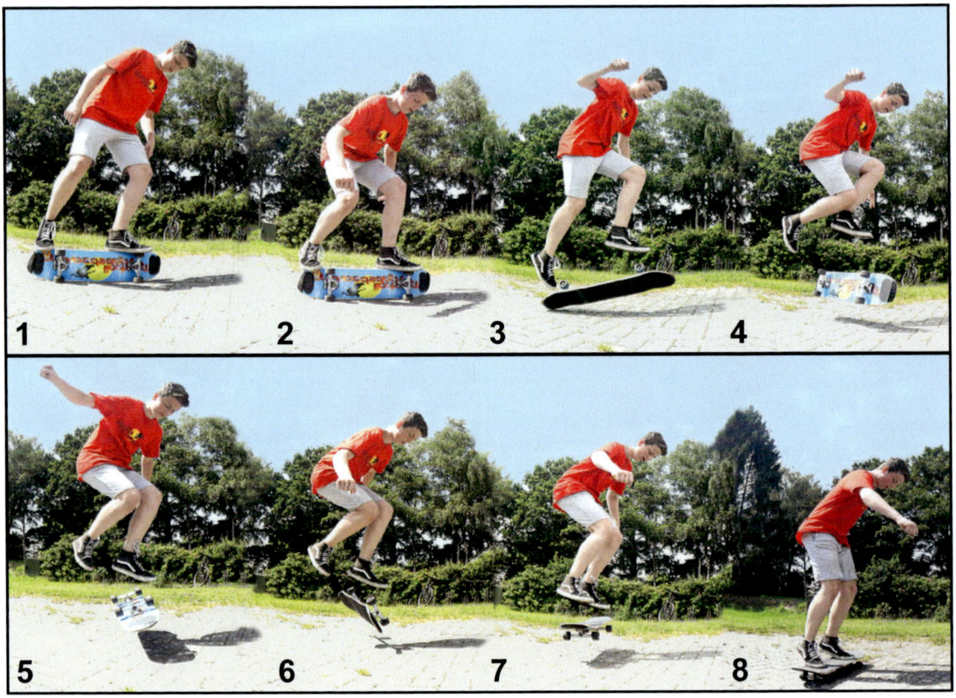

Double Railflip: Diesen Trick, einen 2-fachen Railflip kannst du schnell lernen. Entscheidend ist, mit wie viel Power du das Board flippst.

- **1)** Stehe auf dem Rail. Ein Fuß mit der Fußspitze auf der Kante vom Board. Schräg nach außen stehen.
- **2)** Beine leicht angewinkelt, bereit für einen Sprung.
- **3)** Mit dieser Fußspitze drückst du das Board an der Außenkante mit einem Ruck schräg nach hinten weg, dadurch flippst du das Board.
- **4,5)** Im selben Moment springst du hoch. Das Board dreht sich unter dir.
- **6)** Bei der Landung breitbeinig abfedern.

Ganz wichtig ist die richtige Fußstellung dabei (Bild rechts). Eine Fußspitze setzt du an die Außenkante vom Board und drückst mit dieser es, mit leichtem Druck das Board schräg nach hinten von dir weg.

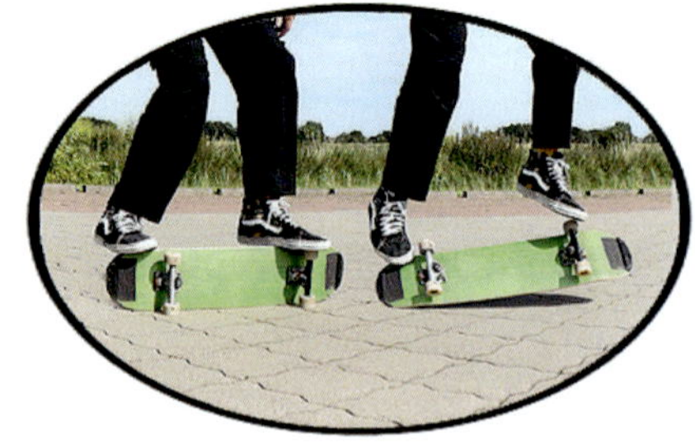

Rail to Rail

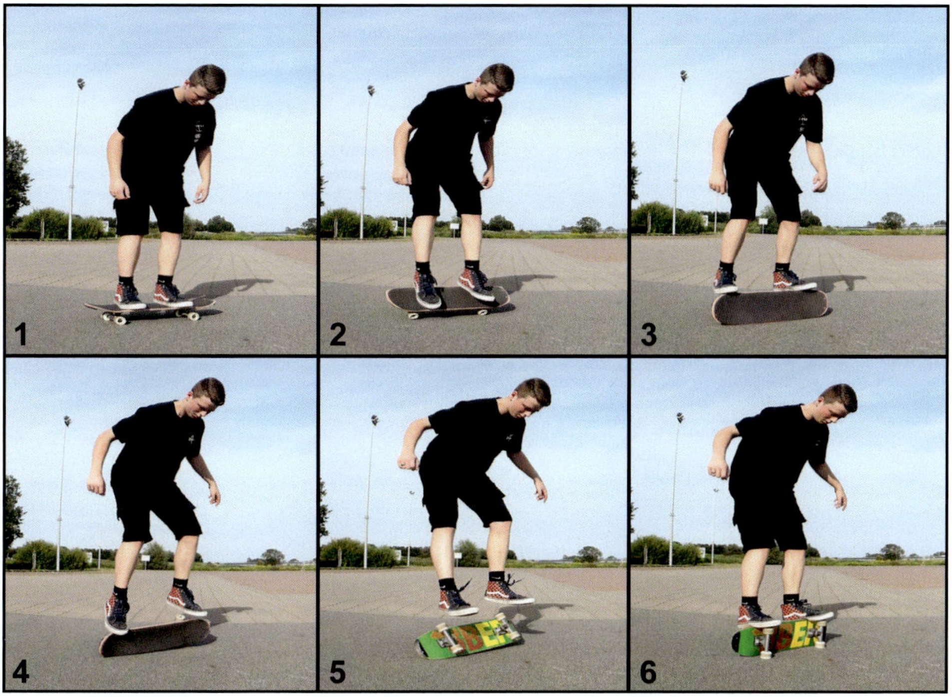

Rail to Rail: Ein Trick zum üben der Balance. **1)** Auf dem Board über den Achsen stehen. **2,3)** Board mit beiden Fußspitzen nach vorne kippen und auf dem Rail landen. **4,5)** Eine Fußspitze versetze leicht neben der Achse und drück das Board nach vorne, dabei spring etwas hoch, versuche wieder auf dem Rail zu landen. **6)** Dabei gut ausbalancieren.

Kickflip to Rail

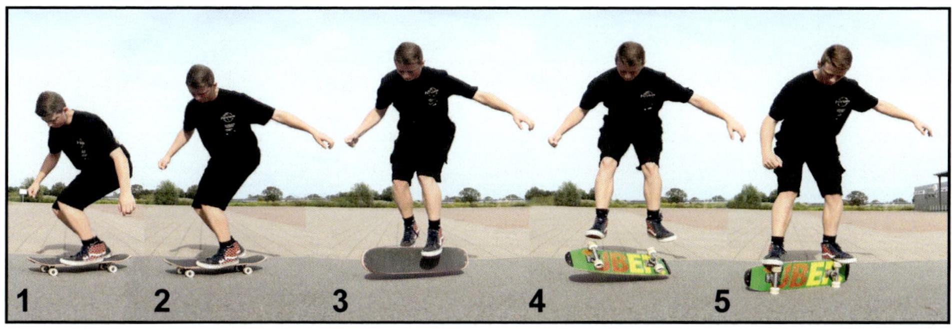

Wenn du den Kickflip kannst, versuche diesen mal auf dem Rail zu landen. Also etwas weniger schwung nehmen und sauber auf dem Rail landen, nicht ganz einfach.

50/50 Flip

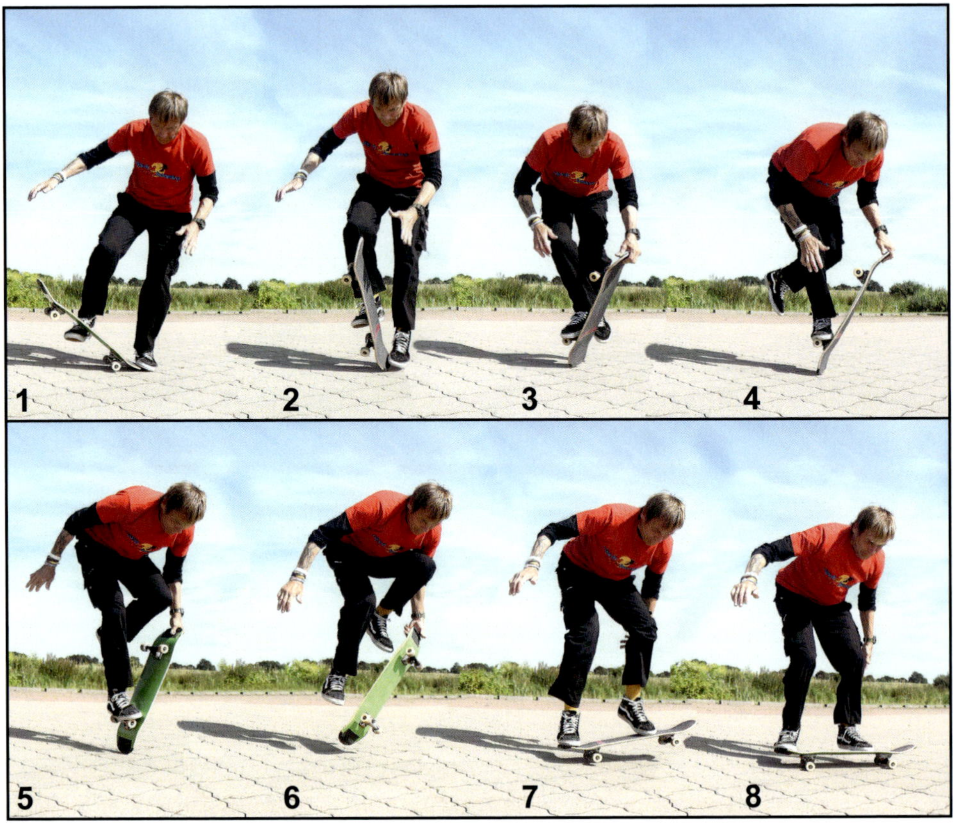

50/50 Flip: Dieser Trick ist leicht zu lernen.

1-3) Vom Tail in den 50/50 mit der Hand das Board hochziehen oder wie auf den Fotos, mit dem Fuß das Board hochziehen.
4-6) Im 50/50 ausbalancieren und dann mit der Hand das Board leicht drehen.
7,8) Breitbeinig auf dem Board landen.

Rail to 50/50: Von Rail in den 50/50 zu kommen ist etwas schwieriger. 

1) Rail-Position.
2) Die Hand an die Nose und mit dem Bein etwas Schwung holen.
3) Ziehe das Board hoch und springe etwas hoch mit dem Schwung.
4-5) Das Board weit genug hochziehen und festhalten bis du im 50/50 stehst.
6) Ausbalancieren.
7-9) Dann das Board leicht nach vorne drehen und breitbeinig darauf landen.

Rail to 50/50

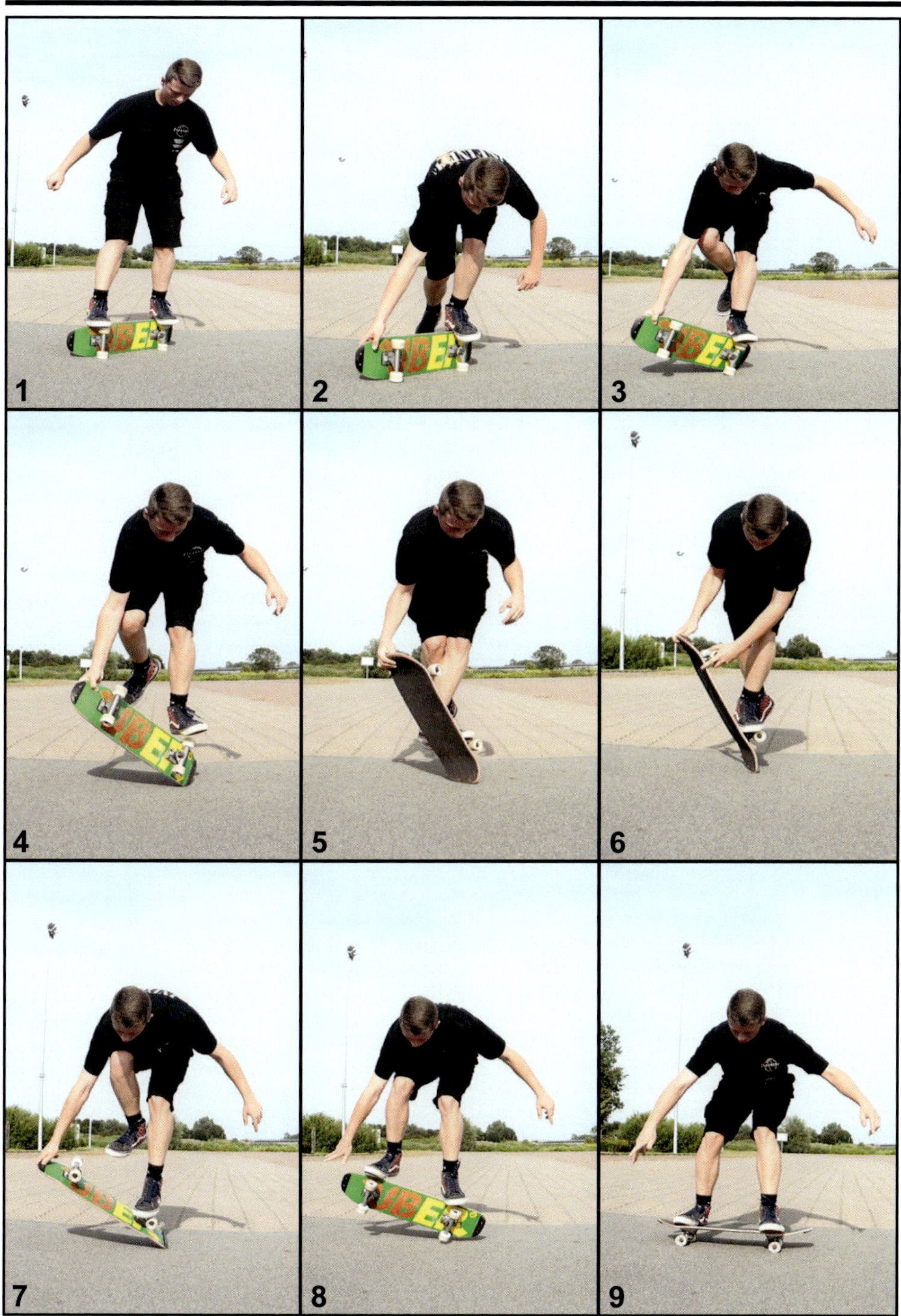

No-Hand Casper Twist

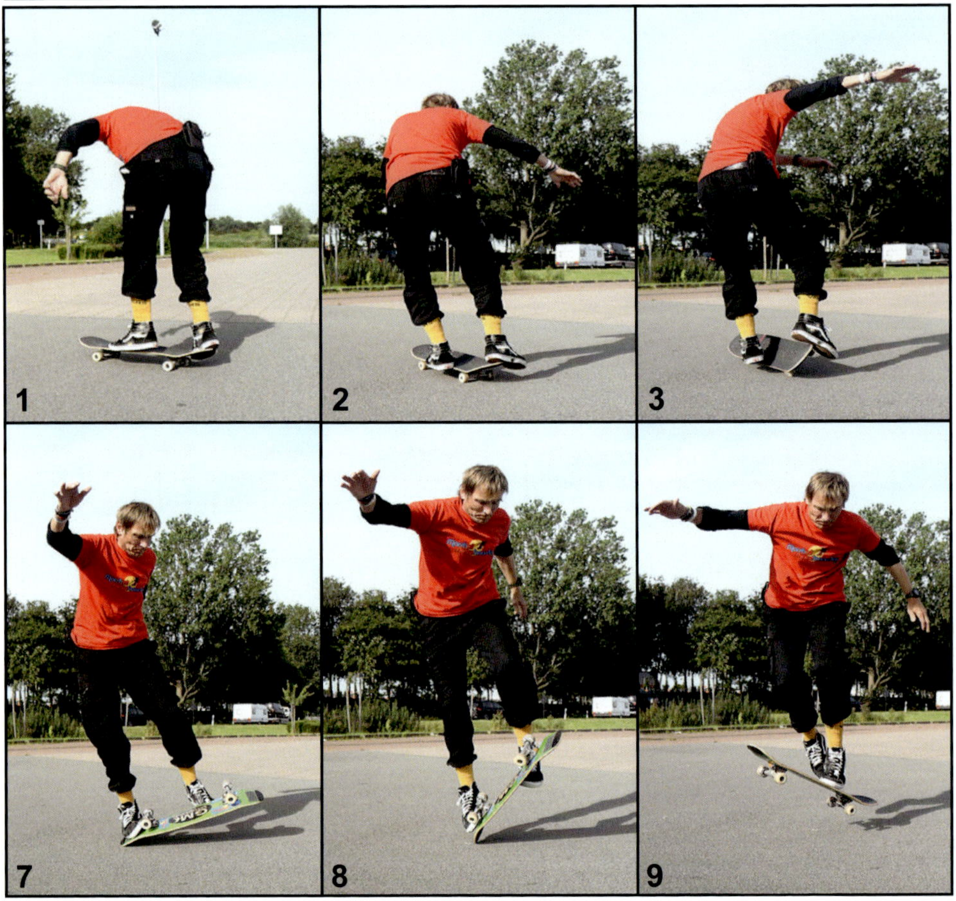

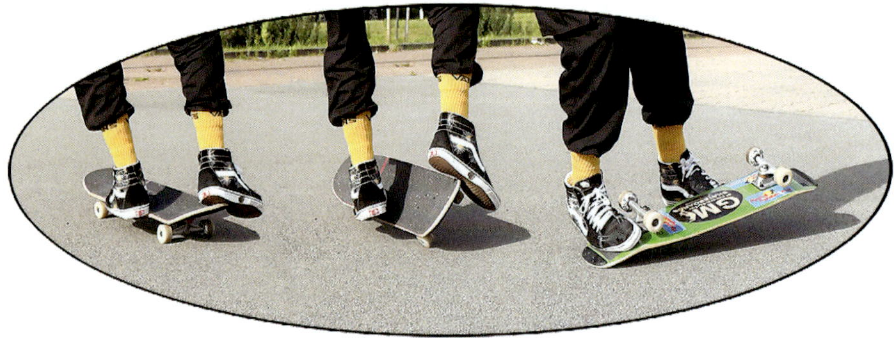

Entscheidend für diesen Trick ist die richtige Fußhaltung. Der Fußballen steht auf dem Tail und durch das Drehen die Fußspitze dann im Casper.

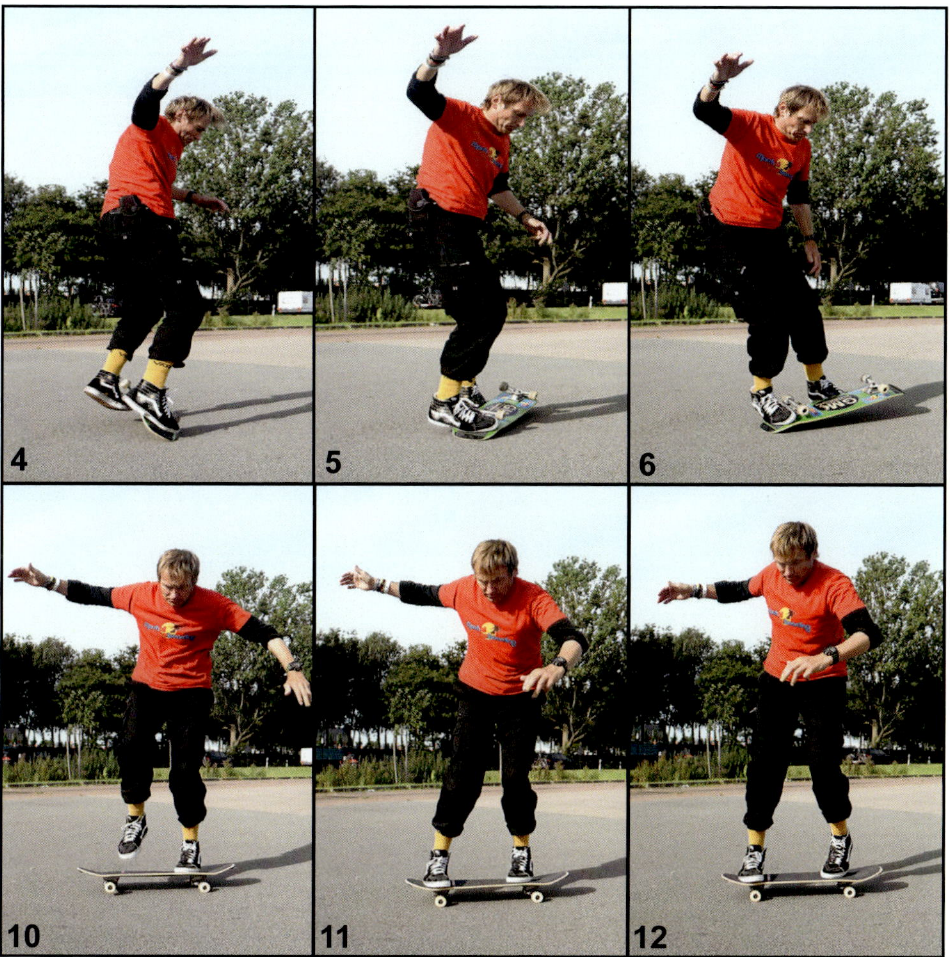

No-Hand Casper Twist: Ein No-Hand Casper aus der Fahrt im Fakie mit Drehung. Dieser Trick erfordert viel Übung.

1) Mäßig im Fakie anrollen. Dabei steht der vordere Fuß in der Mitte, etwas seitlich auf dem Board.

2) Der hintere Fuß steht nur mit der Ferse auf dem Tail, die Fußspitze ragt seitlich über das Board hinaus. Dabei mit den Armen Schwung holen für die Drehung.

3,4) Mit dem vorderen Fuß das Board umkippen, dabei verlagere dein Gewicht nach hinten.

5) Die Fußspitze vom hinteren Fuß, die über die Boardkante ragt, kann jetzt im Casper auf das Tail gestellt werden.

6,7) Nutze den Schwung deiner Arme für die Drehung und lande durch
8-12) kreuzen der Füße auf dem Board.

Rail to No-Hand Casper

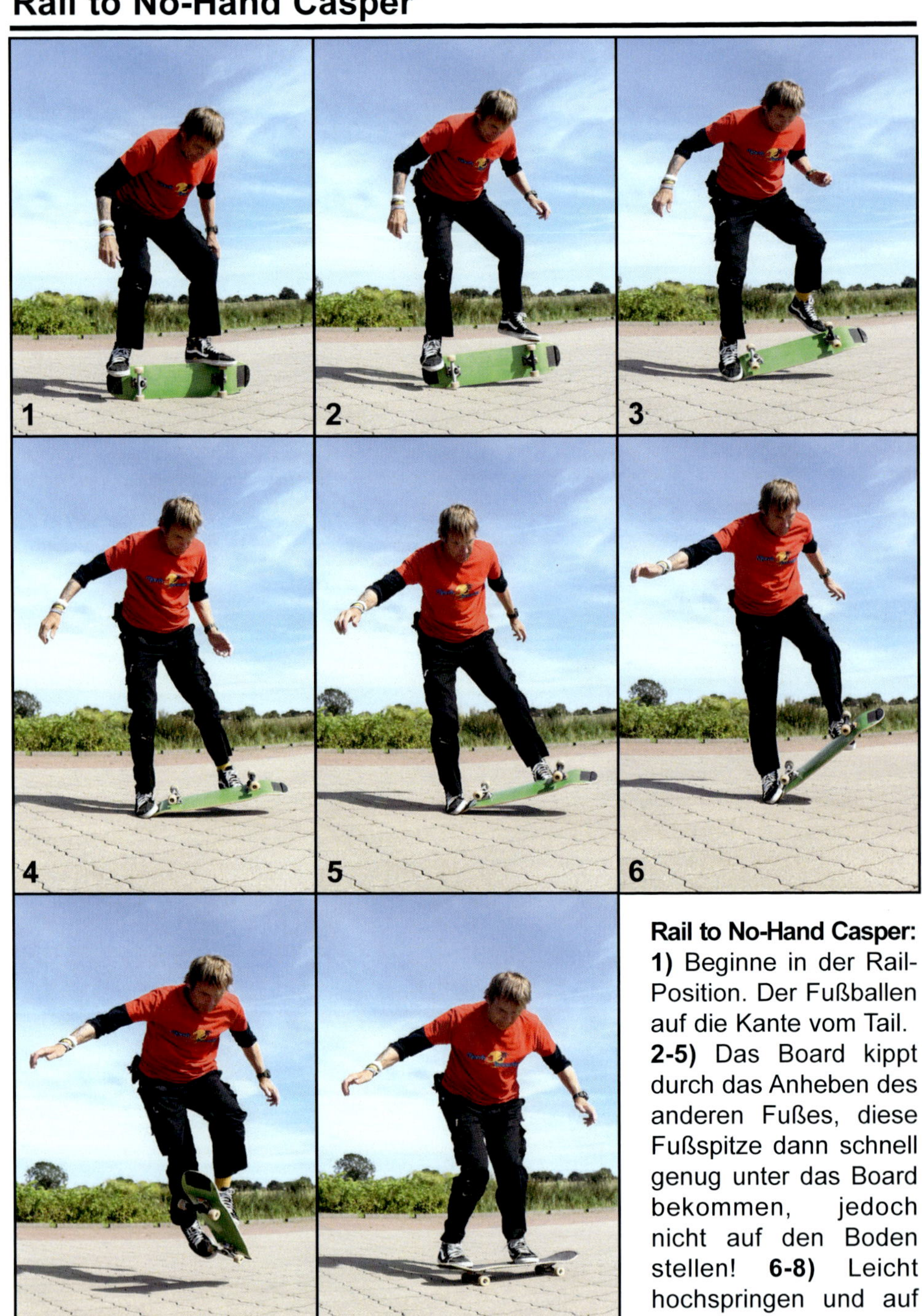

Rail to No-Hand Casper:
1) Beginne in der Rail-Position. Der Fußballen auf die Kante vom Tail.
2-5) Das Board kippt durch das Anheben des anderen Fußes, diese Fußspitze dann schnell genug unter das Board bekommen, jedoch nicht auf den Boden stellen! **6-8)** Leicht hochspringen und auf dem Board landen.

Mini Drop Mount

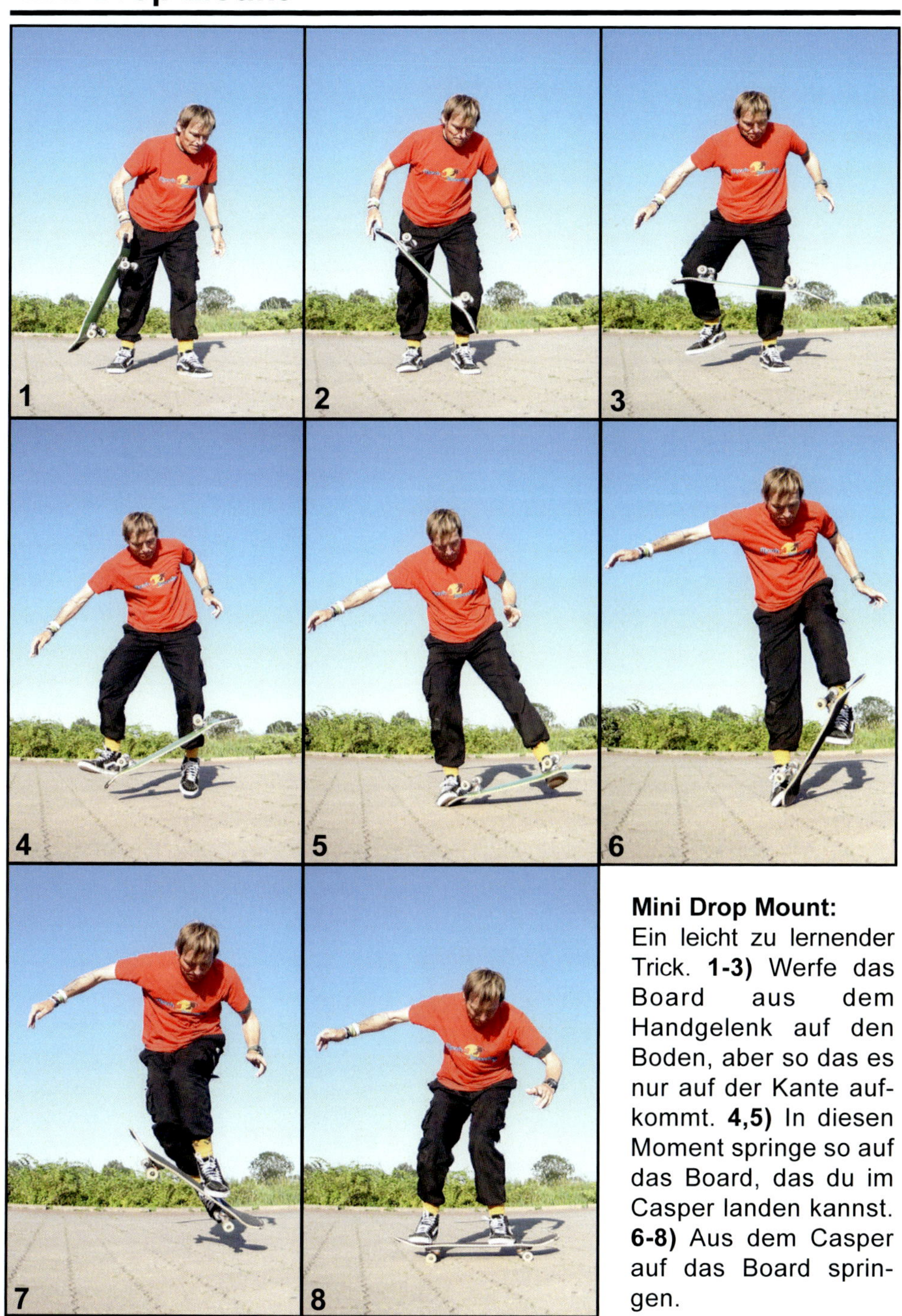

Mini Drop Mount:
Ein leicht zu lernender Trick. **1-3)** Werfe das Board aus dem Handgelenk auf den Boden, aber so das es nur auf der Kante aufkommt. **4,5)** In diesen Moment springe so auf das Board, das du im Casper landen kannst. **6-8)** Aus dem Casper auf das Board springen.

No-Hand 50/50

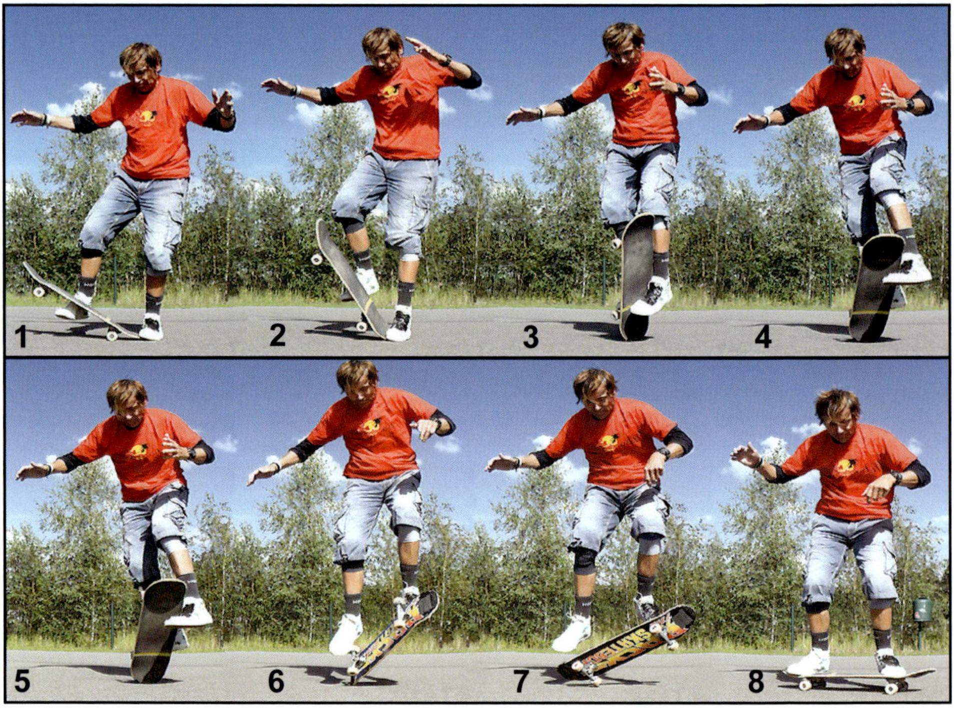

1) Ein Fuß steht auf dem Tail. Die Fußspitze vom anderen Fuß hältst du unter dem Deck.
2) Mit dieser Fußspitze ziehst du das Board hochkant.
3) Den Fuß, der auf dem Tail stand, ziehe auch hoch.
4) Mit diesem Fuß hältst du das Board. Versuche den ganzen Ablauf des Tricks in einem gleichmäßigen Rhythmus zu machen.
5-8) Leicht das Board drehen und mit beiden Füßen darauf landen.

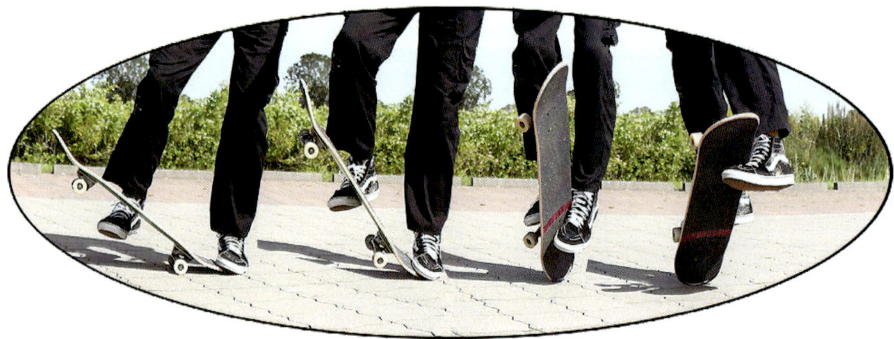

Wichtig: Gleichmäßiger Bewegungsablauf beider Beine und Balance halten.

No-Hand 50/50 to Rail

Der **No-Hand 50/50** ist im Freestyle-Skateboarding einer der schönsten Bewegungen. Dieser Bewegungsablauf ist am Anfang nicht so leicht zu verstehen. Die Balance zu halten ist auch nicht leicht.
Versuche diese Bewegung am Anfang mal im Sitzen oder an die Wand gelehnt.

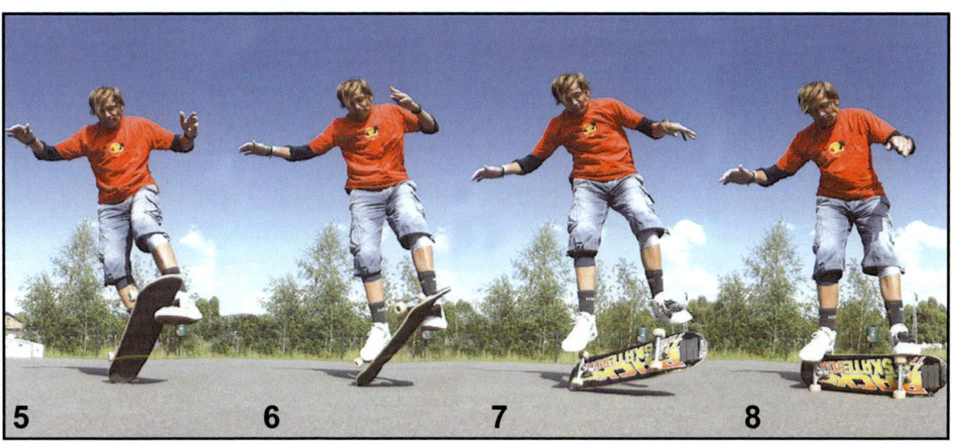

Die Steigerung von dem No-Hand 50/50 ist der **No-Hand 50/50 to Rail.**
5) Wenn du es geschafft hast im No-Hand 50/50 zu stehen, **6)** dann versuche das Board mit beiden Füßen ganz leicht etwas zu drehen, aber nicht zu viel. **7,8)** Nur so weit, dass du auf dem Rail landen kannst.
Es ist viel Balance für diesen Trick erforderlich, aber vom Rail kannst du dann direkt den nächsten Trick hinterher schiessen.

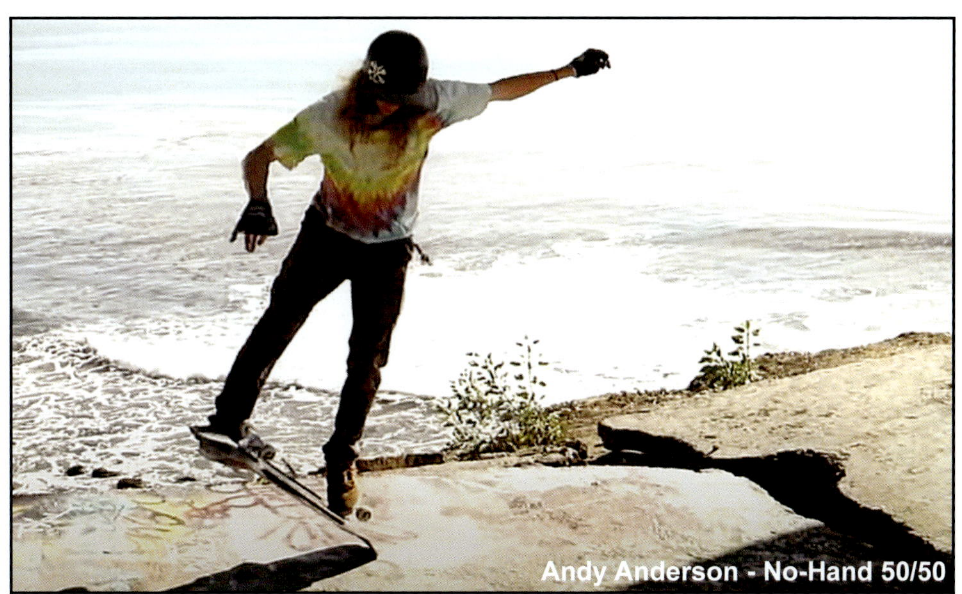

Andy Anderson - No-Hand 50/50

Tail Flip 180°

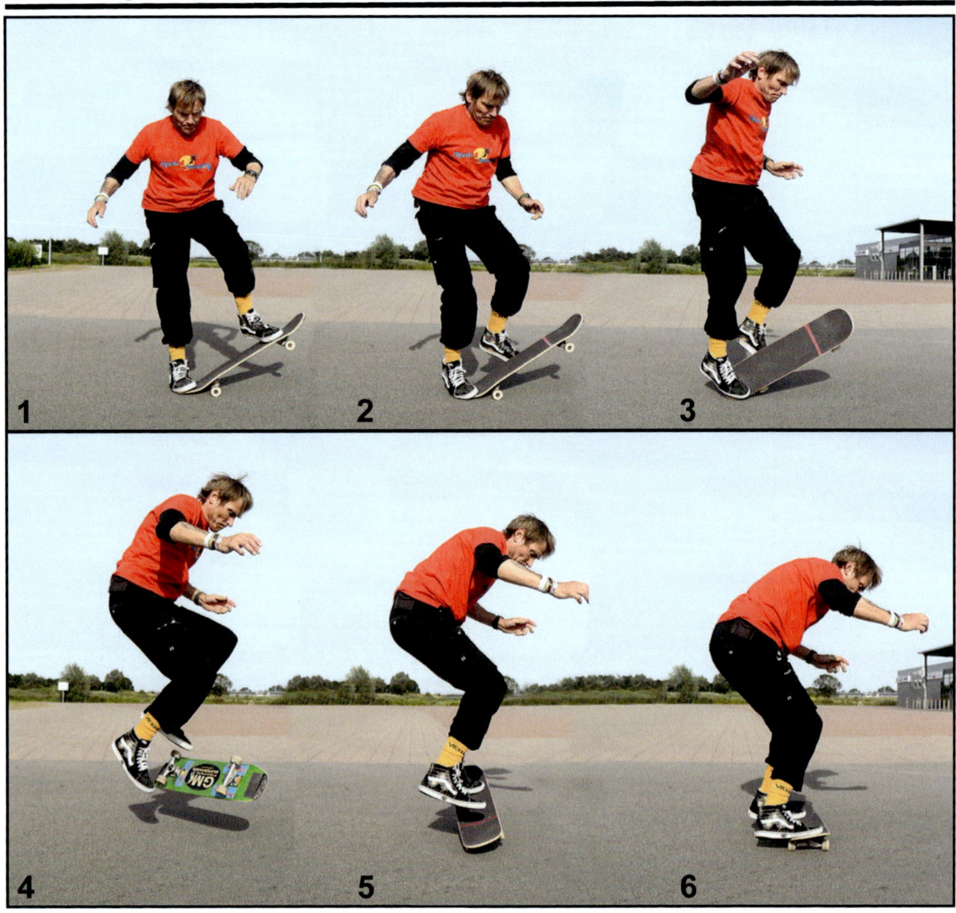

Tail Flip 180°: ist eine Drehung um die Längs- und Vertikalachse.

1,2) Den hinteren Fuß auf den Tail stellen. Den vorderen Fuß mit der Fußspitze seitlich über der hinteren Achse.

3) Mit der vorderen Fußspitze flippst du das Board in Richtung hinterer Fuß. Kurz vor dem Flip springe mit dem hinteren Fuß hoch.

4) Das Board sollte jetzt eine Drehung um die Längsachse machen.

5,6) Beine auseinander beim Landen.

One Armed Handstand

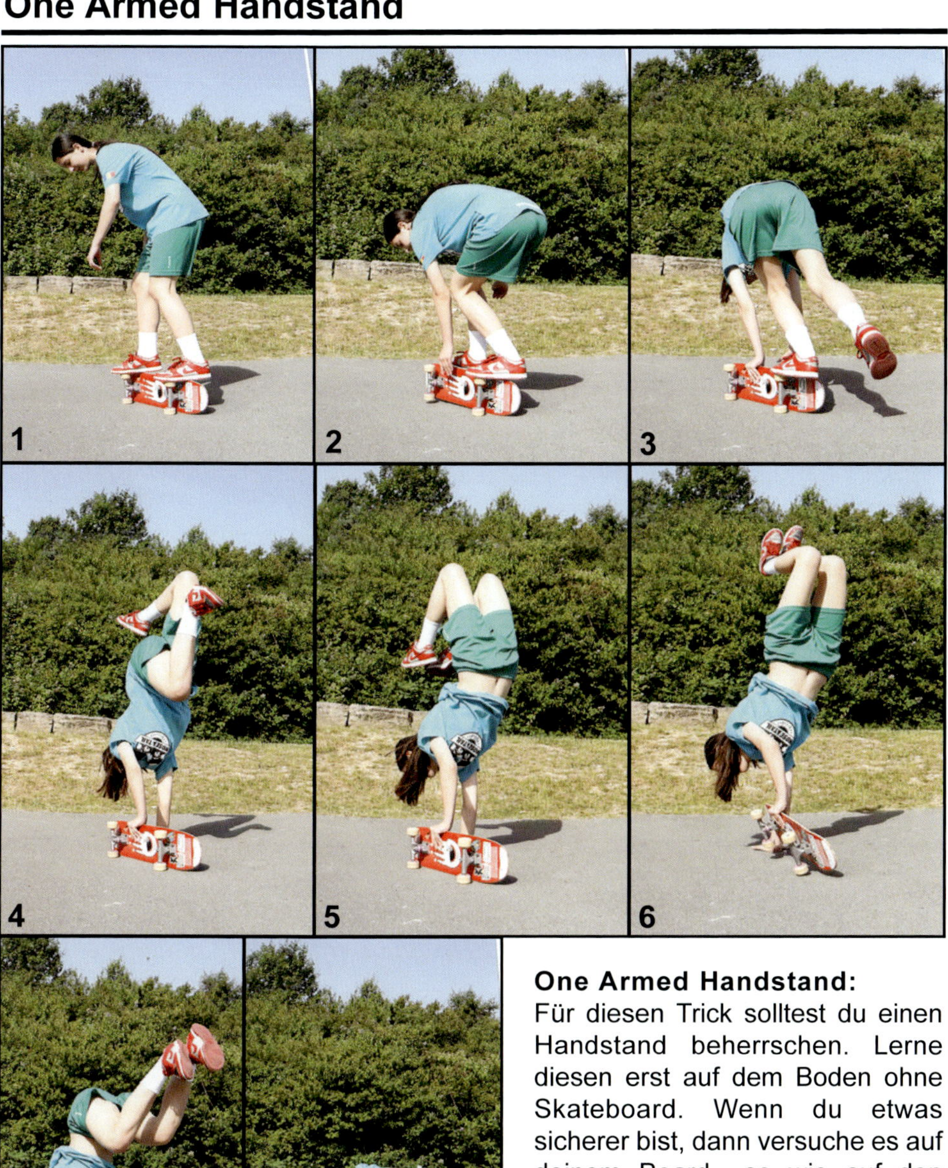

One Armed Handstand:
Für diesen Trick solltest du einen Handstand beherrschen. Lerne diesen erst auf dem Boden ohne Skateboard. Wenn du etwas sicherer bist, dann versuche es auf deinem Board so wie auf den Fotos. **1-5)** Vom Rail mit Schwung in den Handstand. Eine Hand am Board, eine Hand auf dem Boden. **6-8)** Das Board etwas anheben, und so hinstellen, dass du anschließend bequem darauf landen kannst.

360° Shove-It

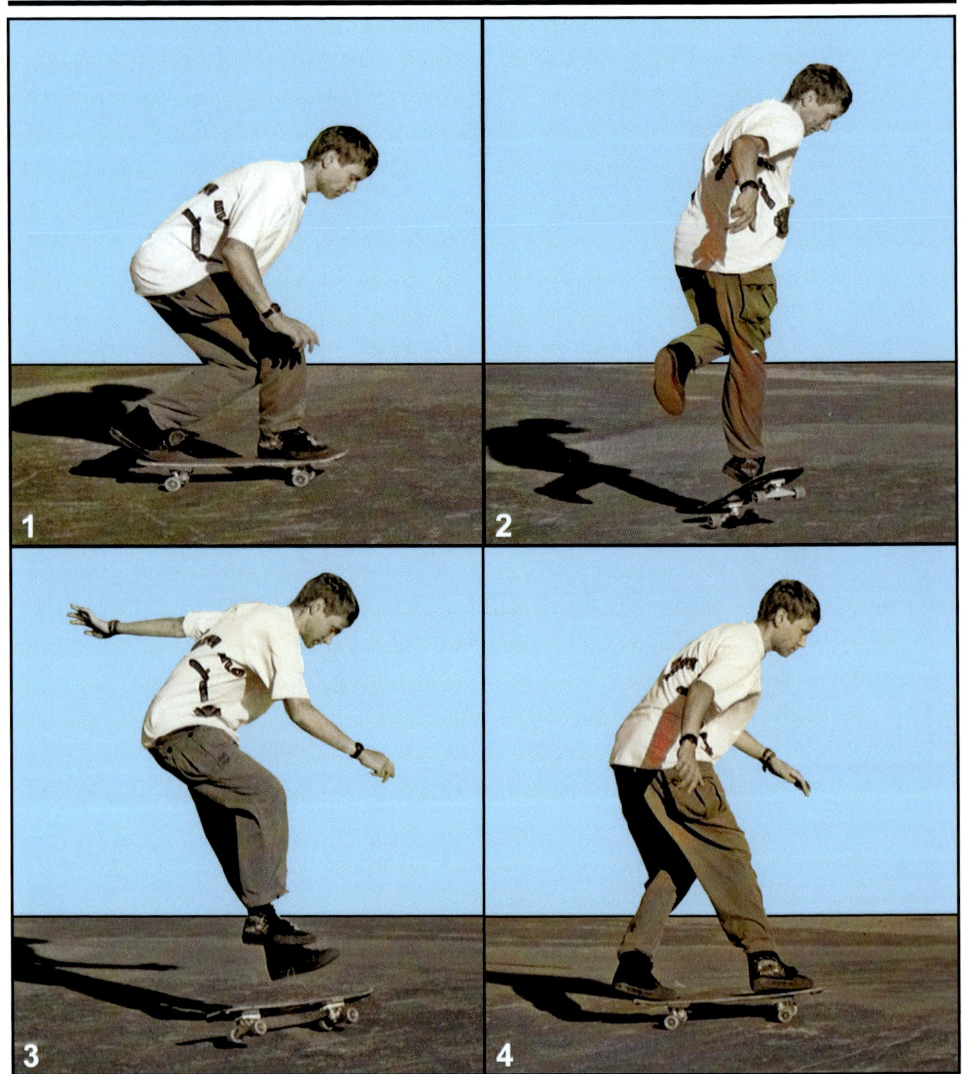

360° Shove-It: Das ist der Einstiegstrick für viele verschiedene Shove-It's. Gewöhne Dir bei dem 360° Shove-It von Anfang an, die richtige Fußstellung an. Dann hast Du es leichter, danach einen 540° Shove-It zu lernen.

1) Mäßig anfahren. Den vorderen Fuß leicht nach außen gedreht auf die Nose stellen. Den hinteren Fuß über die hintere Achse stellen.

2,3) Leicht in die Hocke gehen, etwas anspannen, hoch und nach vorne springen. Dabei den vorderen Fuß von außen mit dem Board nach innen ziehen. Das Board sollte sich möglichst um 360° drehen, um sicher zu landen.

4) Bei der Landung die Beine auseinander.

Frontside 360° Shove-It

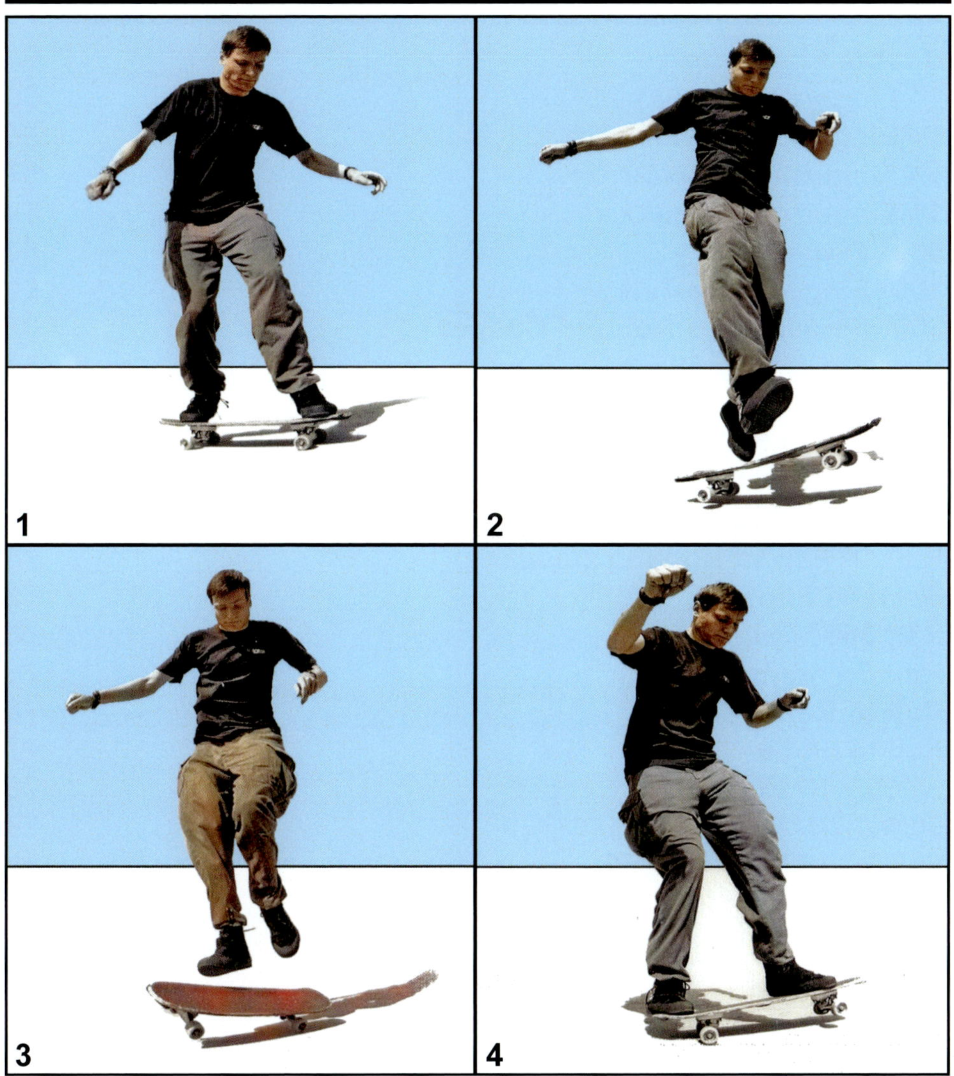

Frontside 360° Shove-It: Dieser Trick sieht relativ leicht aus, aber das täuscht! Du kannst nämlich nicht wie beim 360° Shove-It mit den Armen Schwung holen. Sondern der Schwung kommt lediglich aus den Beinen. Und es gehört etwas Überwindung dazu auf das Board zu springen.

1) Mäßig anfahren, vorderer Fuß auf die Nose, hinterer Fuß auf die hintere Achse.

2,3) Mit Schwung aus den Beinen, ziehe den vorderen Fuß zu Dir hin, zugleich den hinteren von Dir weg. Springe hoch und nach vorne.

4) Das Board sollte sich möglichst um 360° drehen damit du sicher landen kannst.

Stationary Tricks

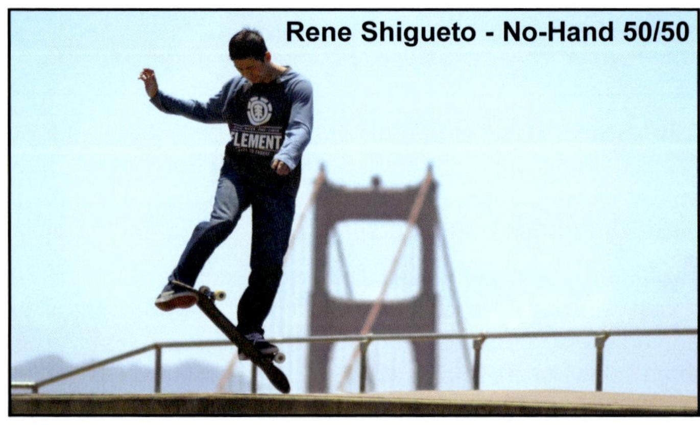

Rene Shigueto - No-Hand 50/50

Stationary Tricks

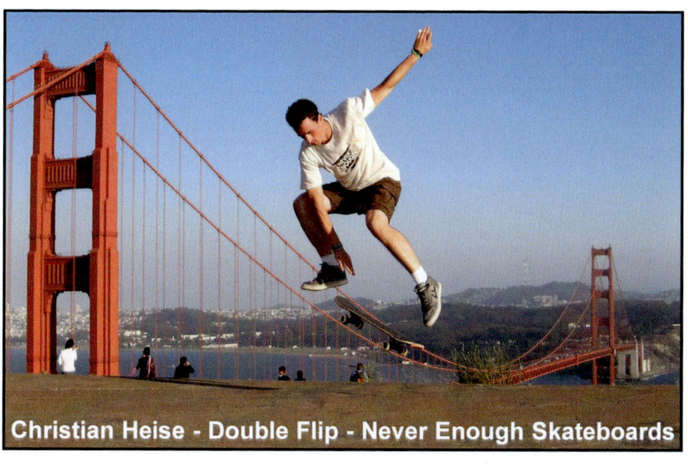

Christian Heise - Double Flip - Never Enough Skateboards

Double Fingerflip

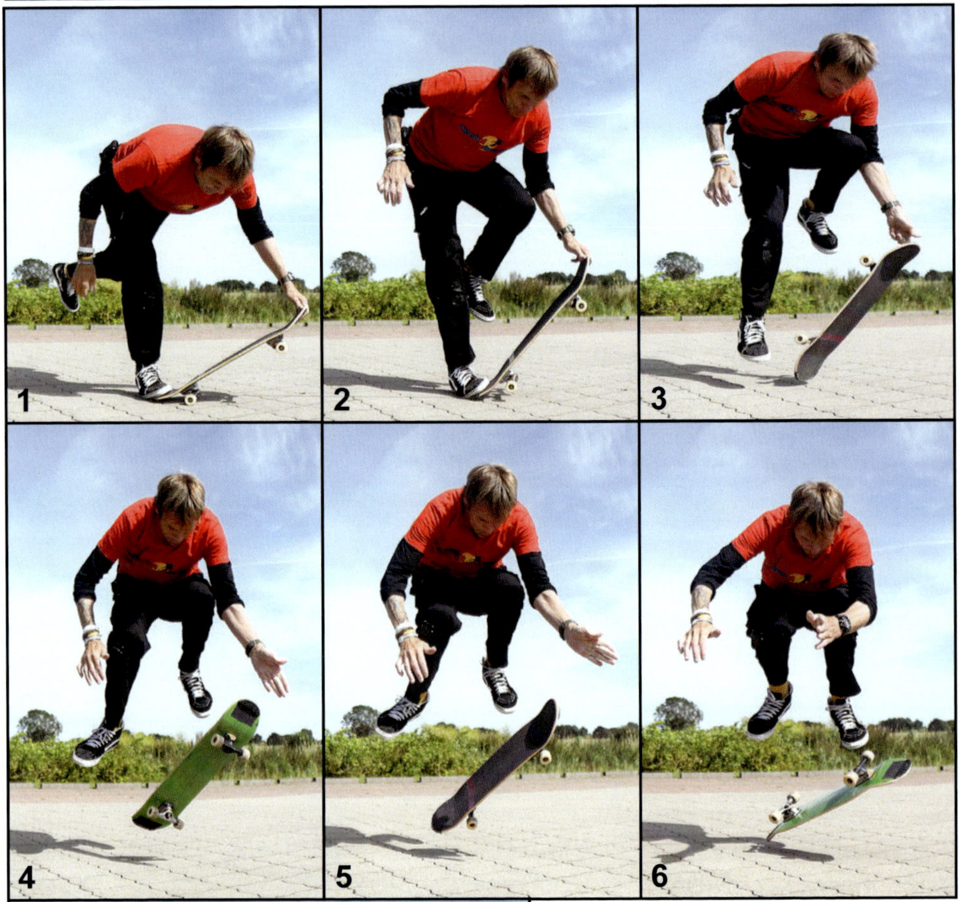

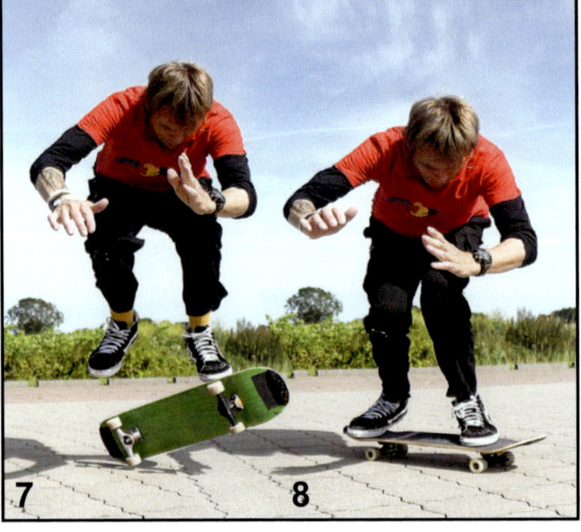

Double Fingerflip: Hierbei handelt es sich um den gleichen Bewegungsablauf wie bei den einfachen Fingerflip. Der Unterschied, mehr Schwung, mehr Sprungkraft. **1-3)** Nehm Schwung und spring stark ab, zugleich dreh das Board stark mit der Hand. **4-7)** Diesen Flip kann man gut kontrollieren. **8)** Bei der Landung, die Beine auseinander und gut abfedern.

$1^{1/2}$ Fingerflip to Casper

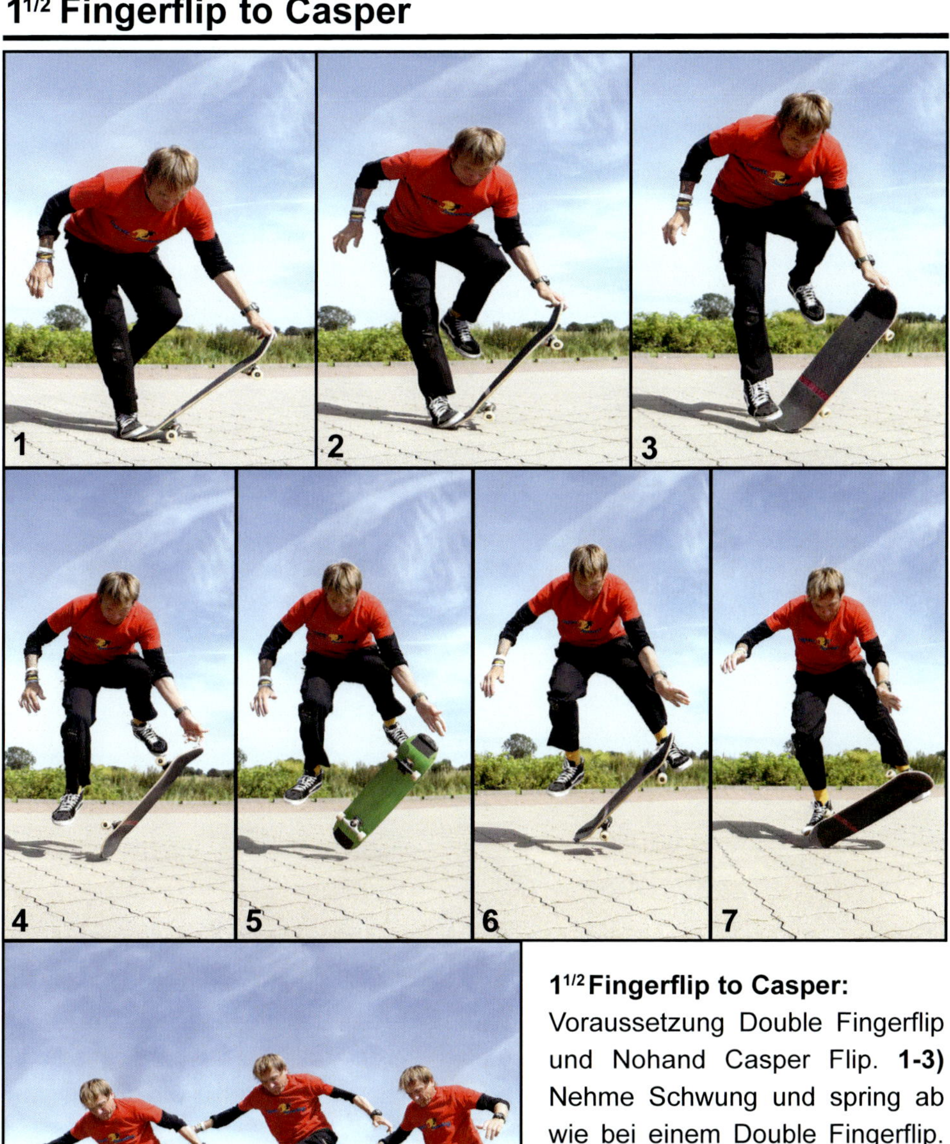

$1^{1/2}$ Fingerflip to Casper: Voraussetzung Double Fingerflip und Nohand Casper Flip. **1-3)** Nehme Schwung und spring ab wie bei einem Double Fingerflip. Mit der Hand das Board aber nicht zu stark drehen. **4-7)** Etwas Feingefühl beim Drehen ist entscheident. **8)** Beim Landen im Nohand Casper etwas nach hinten lehnen. Balance halten. **9,10)** Dann auf das Board springen.

1¼ Fingerflip to Rail

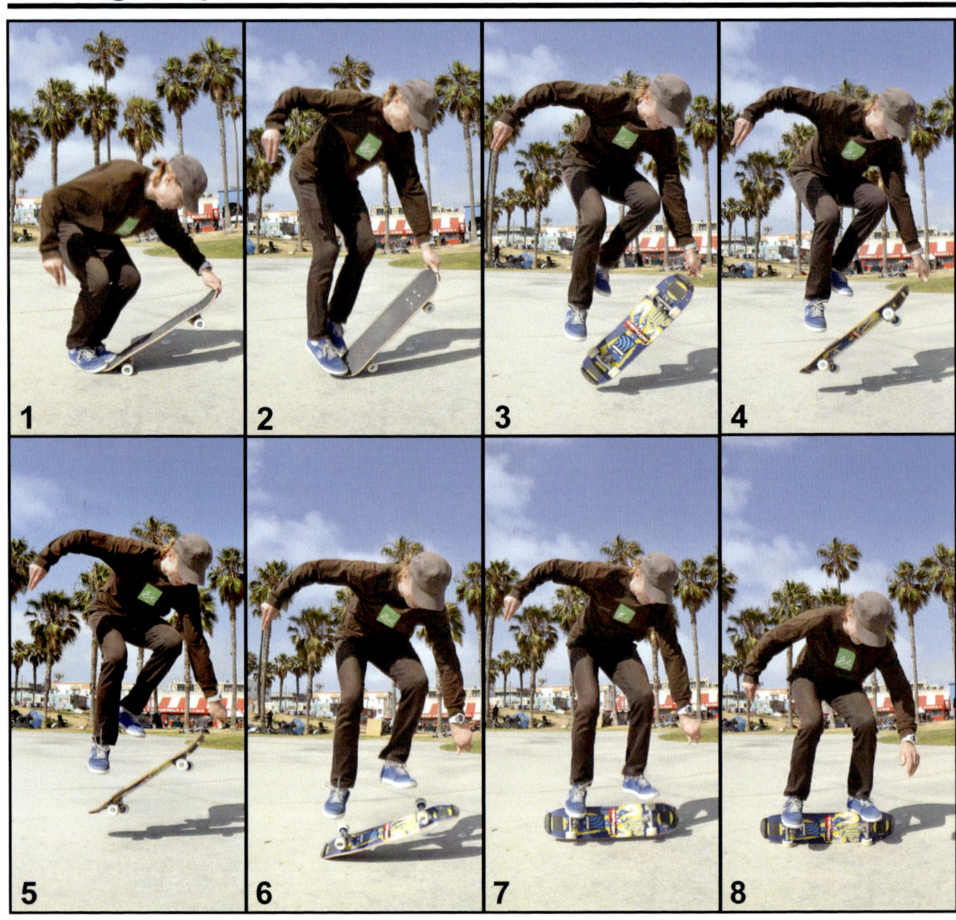

1¼ Fingerflip to Rail:
Auch hierbei handelt es sich um einen doppelten Fingerflip. Jedoch ist sehr viel Feingefühl beim Flippen mit den Fingern entscheidend. Hinzu kommt noch, du landest in einer wackligen Position, auf dem Rail. **1,2)** Auf dem Foto ist der Absprung etwas anders, du springst mit beiden Füßen gleichzeitig hoch. Es geht aber auch wie gewöhnlich: Schwung mit einem Bein und abspringen. **2-6)** Absprung, der richtige Schwung, das richtige Feingefühl. 7,**8)** Bei der Landung, die Beine auseinander und Balance halten.

1½ Fingerflip to 50/50: →
Bei diesem Trick flippst du das Board und fängst es mit derselben Hand. **1)** Schwung für den Flip nehmen, **2,4)** Absprung, halte das Board dabei steiler, als bei einem Double Fingerflip. **5)** Schnappe das Board im richtigen Moment, dann ausbalancieren. **6-10)** Der Rest ist einfach.

1½ Fingerflip to 50/50

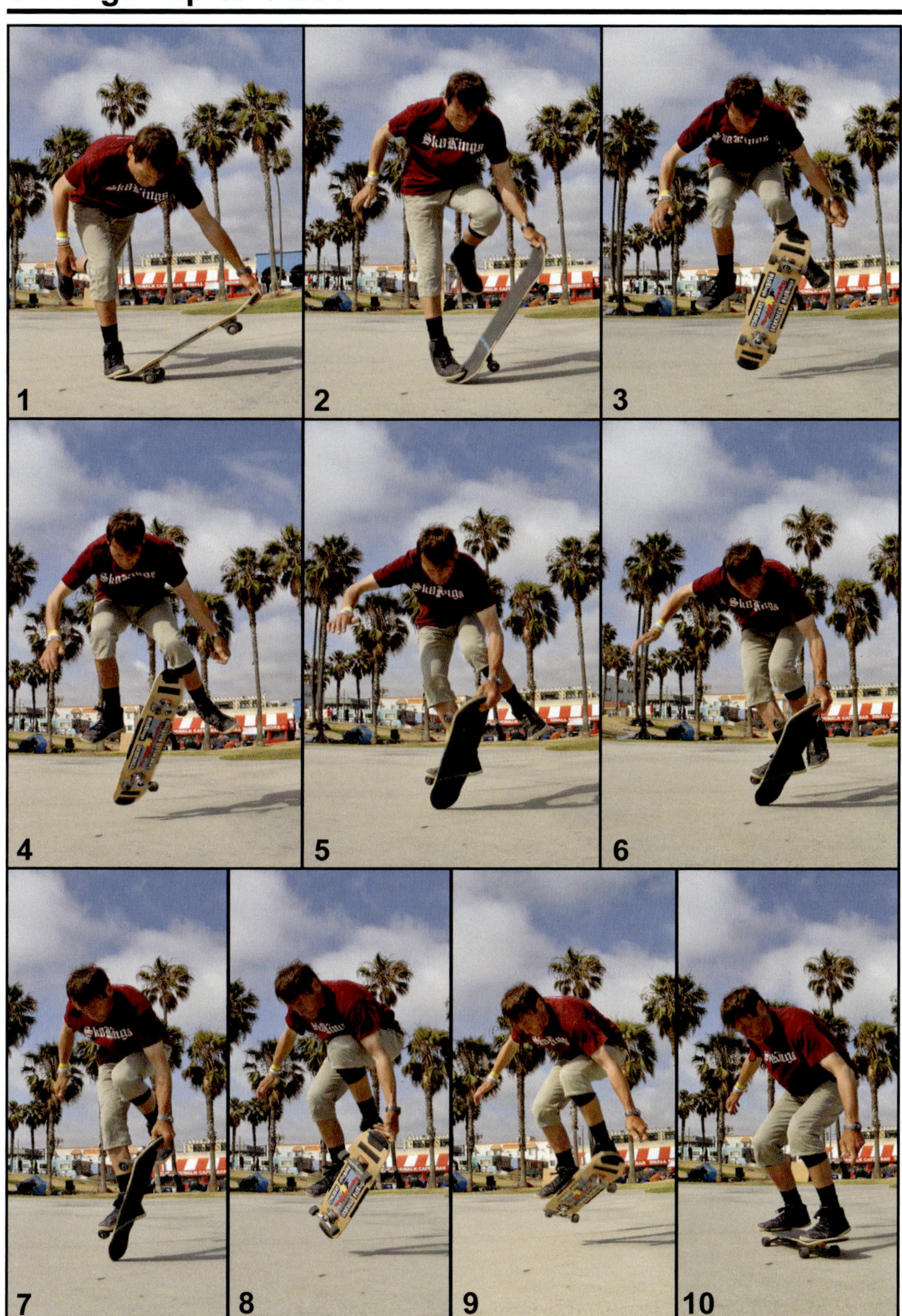

1½ Fingerflip to Truck

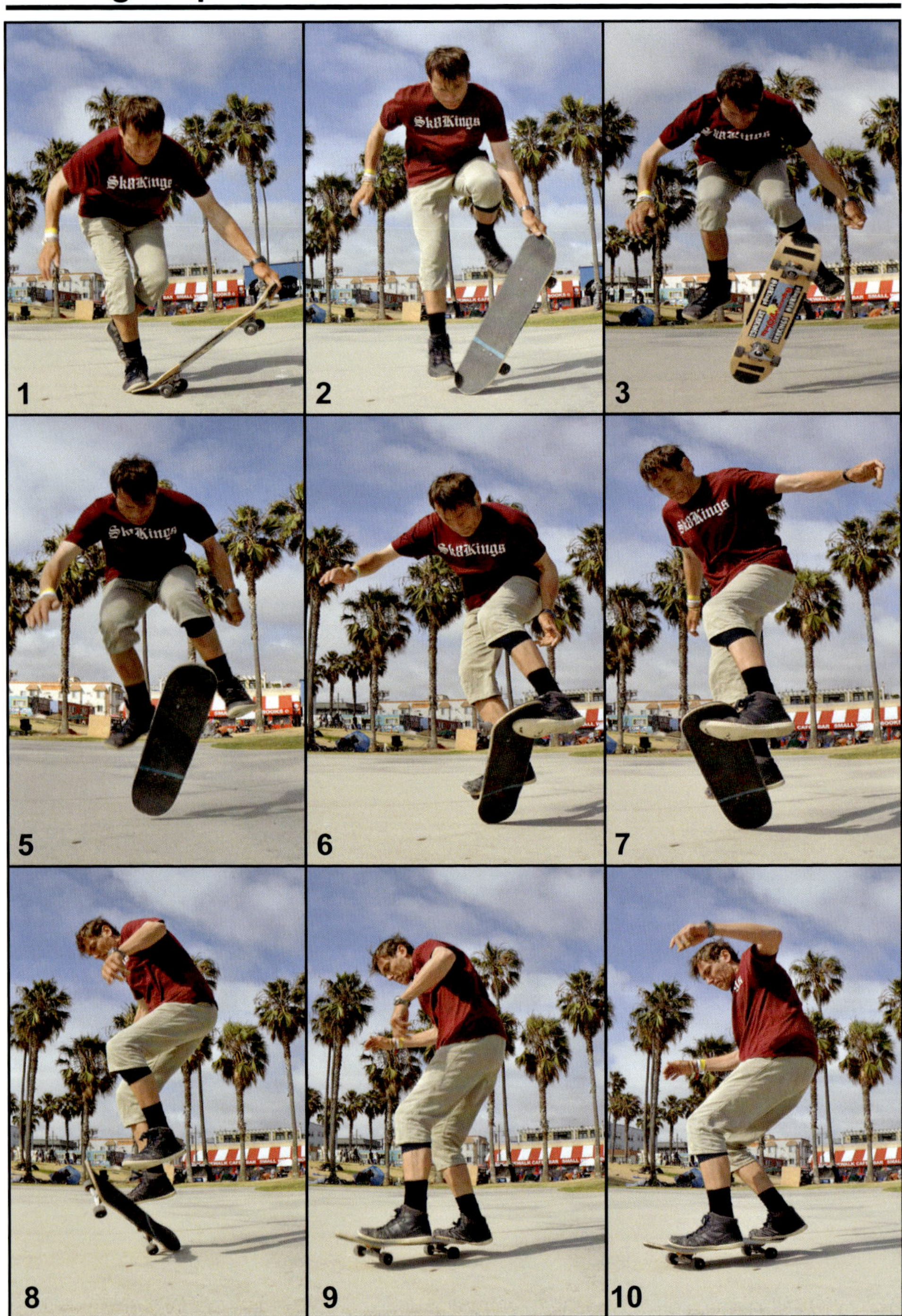

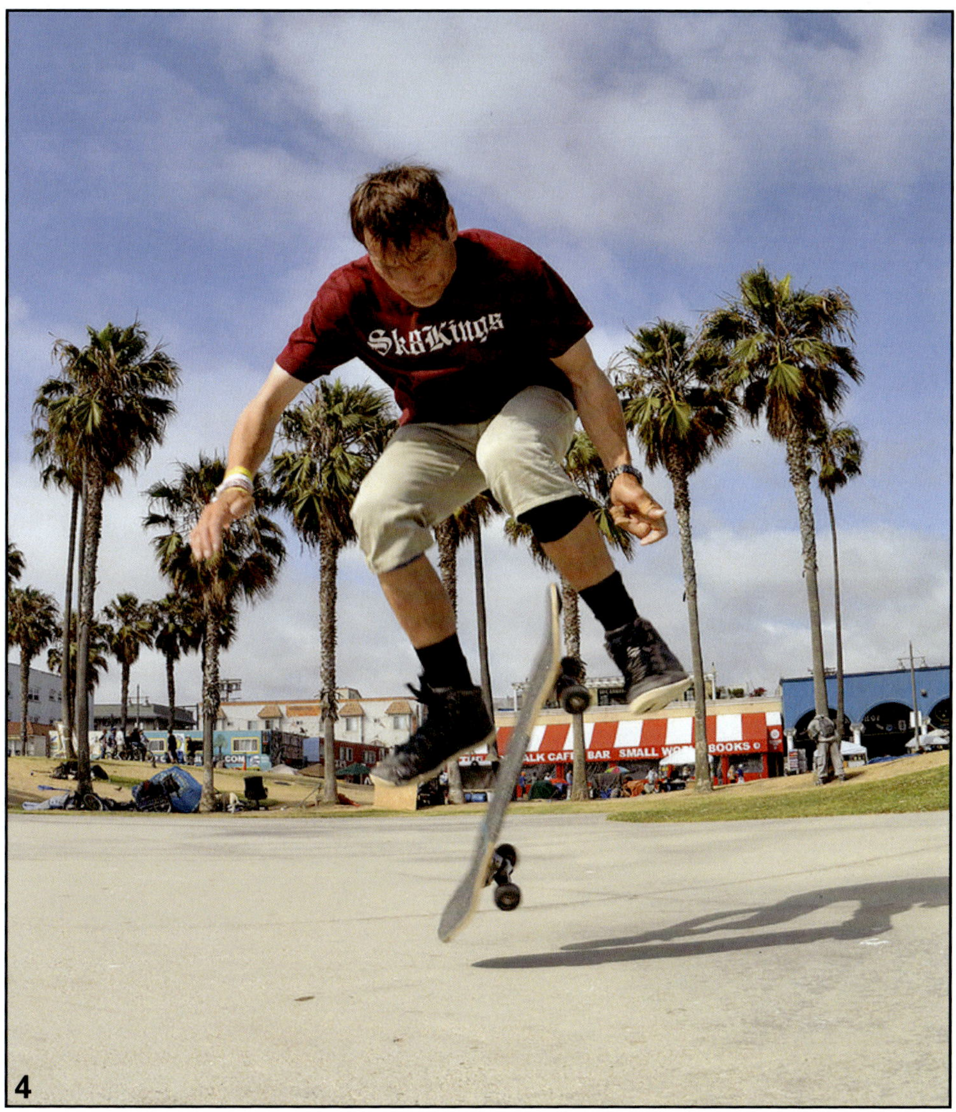

1½ Fingerflip to Truck: Voraussetzung sind Double Fingerflip, perfekter No-Hand Casper, perfekter No-Hand 50/50.

1,2) Flippe das Board wie bei einem Double Fingerflip, aber steil nach oben.
3-5) Zugleich springst du in die No-Hand 50/50 Position.
6) Im richtigen Moment das Board schnappen, das Board muss steil stehen, damit du es besser mit den Füßen halten kannst.
7-10) Ausbalancieren und aus dem No-Hand 50/50 auf das Board springen.

360° Fingerflip

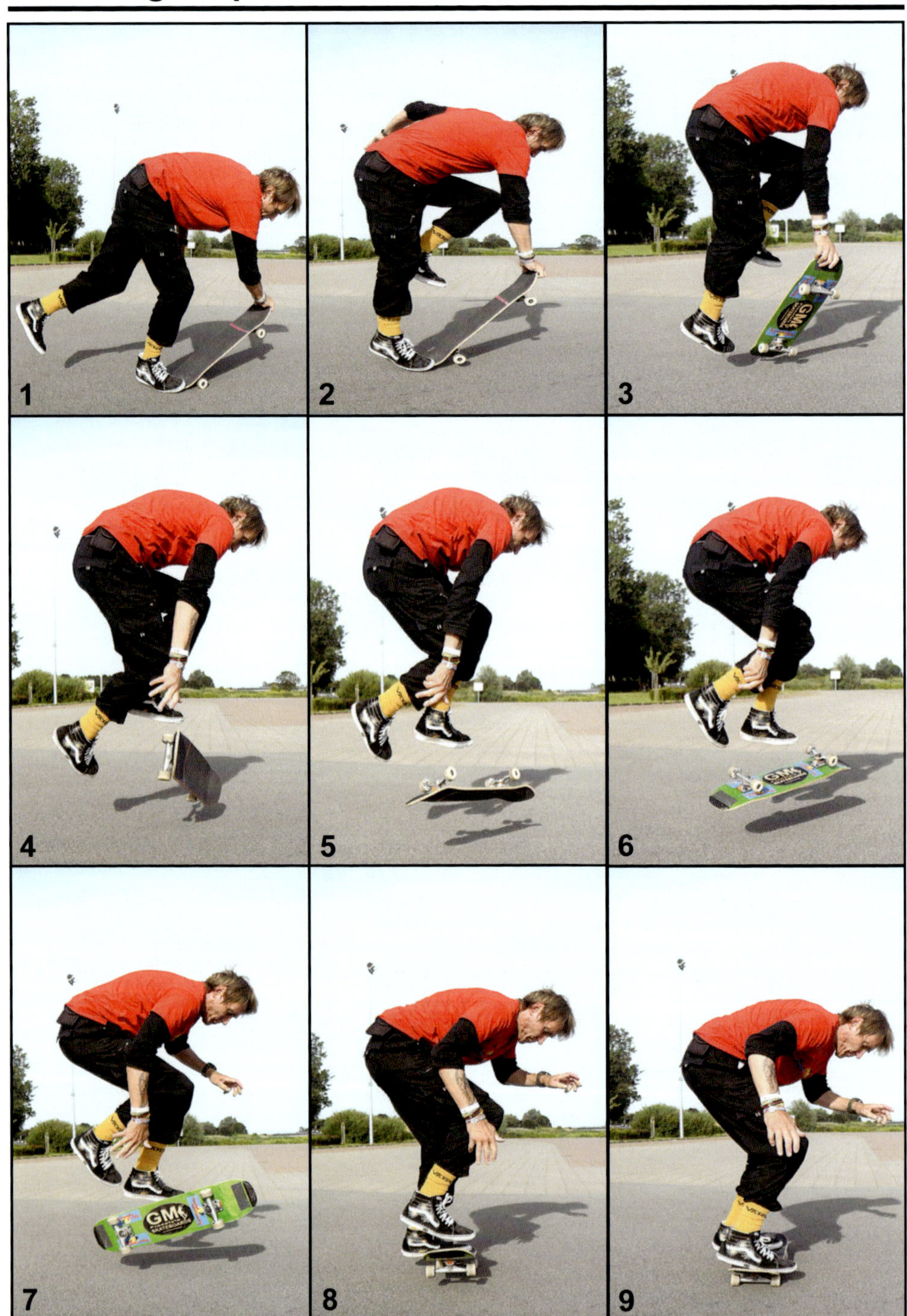

360° Fingerflip to Tail

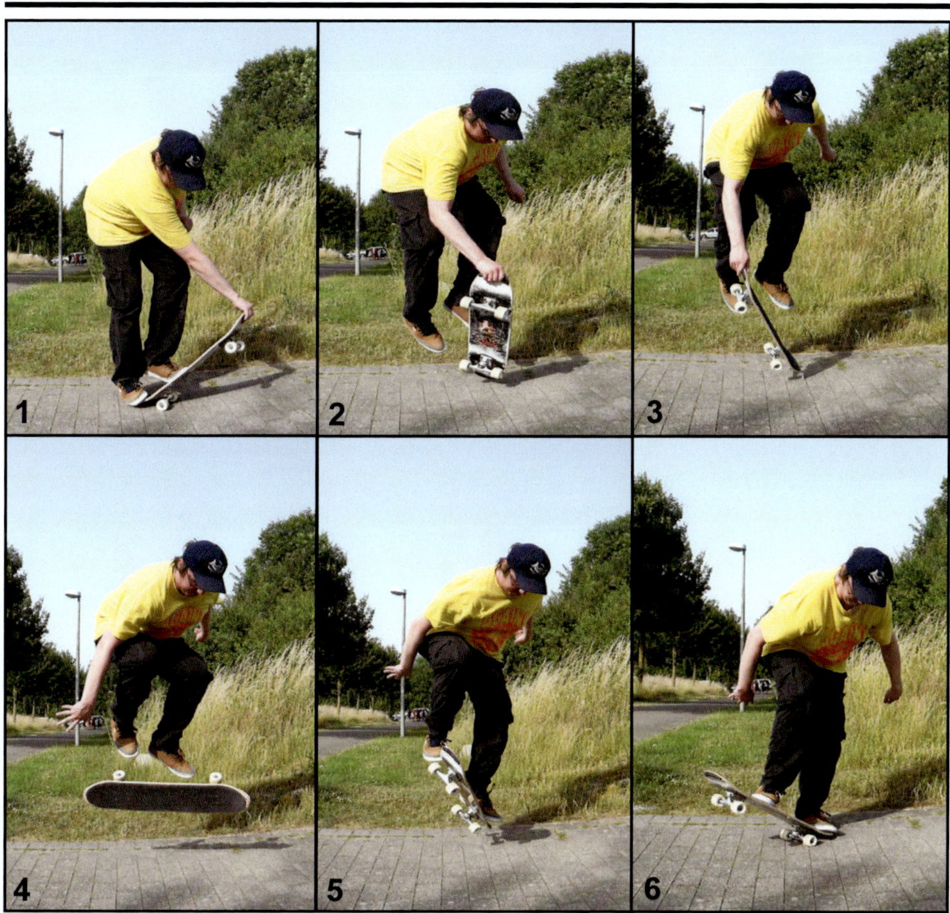

← **360° Fingerflip:**

Voraussetzung sind Sprungkraft und Fingerflips. Schaut sehr gut aus, ist nicht schwer.

1) Die richtige Position, besonders von Hand und Fuß, sind entscheidend.

2,3) Beim Absprung ziehst du das Board zur Seite und lässt es flippen. Zugleich springst du hoch.

4-7) Das Board sollte möglichst unter dir bleiben und eine Drehung um die Längs- und Vertikalachse machen.

8,9) Beine auseinander bei der Landung und Balance halten.

360° Fingerflip to Tail:

Wenn du den 360°Fingerflip drauf hast, versuche diesen mal auf dem Tail zu landen.

1) Richtige Startposition!

2-5) Abspringen.

6) Kurz vor dem Landen mehr Gewicht zum Tail und auf diesem landen.

360° Fingerflip to No-Hand Casper

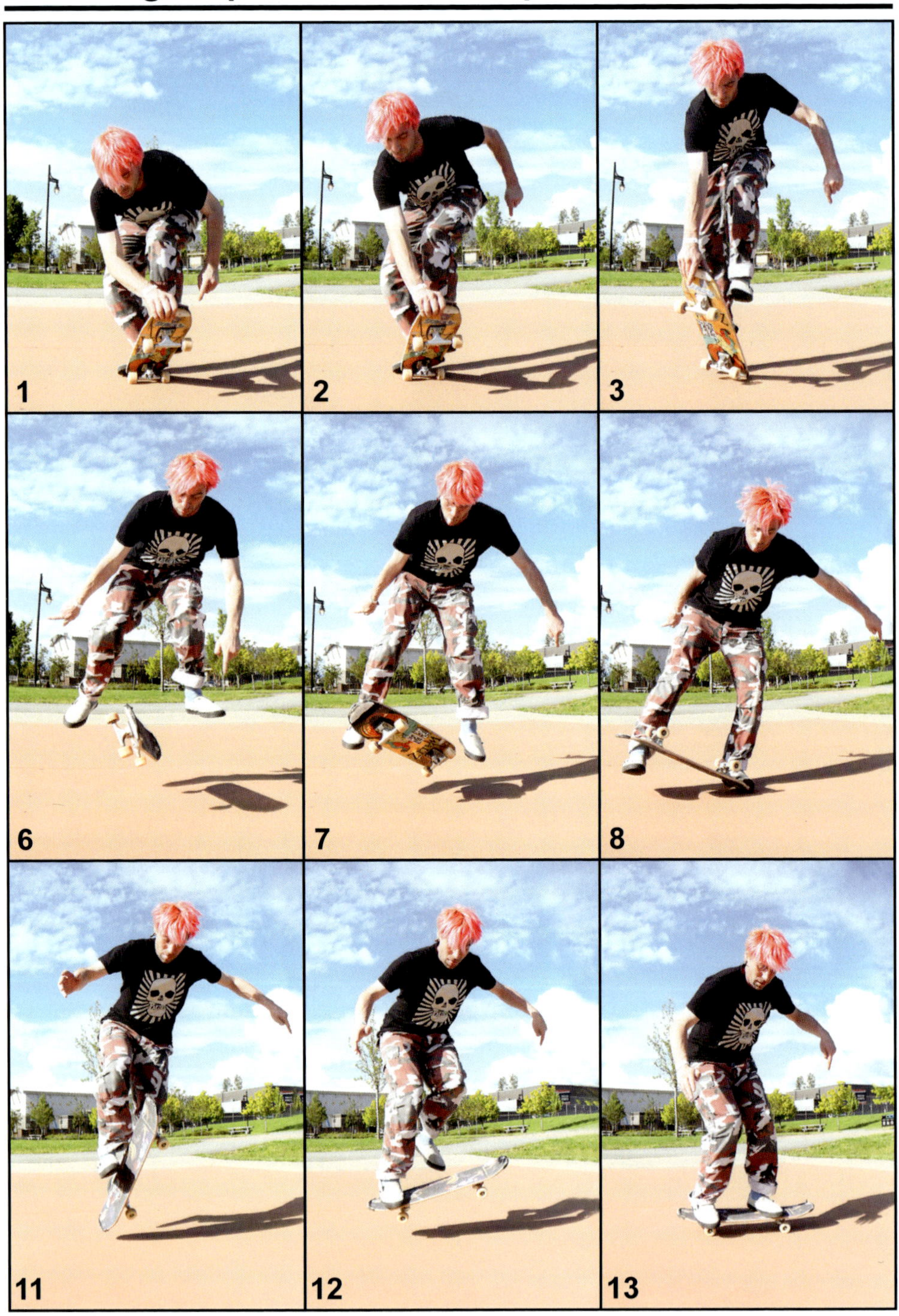

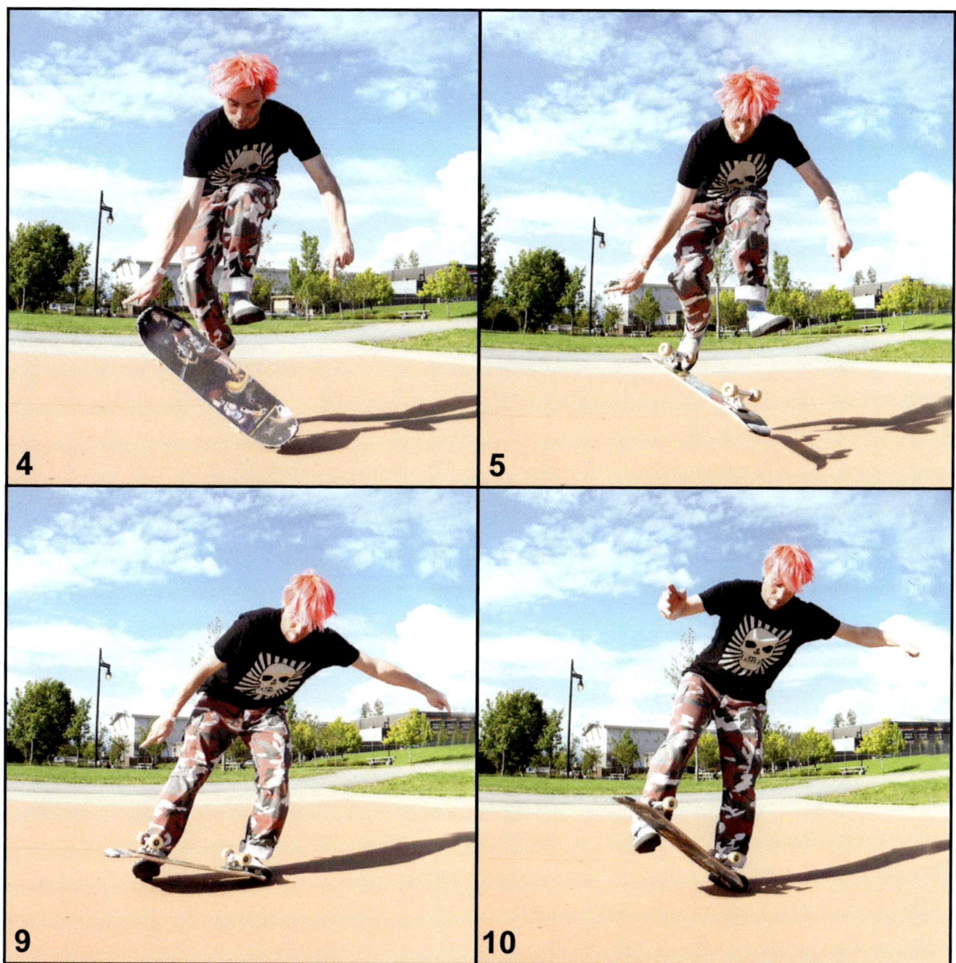

360° Fingerflip to No-Hand Casper: Wenn Du den 360° Fingerflip sicher kannst und ein gutes Gefühl dabei hast, kannst du diesen Trick mal versuchen.

1,2) Position wie bei dem 360° Fingerflip.

3) Beim Ziehen mit der Hand musst du das Board stärker mit den Fingern drehen, damit das Board nicht nur die 360°-Drehung macht, sondern zusätzlich eine halbe Drehung mehr, damit du es im Casper landen kannst.

4-7) Absprung und Beine anziehen.

8) Im Casper landen.

9-13) Aus dem Casper wie gewohnt auf dem Board landen.

Pop and Flip to 50/50

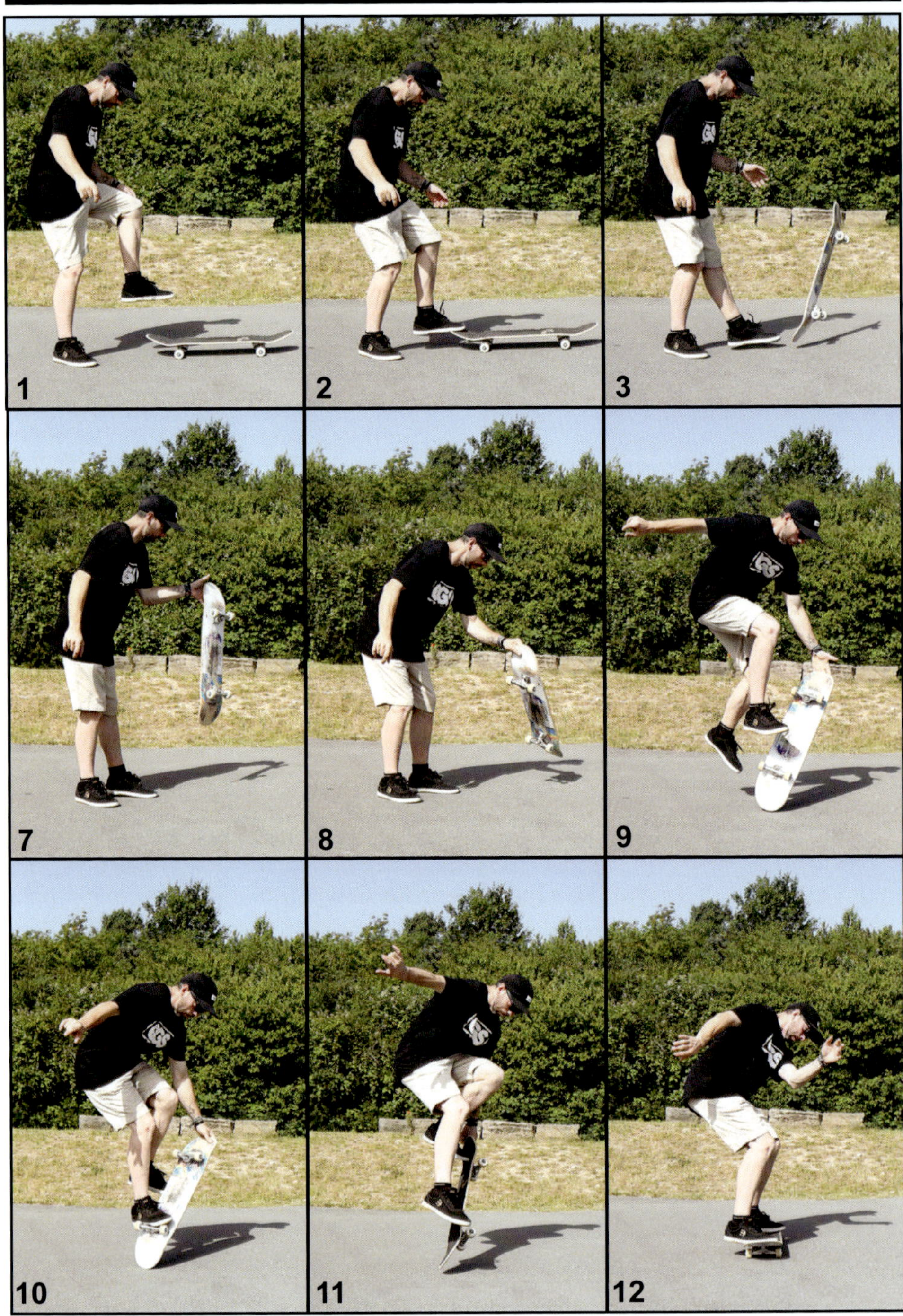

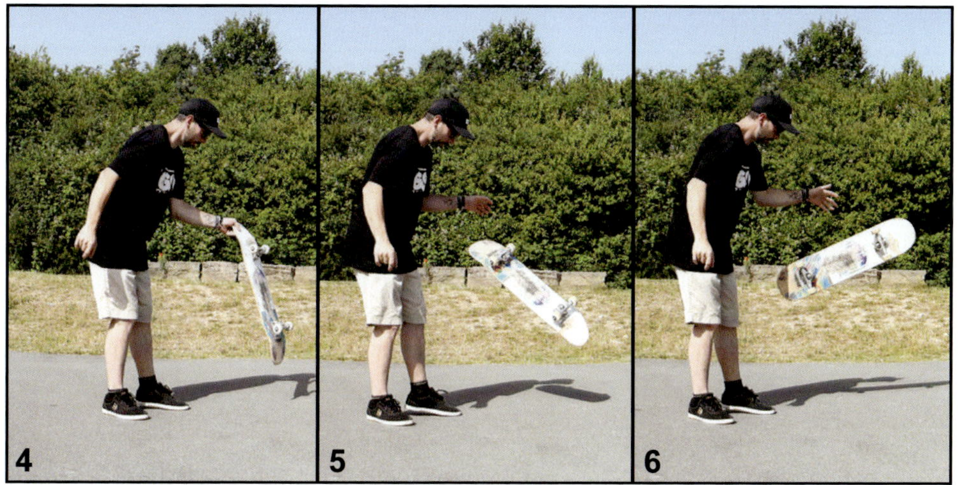

Pop and Flip to 50/50: Von Danny "Darkslide" Klahold, einem kreativen Street-Skateboarder.

1-3) Poppe das Board mit dem Fuß, sodass es hochspringt.

4) Beobachte die Drehung und schnappe es mit der Hand an Tail oder Nose.

5-7) Werfe es durch eine kleine Handbewegung 180° und schnappe es mit dieser.

8-10) Sobald du das Board wieder in der Hand hast, springe auf die Achse.

11-12) Dann auf's Board. Versuche, diesen Trick in einen gleichmäßigen Rhythmus auszuführen.

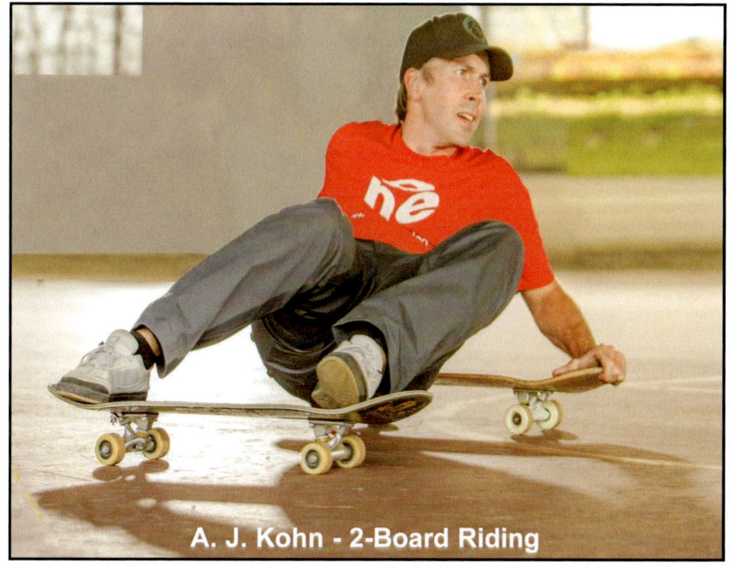

A. J. Kohn - 2-Board Riding

Triple Railflip

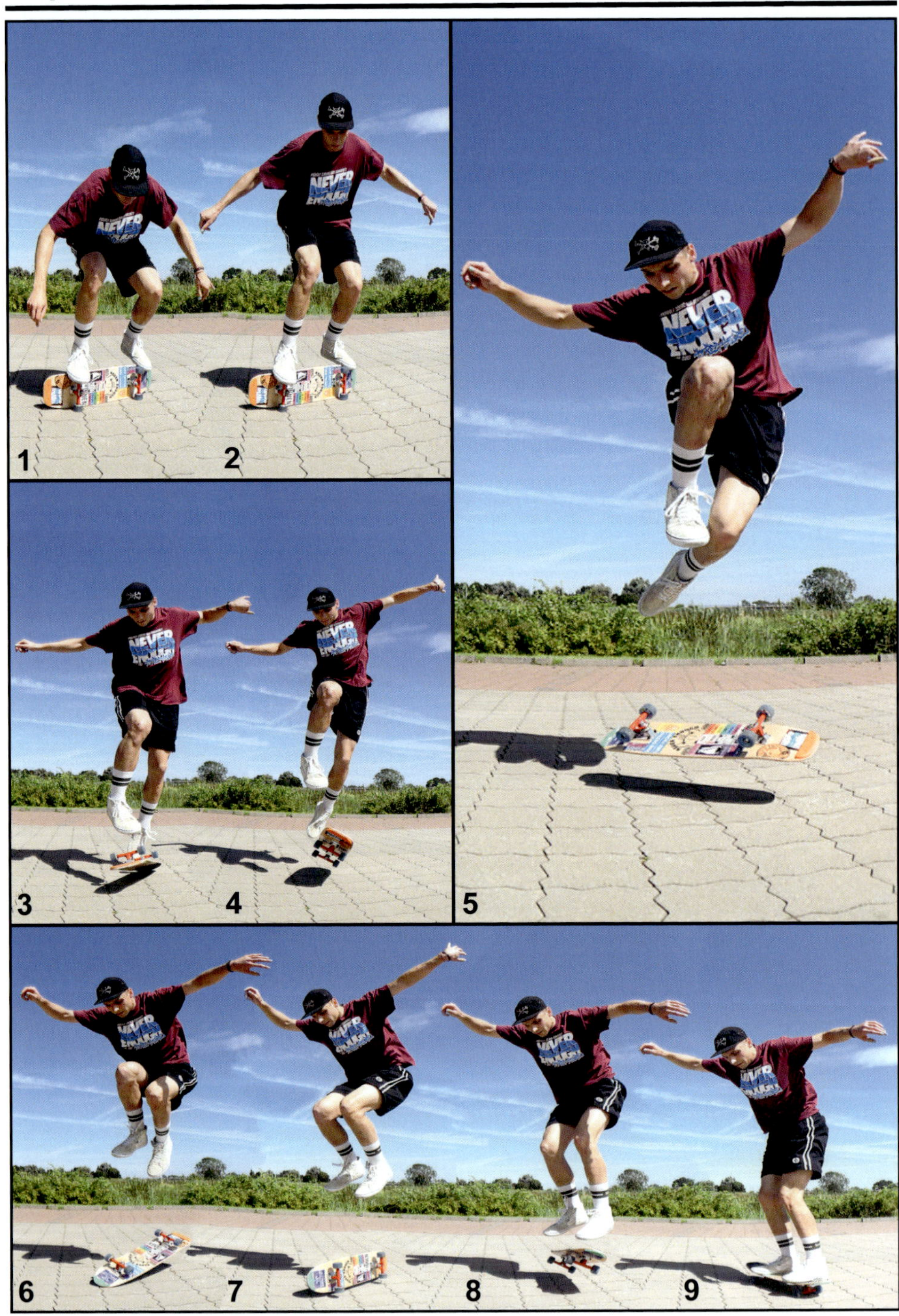

Rail to Rail 360° Flip

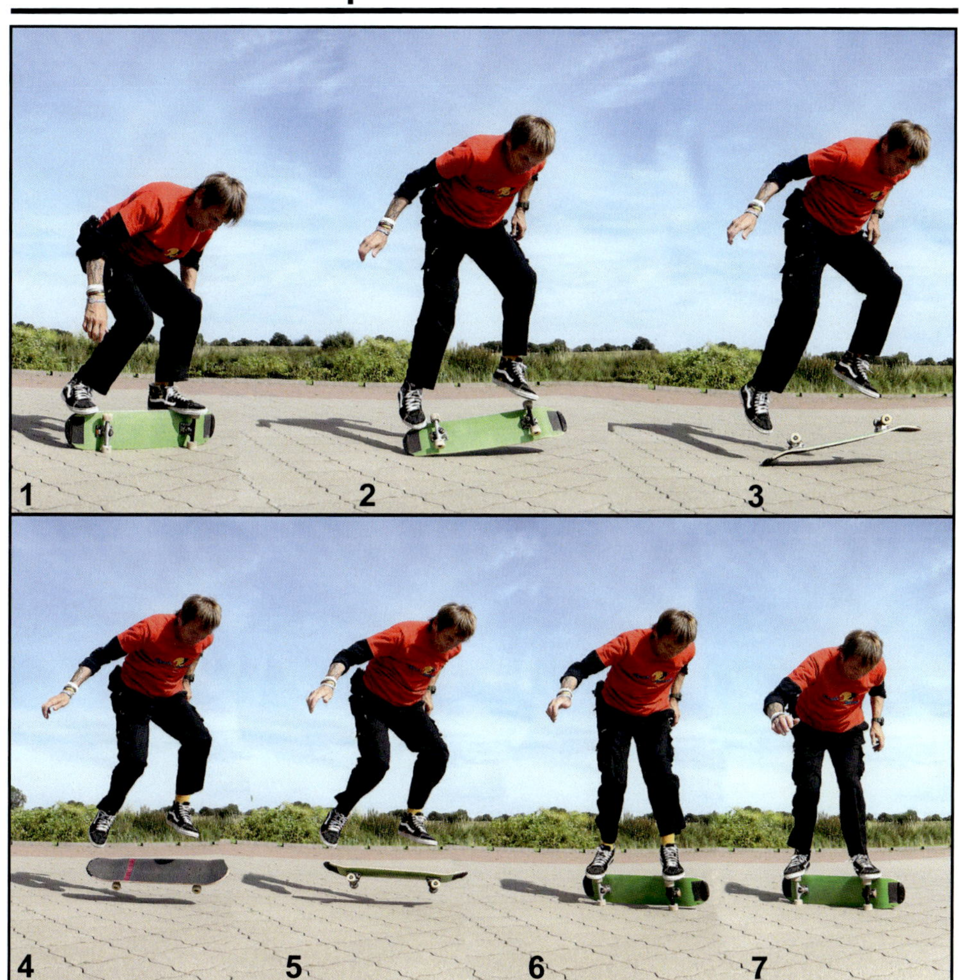

← **Triple Railflip:**
Der Klassiker, der 3-fache Railflip. Nachdem du den 2-fachen Railflip gelernt hast **(Seite 38)**, ist das die Erweiterung. Die richtige Fußstellung ist entscheidend. Etwas mehr Druck und etwas höher springen. Ist nicht schwer, schaut sehr gut aus.

Rail to Rail 360° Flip:
Dieser Trick hat Ähnlichkeit mit dem Railflip. Hierbei brauchst du aber mehr Gefühl und wichtig ist die richtige Fußstellung. Eine Fußspitze auf die Kante vom Board. Drücke das Board nach hinten, springe dabei hoch. Der richtige Druck, der richtige Sprung, das ist die ganze Übung. Die Landung gut ausbalancieren.

Crossfoot Railflip

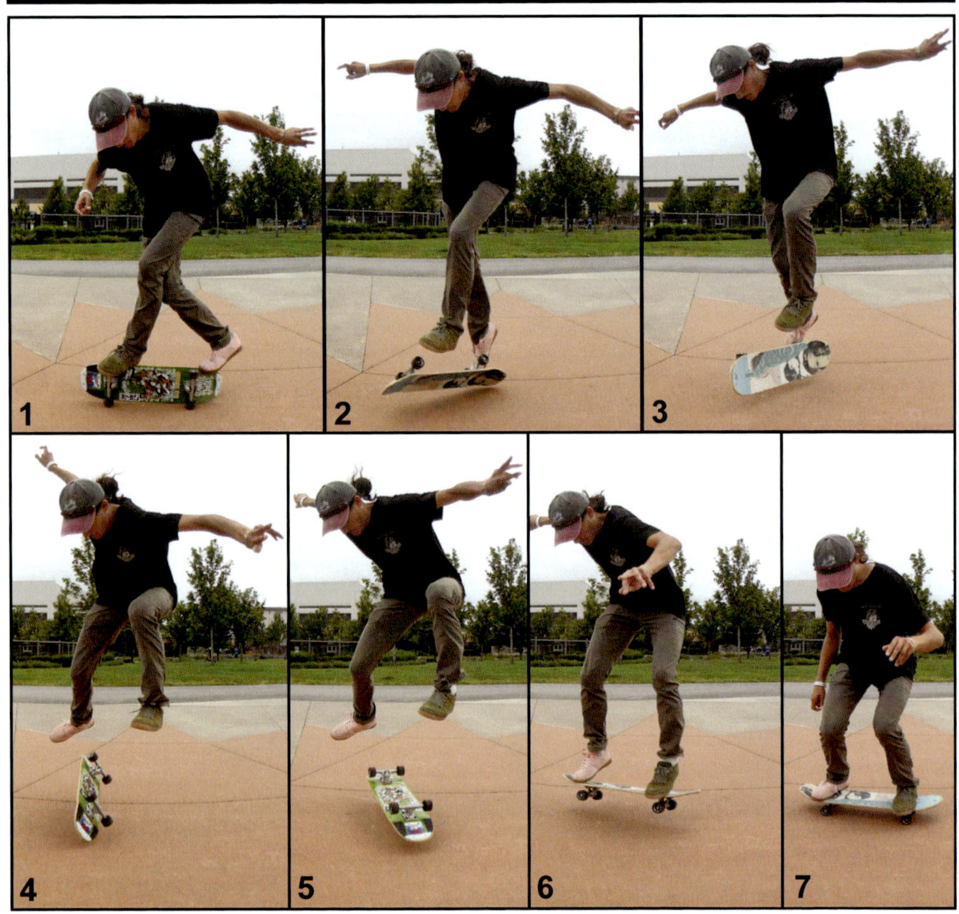

Crossfoot Railflip:
Der Absprung bei diesem Trick ist etwas kompliziert.
1) Stelle dich auf das Rail im Crossfoot, hier musst du schon sehr gut Balance halten.
Positioniere die Fußspitze auf der Kante vom Board.
2) Drücke mit Schwung mit dieser das Board schräg nach hinten.
3–5) Dabei etwas hochspringen.
6,7) Die Landung wie gewohnt beim Railflip.

Power Railflip: ⟶
Das ist ein relativer schwerer Trick und nicht leicht zu kontrollieren. Das Board steht auf dem Rail, mit der Oberseite nach vorne und du flippst das Board wie bei einem Railflip nach hinten.
1,2) Beim Absprung das Board stark nach hinten drücken.
3-8) Der Sprung selber ist der gleiche wie bei einem Railflip.
9) Bei der Landung, diese kann sehr oft hart sein, gut Balance halten.

Power Railflip

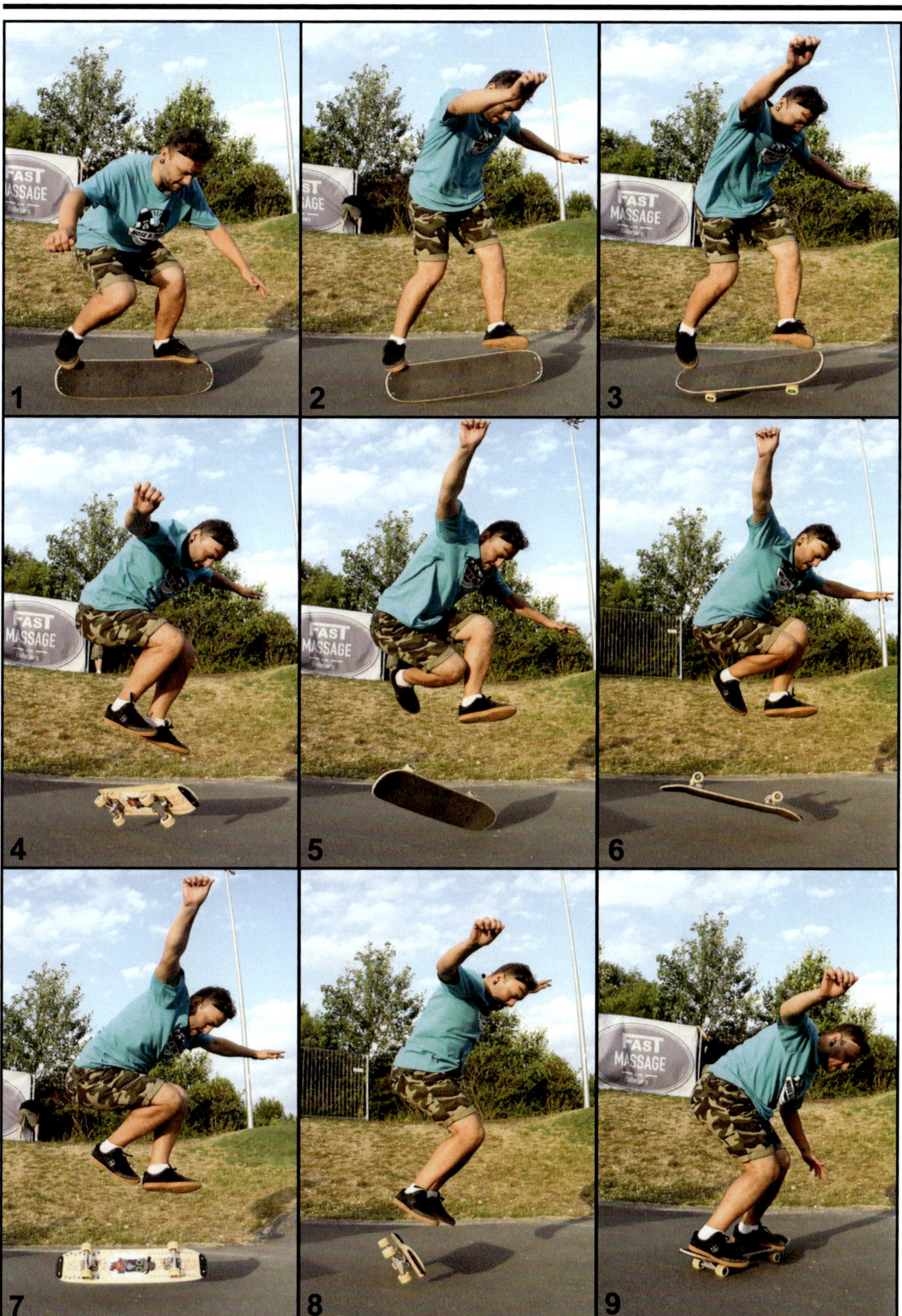

Rail 1 1/4 Flip to No-Hand Casper

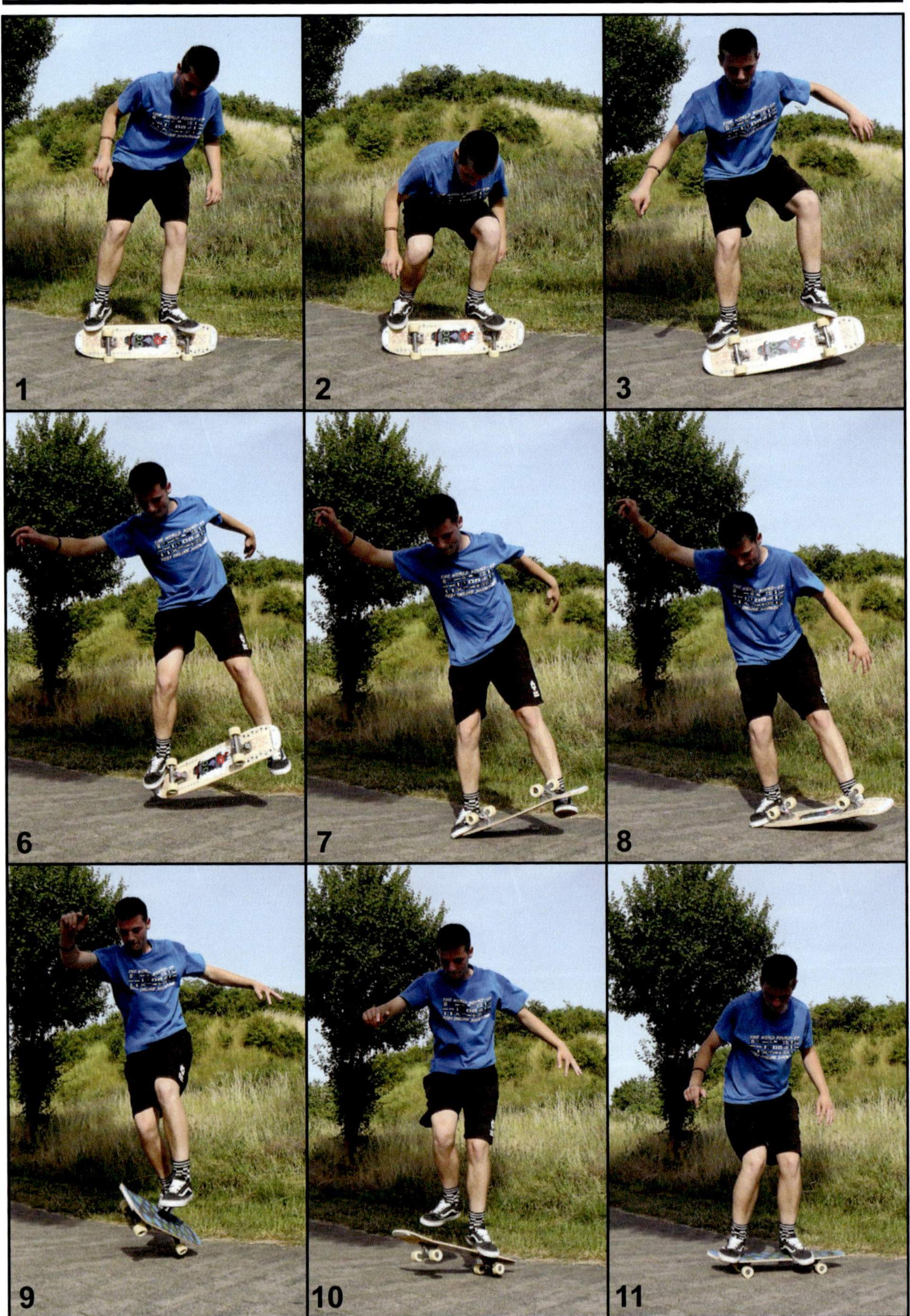

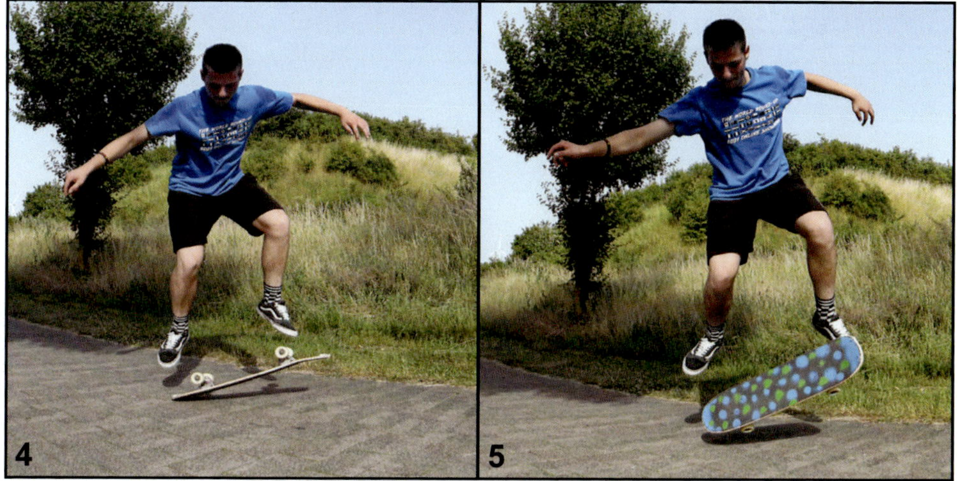

Rail 1¼ Flip to No-Hand Casper: Ein Trick aus den frühen 80iger Jahren. Gute Balance, gutes Timing sind Voraussetzung. Den Railflip und No-Hand Casper Flip solltest du bereits können.

1) Starte vom Rail, die Fußspitze seitlich auf die Kante stellen.
2,3) Das Board nach hinten Flippen, dabei etwas hochspringen.
4-6) Beobachte wie das Board sich dreht und im richtigen Moment die No-Hand Position einnehmen und das Board mit den Füßen schnappen. Das ist der schwierigste Teil bei diesem Trick.
7-11) Aus dem No-Hand Casper auf's Board springen.

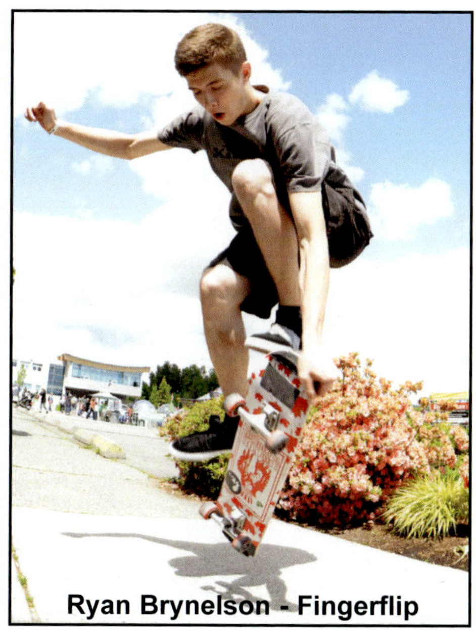
Ryan Brynelson - Fingerflip

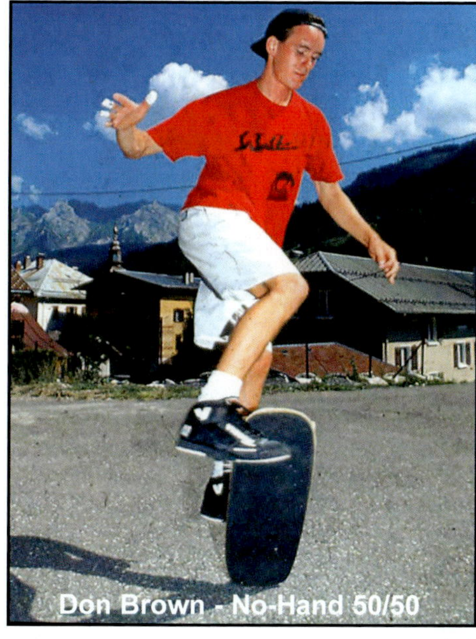
Don Brown - No-Hand 50/50

Balance Flip

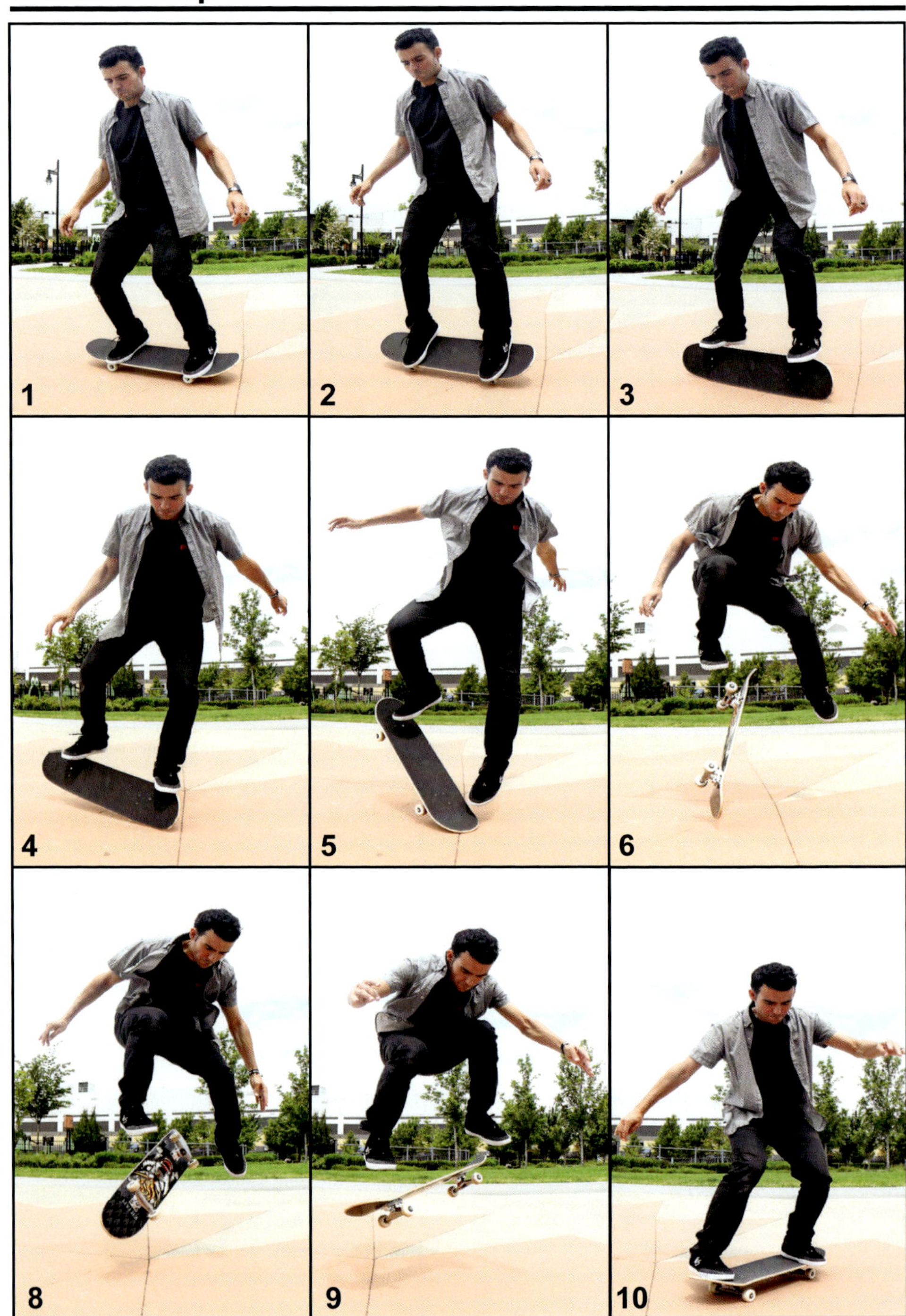

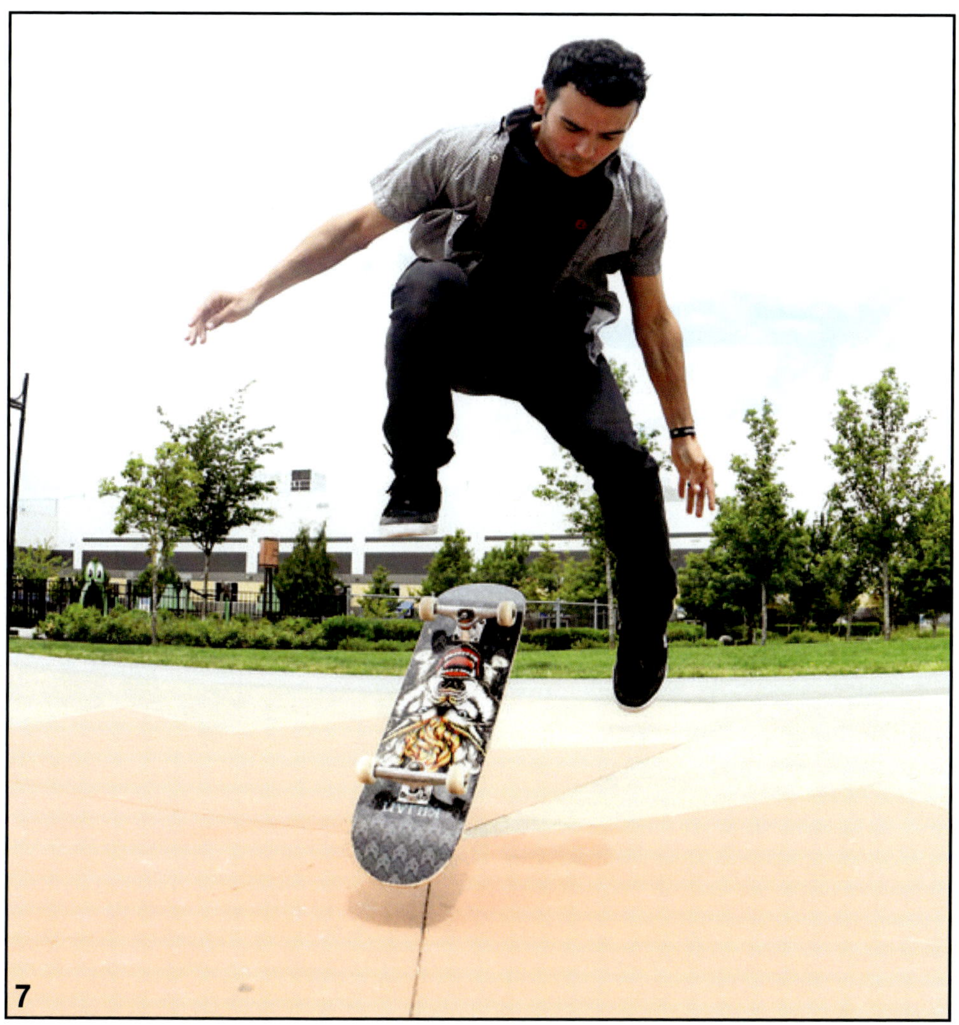

Balance Flip: Entwickelt von **Kilian Martin**. Kilian ist ein sehr populärer und kreativer Skateboarder, der viele eigene Tricks erfunden hat und, wie kaum ein anderer, Freestyle und Street-Skateboarding originell miteinander verschmelzen lässt. Zusammen mit dem bekannten Video-Produzenten Brett Novak, einige außergewöhnliche Videos produziert hat, die man einfach gesehen haben muss! Mehr dazu findet ihr z.B. auf Youtube.

1-3) Auf das Rail springen, einen Fuß etwas seitlich auf den Tail stellen und **4)** das Board mit diesem Fuß durch Druck nach hinten etwas wippen lassen. Das erfordert viel Balance!

5-9) Im richtigen Moment den Druck verstärken, dabei etwas hochspringen und das Board flippen lassen.

10) Beine auseinander bei der Landung und abfedern.

Rail 360° Spinning

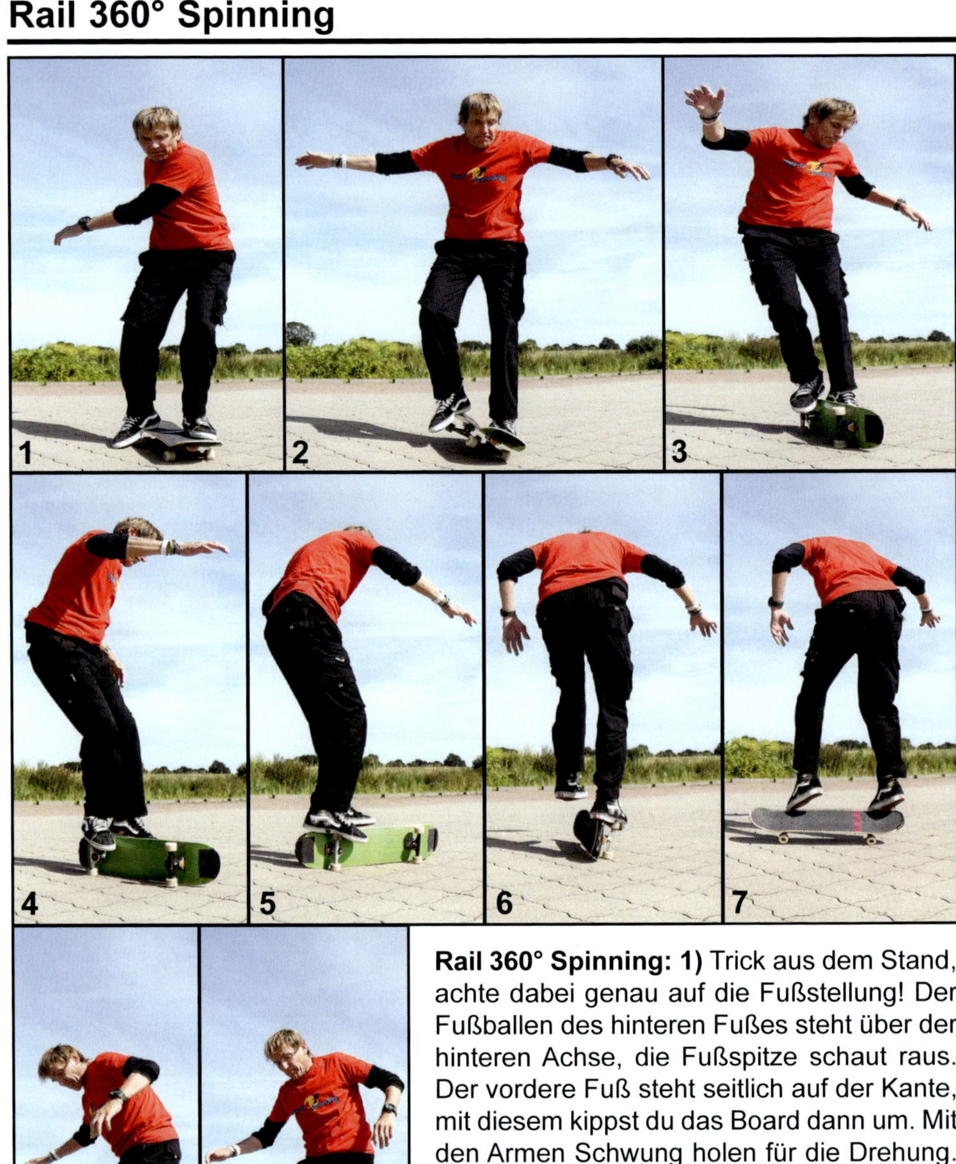

Rail 360° Spinning: 1) Trick aus dem Stand, achte dabei genau auf die Fußstellung! Der Fußballen des hinteren Fußes steht über der hinteren Achse, die Fußspitze schaut raus. Der vordere Fuß steht seitlich auf der Kante, mit diesem kippst du das Board dann um. Mit den Armen Schwung holen für die Drehung. **2,3)** Das Board kippen, der hintere Fuß geht automatisch auf Kante und Rolle, den Schwung der Arme für die Drehung nutzen. **4-6)** Drehen. Sobald du aufhörst zu drehen, **7–9) kippst du** mit dem hinteren Fuß das Board und erst dann den vorderen Fuß auf das Board stellen. Mit mehr Schwung sind durchaus auch zwei Drehungen möglich.

Rail Spinning

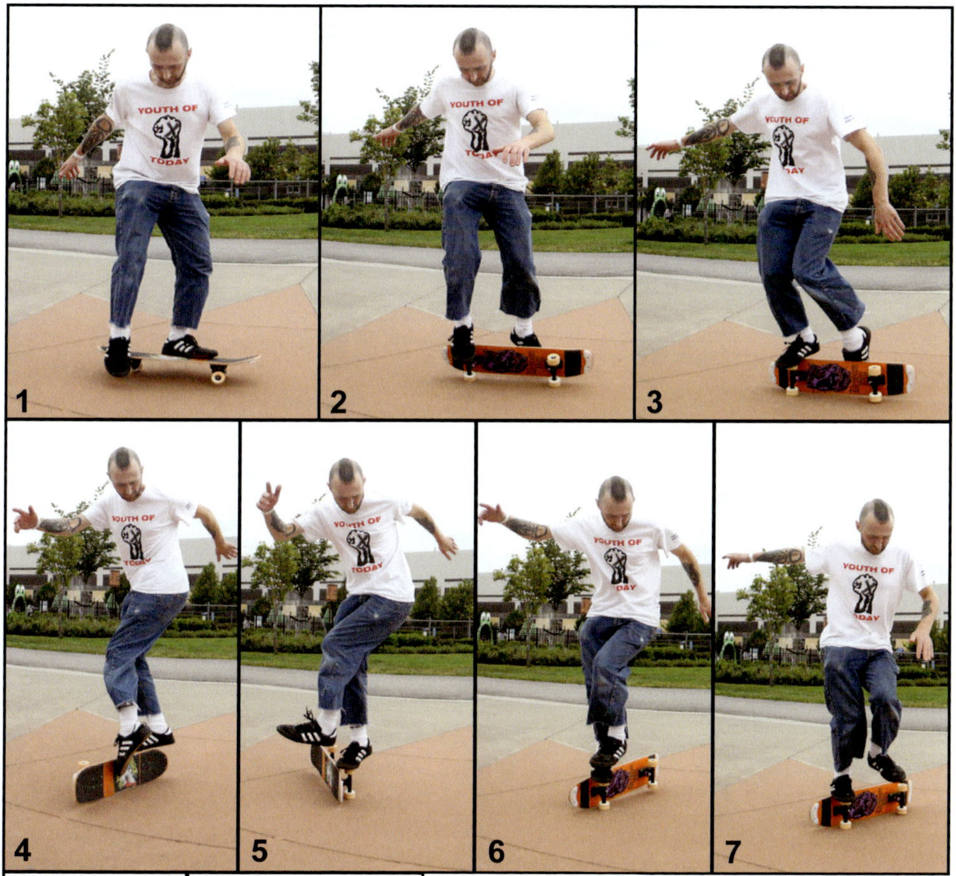

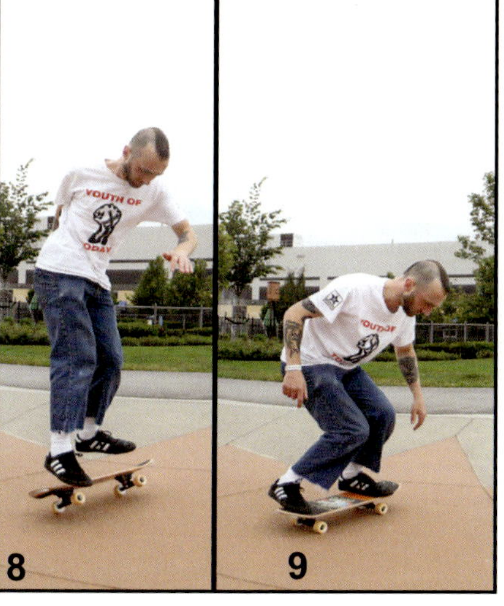

Rail Spinning:

1-3) Achte auf die Fußstellung! Den einen Fußballen auf die hintere Achse stellen, diese Fußspitze schaut raus und mit diesem Fuss hältst du die Balance auf dem Rail. Zugleich ist der andere Fuß seitlich auf der Board-Kante, kippt nun an und geht hinter das Board zur Einleitung der Drehung.

4-6) Drehe das Board mit Schwung. Die Fußspitze, die auf der Rolle steht, bleibt so stehen.

7-9) Nach einer 360°-Drehung auf das Rail und dann auf das Board springen. Je nach rauen oder glatten Untergrund, dreht sich das Board langsamer oder schneller.

Rail to Rail Transfer

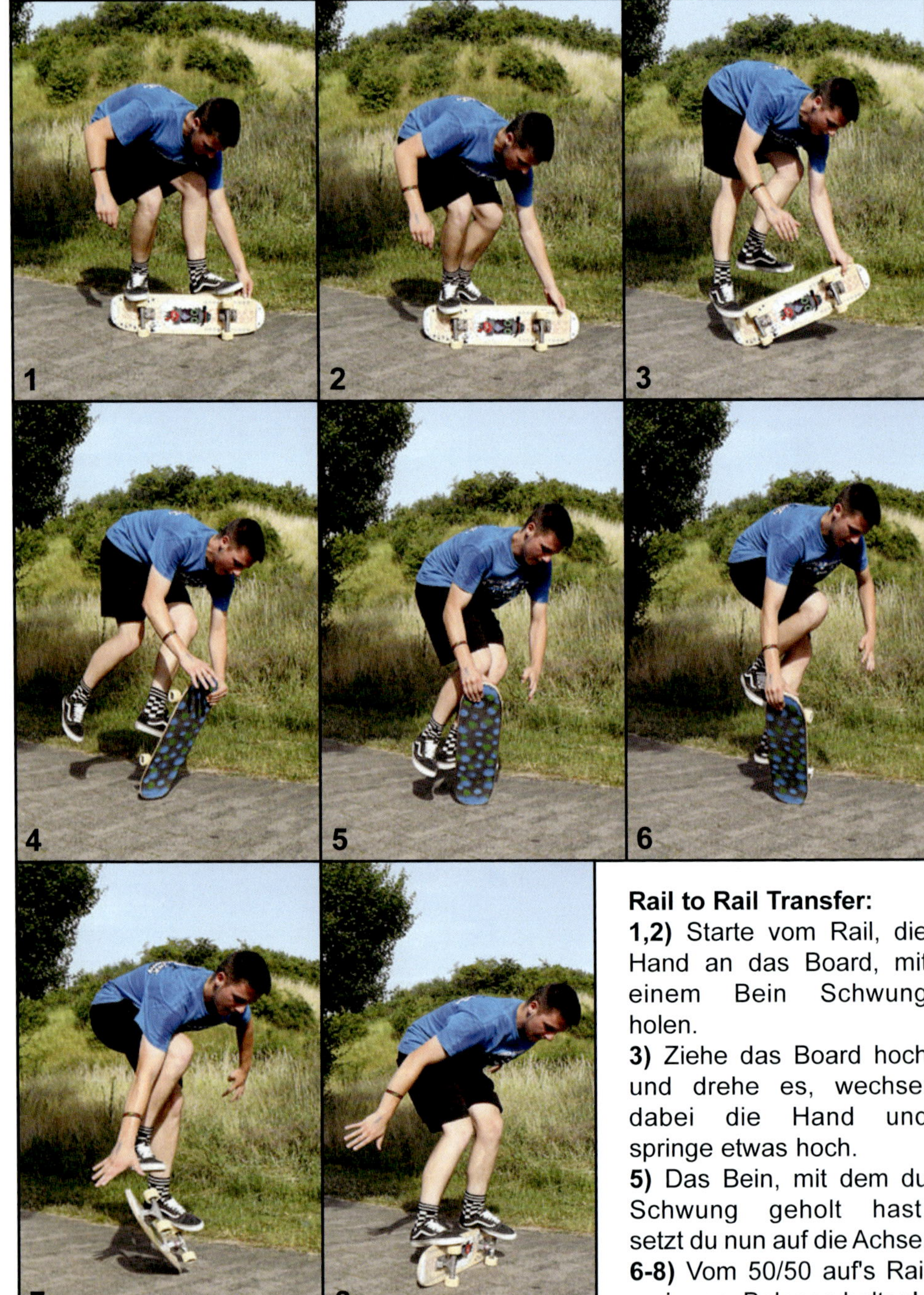

Rail to Rail Transfer:

1,2) Starte vom Rail, die Hand an das Board, mit einem Bein Schwung holen.

3) Ziehe das Board hoch und drehe es, wechsel dabei die Hand und springe etwas hoch.

5) Das Bein, mit dem du Schwung geholt hast, setzt du nun auf die Achse.

6-8) Vom 50/50 auf's Rail springen. Balance halten!

Rail to 50/50 $1^{1/2}$ Flip

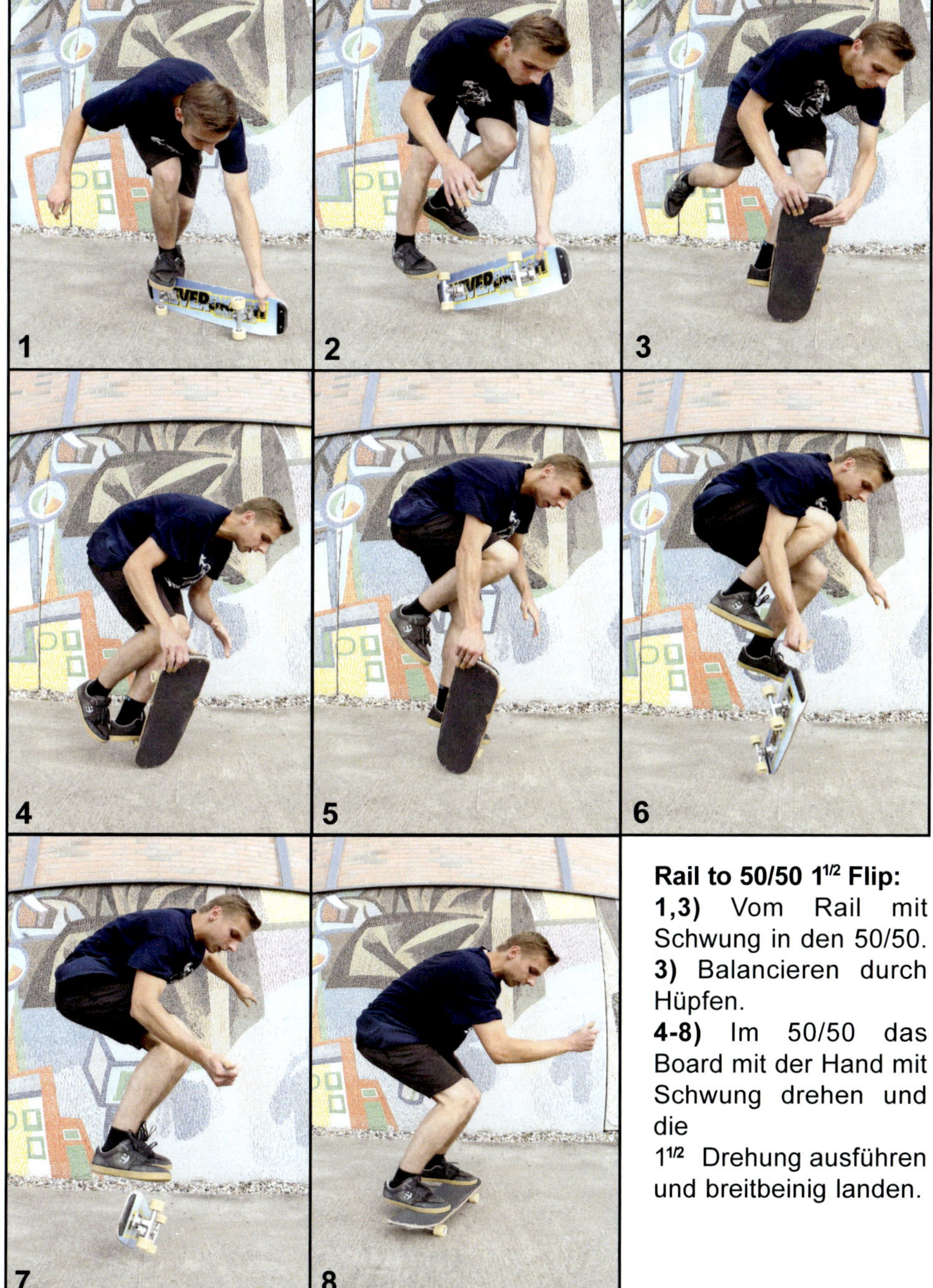

Rail to 50/50 $1^{1/2}$ Flip:
1,3) Vom Rail mit Schwung in den 50/50.
3) Balancieren durch Hüpfen.
4-8) Im 50/50 das Board mit der Hand mit Schwung drehen und die $1^{1/2}$ Drehung ausführen und breitbeinig landen.

50/50 1½ Flip to No-Hand Casper

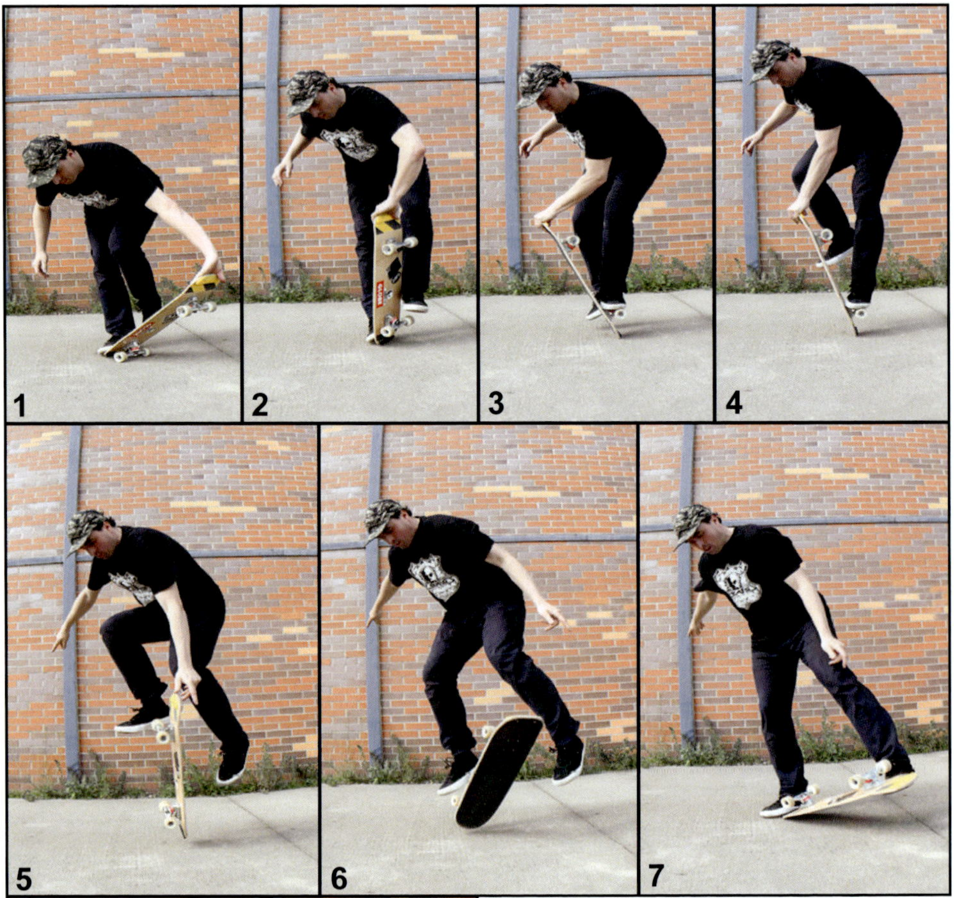

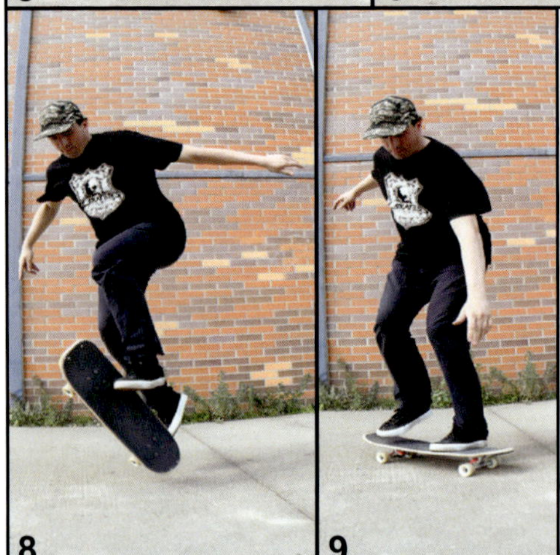

50/50 1½ to No-Hand Casper:

1-3) Vom Tail in den 50/50, dabei achte auf die richtige Position der Hand.

4) In der richtigen Boardstellung mit Schwung die Drehung einleiten.

5-7) Während der Drehung die No-Hand Casper Position einnehmen und so das Board mit den Füßen fangen.

8,9) Aus dem No-Hand Casper auf das Board springen.

50/50 $1^{1/4}$ Flip to Rail

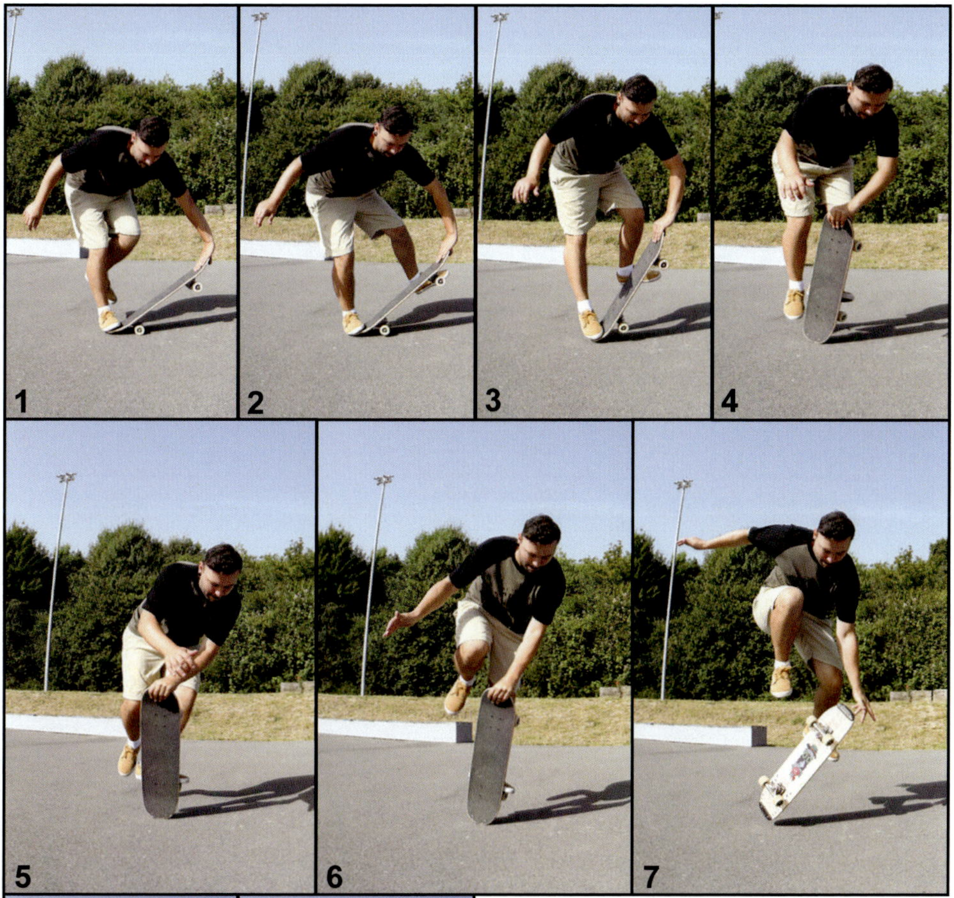

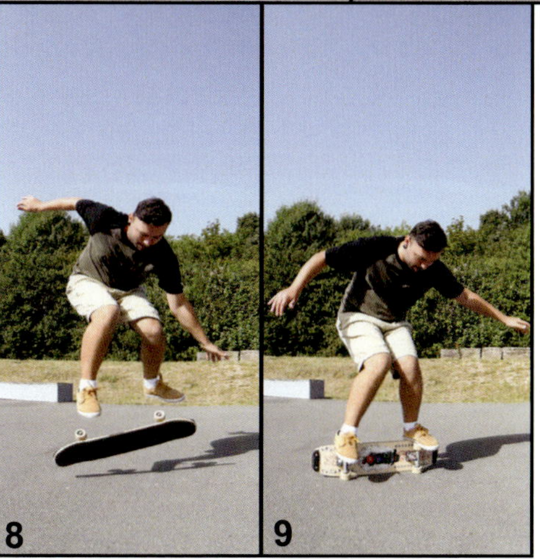

50/50 $1^{1/4}$ Flip to Rail:

1-4) Vom Tail in den 50/50.

5) Jetzt ist der richtige Schwung entscheidend!

6-9) Zu viel oder zu wenig und du wirst nicht auf dem Rail landen! Es ist nicht leicht auf dem Rail zu landen, viel Übung, Balance und das richtige Timing sind entscheidend.

50/50 - $1^{1/2}$ Flip to 50/50

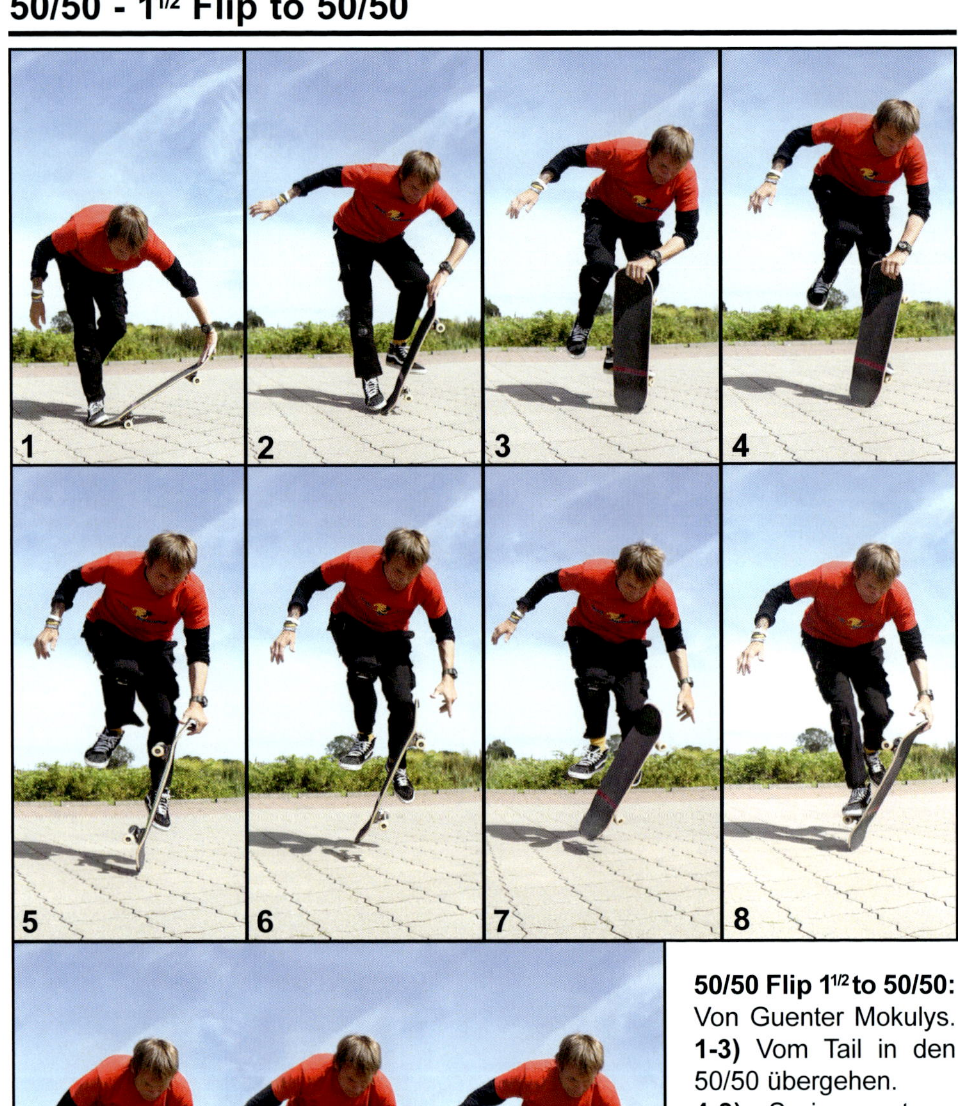

50/50 Flip $1^{1/2}$ to 50/50: Von Guenter Mokulys. **1-3)** Vom Tail in den 50/50 übergehen. **4-8)** Springe etwas hoch, wechsele den Fuß, flippe das Board mit der Hand und fange es mit Derselben. Der andere Fuß landet auf der Achse, alles fast zeitgleich. **9-11)** Aus dem 50/50 auf das Board springen.

50/50 Flip to 50/50

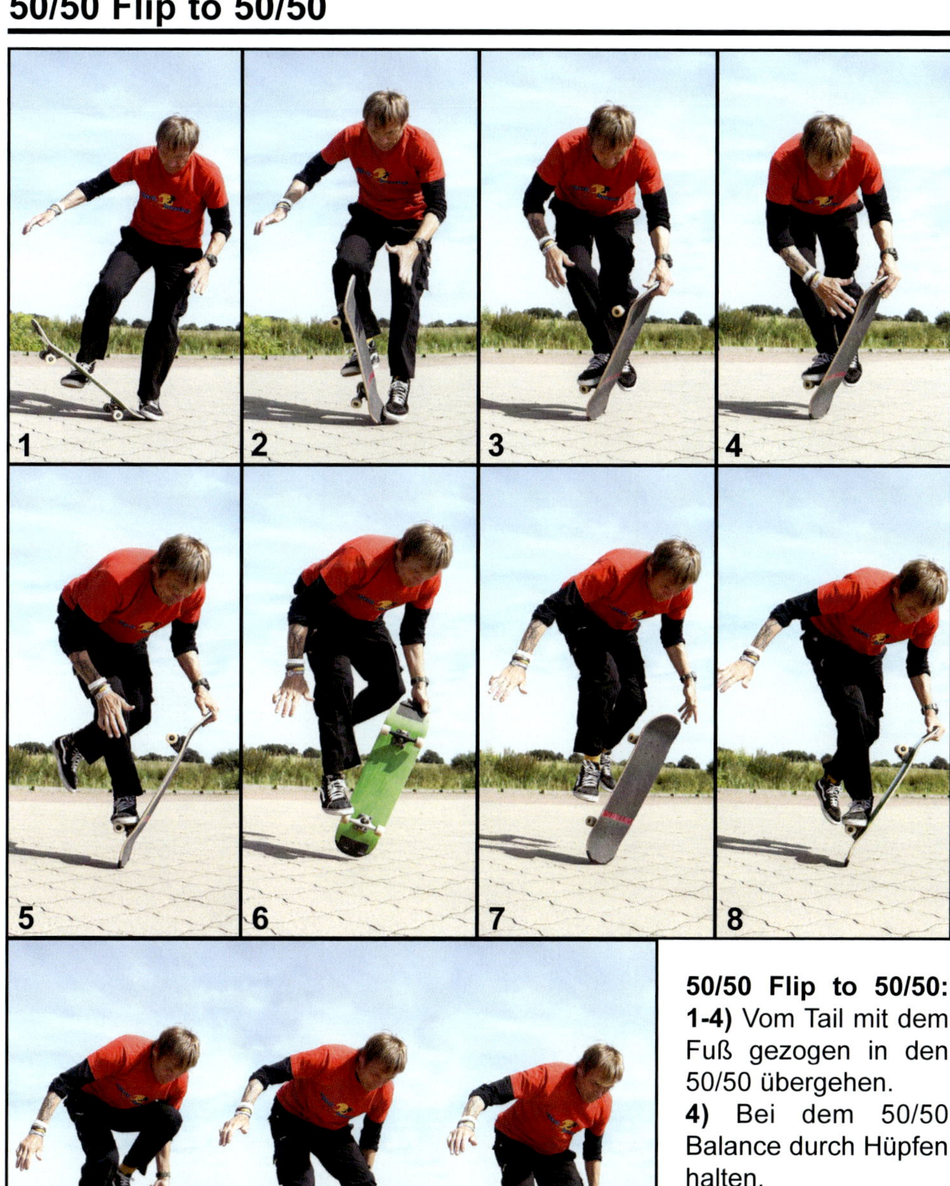

50/50 Flip to 50/50:
1-4) Vom Tail mit dem Fuß gezogen in den 50/50 übergehen.
4) Bei dem 50/50 Balance durch Hüpfen halten.
5-8) Etwas hochspringen, dabei das Board mit der Hand drehen und mit dieser auch wieder fangen.
9-11) Vom 50/50 auf das Board springen.

Frontside 50/50 Spinning

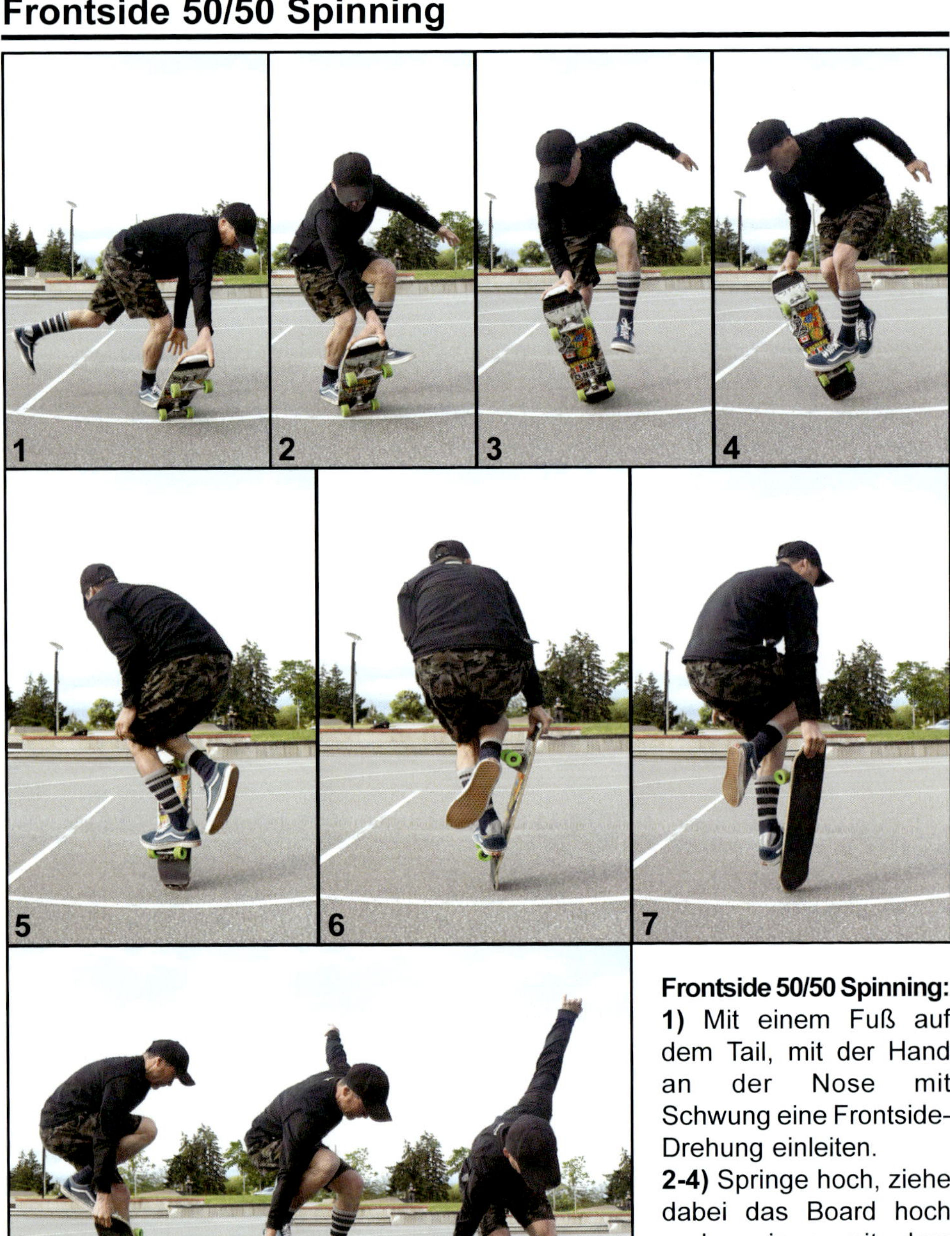

Frontside 50/50 Spinning:
1) Mit einem Fuß auf dem Tail, mit der Hand an der Nose mit Schwung eine Frontside-Drehung einleiten.
2-4) Springe hoch, ziehe dabei das Board hoch und springe mit dem Fuß auf die Achse.
5-7) Drehe dich durch den Schwung.
8-10) Springe dann auf das Board.

Backside 50/50 Spinning

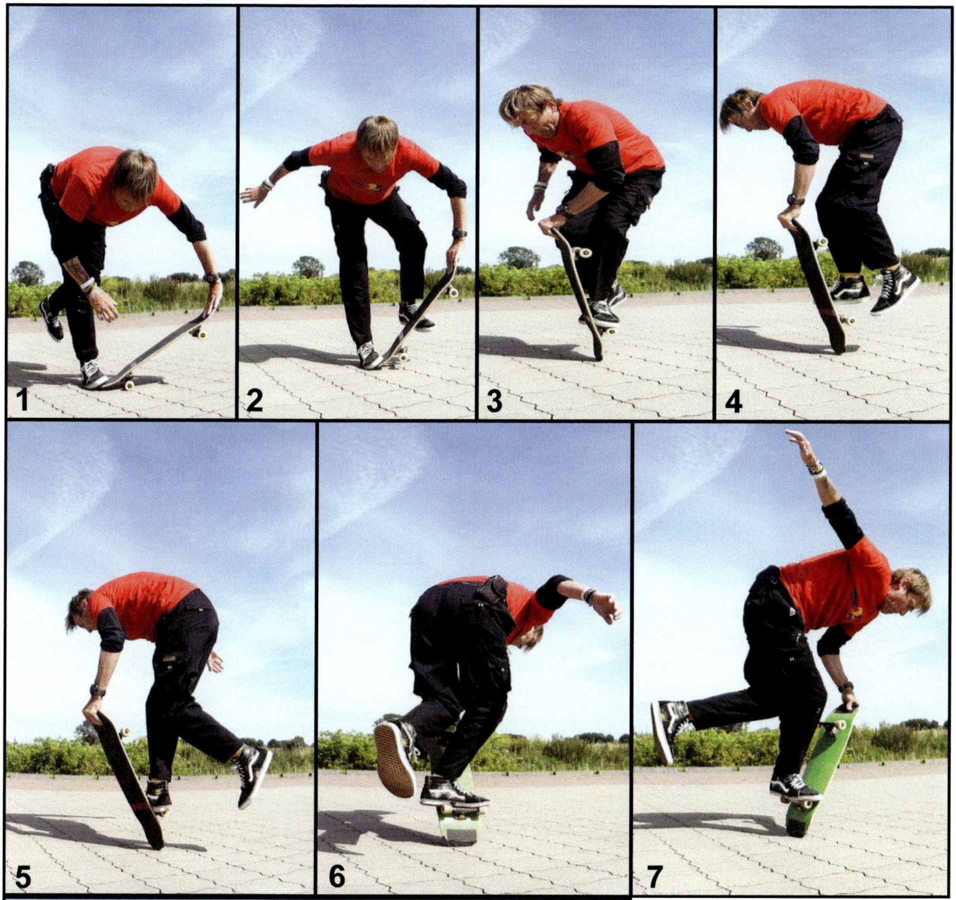

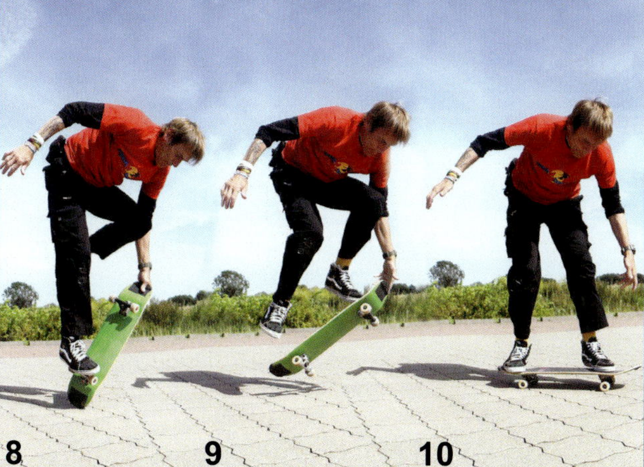

Backside 50/50 Spinning:

1) Mit einem Fuß auf dem Tail, richtige Haltung mit der Hand an der Nose. Schwung holen für eine Backside-Drehung.

2-4) Springe hoch, ziehe das Board hoch, drehe dich und springe mit dem anderen Fuß auf die Achse.

5-8) Drehe dich durch den Schwung.

9-10) Springe zurück auf 's Board.

Casper Whirltrick

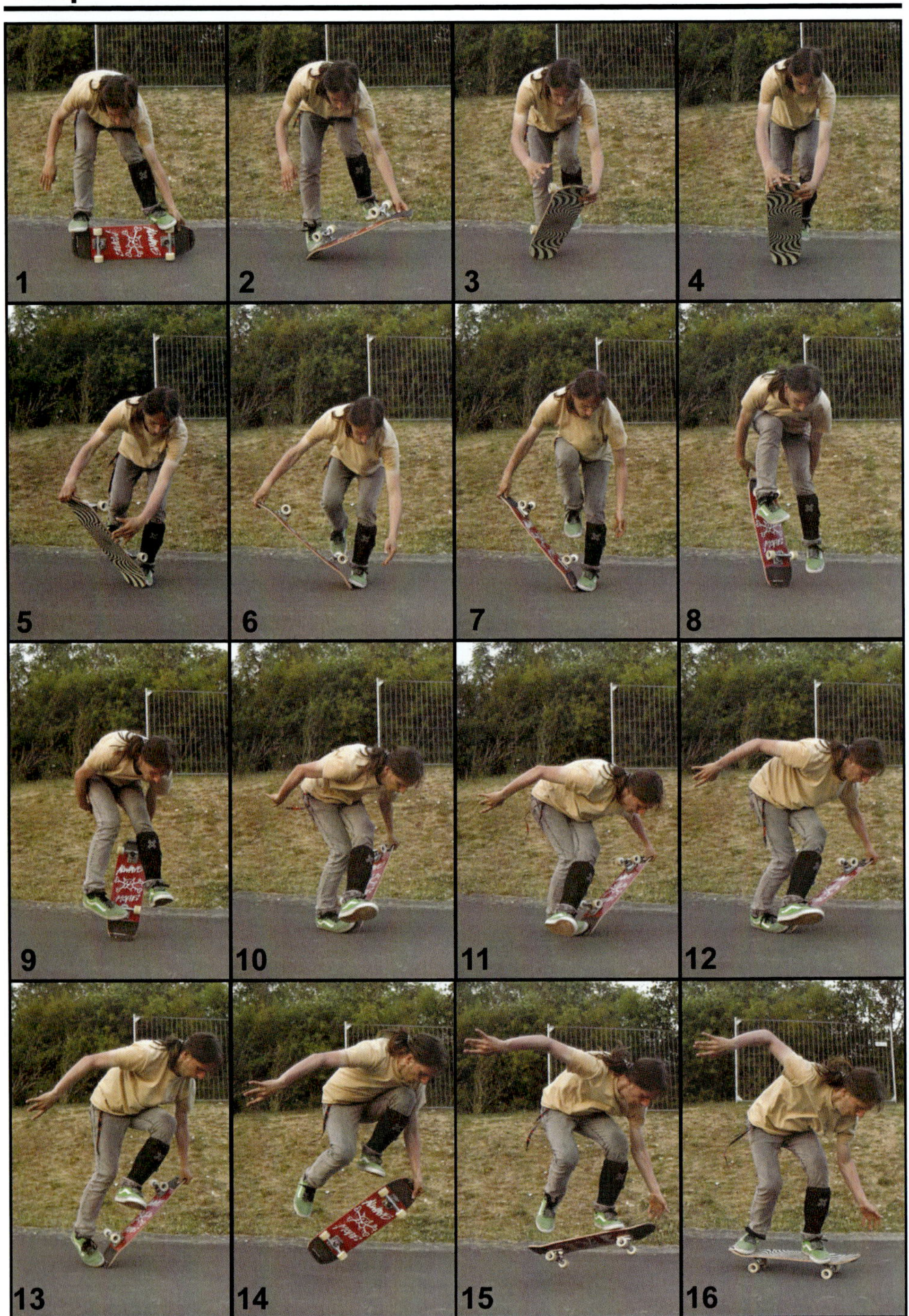

Whirltrick

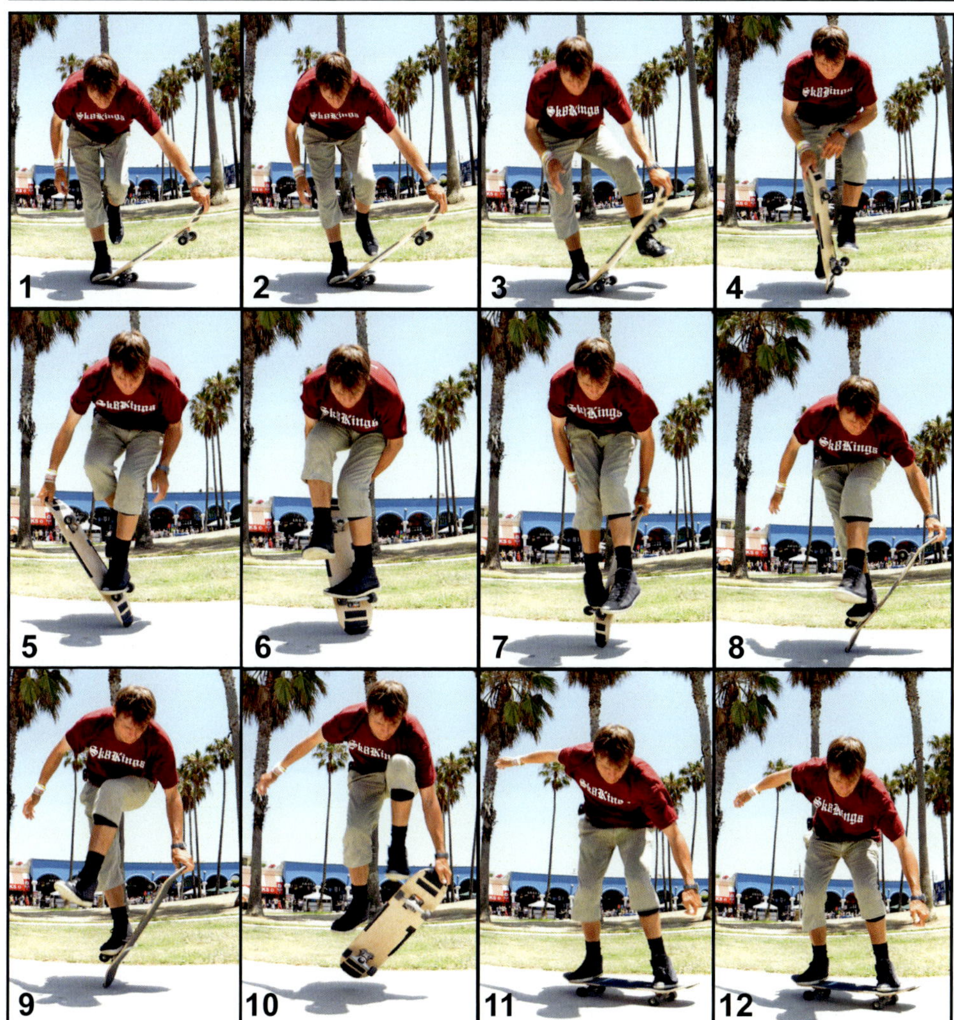

Casper Wirltrick: Von Robert Wagner.

1,2) Vom Rail in den Casper.

3-10) Fuß auf dem Tail. Die Hand an der Nose. Lass das Board im Casper kreisen. Wechsel die Hand und den Fuß. Vorne noch relativ einfach, aber hinter dem Rücken schon etwas schwieriger.

← **11-16)** Der Rest ist einfach.

Whirltrick: Von Guenter Mokulys, 1984.

Perfekter 50/50 und sehr gute Balance sind Voraussetzung.

1-4) Gehe in den 50/50.

5-8) Drehe das Board und wechsel es von einer Hand zur anderen, aber hinter dem Rücken. Zugleich wechsel auch in der 50/50-Stellung von Fuß zu Fuß.

9-12) Der Rest ist einfach.

Drop Mount to Truck

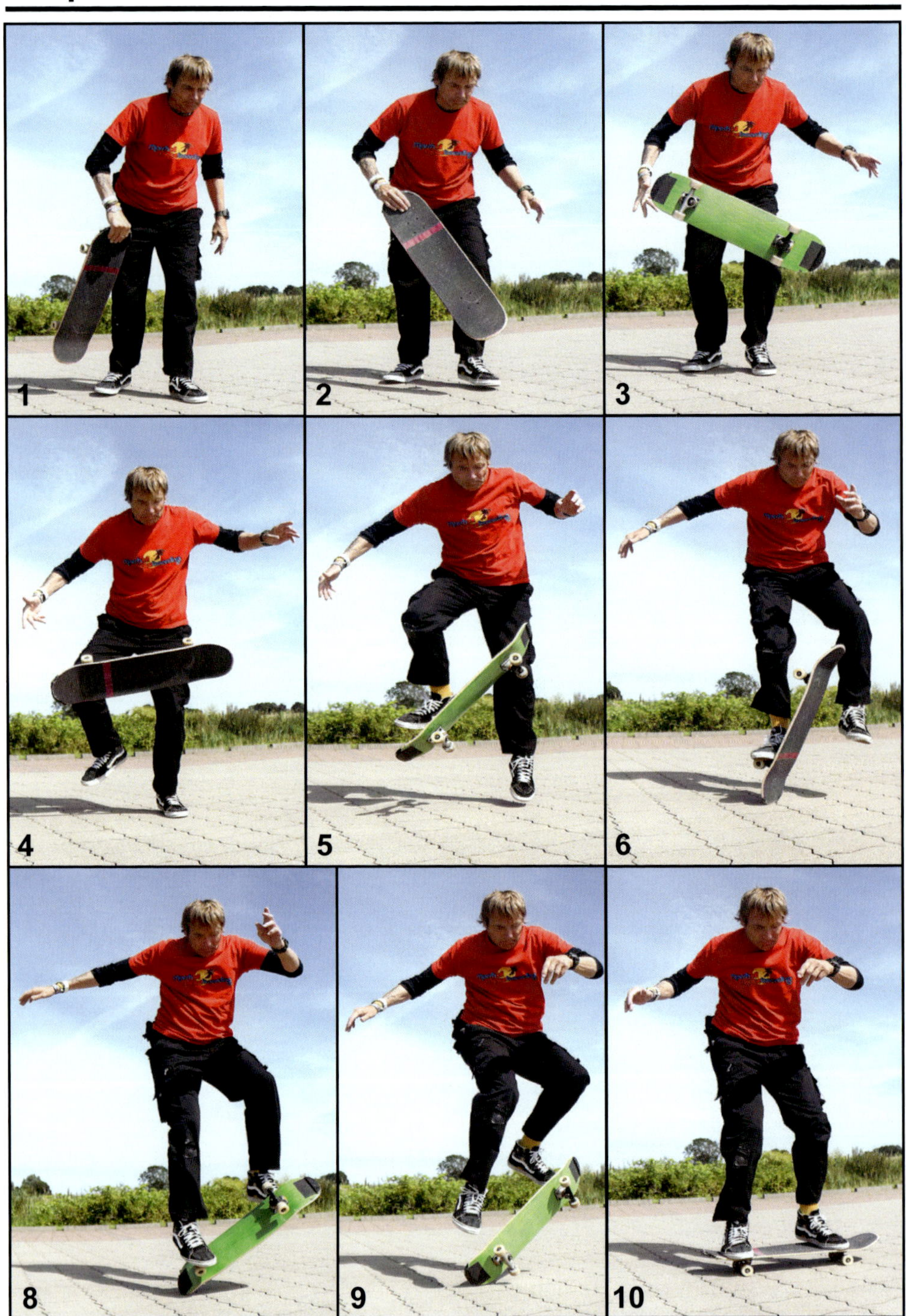

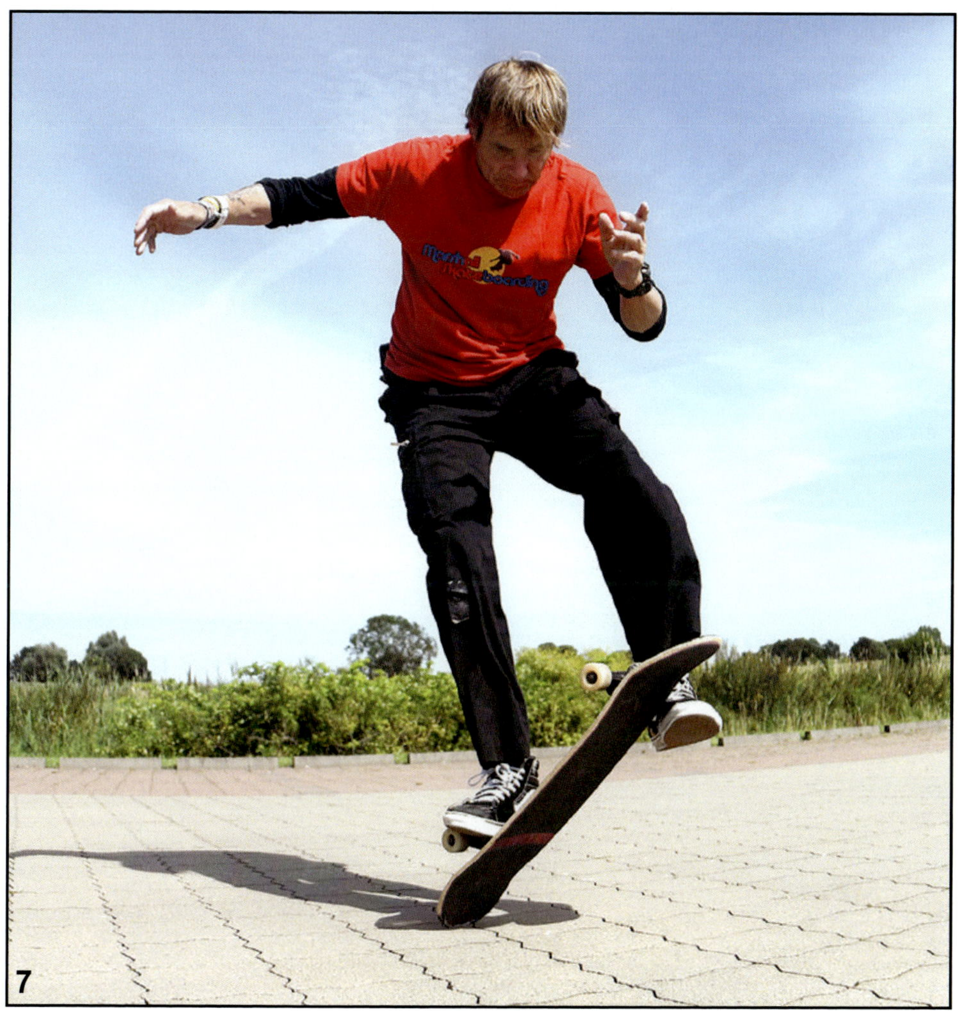

7

Drop Mount to Truck: Der Originale Drop Mount to Truck ist ohne 360°-Drehung und von **Rodney Mullen** aus den 80iger Jahren. Dieser Drop Mount mit 360°-Drehung ist von mir.

Voraussetzung ist, dass du den Drop Mount im No-Hand Casper und einen perfekten No-Hand 50/50 landen kannst.

1,2) Der Drehung für den Flip kommt aus dem Handgelenk.

3-6) Werfe das Board so, dass es hochkannt auf dem Boden aufkommt.

7) Erst im letzten Moment springst du so in das Board, als ob du einen No-Hand 50/50 hälst. Die Landung ist gar nicht einfach. Hierbei ist volle Konzentration gefragt.

8-10) Aus dem No-Hand 50/50 auf das Board springen ist dann der einfache Teil.

Butterflip

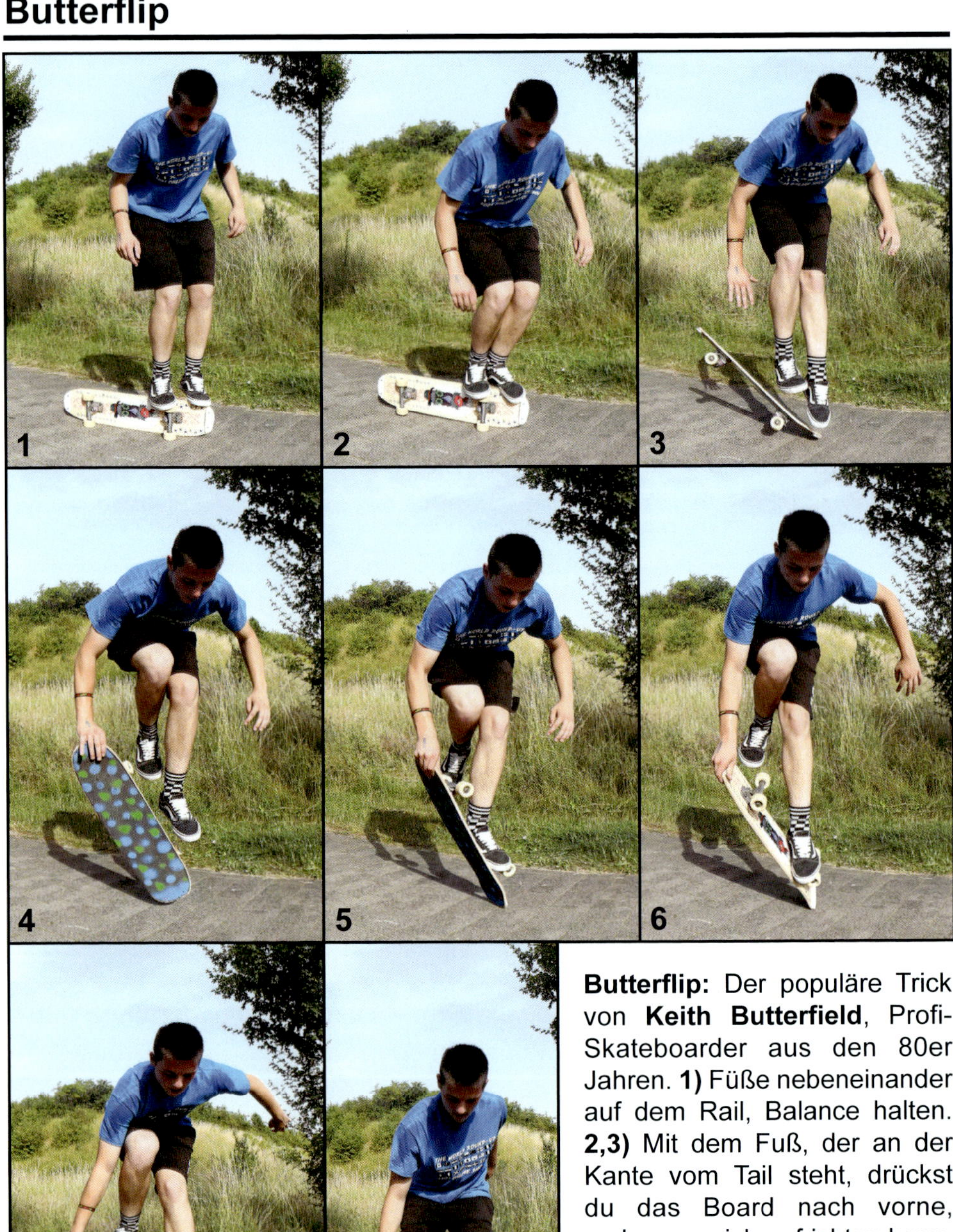

Butterflip: Der populäre Trick von **Keith Butterfield**, Profi-Skateboarder aus den 80er Jahren. **1)** Füße nebeneinander auf dem Rail, Balance halten. **2,3)** Mit dem Fuß, der an der Kante vom Tail steht, drückst du das Board nach vorne, sodass es sich aufrichten kann. **4,5)** Das Board richtet sich auf, schnappe es mit der Hand und lande mit dem Fuß, mit dem du es geflippt hast, im 50/50. **6-8)** Zurück auf das Board.

No-Hand Butterflip

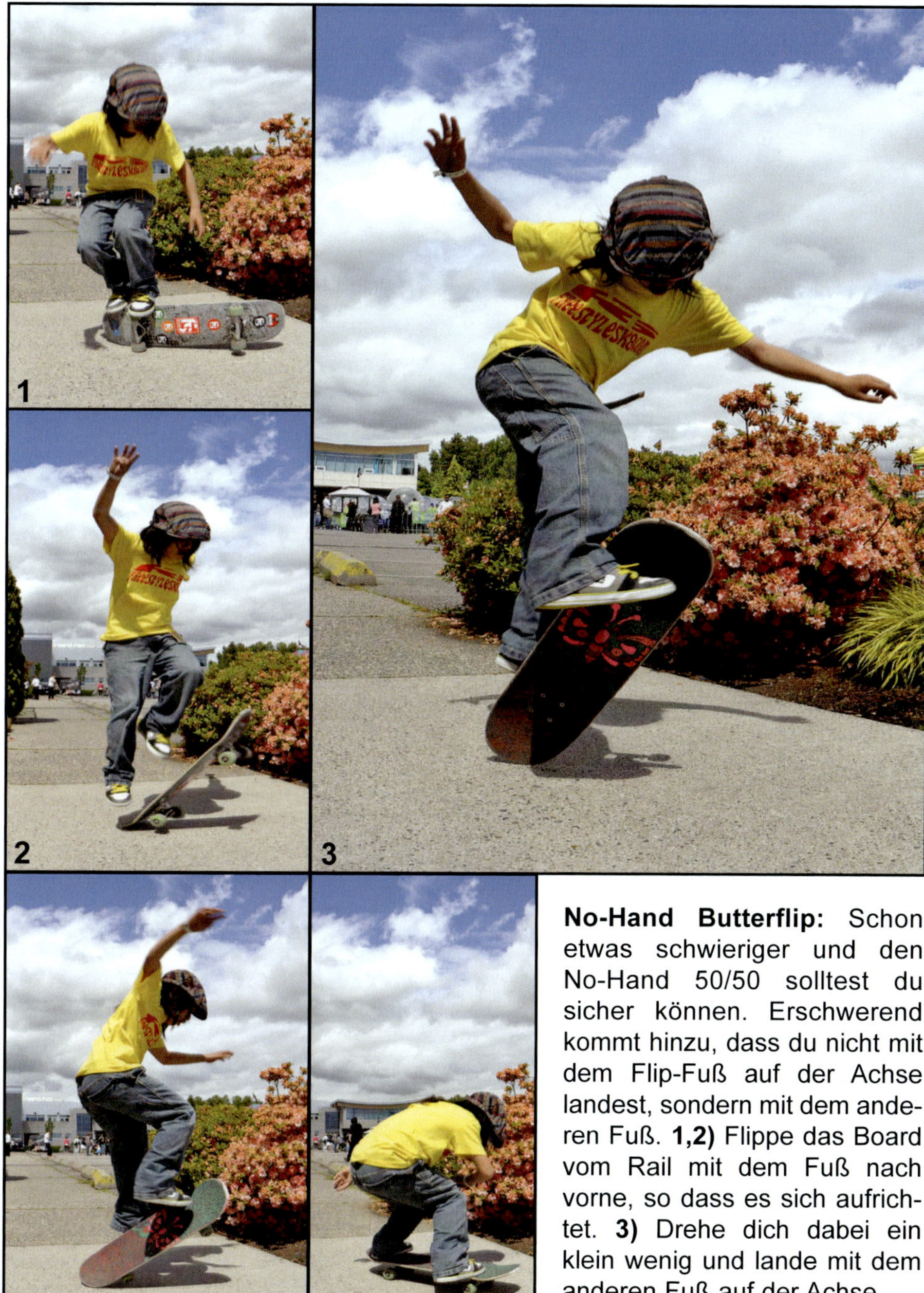

No-Hand Butterflip: Schon etwas schwieriger und den No-Hand 50/50 solltest du sicher können. Erschwerend kommt hinzu, dass du nicht mit dem Flip-Fuß auf der Achse landest, sondern mit dem anderen Fuß. **1,2)** Flippe das Board vom Rail mit dem Fuß nach vorne, so dass es sich aufrichtet. **3)** Drehe dich dabei ein klein wenig und lande mit dem anderen Fuß auf der Achse.
4,5) Dann auf das Board.

No-Hand Casper $1^{1/2}$ Flip

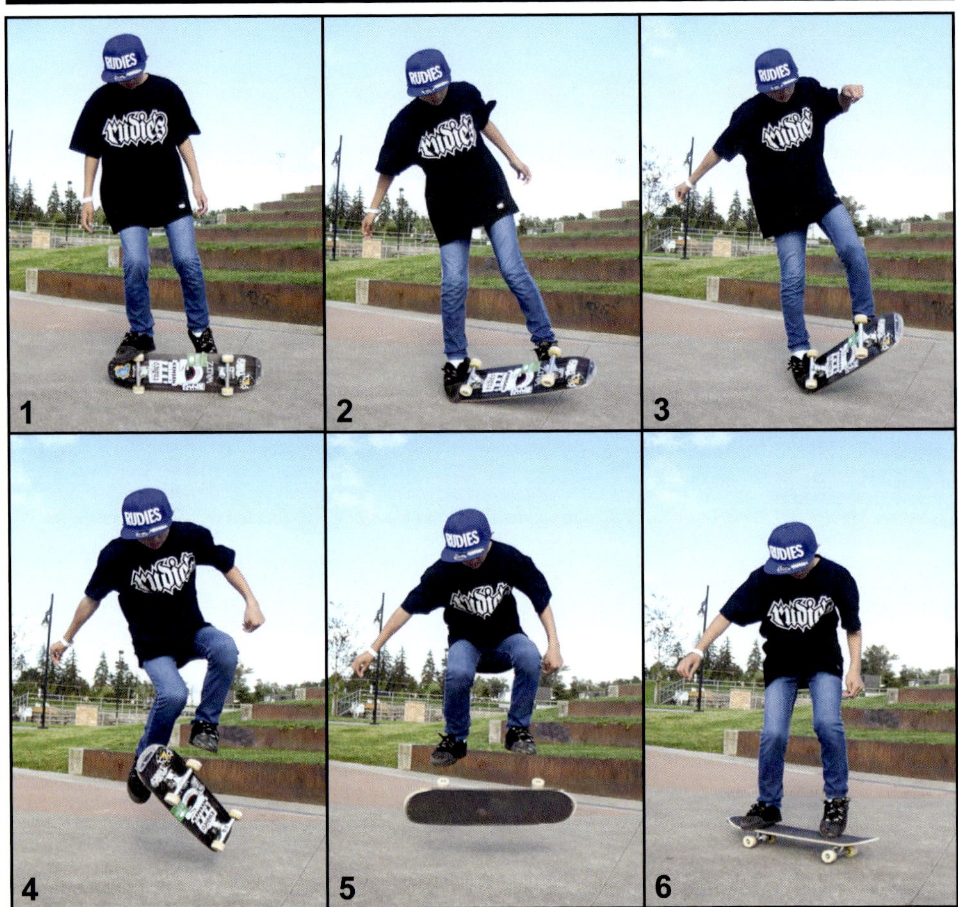

No-Hand Casper $1^{1/2}$ Flip:
Voraussetzung ist der No-Hand Casper Flip. **1)** Starte aus dem No-Hand Casper.

2) Der Fuß, der auf dem Tail steht, macht die normale Flip-Bewegung wie bei einem No-Hand Casper Flip. Der Fuß, der das Board hält, zieht das Board mit Schwung zu dir hin.

3-5) Den Flip mit beiden Füßen gleichzeitig ausführen.

6) Bei der Landung die Beine auseinander und Balance halten.

No-Hand Casper Flip 360°: ⟶
1-3) Vom Rail in den No-Hand Casper. **4-8)** Den Fuß, der auf dem Tail steht, ziehst du nach hinten. Der Fuß, der das Board hält, zieht nach oben. Beide Bewegungen gleichzeitig beim Absprung ausführen. Die Beine kreuzen sich. Das Board macht eine 360°-Bewegung um die Vertikalachse, zugleich eine 180°-Drehung um die Längsachse.

9) Beine auseinander bei der Landung und gut ausbalancieren.

No-Hand Casper 360° Flip

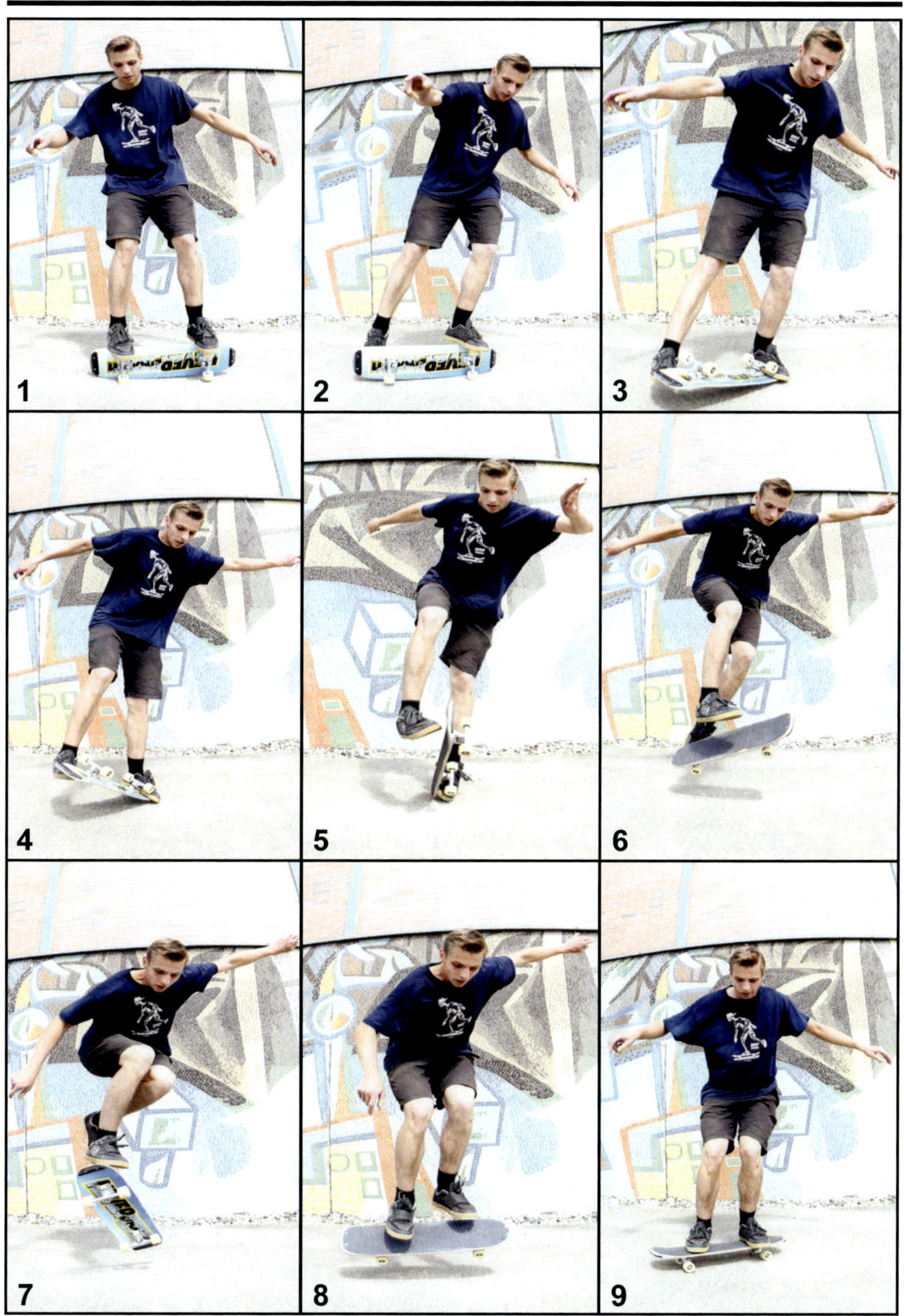

No-Hand Casper Flip to Pogo

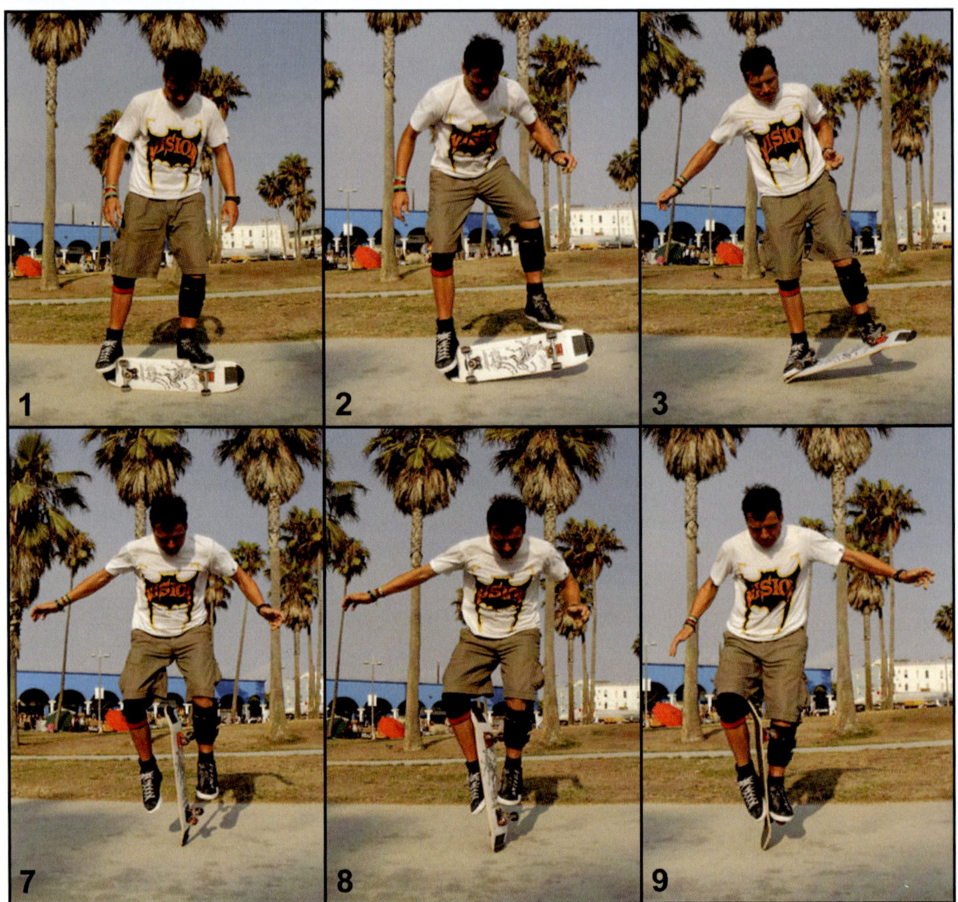

No-Hand Casper Flip to Pogo: Voraussetzung sind No-Hand Casper Flip und ein sicherer Pogo. Das Schwierige an diesen Trick ist das Board im richtigen Moment mit den Beinen zu schnappen und zu halten.

1-4) Starte vom Rail in den No-Hand Casper.
5,6) Mit dem Fuß, der auf dem Tail steht, springst du nur leicht hoch. Den Fuß, der das Board hält, ziehst du mit dem Board zu dir hin. Das Board richtet sich auf.
7) Im richtigen Moment springst du mit dem Fuß auf die Achse.
8,9) Presse die Beine zusammen und schnapp dir das Board.
10-12) Aus dem Pogo wieder auf's Board springen ist der leichtere Part.

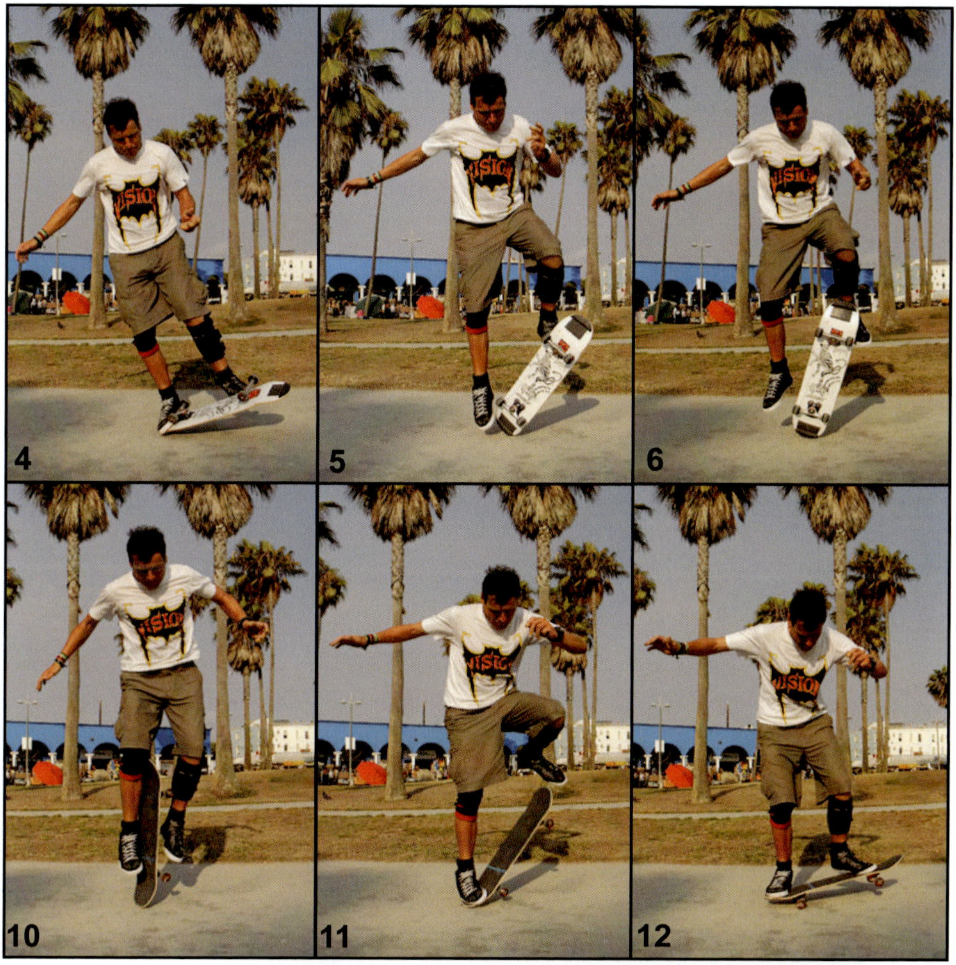

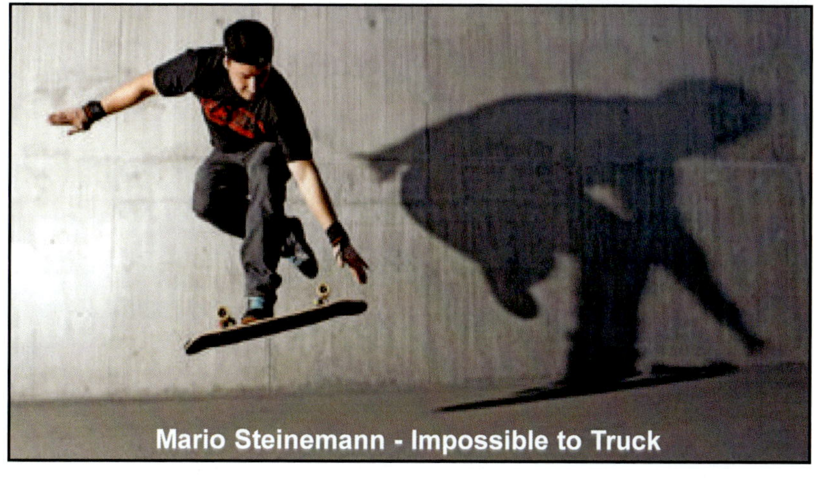

Mario Steinemann - Impossible to Truck

Crossfoot Casper Flip

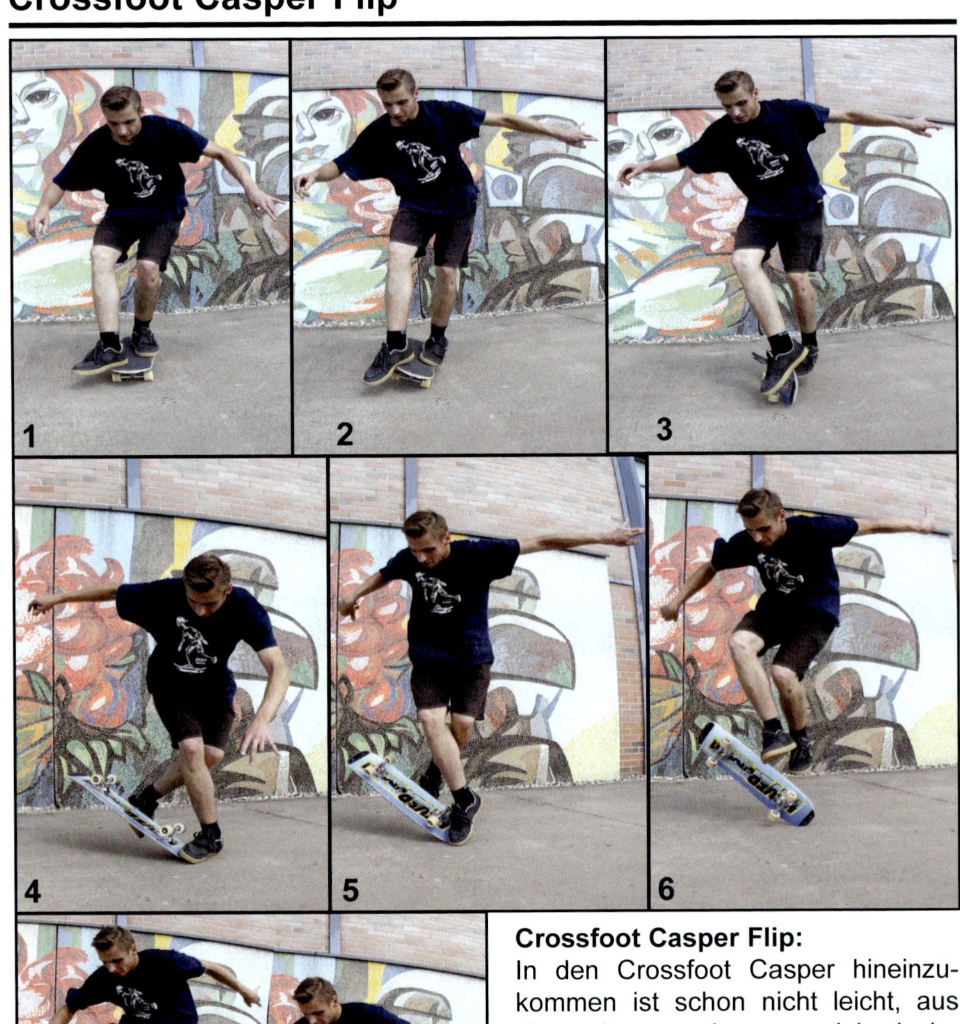

Crossfoot Casper Flip:
In den Crossfoot Casper hineinzukommen ist schon nicht leicht, aus diesen herauszukommen viel schwieriger. **1)** Achte genau auf die Fußhaltung. Die Fußhacke vorne auf die Nose stellen. **2)** Mit dem anderen Fuß kippst du das Board um, diesen aber nicht auf den Boden stellen.
3) Durch das Umkippen vom Board und die richtige Haltung des Fußes, das mit der Fußhacke, auf der Nose stand, rutscht dieser, die Fußspitze auf die Nose unter dem Board. **4)** Im Crossfoot halten. **5,6)** Aus dem Crossfoot aufs Board springen. Der Fuß, der das Board hält, ziehst du nach oben, dabei spring mit beiden Füßen etwas hoch. **7.8)** Die Landung auf dem Board ist nicht leicht.

Darkflip

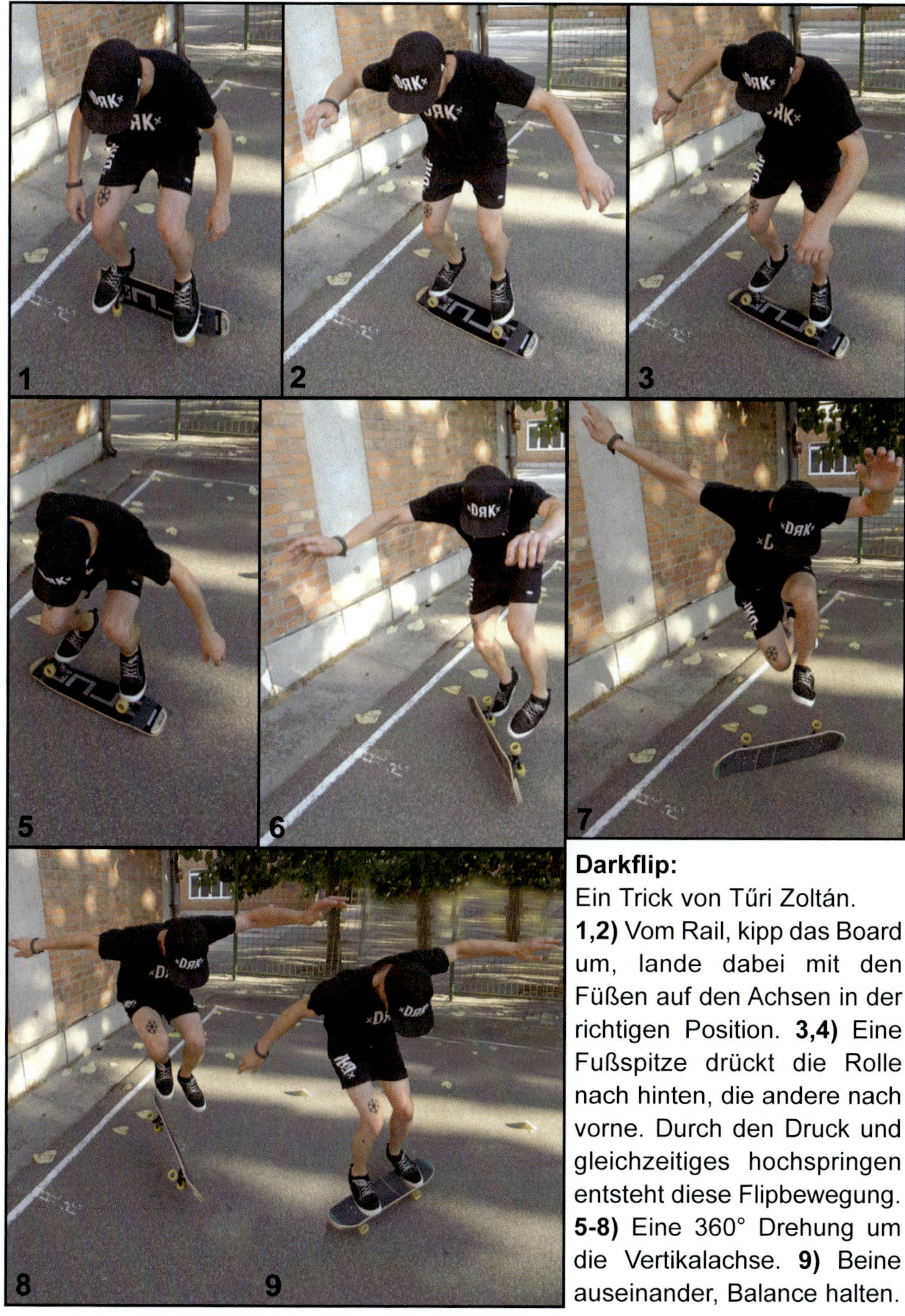

Darkflip:
Ein Trick von Tűri Zoltán.
1,2) Vom Rail, kipp das Board um, lande dabei mit den Füßen auf den Achsen in der richtigen Position. **3,4)** Eine Fußspitze drückt die Rolle nach hinten, die andere nach vorne. Durch den Druck und gleichzeitiges hochspringen entsteht diese Flipbewegung. **5-8)** Eine 360° Drehung um die Vertikalachse. **9)** Beine auseinander, Balance halten.

Pogo Pop to No-Hand Casper

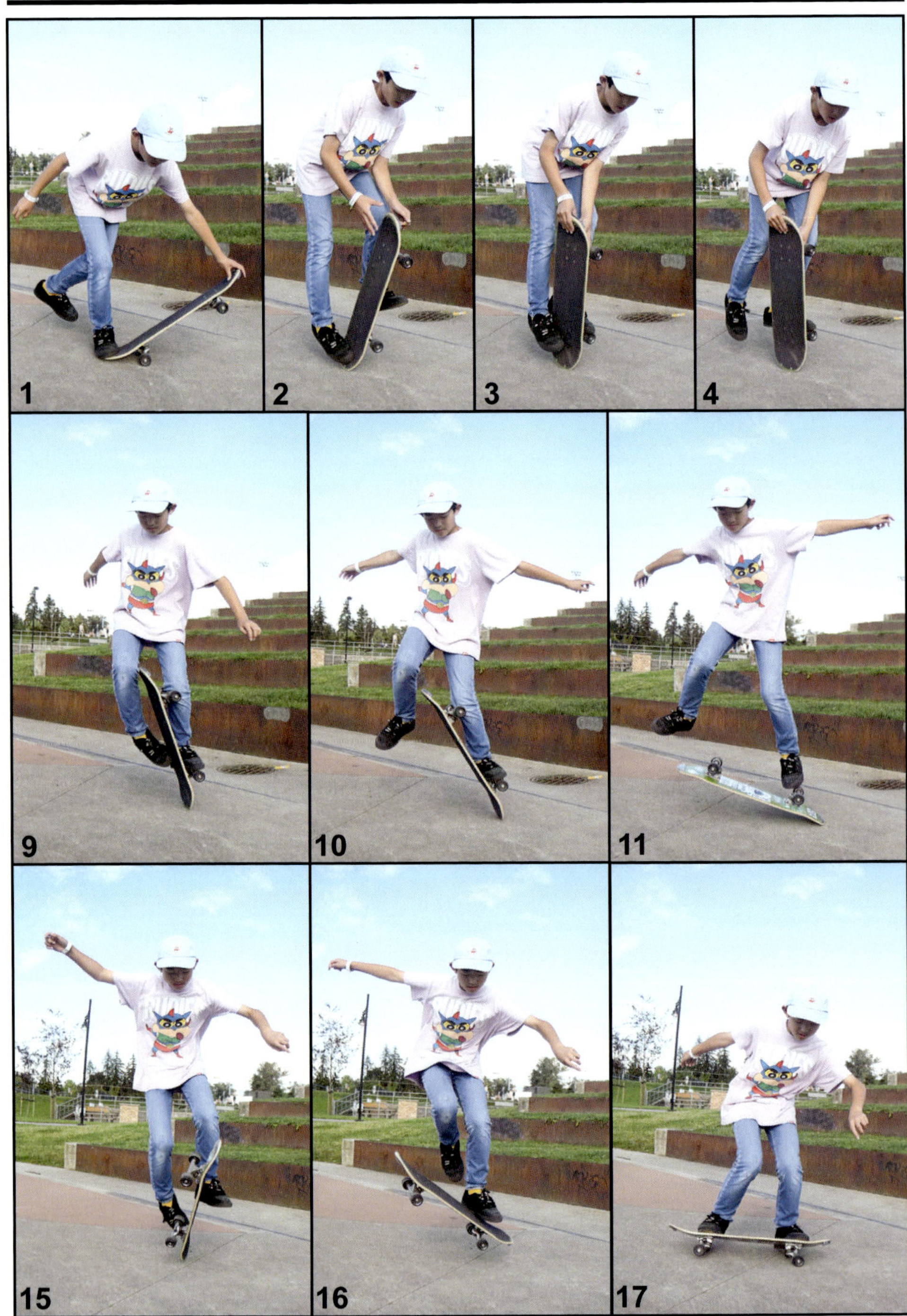

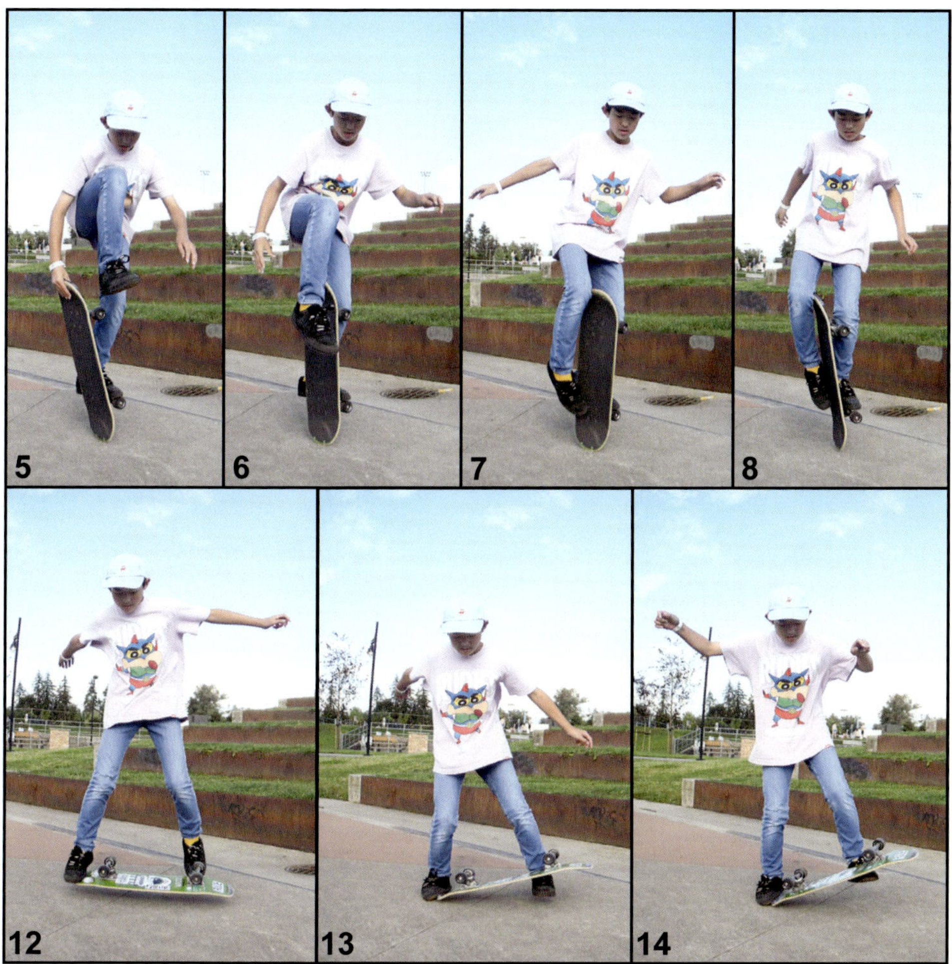

Pogo Pop to No-Hand Casper: Ein Trick von Shotaro Oba. Hierfür solltest du einen Pogo und No-Hand Casper sicher können. Das Schwierige an diesen Trick ist, das Board so zu poppen, dass es hochspringt, wie du es möchtest.

1-8) Vom Tail in den Pogo. Auf dieser Sequenz, mit der Hand hochgezogen.

9) Im Pogo hüpfen, um Balance zu halten.

10) Zieh das eine Bein weg und presse das Board in Richtung Boden.

11,12) Sobald das Board sich aufrichtet, nehme die Casper Position ein.

13) Das Board im Casper zu schnappen, ist gar nicht so einfach. Du musst schnell sein.

14-17) Aus dem Casper aufs Board springen.

Sidewinder

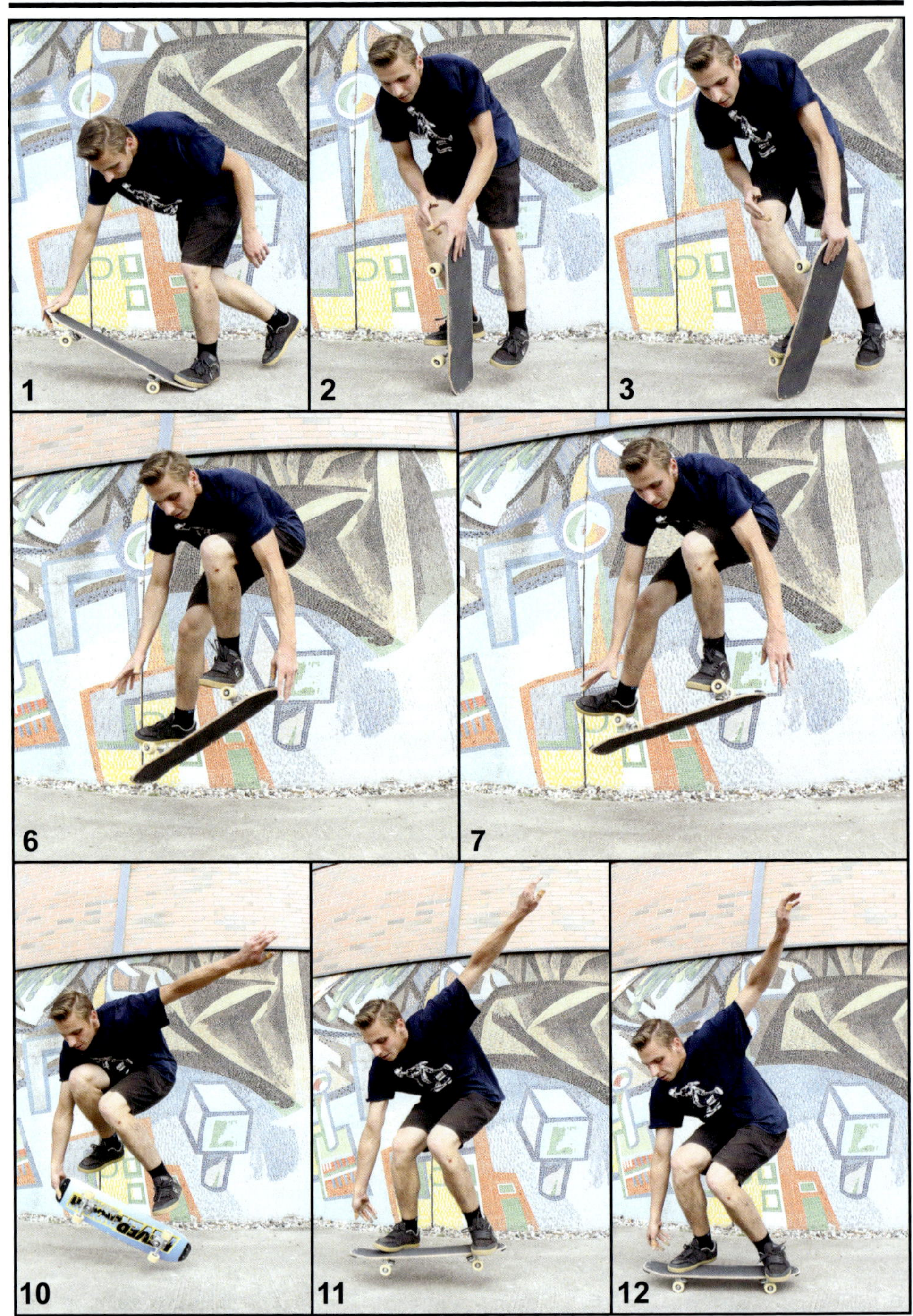

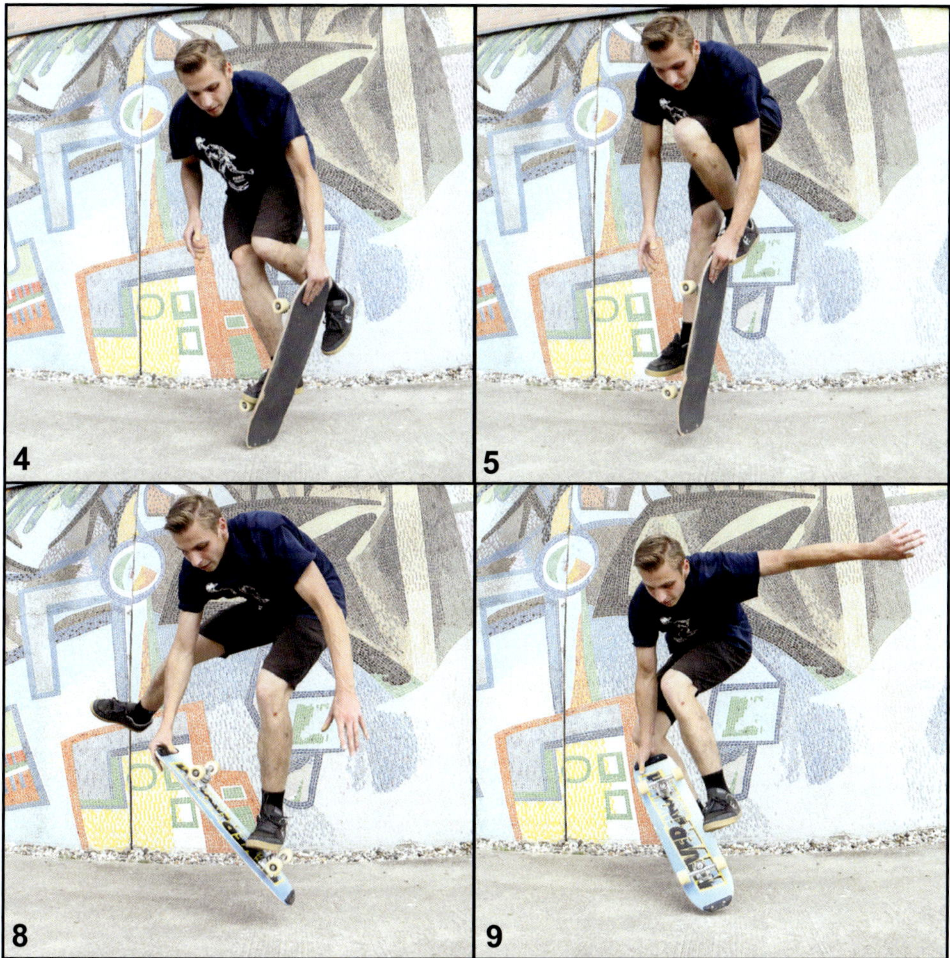

4

5

8

9

Sidewinder: Der Original Sidewinder ist von Rodney Mullen, nicht geworfen, sondern Transfer gezogen. Dieser Sidewinder, ein sehr schöner Trick ist von Per Welinder, ca. 1985.
Voraussetzung, perfekter 50/50 beidseitig und gute Sprungkraft.

1-4) Vom Tail in den 50/50. Am besten mit etwas Schwung.
5) Nutze diesen Schwung, um aus den 50/50 hochzuspringen.
6,7) Dabei werfe das Board, so, dass es hochkant fliegen kann. Ein Wurf von einer Hand zur anderen.
8) Die Landung mit dem Fuß auf der Achse kann schon mal hart sein. Versuche daher, das Board beim Landen immer steil zu halten.
9-12) Der Rest, dann auf das Board springen, ist einfach.

Casper Sidewinder

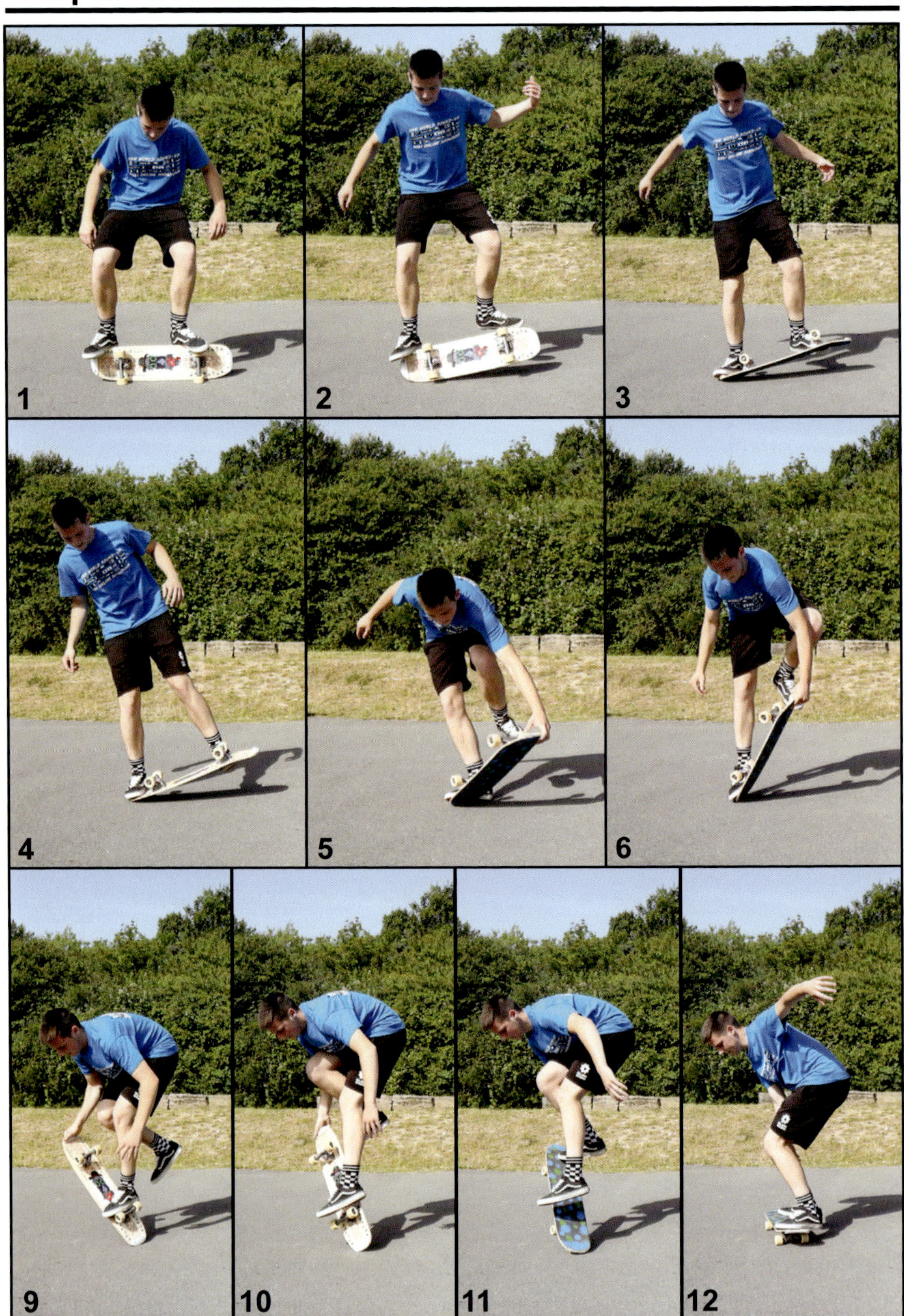

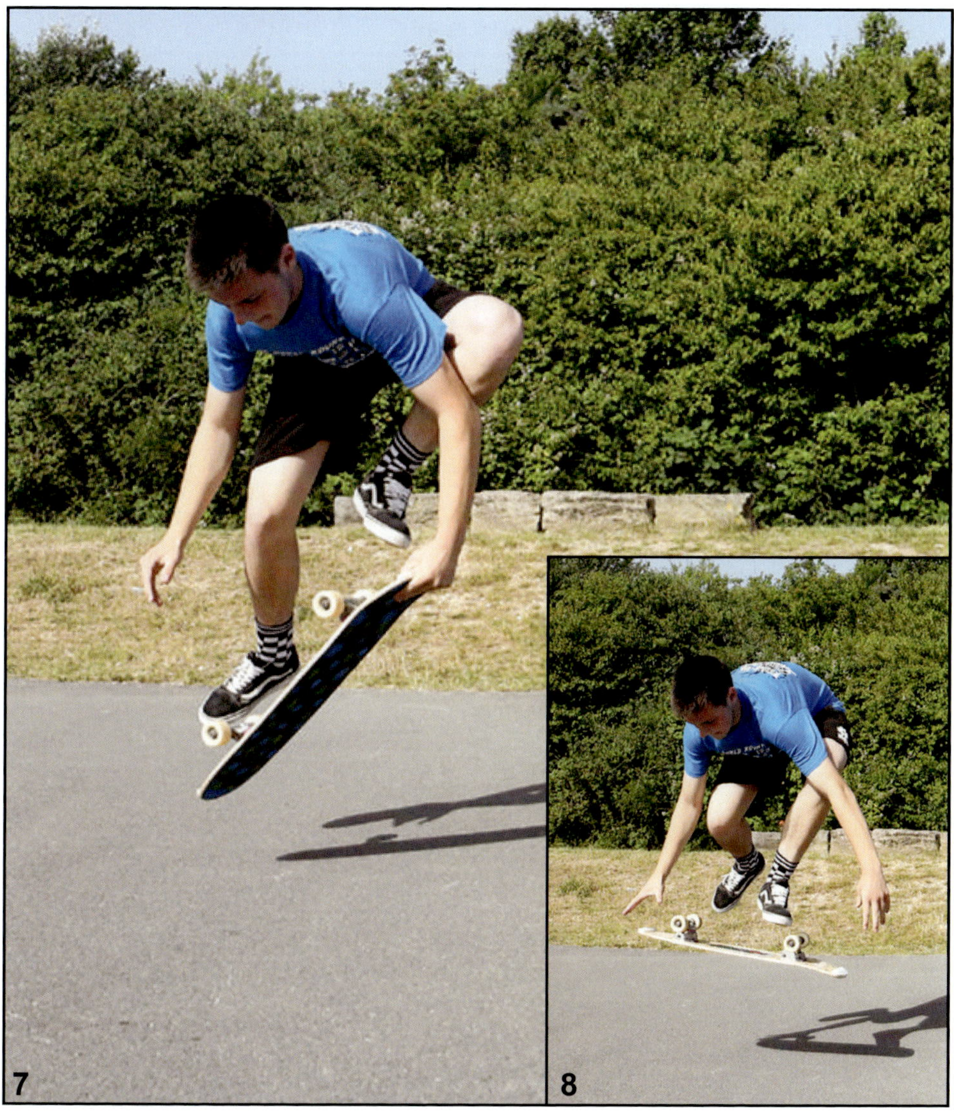

Casper Sidewinder: Voraussetzung für diesen Trick sind Casper, No-Hand Casper, 50/50 beidseitig und eine gute Sprungkraft.

1-3) Vom Rail in den No-Hand Casper gehen

4-6) Nun vom No-Hand Casper in den Casper.

7) Jetzt springe hoch, ziehe das Board hoch, sodass es um 180° hochkant um die Querachse drehend in der Luft rotiert, Beine anziehen.

8,9) Nun schnappe das Board am höchsten Punkt und lande im 50/50 auf der Achse.

10-12) Das Board mit der Hand drehen und darauf landen.

Sidewinder Transfer to Casper

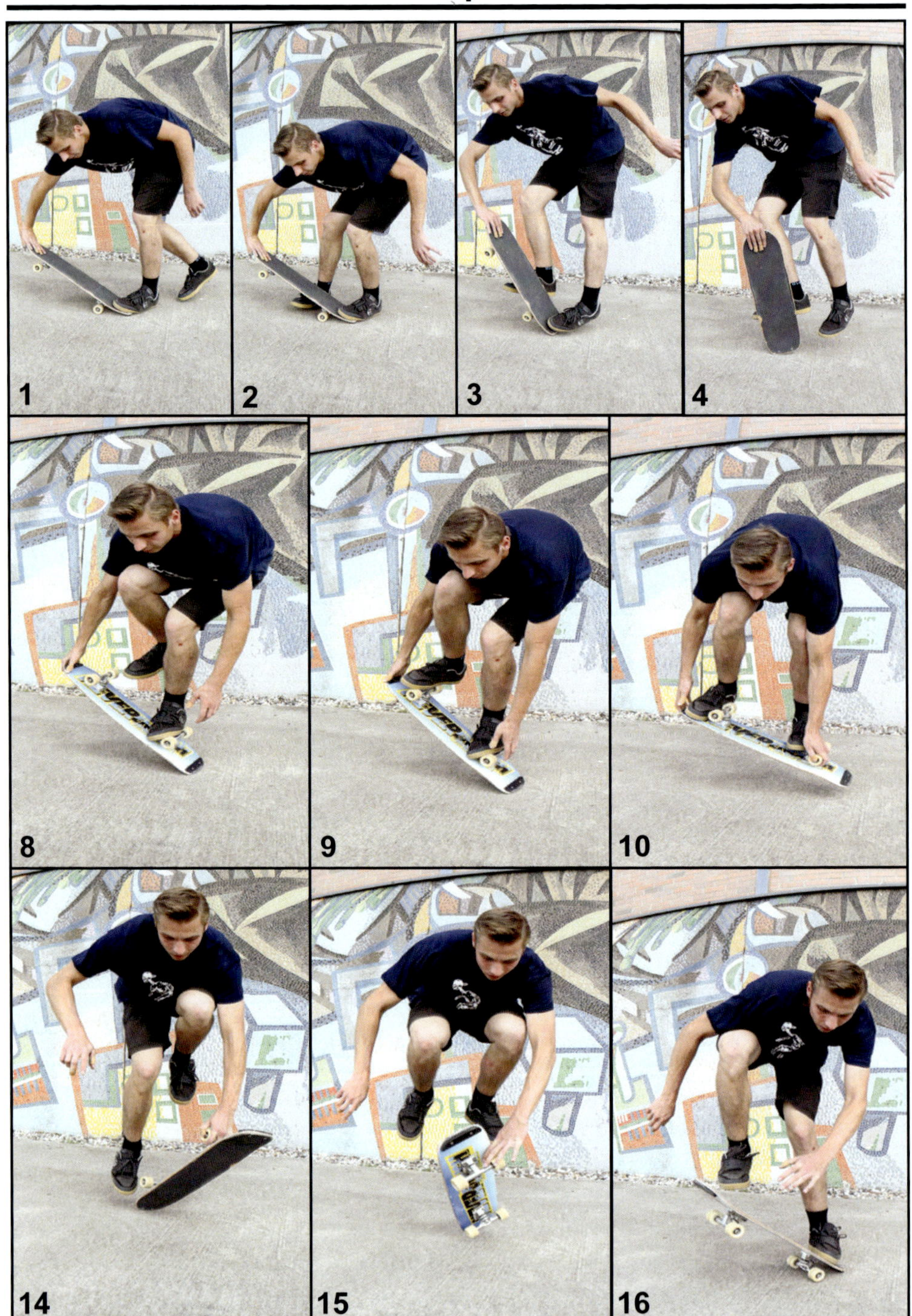

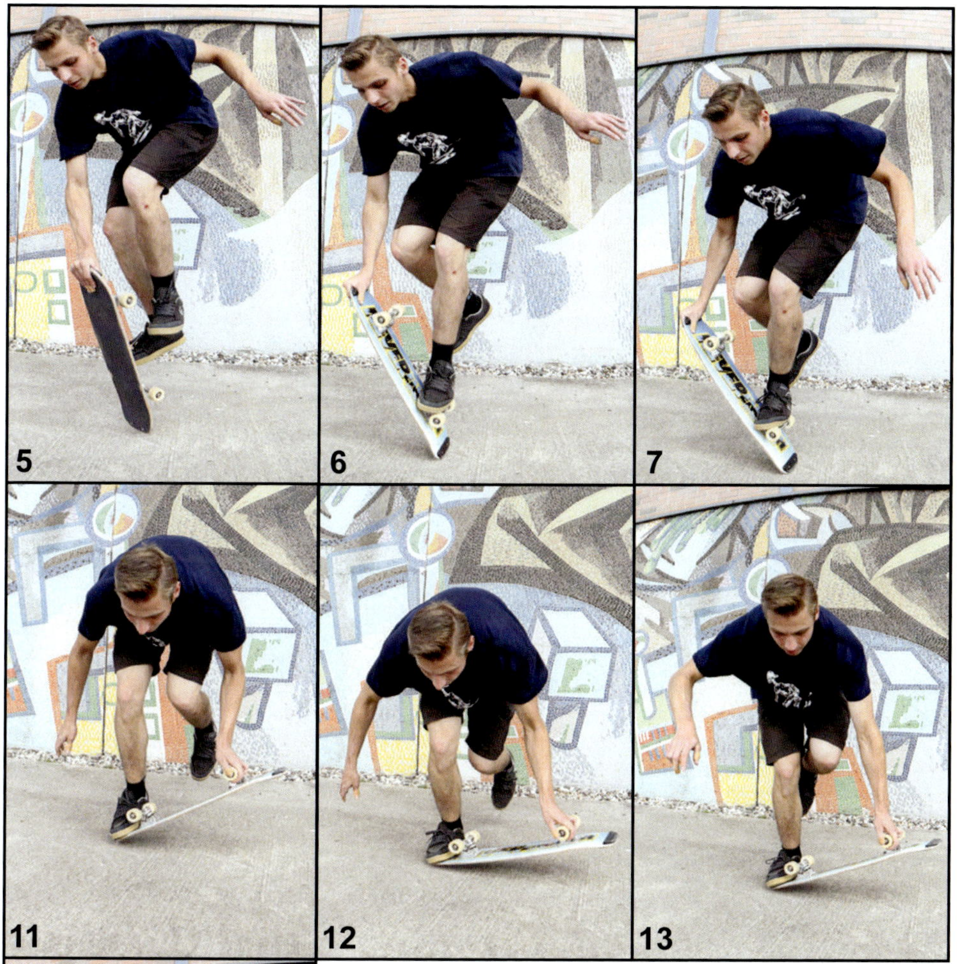

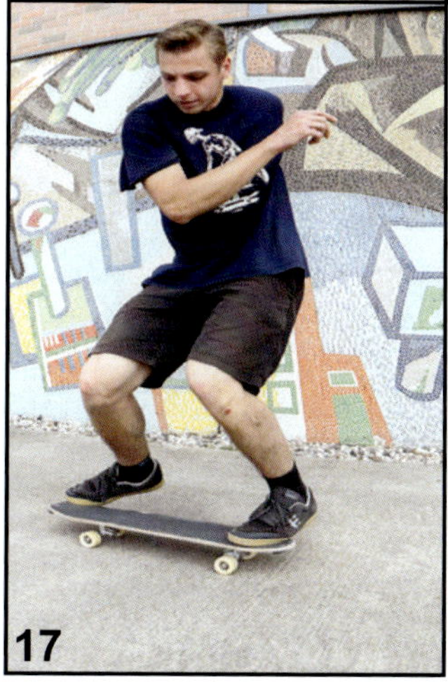

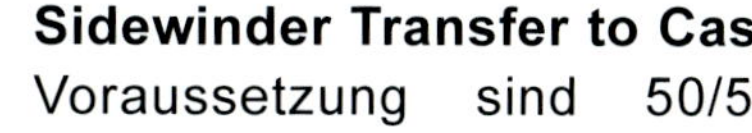

Sidewinder Transfer to Casper:
Voraussetzung sind 50/50, Casper, gute Beweglichkeit.

1-7) Vom Tail in den 50/50 gehen (in dieser Sequenz mit zusätzlichem Fußwechsel).

8) Balance halten, dabei eine Hand an die untere Rolle, den Fuß zugleich über die obere Achse setzen.

9-10) Jetzt ziehe die Hand an der Rolle nach oben, verlagere dein Gewicht und springe von einer Seite zur anderen.

11) Lande im Casper.

12-17) Die Rolle behälst du in der Hand für den Sprung auf das Board.

Impossible to Truck

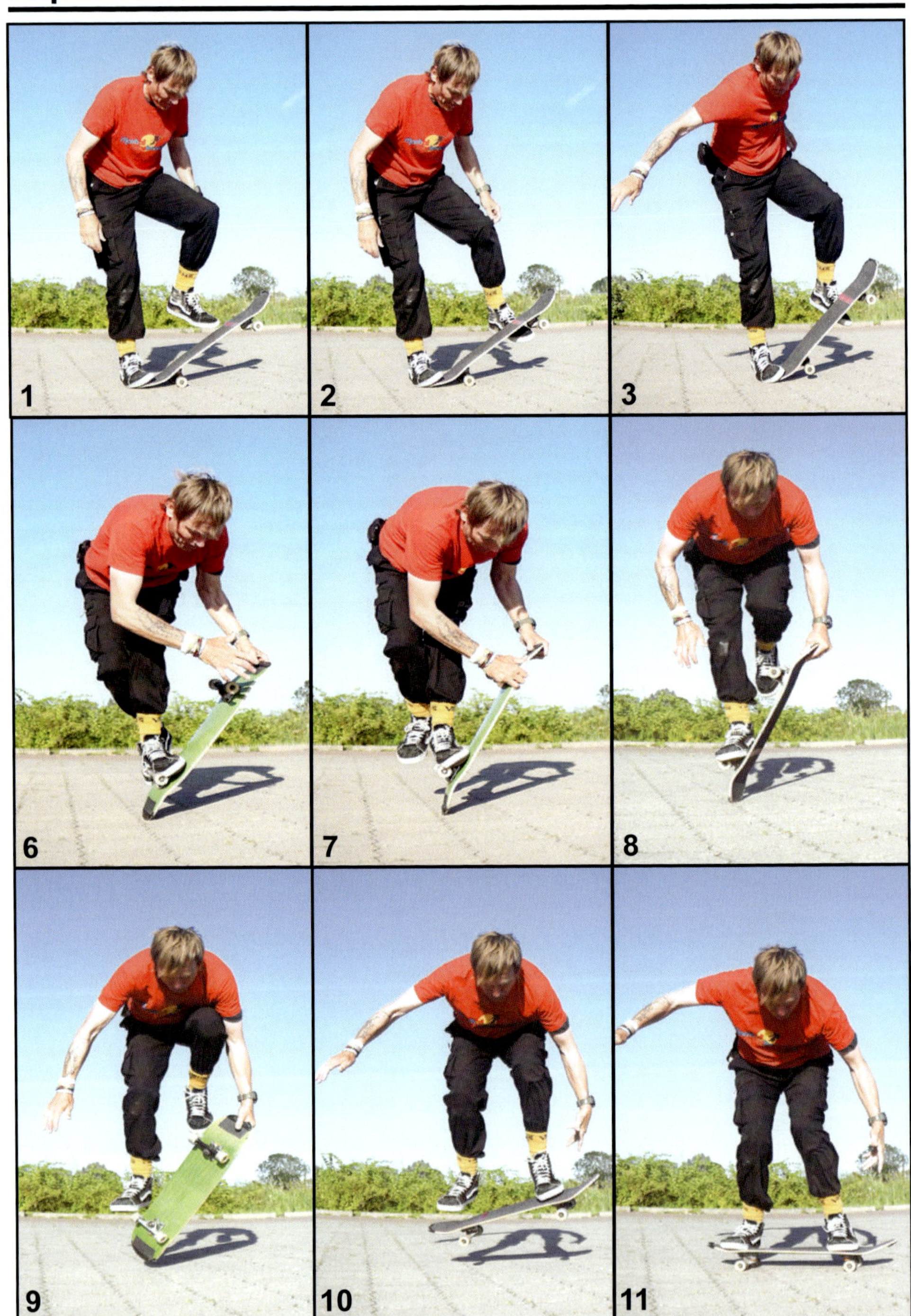

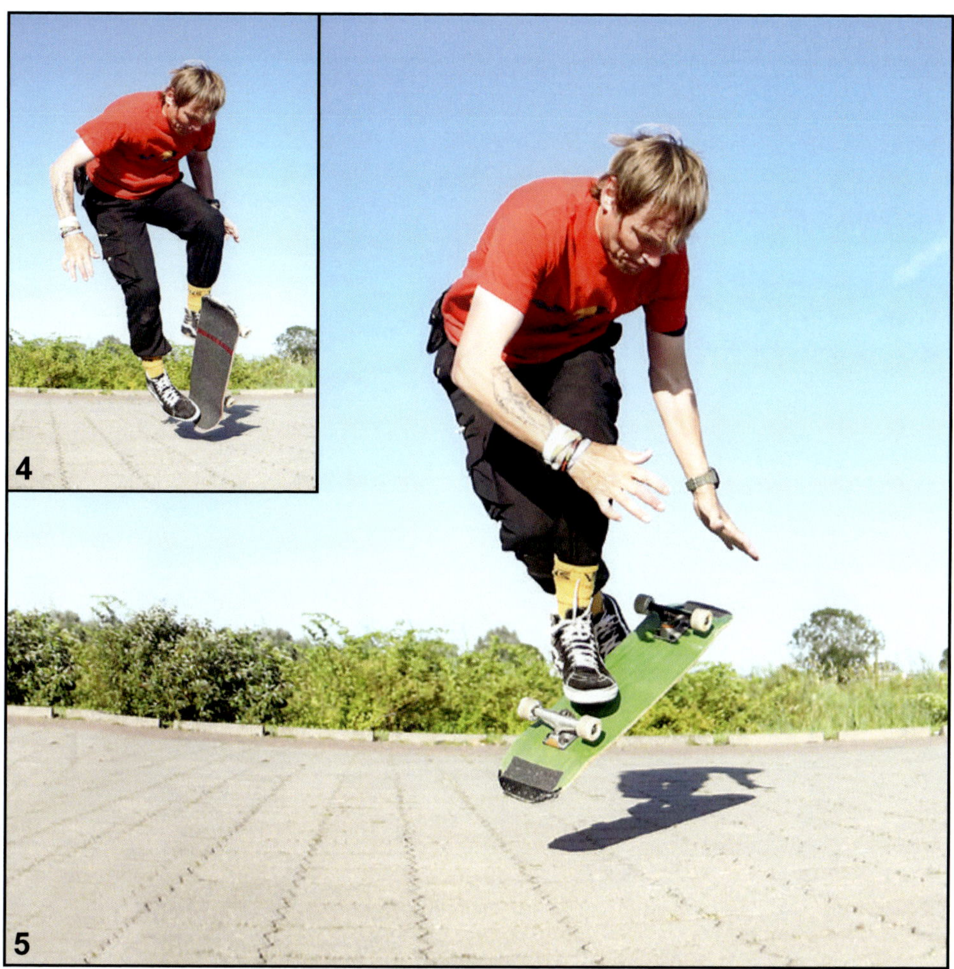

Impossible to Truck: Von mir entwickelt in 1985, inspiriert von Per Welinder. Per Welinder hat zu dieser Zeit folgenden Trick gemacht: Vom Tail gestartet und wie ein Finger Impossible mit einer dreiviertel Drehung geworfen und im Pogo gelandet. Das brachte mich zu dieser Idee. Dieser Trick wird heute gerne und oft gezeigt. Voraussetzung: Perfekter 50/50, gutes Board-Gefühl, gute Sprungkraft.

1,2) Einen Fuß auf den Tail, die Fußspitze des Anderen unter der oberen Achse platzieren.
3,4) Beim Absprung ziehst du die Fußspitze unter der Achse vom Board zu dir hin. Der Fuß auf dem Tail springt etwas hoch.
5) Das Board macht eine Bewegung wie bei einem Impossible, also eine Drehung um die Querachse.
6,7) Die Landung im 50/50 kann schon mal sehr hart sein!
9-11) Vom 50/50 auf das Board springen oder einen weiteren Trick kombinieren.

Carousel

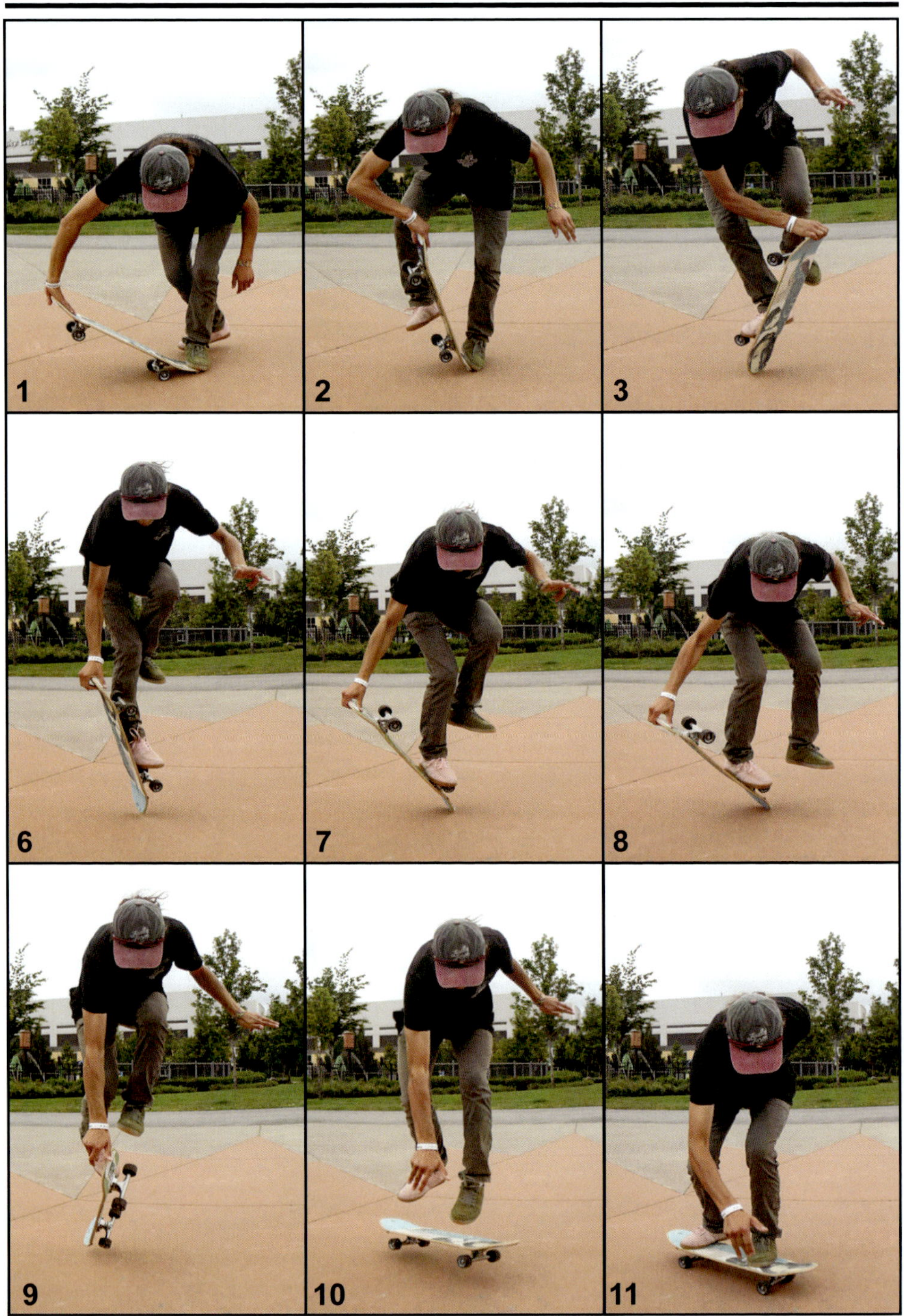

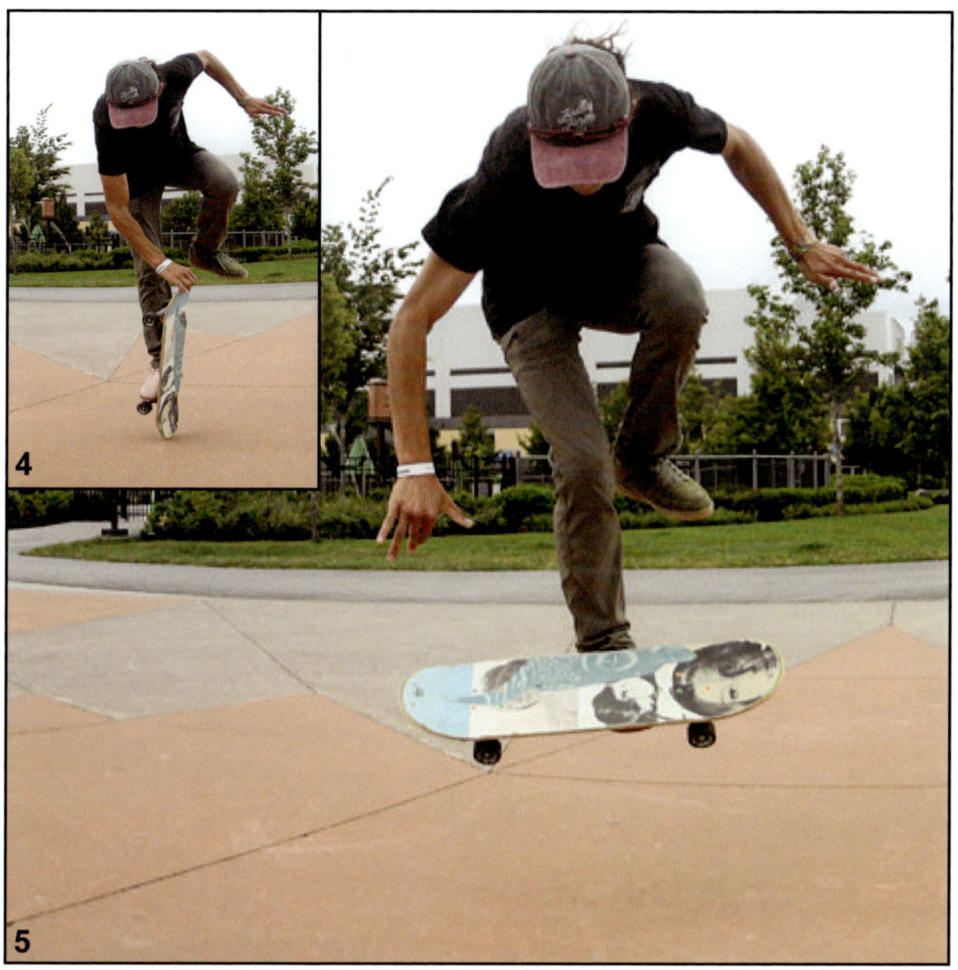

Carousel (Incredible): Der Trick Carousel hieß früher noch Incredible.
Ein Trick von Rodney Mullen um 1985.
Voraussetzung: Alle 50/50 Stellungen und eine gute Sprungkraft.

- **1-3)** Vom Tail in den 50/50 gehen. Achte dabei auf die genaue Handposition.
- **4-7)** Diese ist wichtig für den Wurf beim Absprung.
  Springe hoch und ziehe dabei das Board hochkant und lande wieder im 50/50. Gut ausbalancieren.
- **8-11)** Vom 50/50 auf das Board springen oder weitere Tricks anhängen.

Bonebreaker

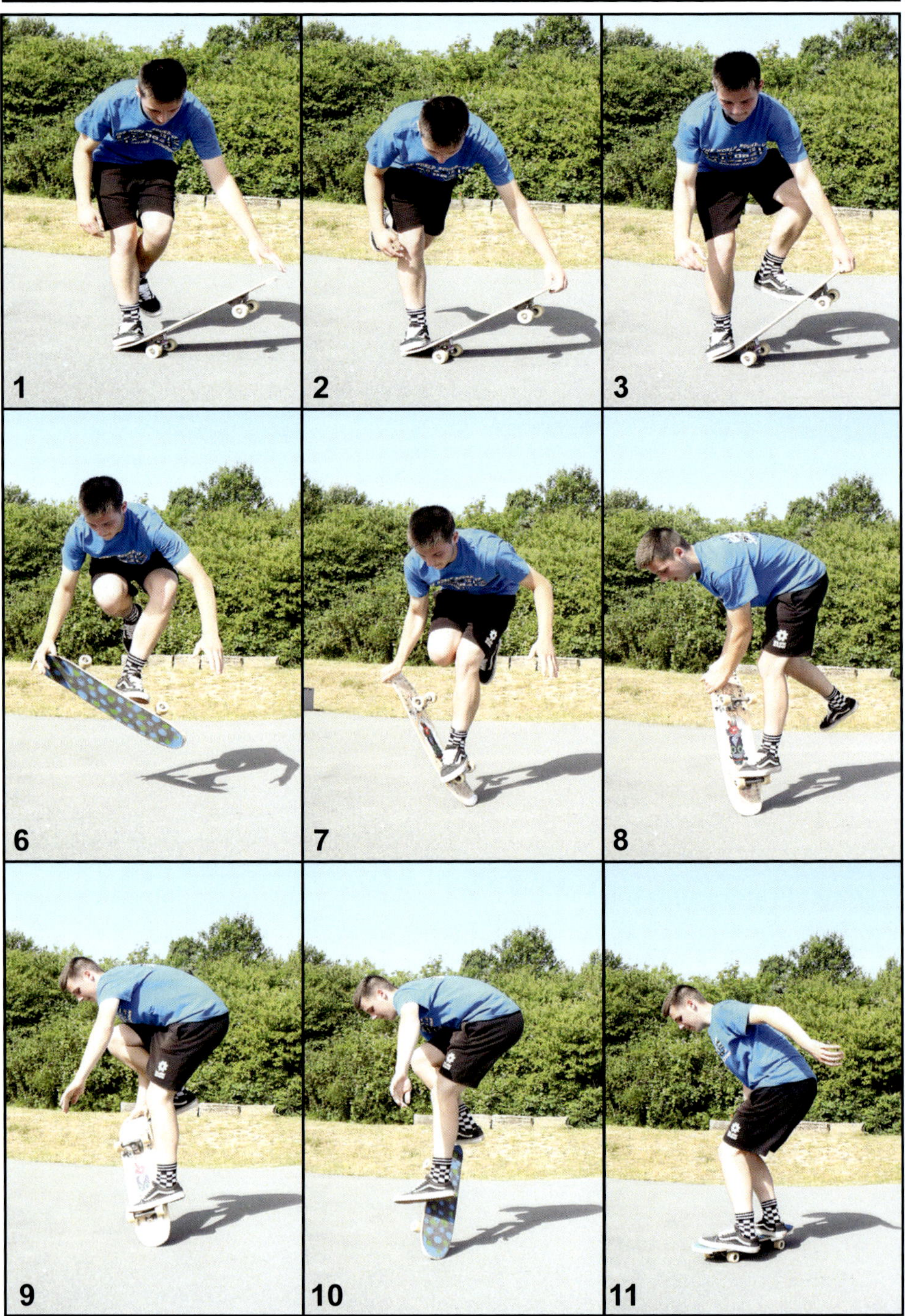

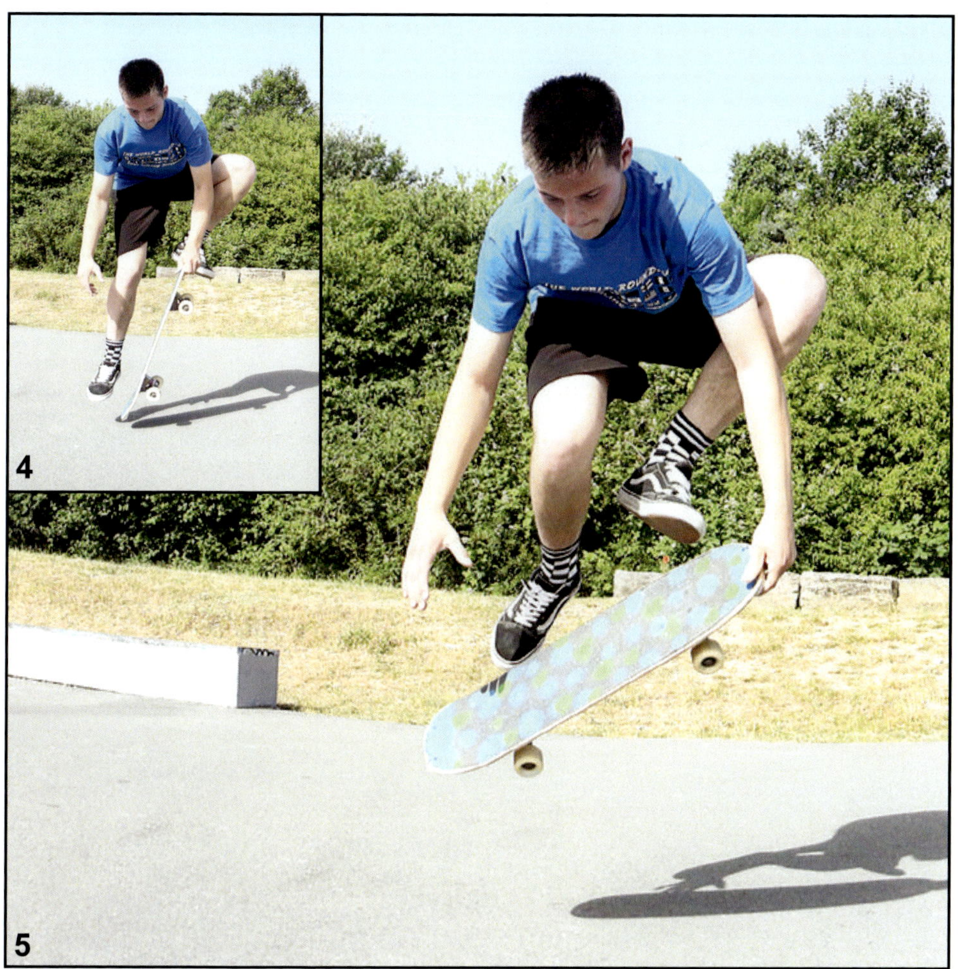

Bonebreaker: Ein Trick von mir aus dem Jahr 1987. Der Name dazu ist passend, da die Landung manchmal sehr hart sein kann. Voraussetzung: Perfekte 50/50 Stellungen beidseitig und eine gute Sprungkraft.

1-3) Vom Tail mit viel Schwung nach oben abspringen.
4,5) Das Board mit der Hand hochziehen, drehen, abspringen und zugleich etwas runterdrücken.
6,7) Mit der anderen Hand das Board schnappen und die Landung auf der Achse einleiten.
8-11) Vom 50/50 zurück auf das Board springen.

Flip Flap

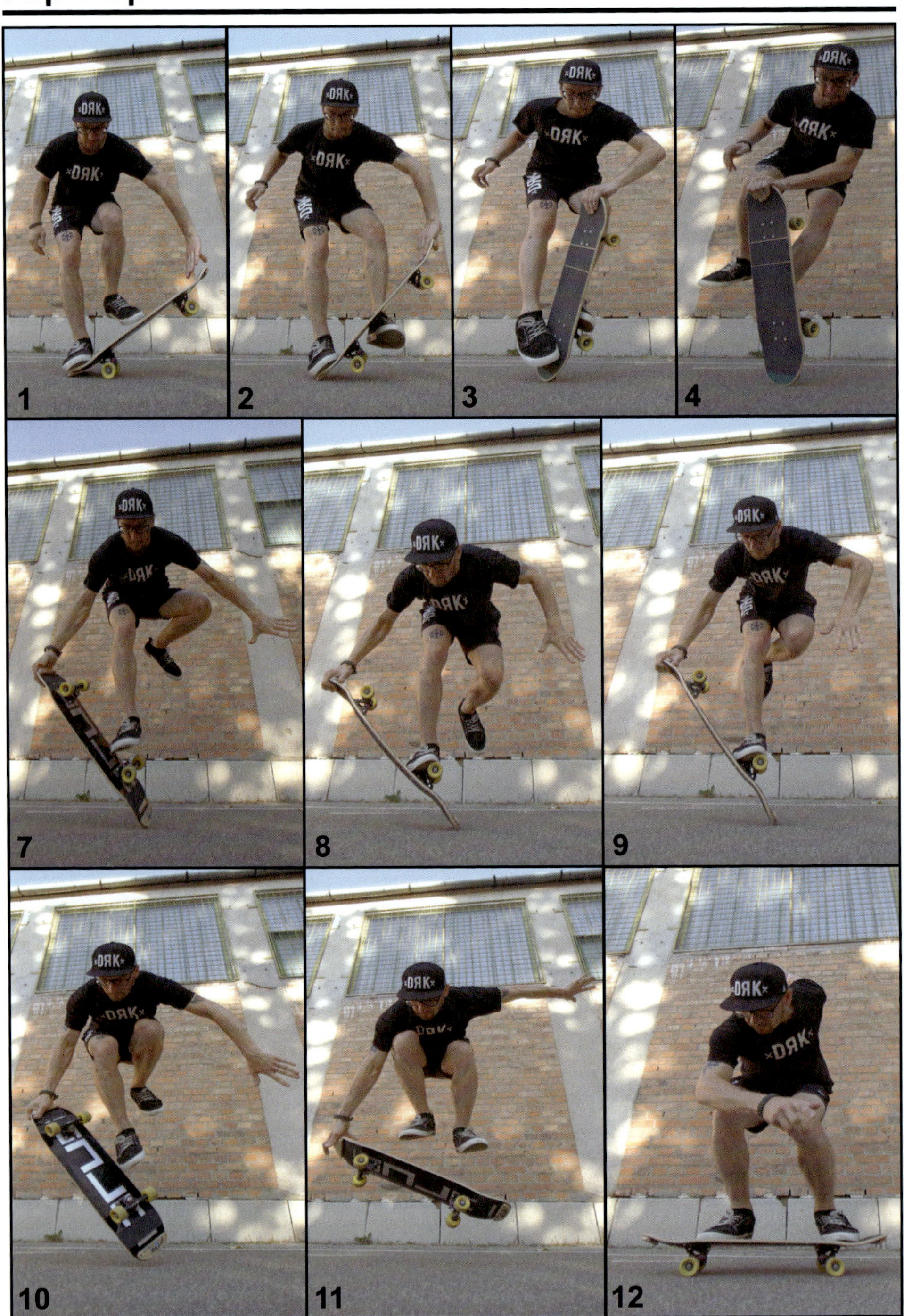

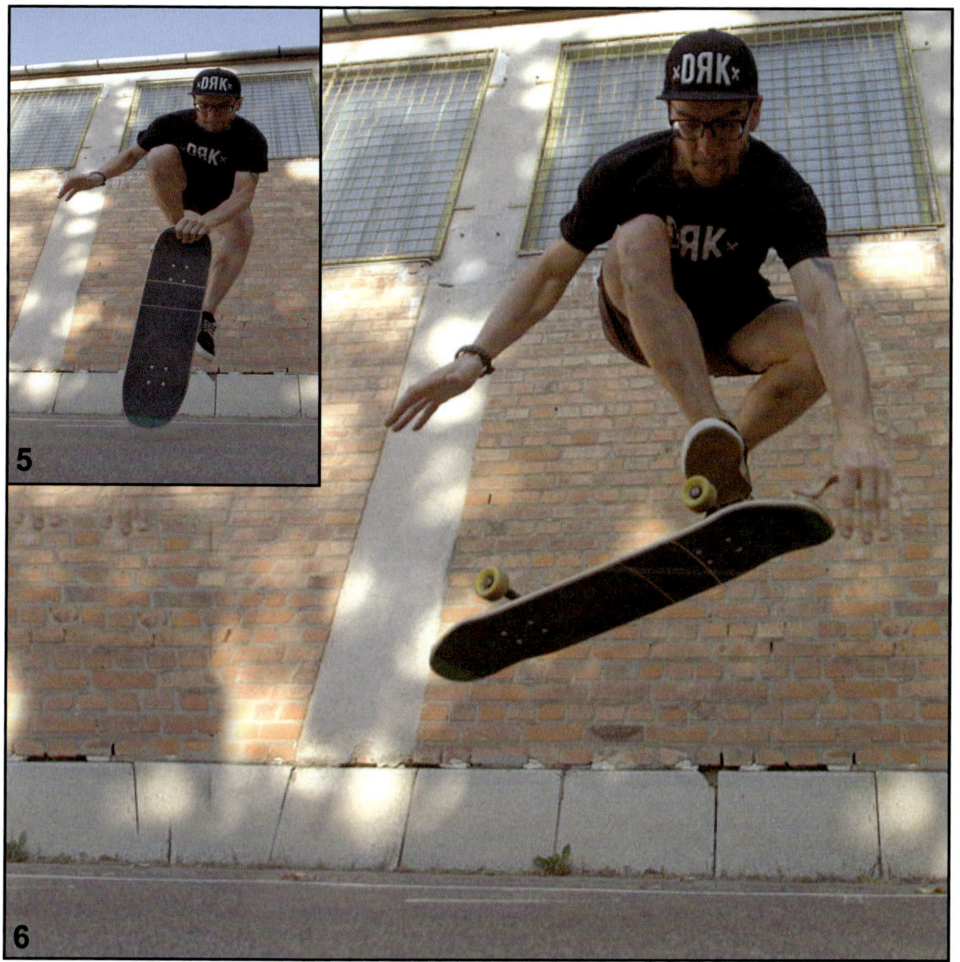

Flip Flap: Ein Trick von mir aus dem Jahr 1988. Auch hier kann die Landung manchmal sehr hart sein kann. Voraussetzung: Perfekte 50/50 Stellungen beidseitig und eine gute Sprungkraft.

1-3) Vom Tail in den 50/50 steigen.

4) Achte auf die genaue Handposition im 50/50, damit du das Board perfekt werfen kannst.

5,6) Körperspannung aufbauen, hochspringen und mit der Hand das Board um 180° drehen.

7) Bei der Landung mit der Außenseite vom Fuß das Board möglichst steil halten und das Board fest greifen. Sei auf eine harte Landung vorbereitet!

8-12) Aus dem 50/50 auf das Board springen.

No-Hand Transfer to No-Hand

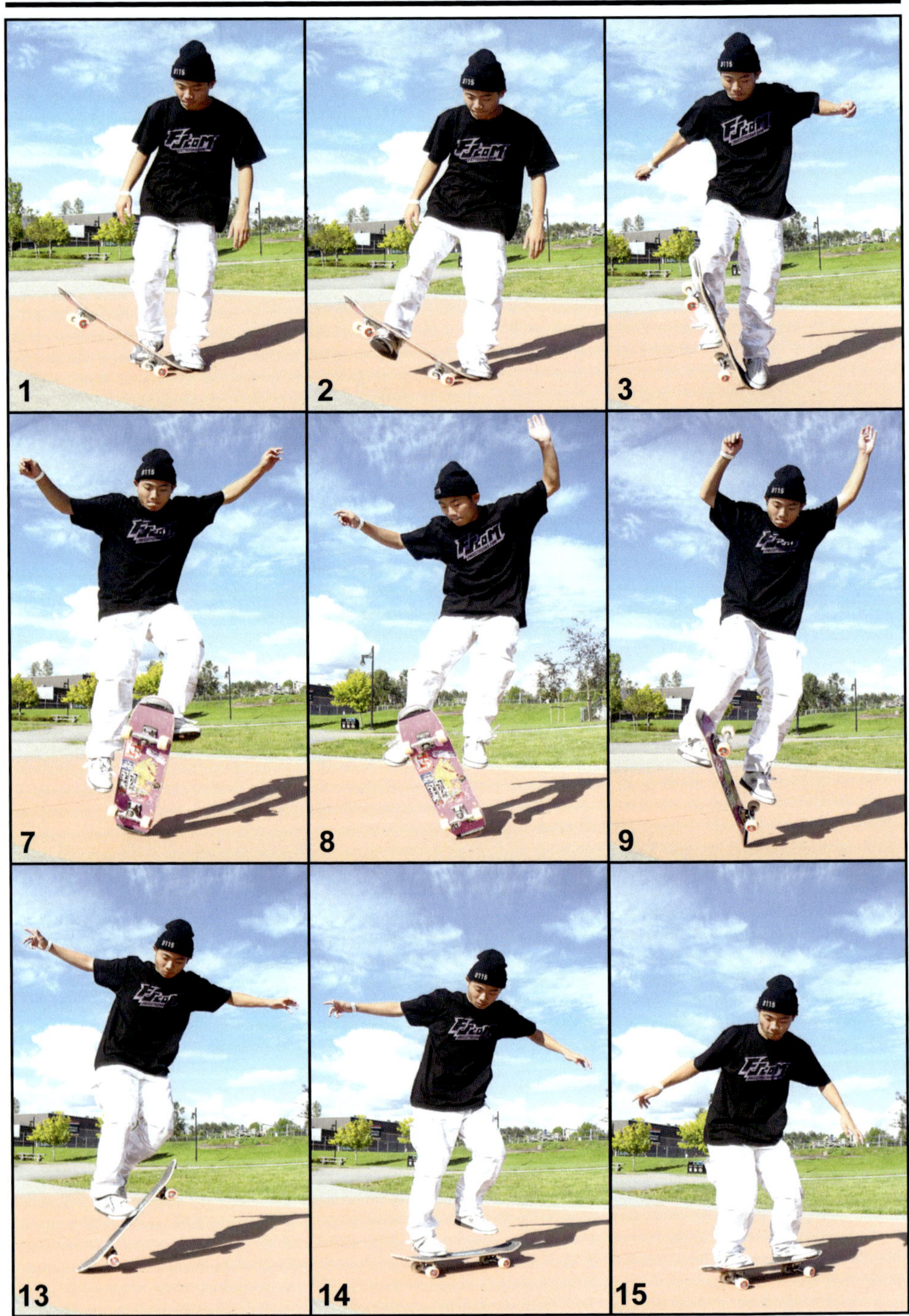

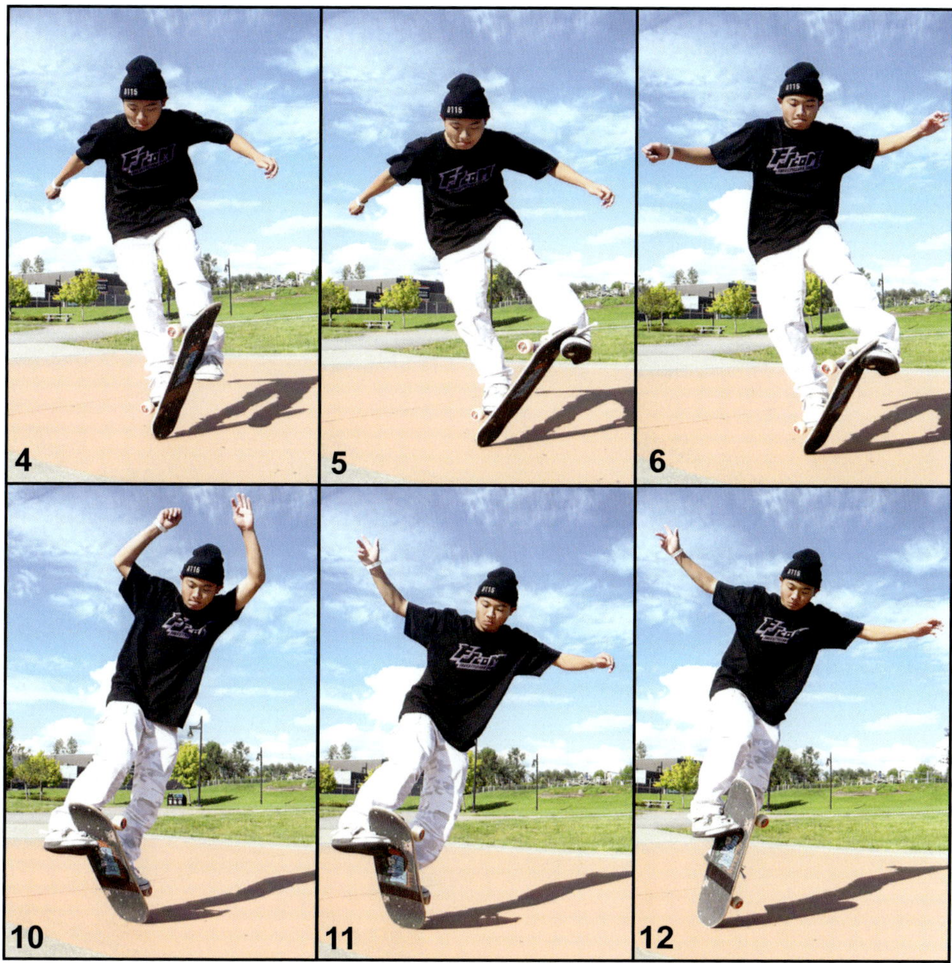

No-Hand Transfer to No-Hand: Ein sehr schöner, aber auch schwerer Trick in der Ausführung. Voraussetzung: Perfekter No-Hand 50/50 beidseitig.

1-5) Vom Tail in den No-Hand 50/50 gehen, dabei gut Balance halten.
5-9) Ziehe das Board zu dir hin halte es dabei senkrecht, zugleich springe
8,9) etwas hoch und leite die Board-Rotation mit dem Fuß ein.
10,11) Die Landung ist der schwerste Teil. Gut ausbalancieren.
12-15) Aus dem No-Hand 50/50 wieder auf das Board springen.

No-Hand Kick & Flip

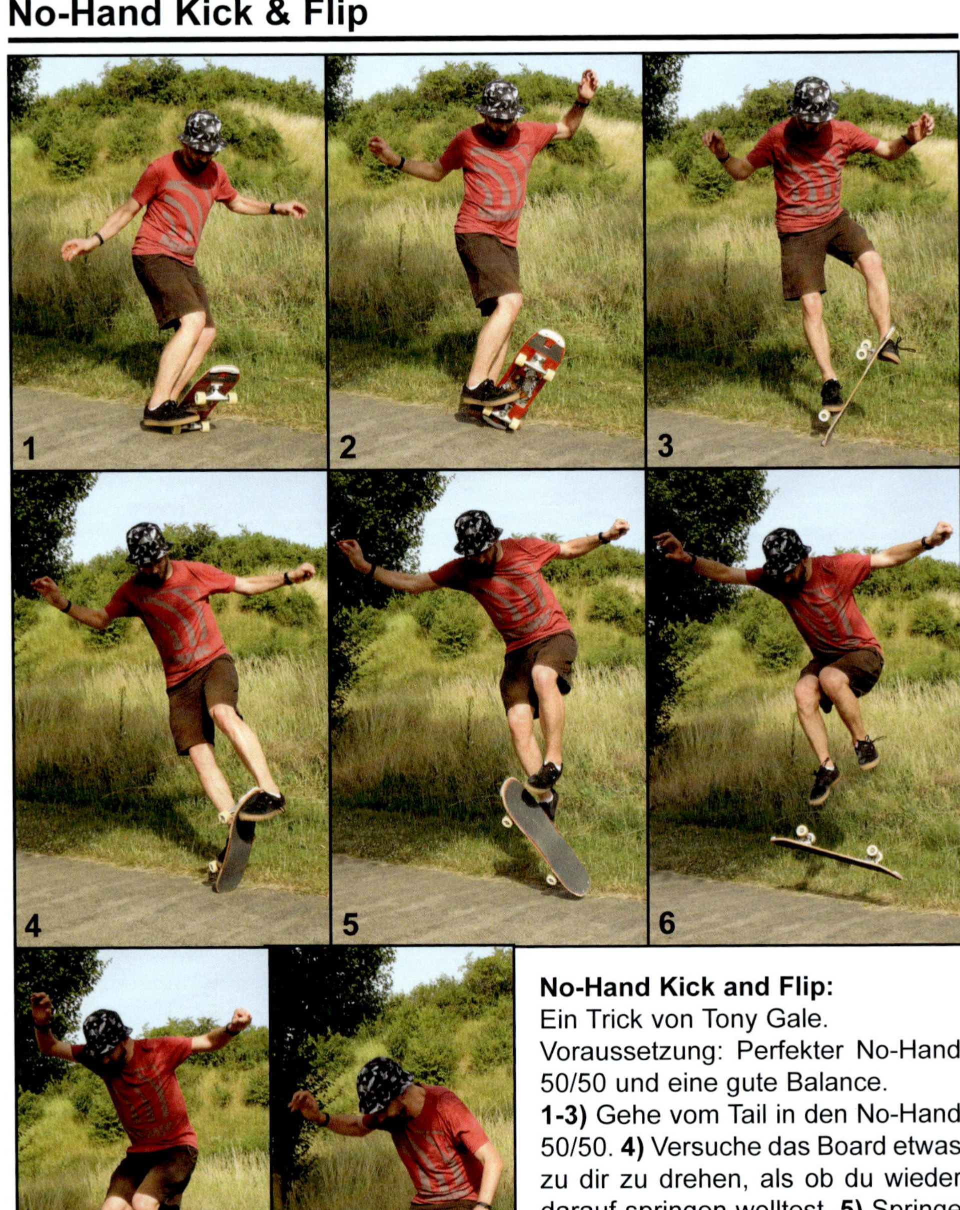

No-Hand Kick and Flip:
Ein Trick von Tony Gale.
Voraussetzung: Perfekter No-Hand 50/50 und eine gute Balance.
1-3) Gehe vom Tail in den No-Hand 50/50. **4)** Versuche das Board etwas zu dir zu drehen, als ob du wieder darauf springen wolltest. **5)** Springe leicht hoch und im selben Moment kickst du mit dem Fuß, welcher vorher auf der Achse stand, das Board zu einem Flip. Das ist gar nicht einfach! **6,7)** Das Board macht eine Längsdrehung. **8)** Landung.

San Francisco Flip

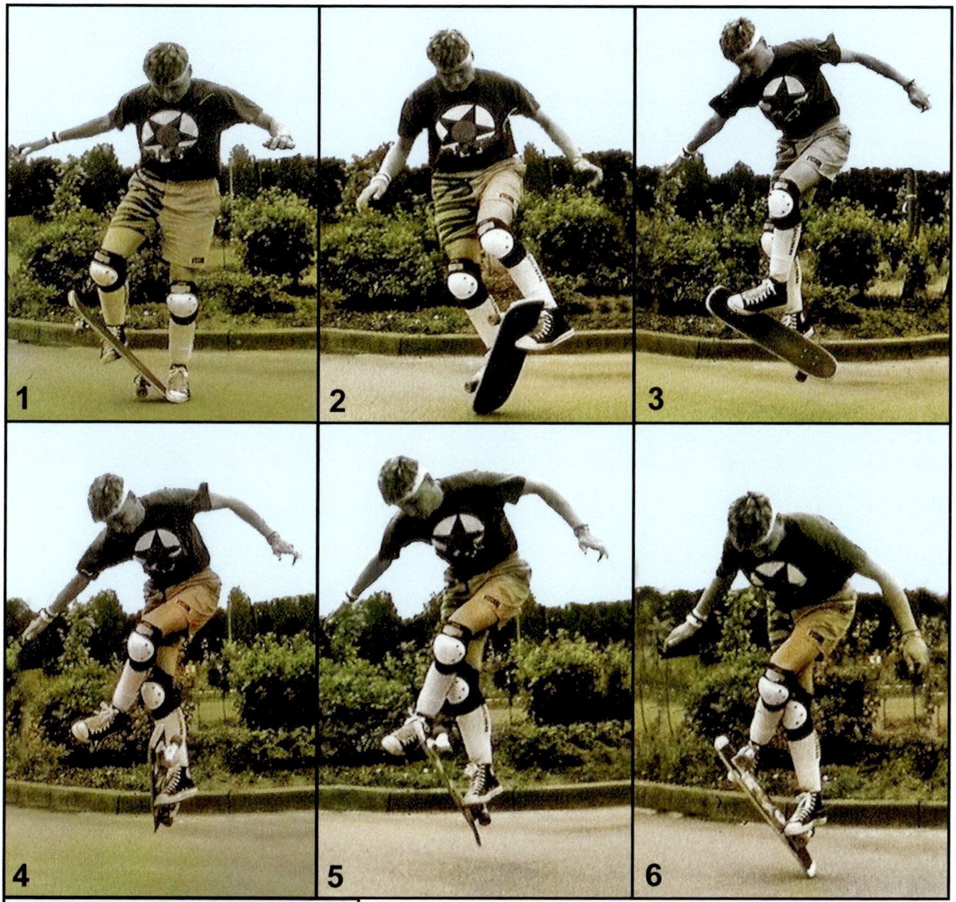

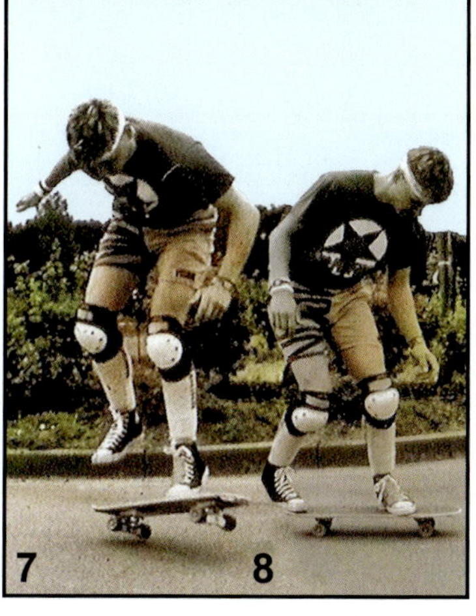

San Francisco Flip: Ein weiterer Trick von mir. Zum ersten Mal gestanden in San Francisco 1986. Voraussetzung: Perfekter No-Hand 50/50 und ein sehr sicheres Board-Gefühl. Die Landung im Crossfoot No-Hand ist sehr hart. **1,2)** Gehe in den No-Hand 50/50. **3-5)** Flippe das Board hochkant mit dem Fuß, der das Board hält. Den andere Fuß, der auf der Achse steht, etwas entgegengesetzt ziehen. Drehe das Board um 180° und kreuze dabei die Beine. **6)** Du kannst das Board nur mit der Fußspitze fangen und auch erst dann, wenn ein Fuß auf der Achse steht, das Board halten. Und das nur für Sekunden. Gut ausbalancieren. **7,8)** Bei der Landung ziehe das Board so, dass Du darauf landen kannst.

Ollie to Truck 360°

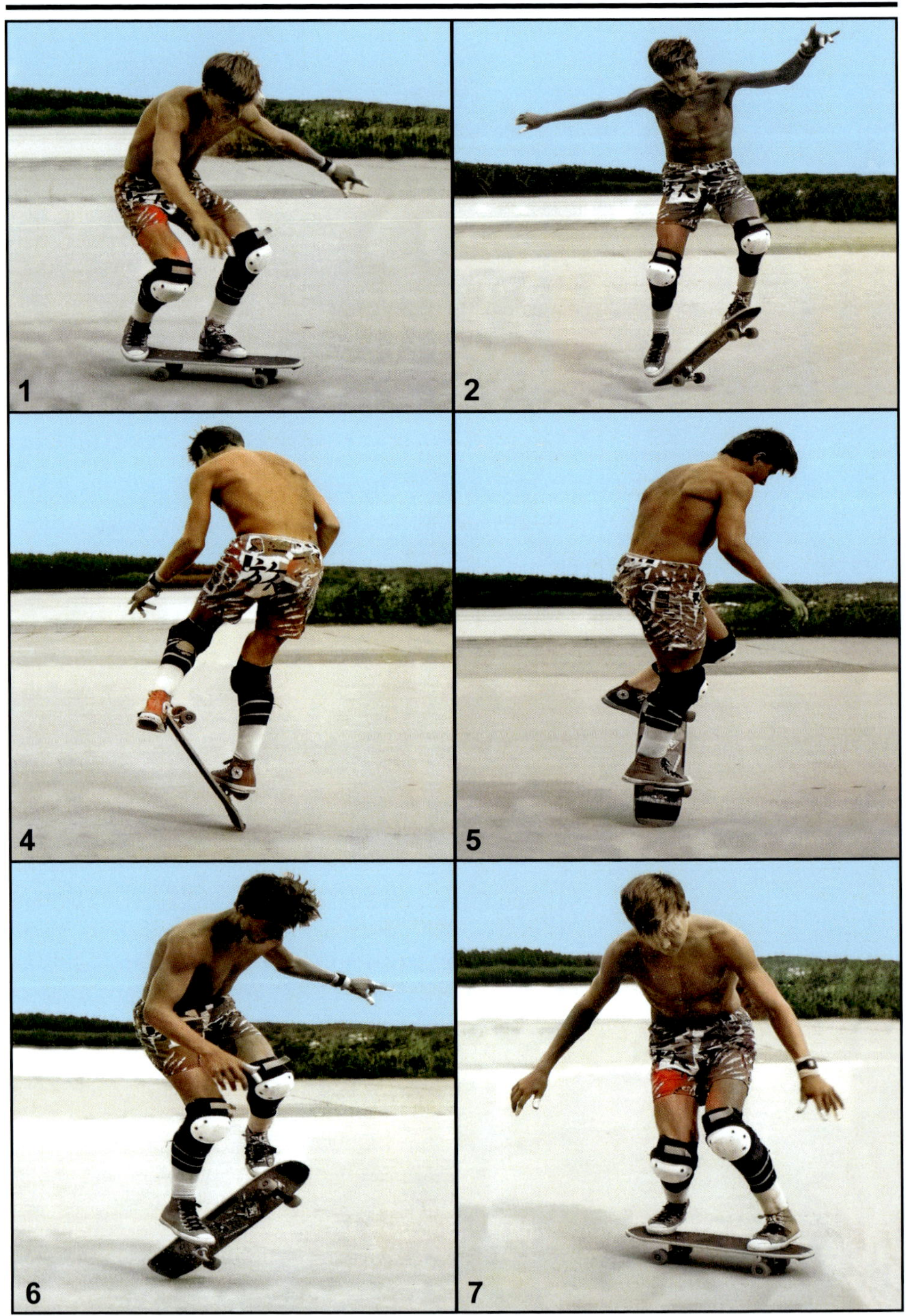

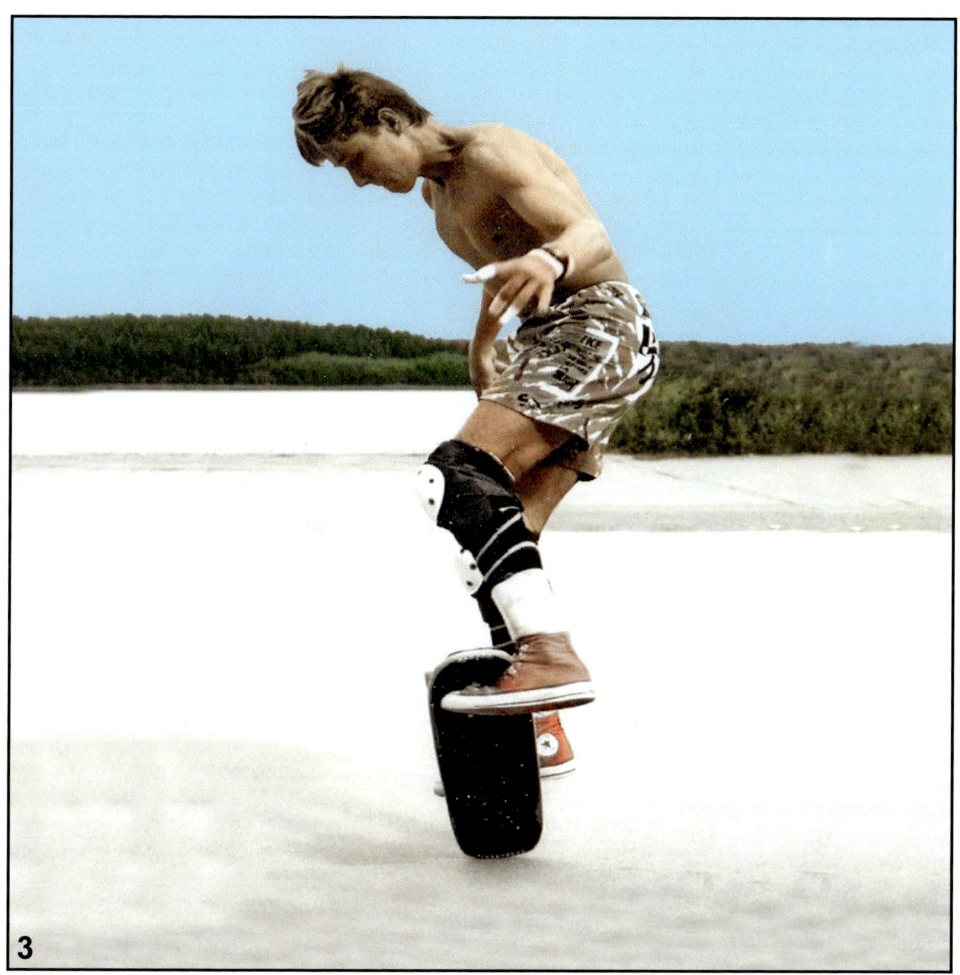

3

Ollie to Truck 360°: Ein Trick von Rodney Mullen aus ca. 1985. Ein sehr schöner Trick in seiner Ausführung. Voraussetzung: Ollie Pop, perfekter No-Hand 50/50 und fortgeschrittene Balance-Fähigkeiten.

1) Starte in der Ollie-Position, so als ob du einen Ollie-Kickflip machen wolltest. Dabei hole mit den Armen Schwung für eine

2) Backside Drehung.
Poppe das Board auf den Boden, springe etwas hoch und kicke mit

3) dem vorderen Fuß das Board leicht an zu einer halben Drehung.

4,5) Schnappe dir das Board im No-Hand 50/50.

6,7) Durch den vorab mit den Armen eingeleiteten Schwung kannst du dich jetzt um 360° drehen, bevor du wieder auf dem Board landest.

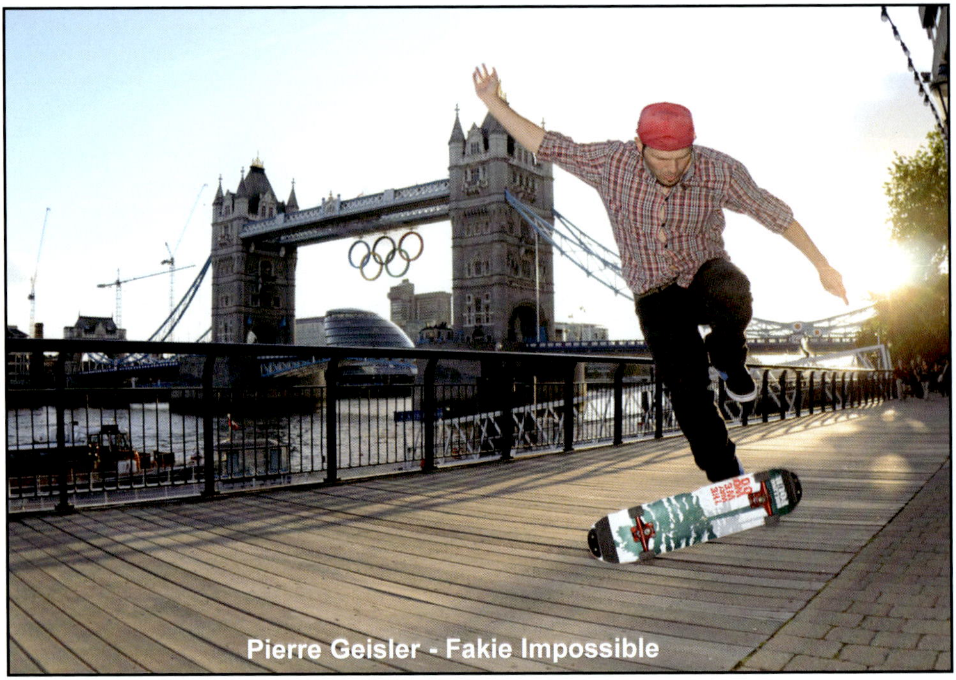

Pierre Geisler - Fakie Impossible

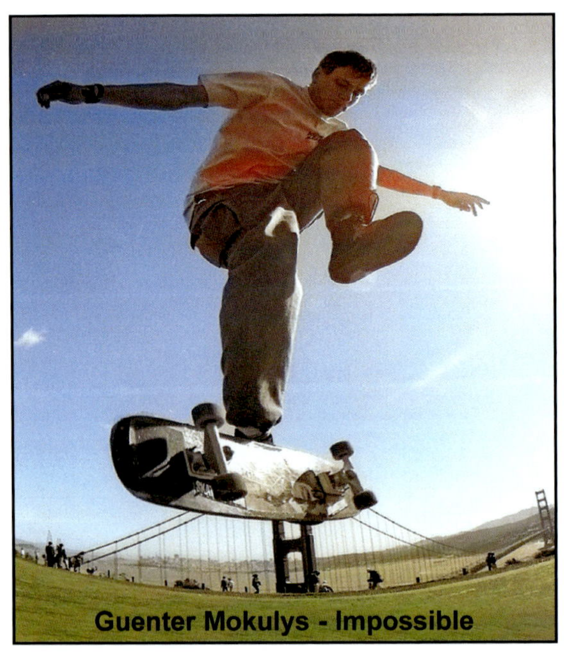
Guenter Mokulys - Impossible

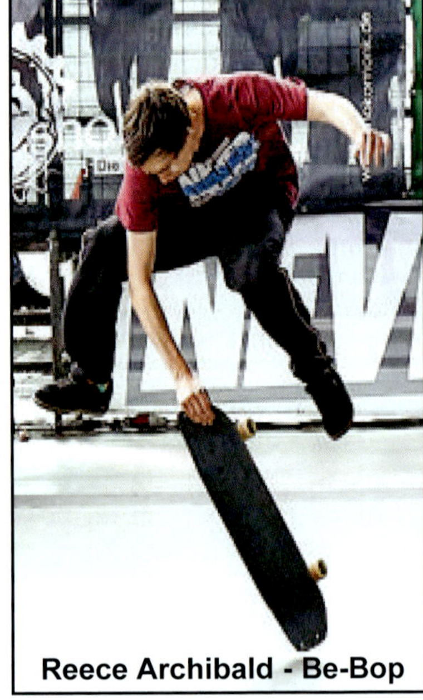
Reece Archibald - Be-Bop

Rolling Tricks

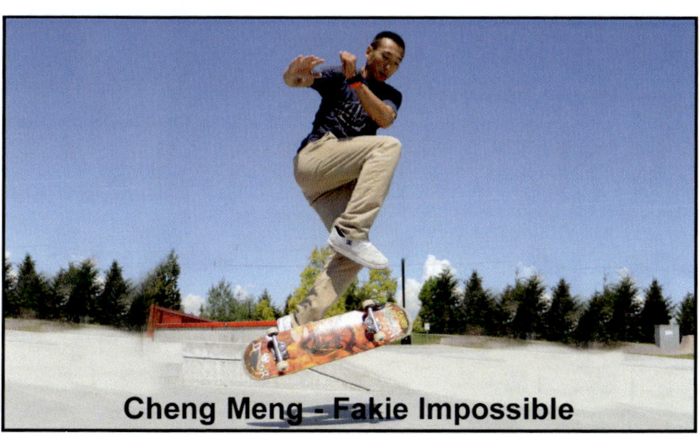

Cheng Meng - Fakie Impossible

Double Fingerflip

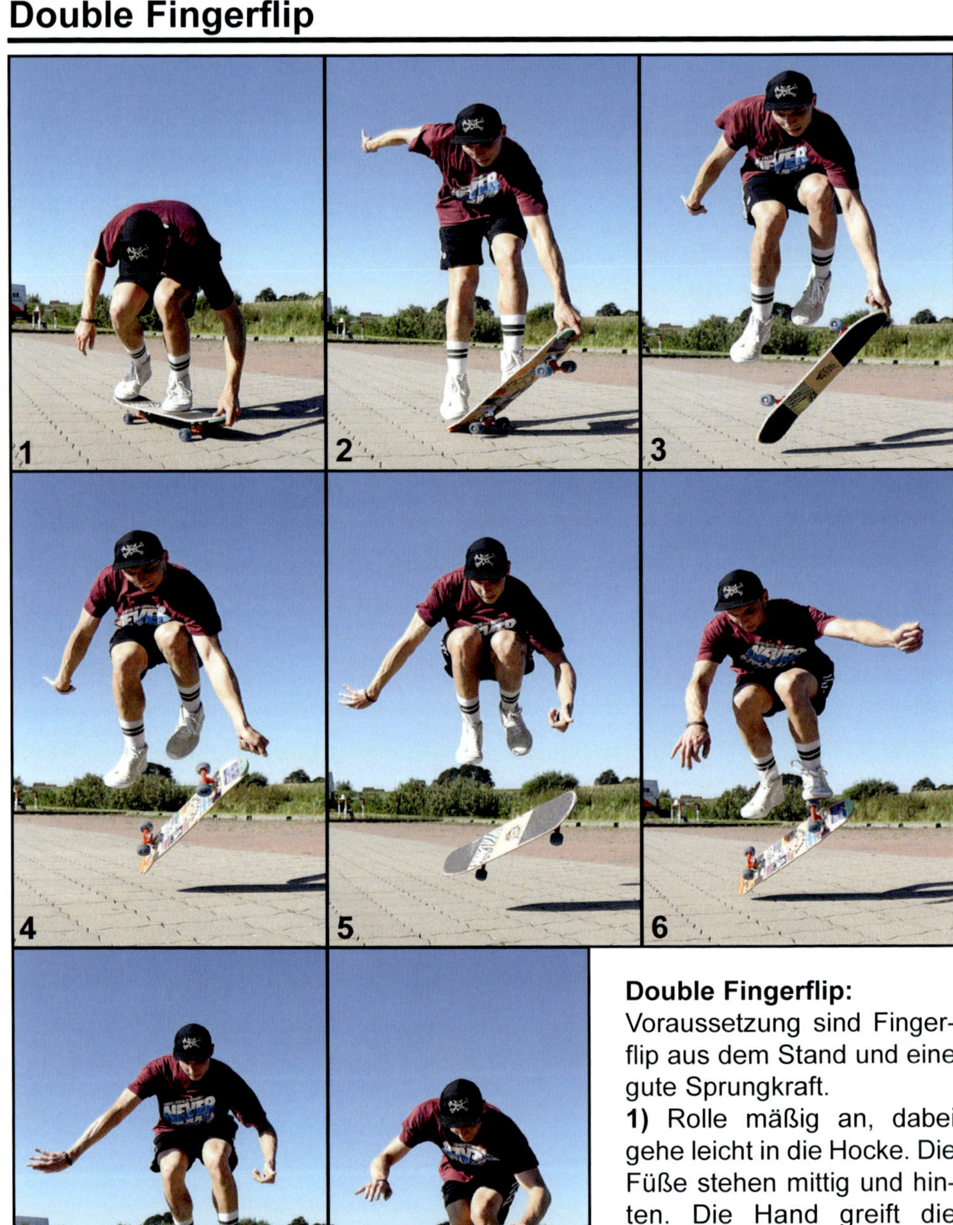

Double Fingerflip:
Voraussetzung sind Fingerflip aus dem Stand und eine gute Sprungkraft.
1) Rolle mäßig an, dabei gehe leicht in die Hocke. Die Füße stehen mittig und hinten. Die Hand greift die Nose. **2)** Springe hoch, Beine anziehen, drehe dabei das Board. **3-7)** Double-Flip-Rotation.
8) Die Landung ist nicht schwer.

Varial Fingerflip

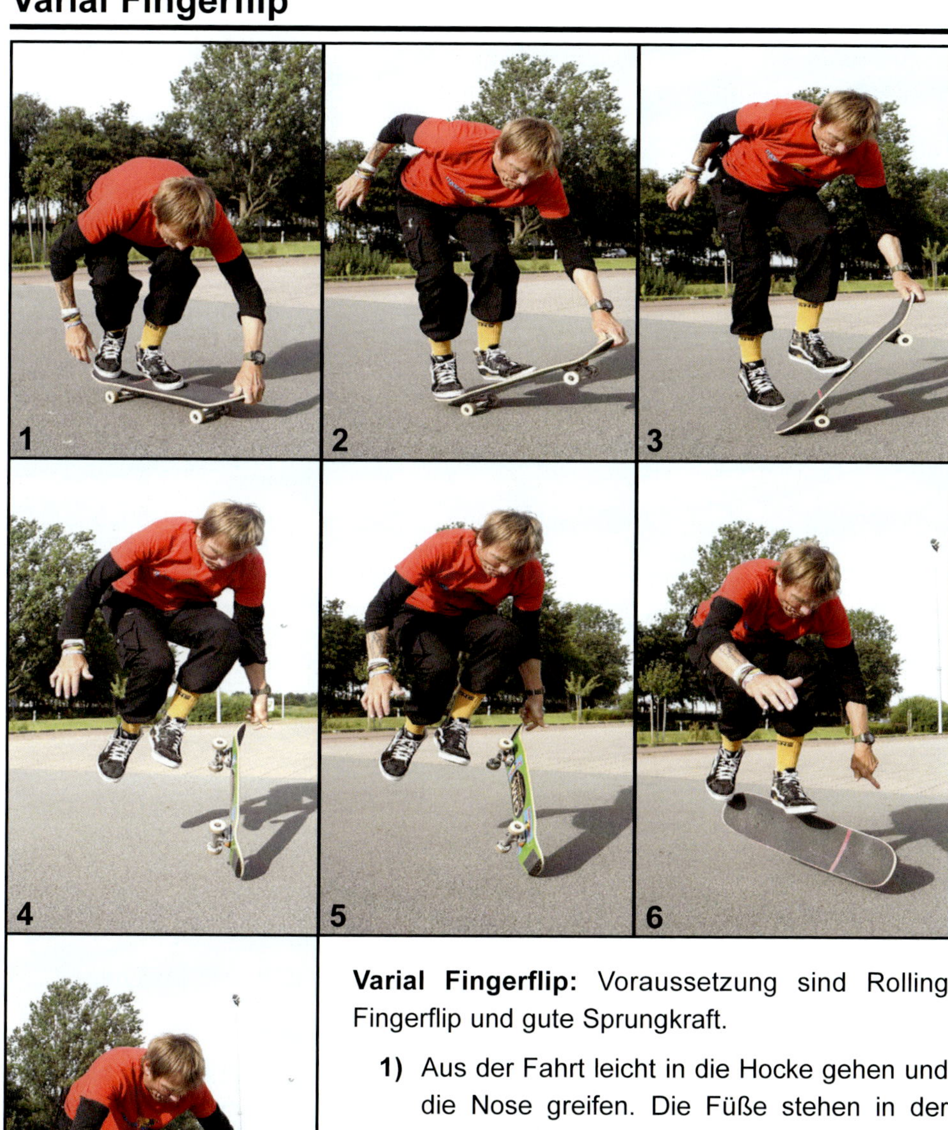

Varial Fingerflip: Voraussetzung sind Rolling Fingerflip und gute Sprungkraft.

1) Aus der Fahrt leicht in die Hocke gehen und die Nose greifen. Die Füße stehen in der Mitte und hinten.

2) Beim Hochspringen ziehst du die Nose mit der Hand etwas nach hinten und drehst das Board um 180° um die Vertikalachse.

3-6) Beim Flippen die Beine anziehen!

7) Die Landung auf dem Board ist dann recht einfach.

Fakie Backside Flip Bodyvarial

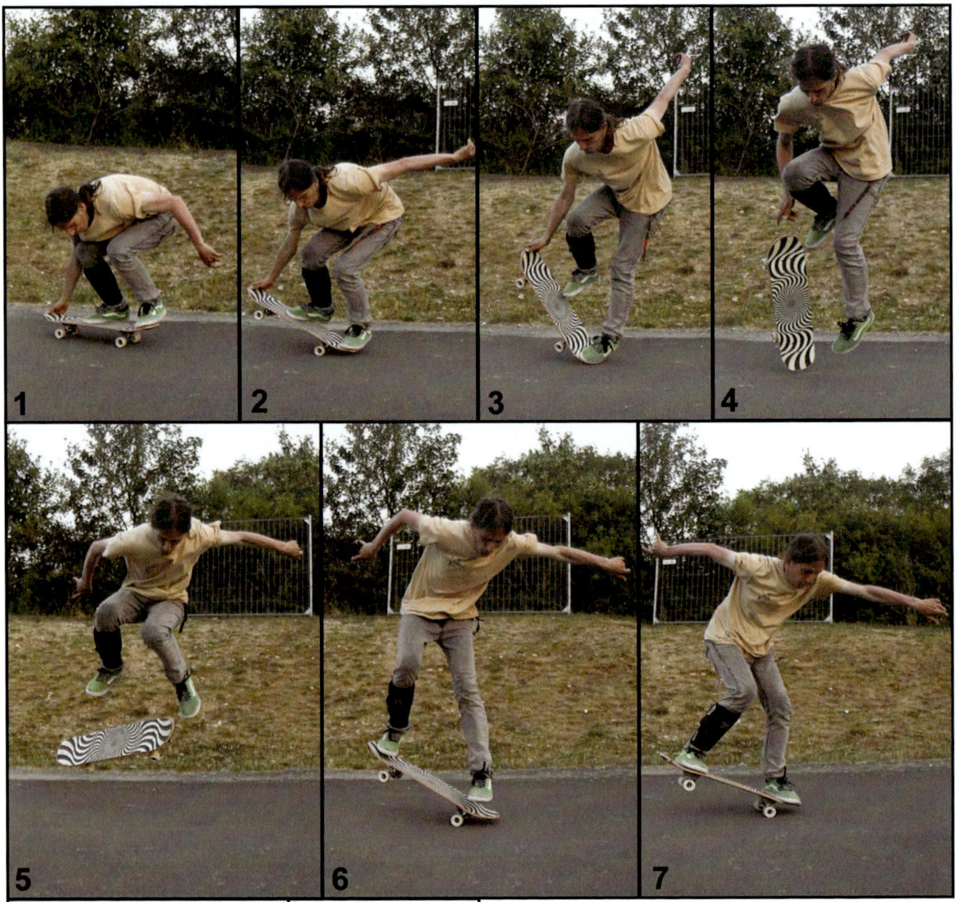

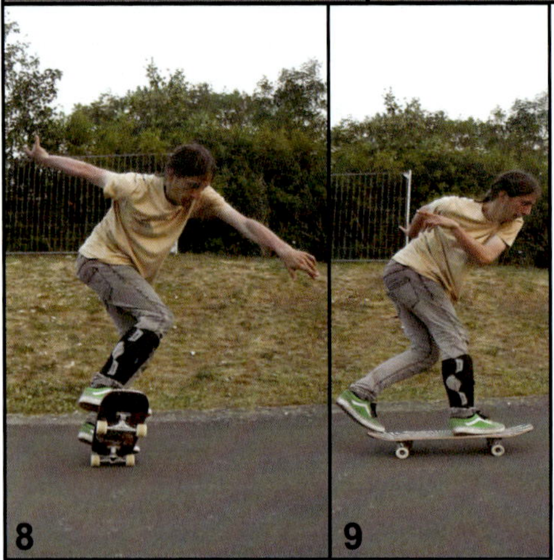

1 2 3 4 5 6 7 8 9

Fakie Backside Flip Bodyvarial: Voraussetzung sind Fingerflip, Varial Fingerflip und eine gute Sprungkraft.

1) Im Fakie anfahren, leicht in die Hocke gehen, dabei etwas Schwung für eine Frontside Drehung holen und die Nose mit der Hand greifen.

2) Das Board hochziehen, zugleich stark abspringen und die Beine anziehen. **3,4)** Flippe das Board zu dir hin.

6-7) Kurz vor der Landung nutzt du den Schwung für die Drehung.

8,9) Um 180° drehen und auf dem Board landen.

360° Fingerflip

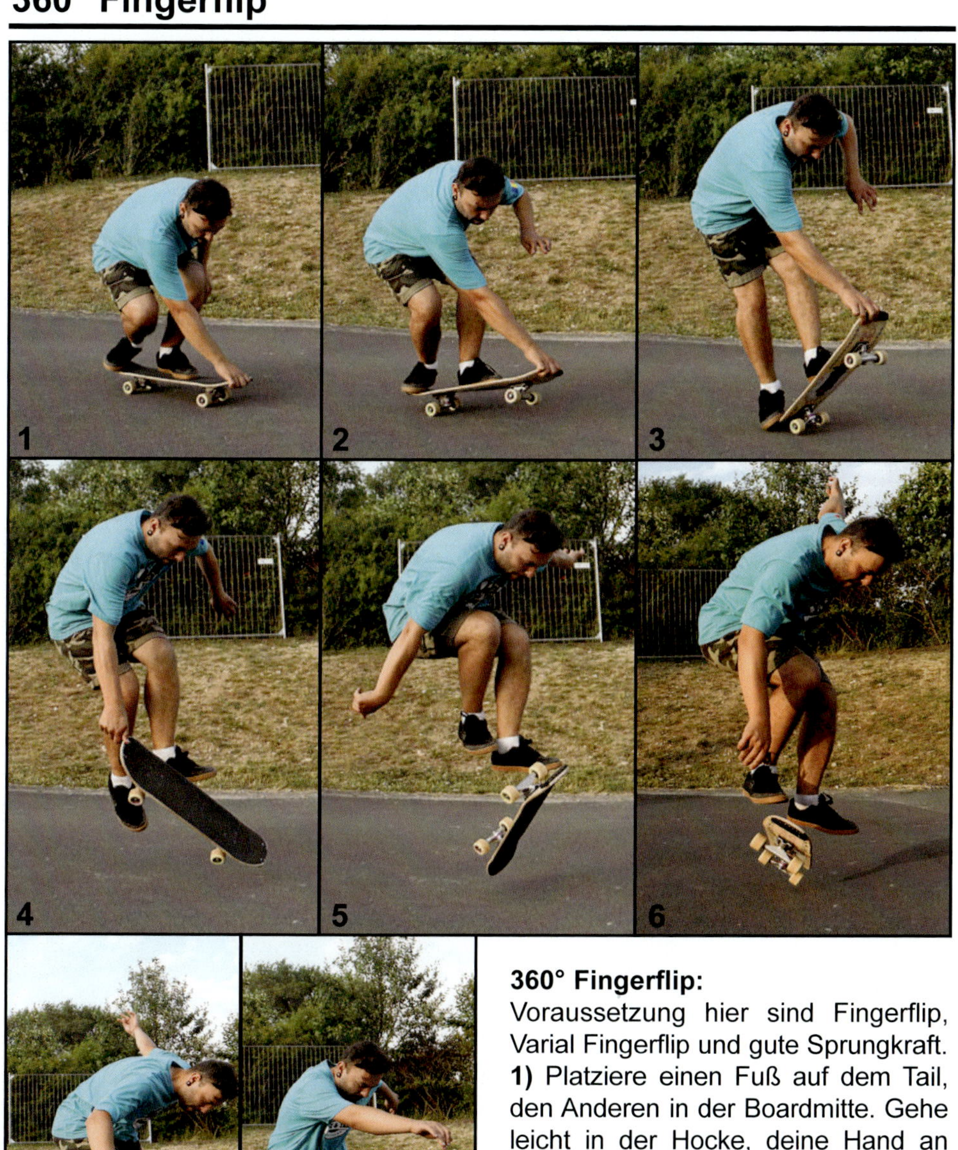

360° Fingerflip:
Voraussetzung hier sind Fingerflip, Varial Fingerflip und gute Sprungkraft.
1) Platziere einen Fuß auf dem Tail, den Anderen in der Boardmitte. Gehe leicht in der Hocke, deine Hand an greift die Nose.
2,3) Springe hoch, dabei drehe das Board stark nach hinten, zugleich drehe es auch als Fingerflip.
4-6) Beine anwinkeln beim Sprung.!
7,8) Die Landung auf dem Board erfolgt unmittelbar und kann schon mal hart sein. Gut ausbalancieren!

360° Fingerflip Bodyvarial

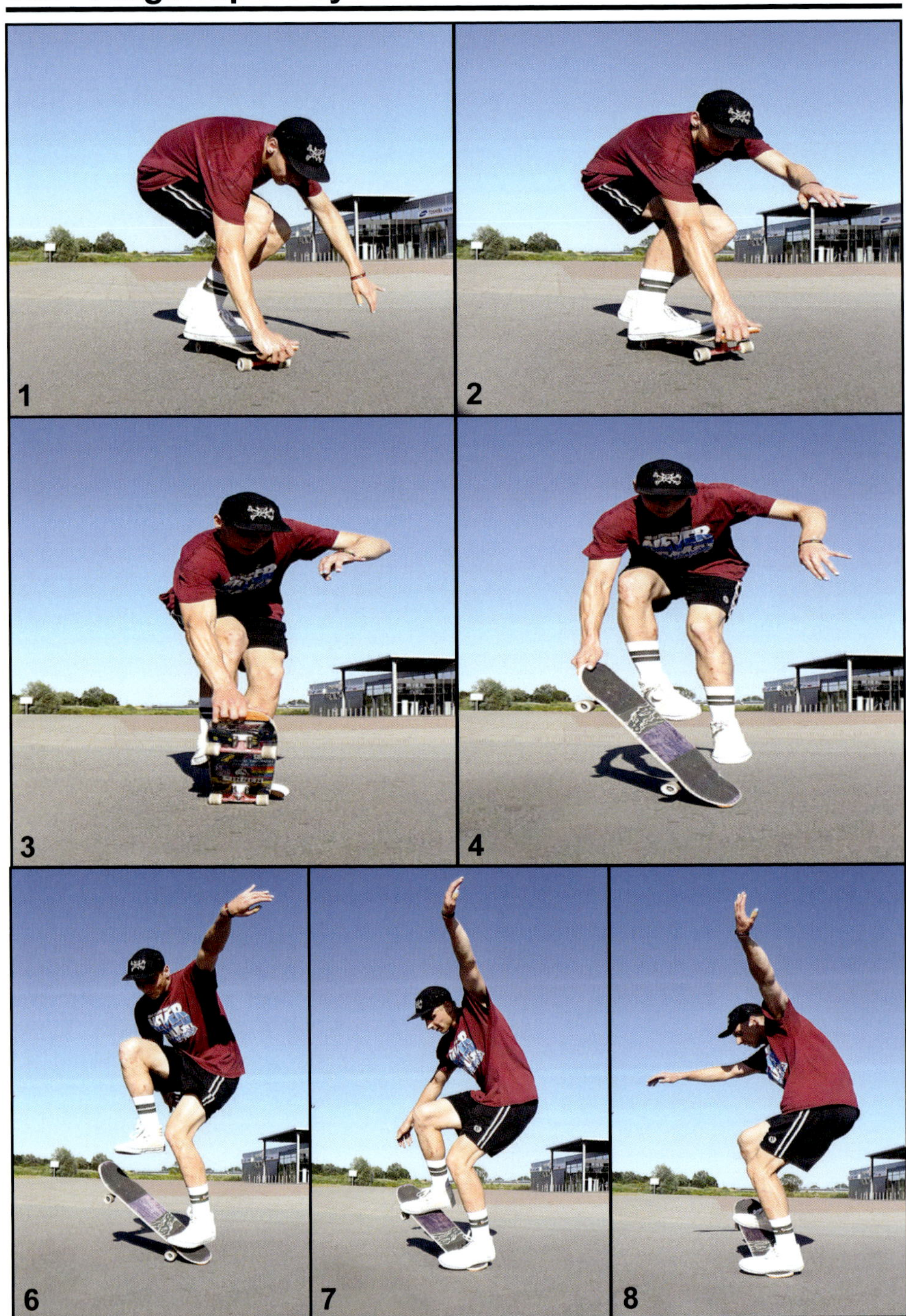
1
2
3
4
6
7
8

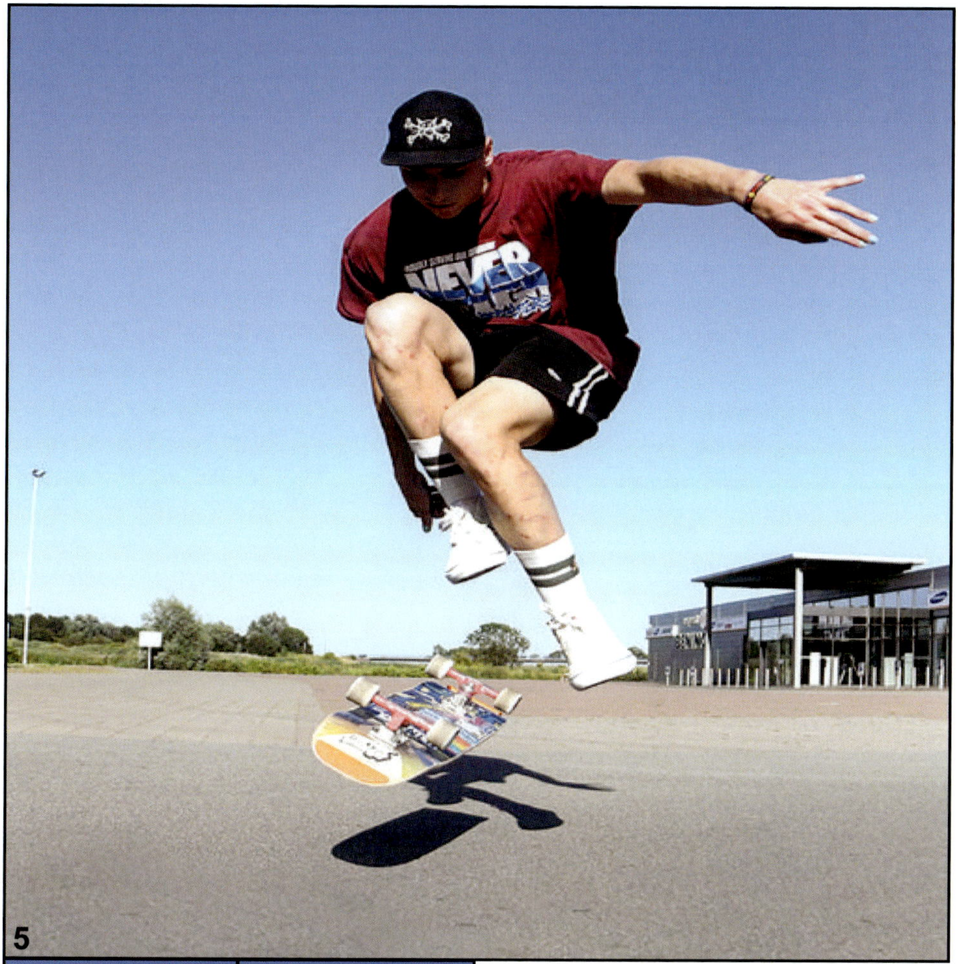

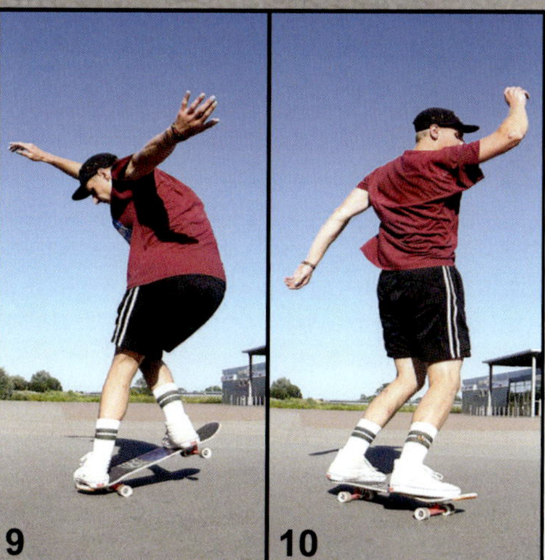

360° Fingerflip Bodyvarial:
Eine Erweiterung vom 360° Fingerflip.

1-3) Leicht in die Hocke gehen, etwas Schwung für eine Frontside-Drehung holen, die Hand greift die Nose.

4) Hoch springen, Beine anziehen, das Board flippen, wie bei einem 360° Fingerflip. Nutze den Schwung für die Körper-Drehung.

5-7) Das Board dreht sich unter dir, während du dich gleichzeitig ebenfalls drehst.

8-10) Balance halten, ausdrehen und weiter fahren.

Kickflip Backside

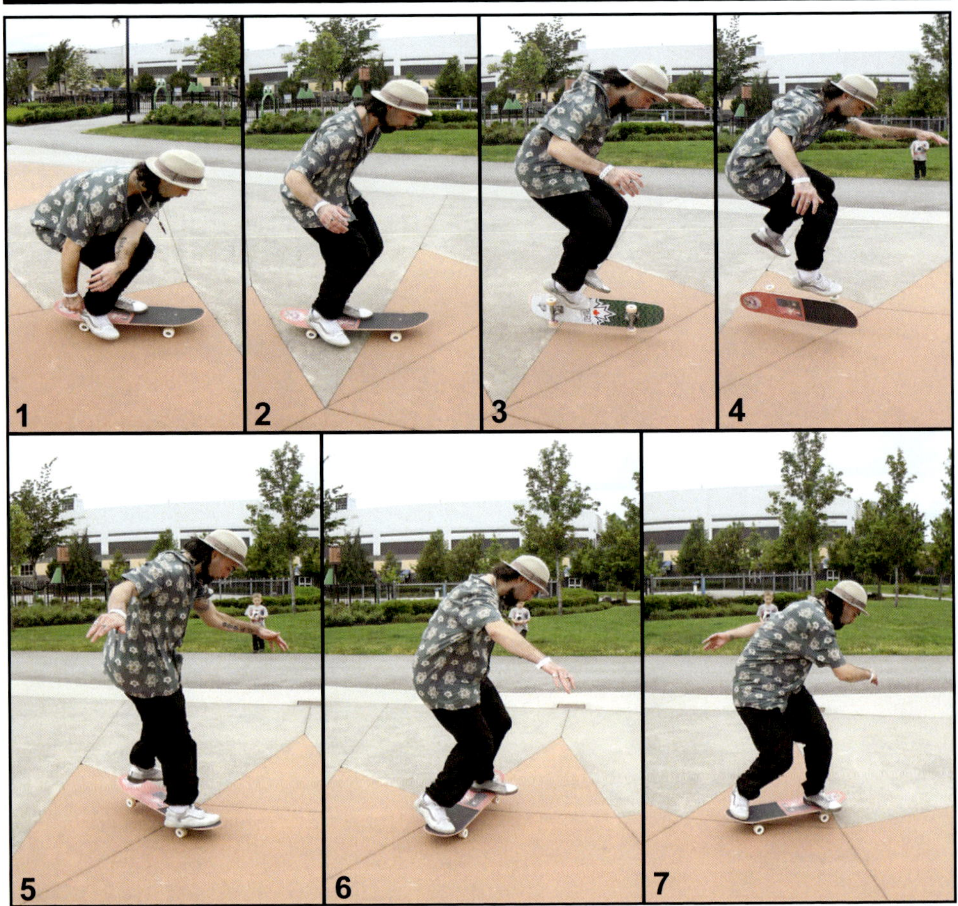

Kickflip Backside:

1) Die Füße parallel in die Mitte vom Board setzen. Eine Fußspitze klemmst du an die Boardkante. Mit dem anderen Fuß kippst du das Board um.

2) Gehe etwas in die Hocke.

3-5) Spring hoch und dreh e das Board dabei mit dem Fuß an der Kante.

6,7) Kurz vor dem Landen auf dem Board ziehst du es Backside 180°.

360° Kickflip:

Voraussetzung sind der Kickflip und gute Sprungkraft. **1,2)** Hier hast du die Füße etwas versetzt. Der eine Fuß steht vorne seitlich auf dem Board. Mit diesem kippst du das Board. Der Andere neben der hinteren Achse, dieser umklammert die Bordkante und flippt das Board. Leicht in die Hocke gehen. **3,4)** Etwas hochspringen, dabei gleichzeitig das Board kippen und flippen. Die Ausführung erfolgt in einer schnellen, flüssigen Bewegung, bleibe dabei genau über dem Board. **5,6)** Bei richtiger Ausführung dreht sich das Board um 360° um die Längs- und Vertikalachse. **7,8)** Bei der Landung die Beine auseinander und abfedern.

360° Kickflip

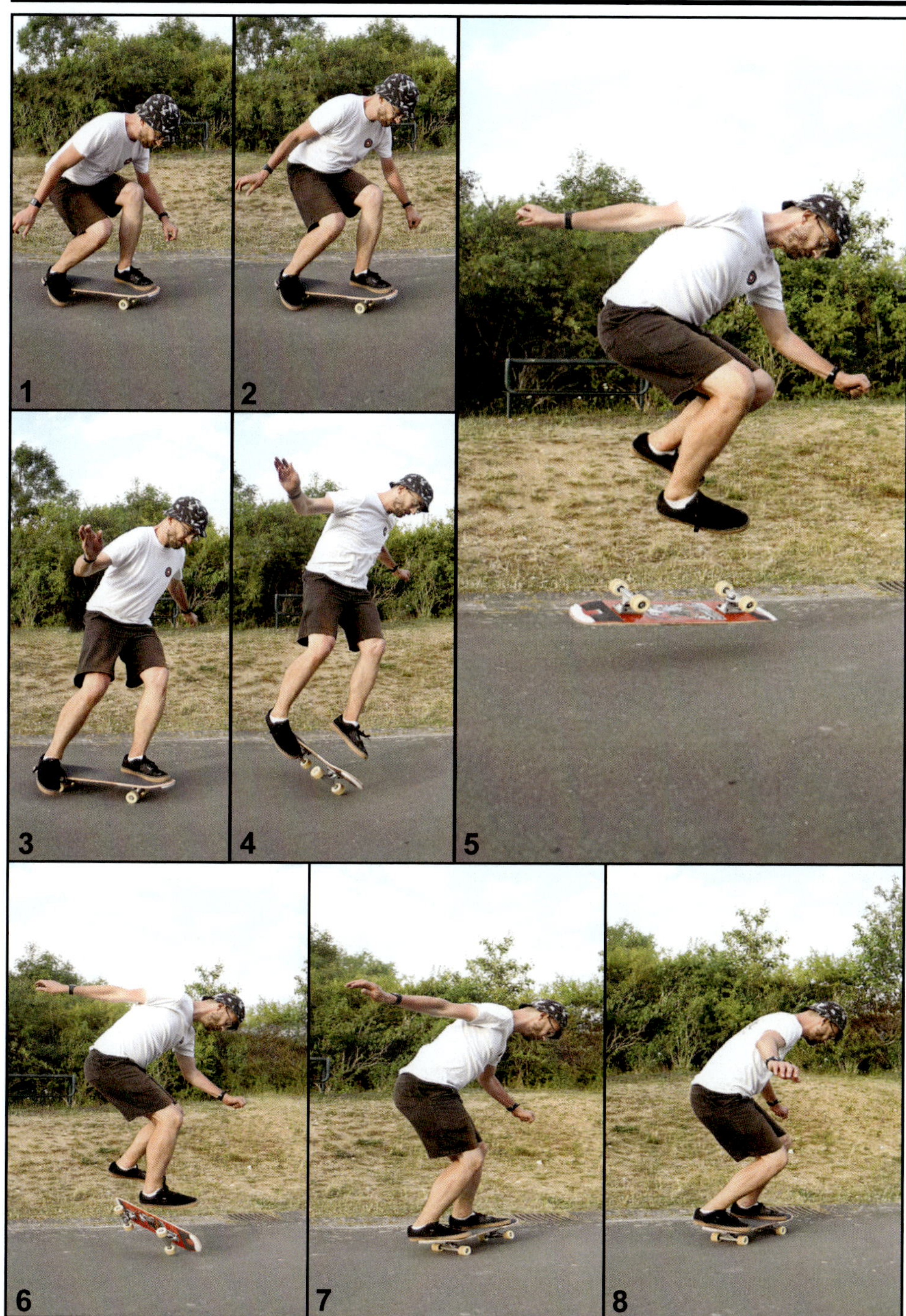

Helicopter

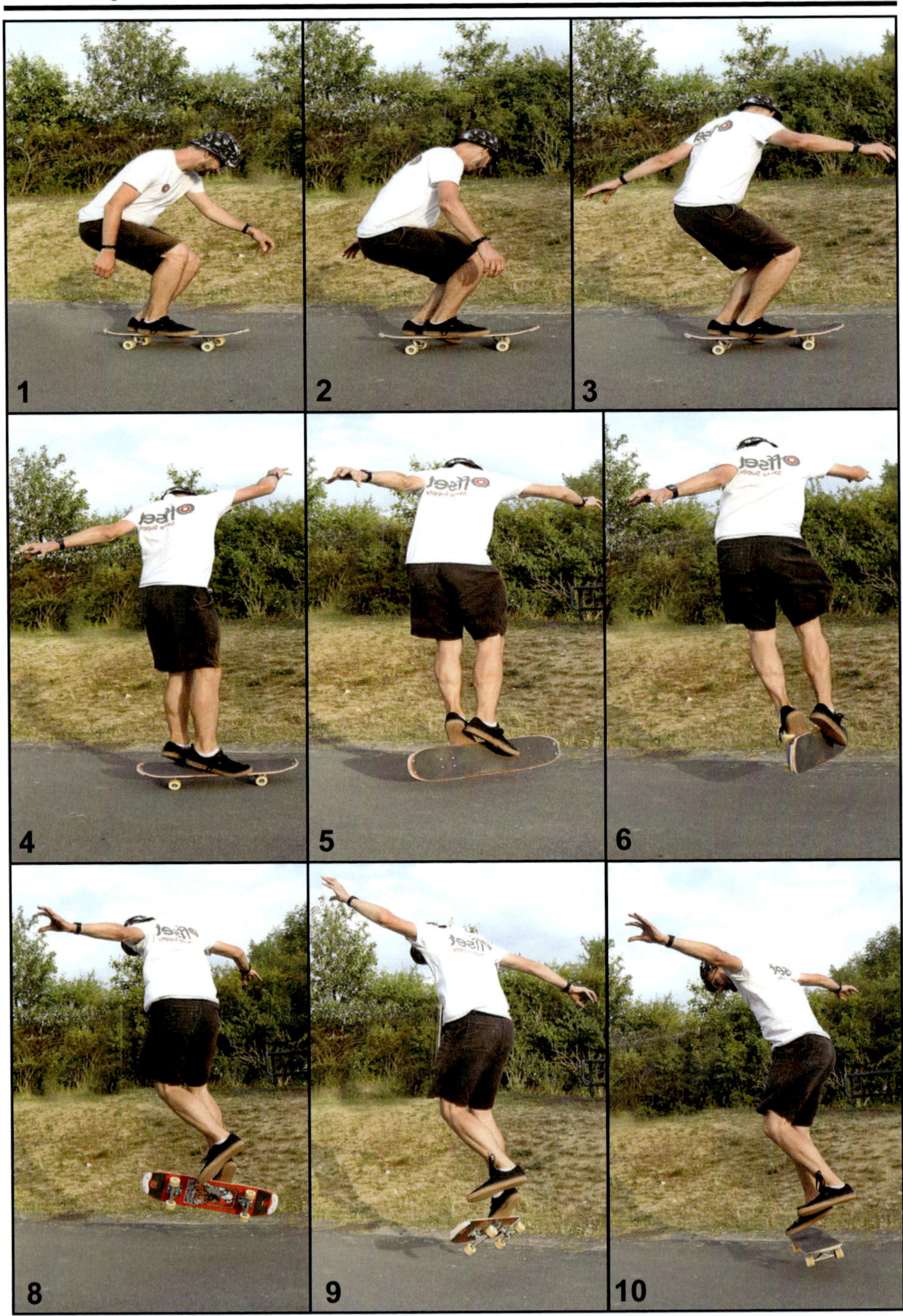

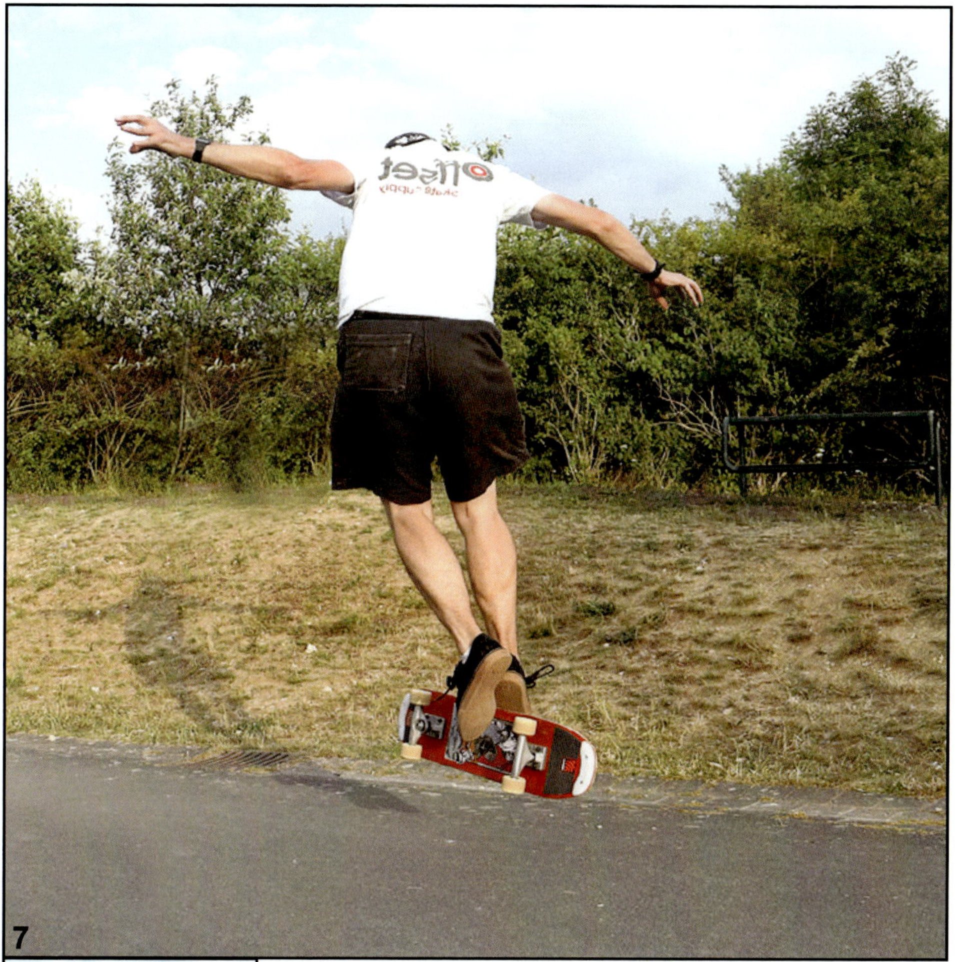

7

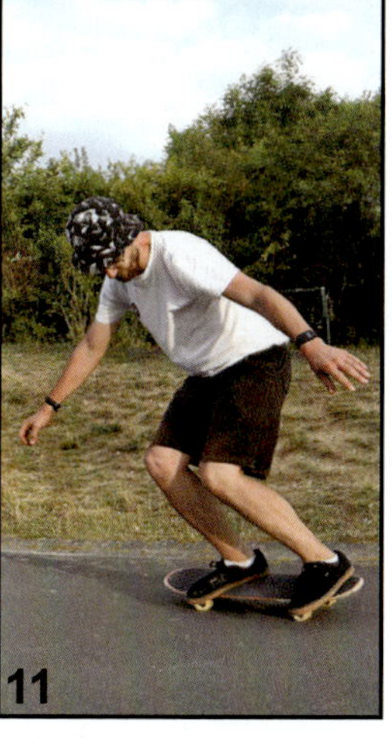

11

Helicopter: Ein wirklich sehr schöner Trick, der in seiner Ausführung gar nicht einfach ist. Voraussetzung sind eine gute Sprungkraft und verschiedene Kickflips. **1,2)** Die Füße stehen parallel in der Board-Mitte. Ein Fuß umklammert die Bordkante, mit dem Anderen kippst du das Board. Gehe dabei etwas in die Hocke. **3)** Bevor du hochspringst, nehme Schwung mit den Armen für die Körperdrehung. **4-9)** Kippe das Board während du hochspringst und klemme es dabei zwischen beide Fußspitzen, damit es sich mitdreht. Ziehe die Beine an und nutze den Schwung für die Drehung. Wenn du das alles gleichzeitig beachtest und in einem flüssigen Bewegungsablauf ausführst, wirst du auch diesen Trick meistern. **10,11)** Kurz vor der Landung das Board loslassen und ausdrehen.

Pop and Flip

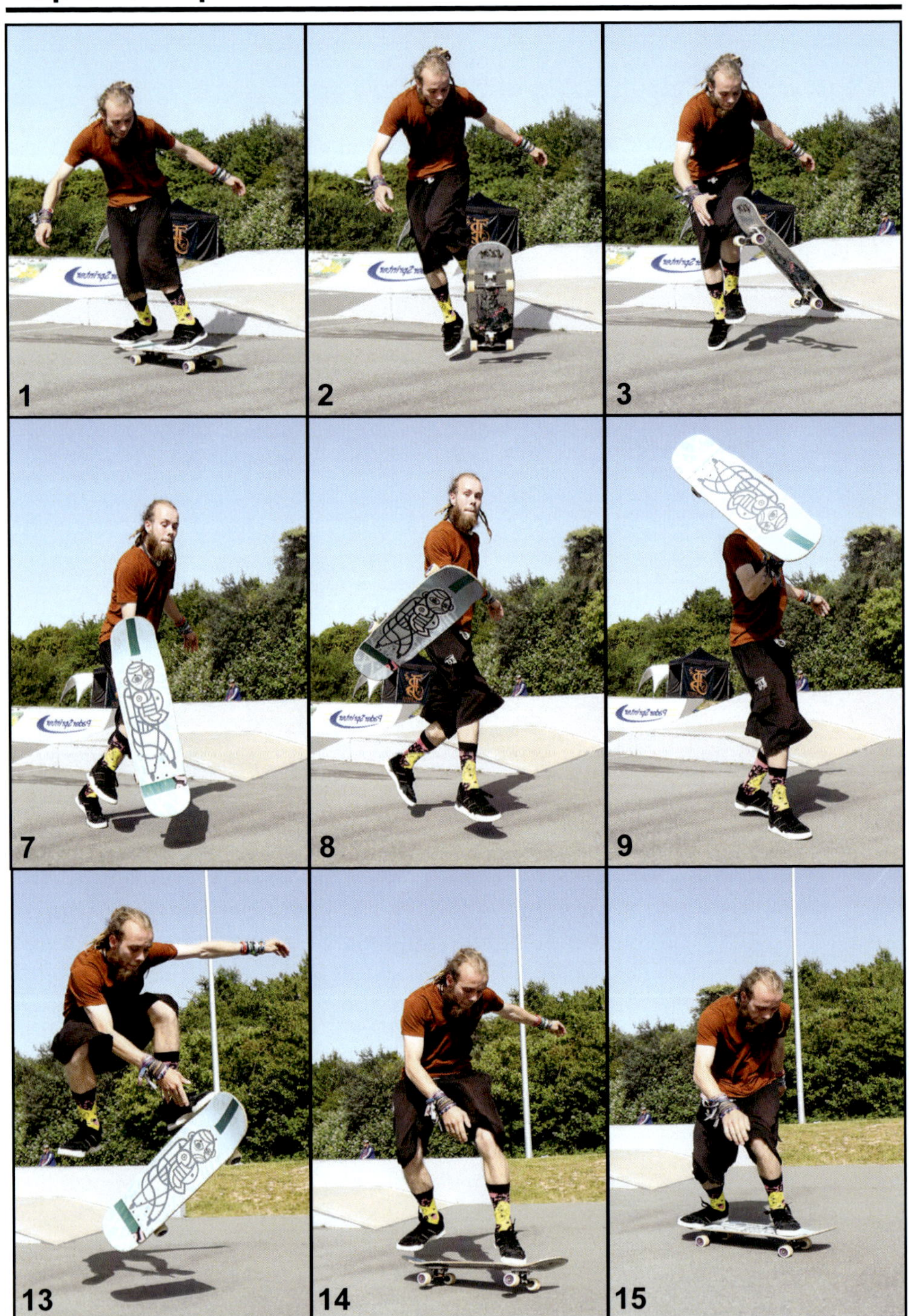

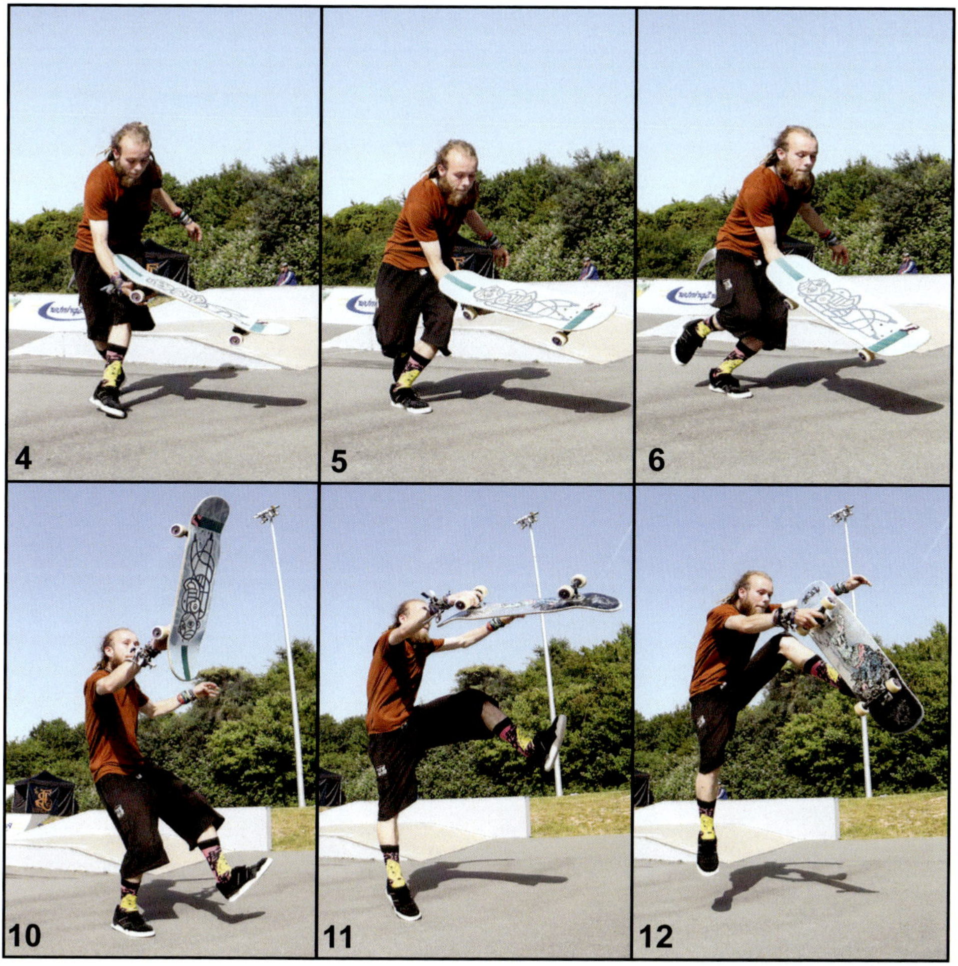

Pop and Flip:
Von Timbo "Timbo-arding" Vens. Auch das ist Freestyle, gepoppt und geflippt.
1-4) Aus der Fahrt poppst du das Board in die Luft, während du abspringst. Dann schnappst du es dir an der Achse aus der Luft
5-10) Laufe weiter und drehe das Board dabei.
11-15) Springe hoch, und drehe das Board weiter, um darauf zu landen.

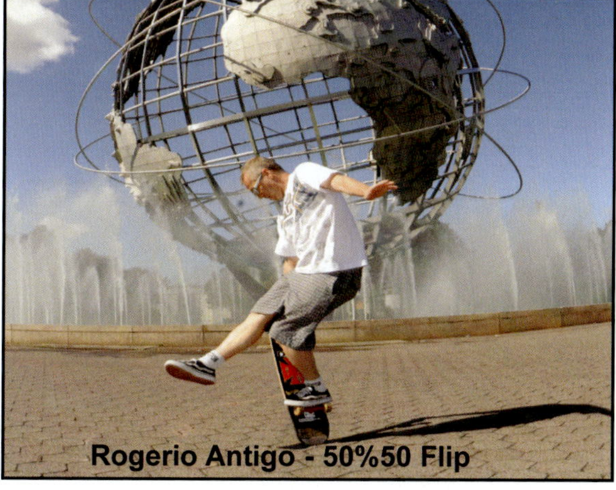

Rogerio Antigo - 50%50 Flip

Anderflip

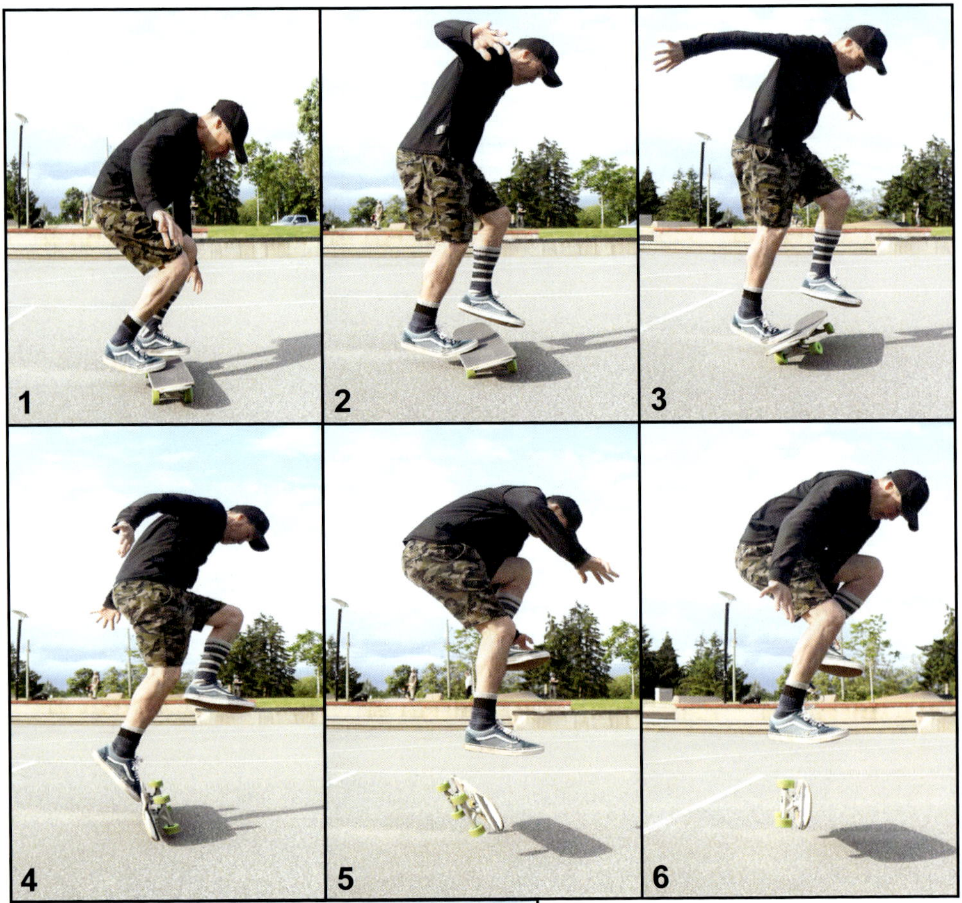

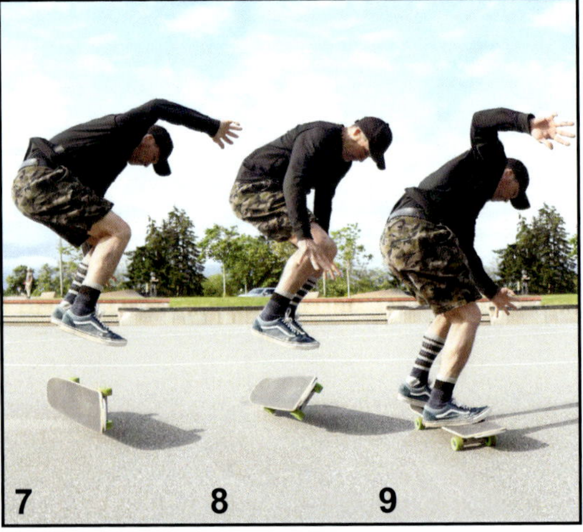

Anderflip: Kann aus dem Stand oder der Fahrt ausgeführt werden. Der Trick ist nicht schwer zu erlernen.

1) Einen Fuß auf dem Tail, die Fußspitze vom Anderen an der Kante in der Mitte des Boards.

2,3) Mit der Fußspitze drückst du das Board runter, während du gleichzeitig hoch springst. **4-8)** Bei der richtigen Ausführung macht das Board eine 360°-Drehung um die Längsachse. **9)** Beine auseinander beim Landen.

Pressflip 180°

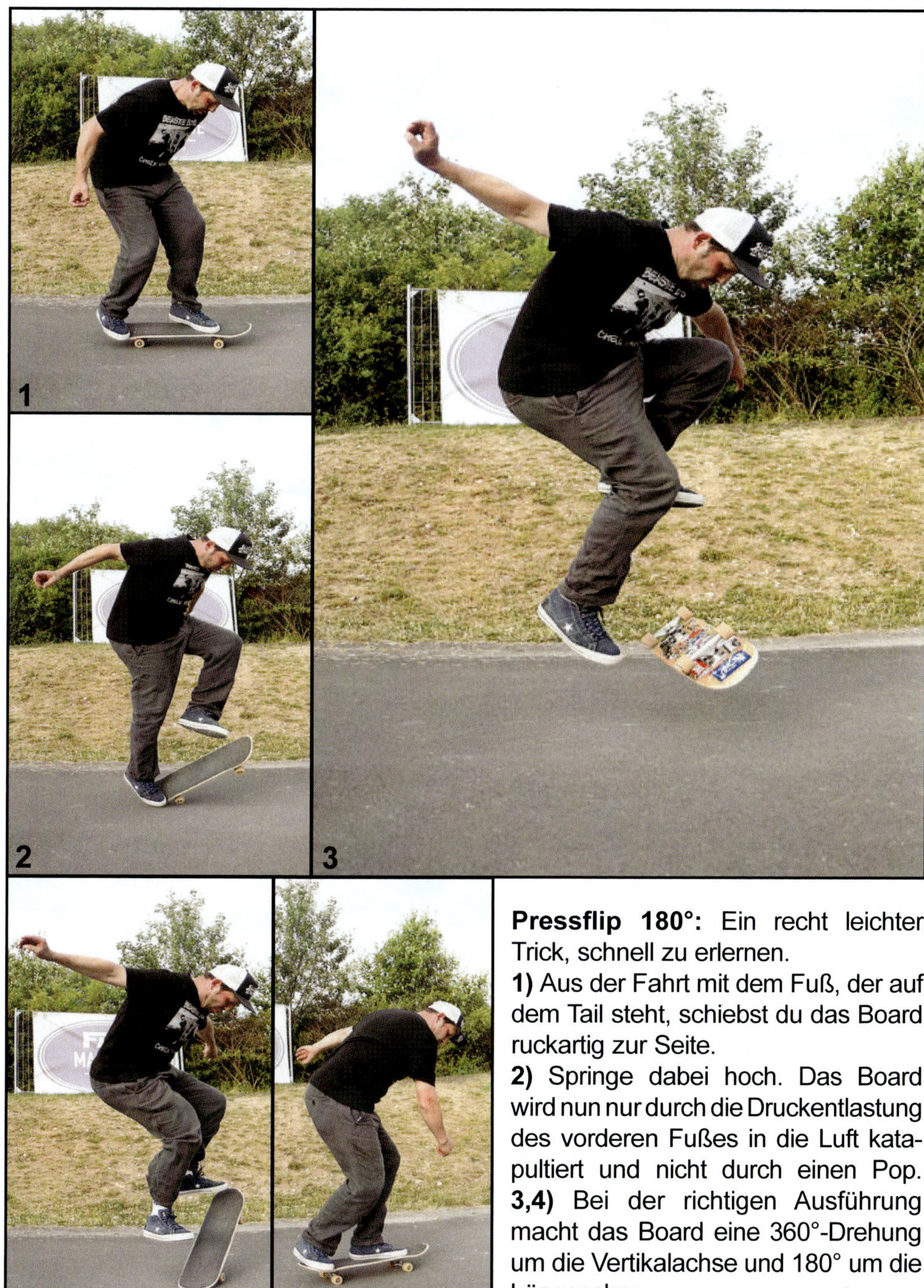

Pressflip 180°: Ein recht leichter Trick, schnell zu erlernen.

1) Aus der Fahrt mit dem Fuß, der auf dem Tail steht, schiebst du das Board ruckartig zur Seite.

2) Springe dabei hoch. Das Board wird nun nur durch die Druckentlastung des vorderen Fußes in die Luft katapultiert und nicht durch einen Pop.

3,4) Bei der richtigen Ausführung macht das Board eine 360°-Drehung um die Vertikalachse und 180° um die Längsachse.

5) Landung wie üblich.

Ollie Pop to Casper

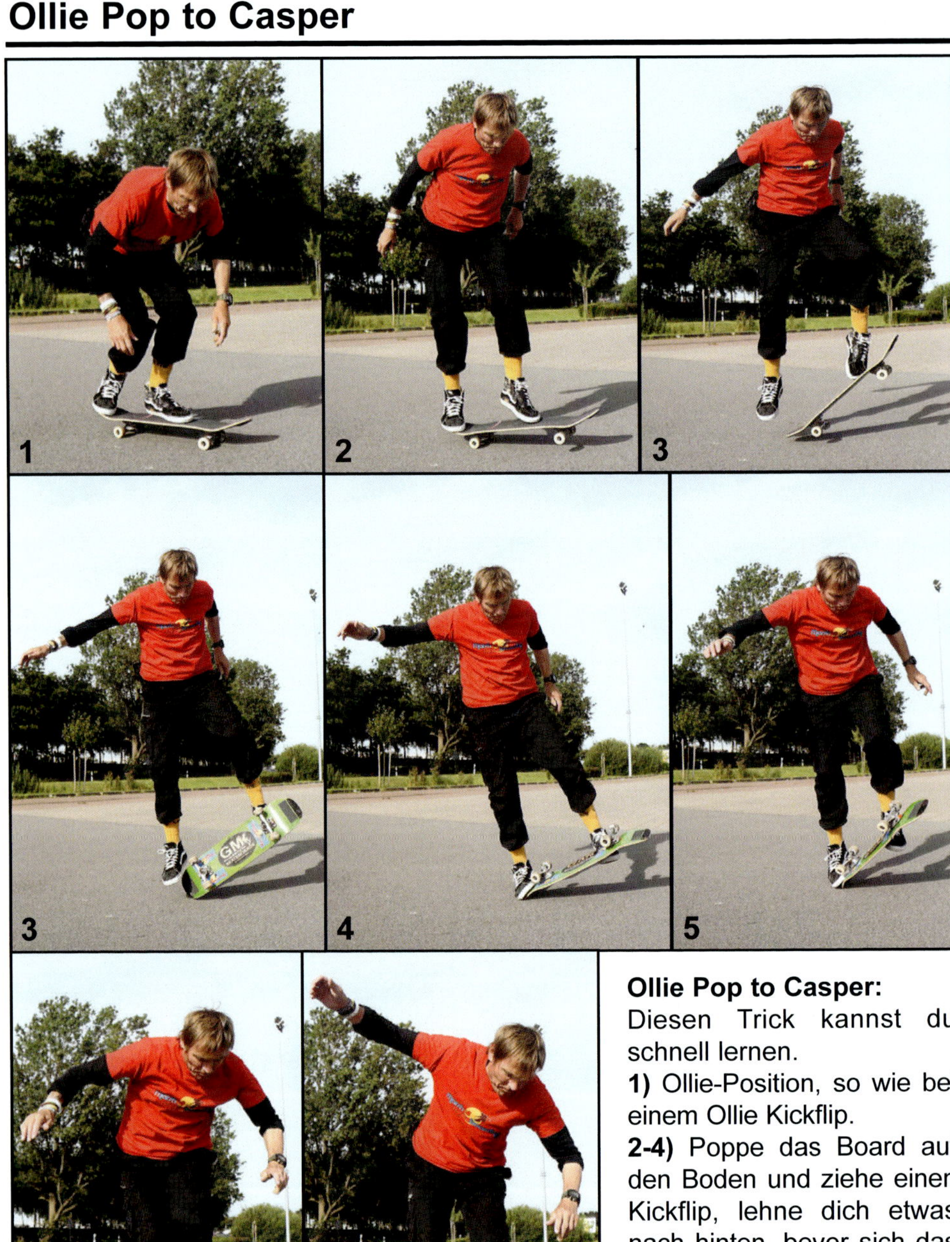

Ollie Pop to Casper:
Diesen Trick kannst du schnell lernen.

1) Ollie-Position, so wie bei einem Ollie Kickflip.

2-4) Poppe das Board auf den Boden und ziehe einen Kickflip, lehne dich etwas nach hinten, bevor sich das Board weiterdrehen kann, fange das Board im No-Hand Casper. **5-7)** Aus dem No-Hand Casper auf's Board springen.

Nollie Pop to 50/50

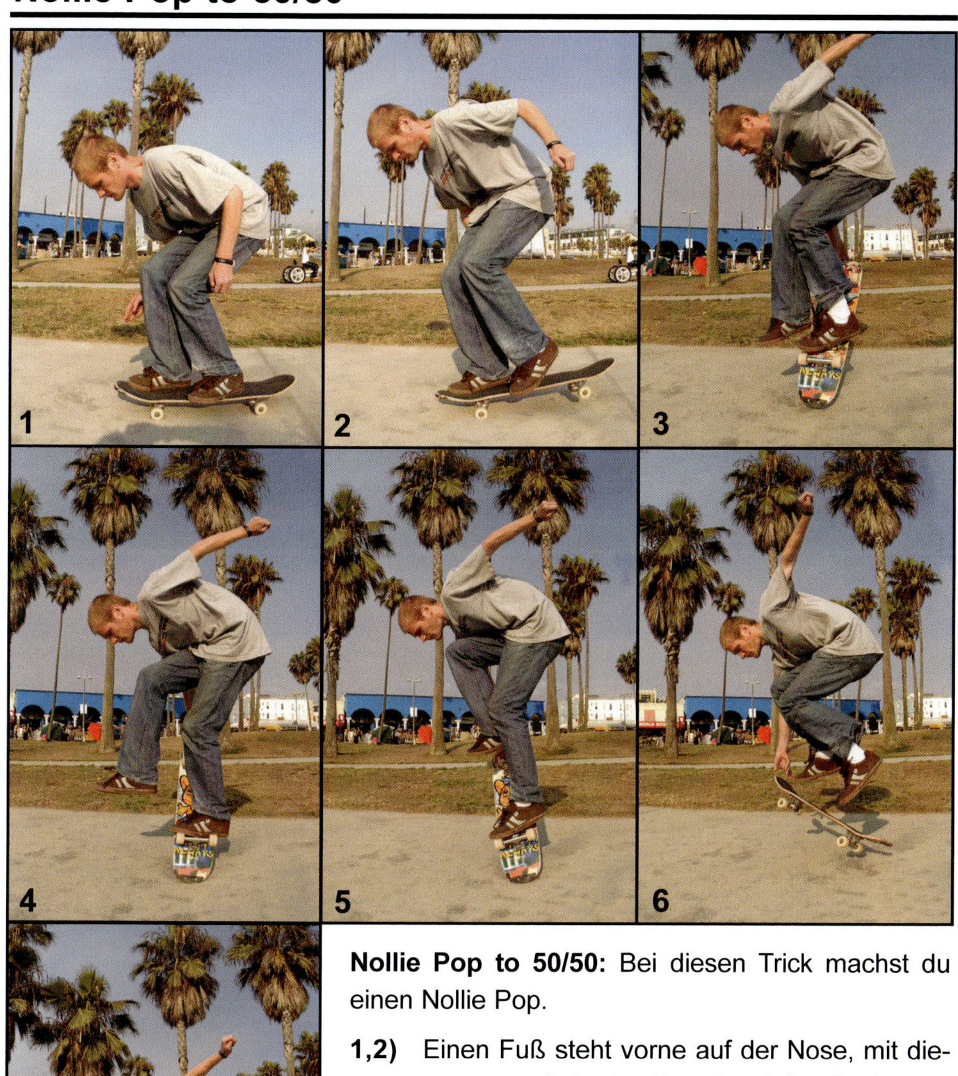

Nollie Pop to 50/50: Bei diesen Trick machst du einen Nollie Pop.

1,2) Einen Fuß steht vorne auf der Nose, mit diesen poppst du das Board auf den Boden, so dass sich das Board aufrichtet. Springe dabei etwas hoch.

3) Im richtigen Moment stellst du den Fuß auf die Achse und schnappst dir das Board mit der Hand.

4-7) Aus dem 50/50 zurück auf das Board springen.

Rolling Rail Spinning Flip

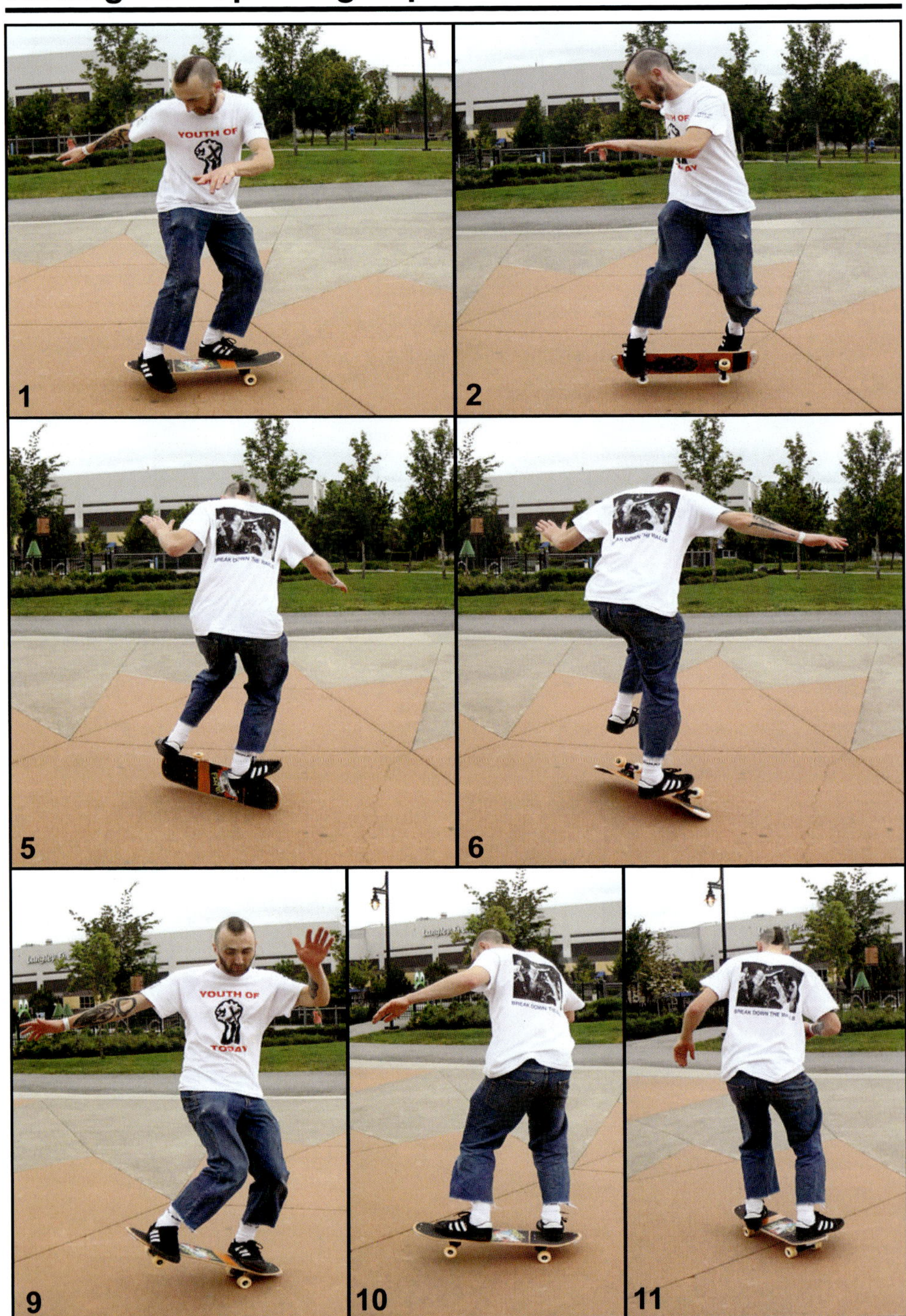

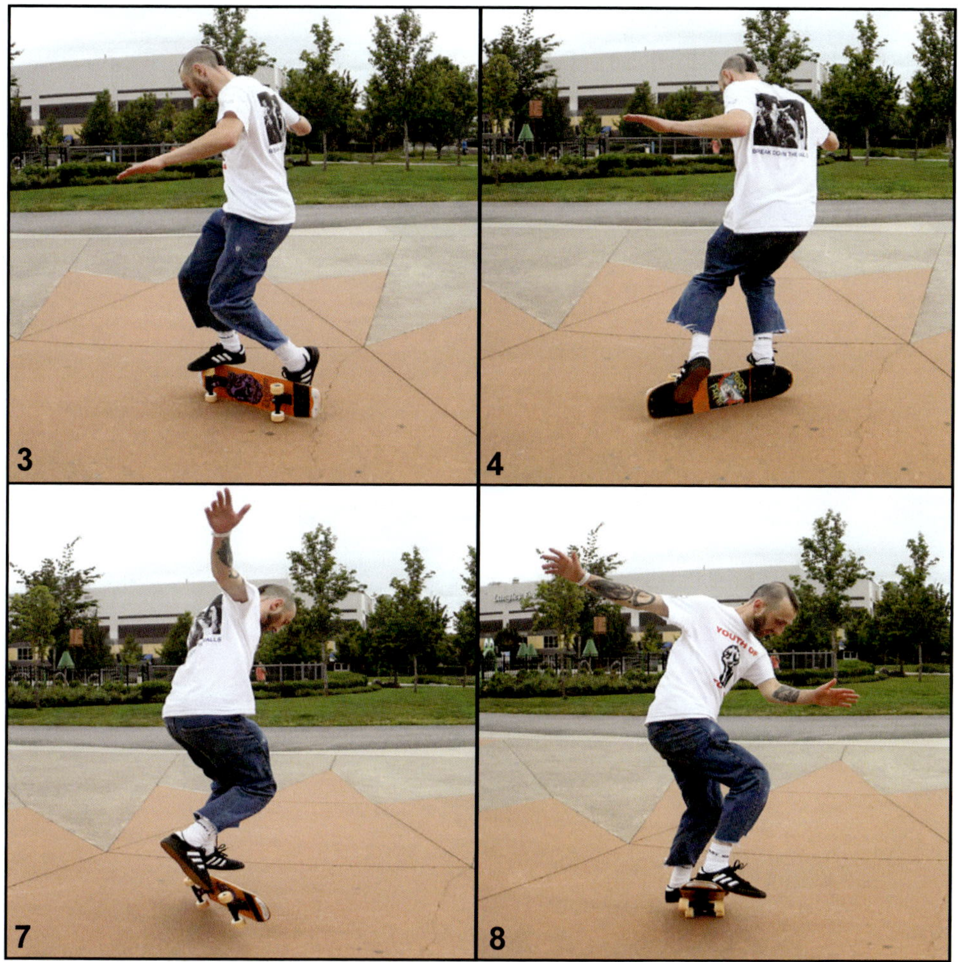

Rolling Rail Spinning Flip: Ein sehr schöner, schnell gezogener Trick von Denham Hill. Dieser Trick ist nicht einfach!

1) Im Fakie anfahren, achte genau auf die Fußstellung! Die hintere Hacke auf die hintere Achse stellen. Den vorderen Fuß seitlich an der Kante vom Board platzieren, mit diesem kippst du das Board. Etwas Schwung für die Backside-Drehung holen.

2-4) Kippe das Board und stelle deinen hinteren Fuß auf die Achse und verlagere dein Gewicht darauf. Mit dem vorderen Fuß schiebst du das Board mit dem Schwung zu einer Drehung.

5) Der Fuß, der geschoben hat, flippt jetzt das Board um die Längsachse.

6-8) Sprungteil ausführen.

9-11) Bei der Landung ausdrehen und weiter fahren.

Rolling Impossible

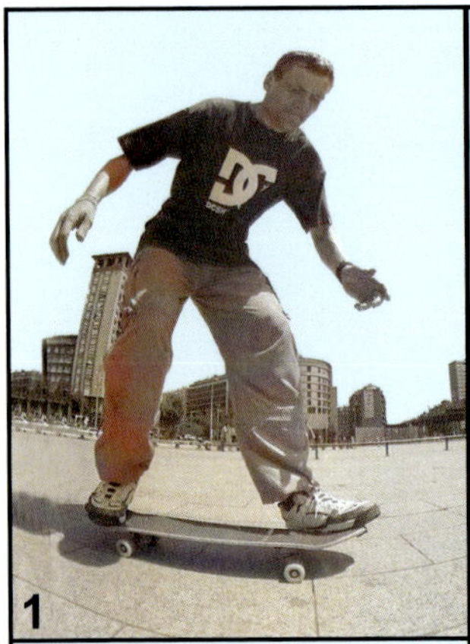

1

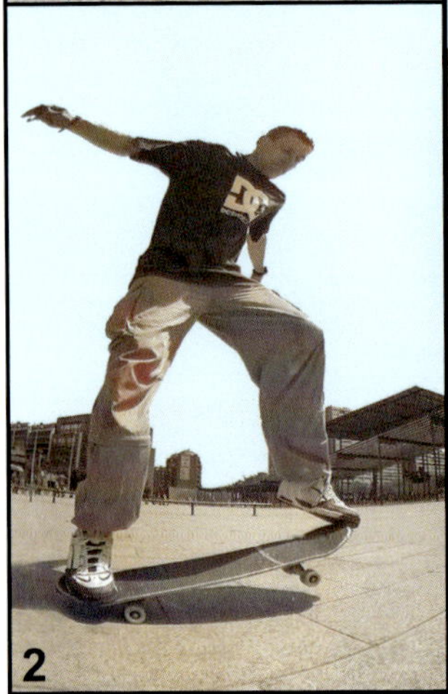

2

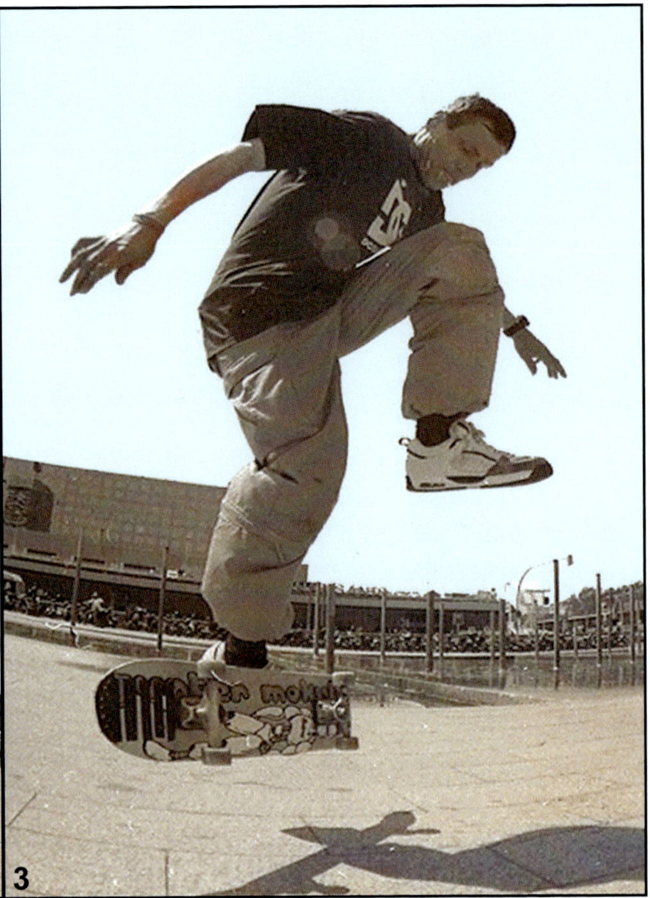

3

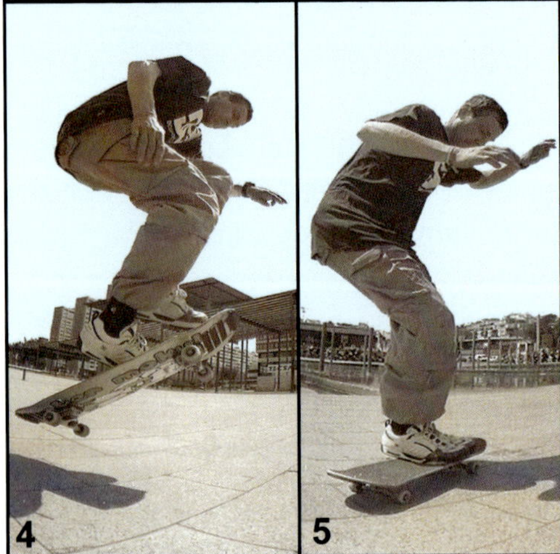

4

5

Rolling Impossible: Ein Klassiker!

1) Einen Fuß gehört auf den Tail, der andere auf die Nose.

2) Spanne dich an, ziehe den vorderen Fuß nach vorne, dann nach oben, sodass das Board hochspringen kann. Im selben Moment ziehst du den hinteren Fuß nach vorne um das Board herum. Zugleich springe etwas hoch.

3-5) Bei der richtigen Ausführung macht das Board eine Drehung um die Querachse. Auch hier wird nicht mit einem Pop, sondern mit Vorspannung durch Druck gearbeitet. Breitbeinig landen.

Frontfoot Impossible

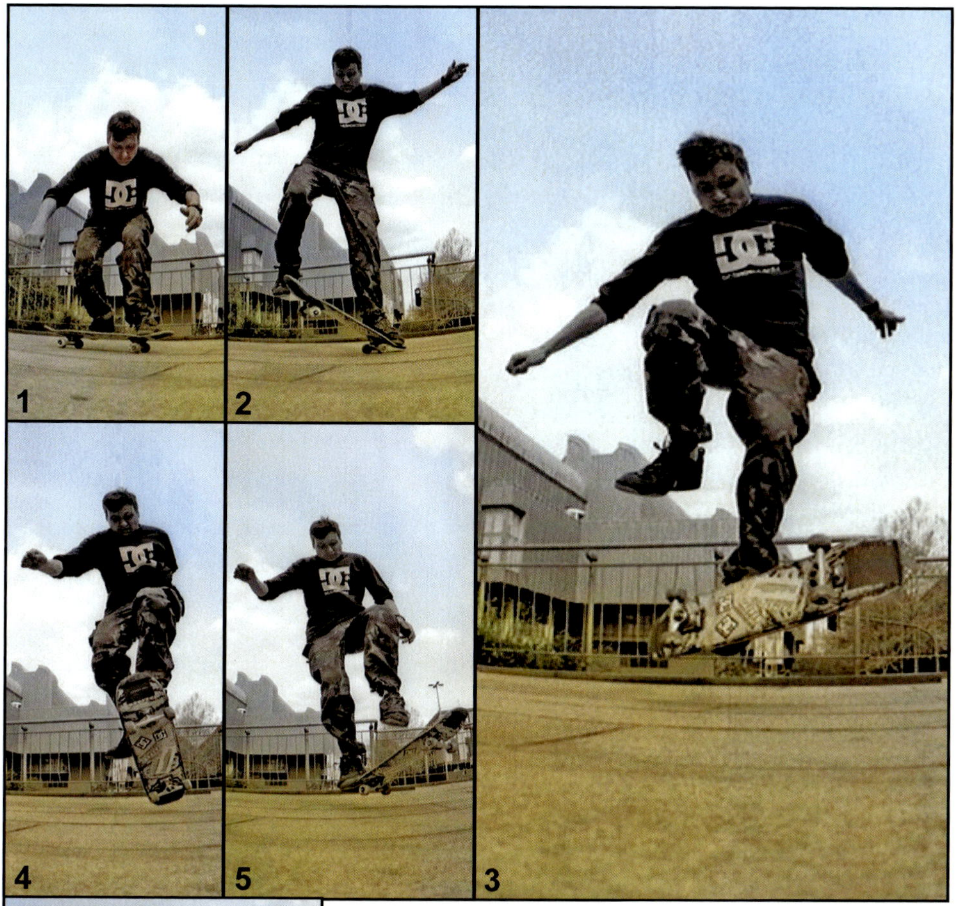

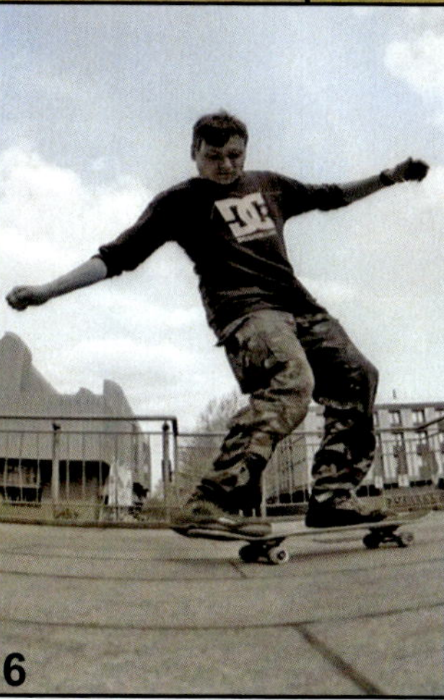

Frontfoot Impossible: Ein sehr schöner, aber auch sehr schwerer Trick. Am besten übst du den Impossible erstmal seitenverkehrt aus dem Stand.

1) Der vordere Fuß steht auf der Nose, der hintere auf der Mitte vom Board. Etwas in die Knie gehen. Spanne dich an wie eine Sprungfeder.

2) Ziehe den hinteren Fuß vom Board, sodass es sich aufrichten kann.

3-5) Das Board richtet sich auf: Genau in diesen Moment ziehst du den vorderen Fuß um das Board. Bei der richtigen Ausführung erfolgt eine Drehung um die Querachse.

6) Die Landung ist nicht leicht! Beine auseinander und gut ausbalancieren.

Ollie Air-Walk

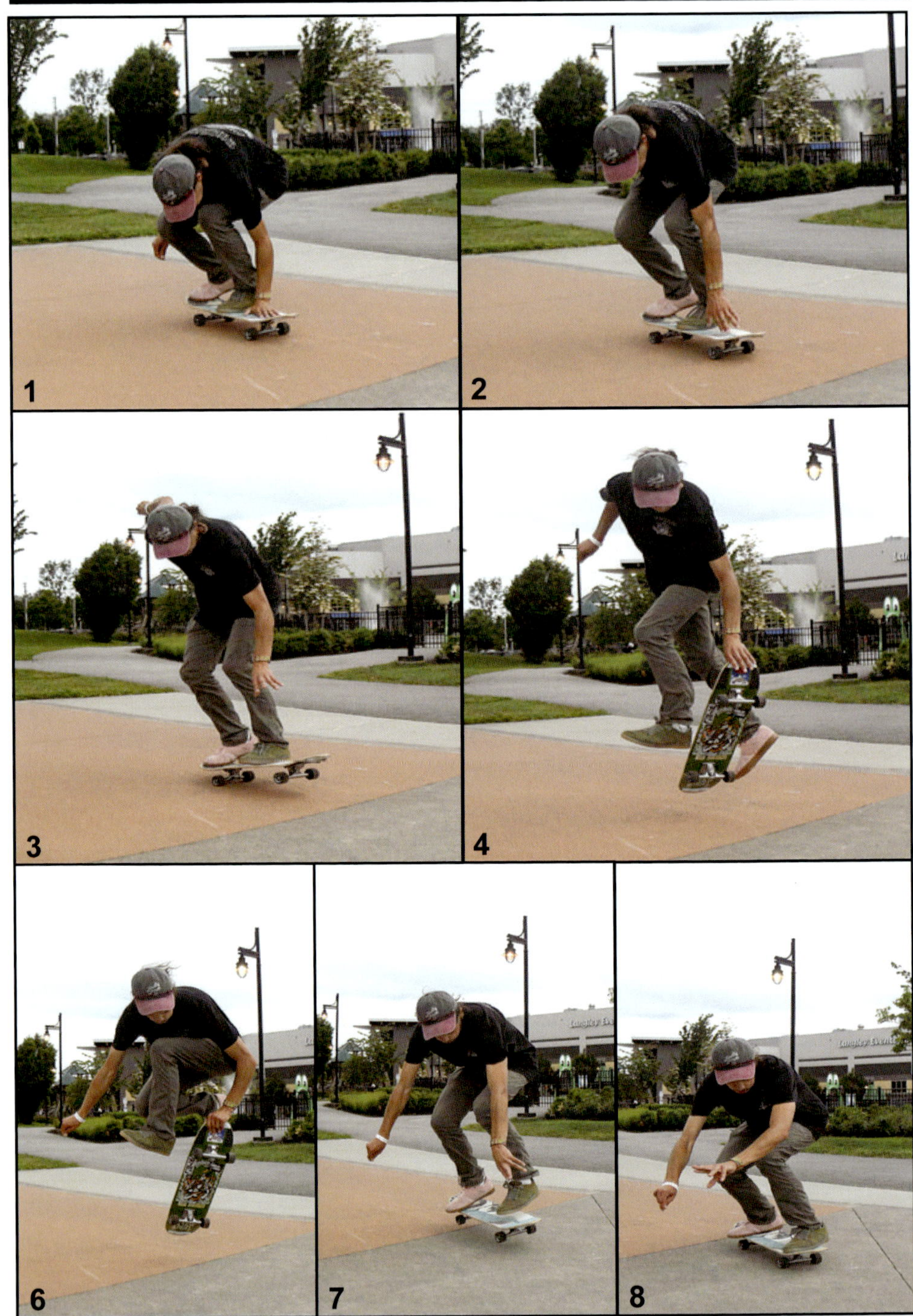

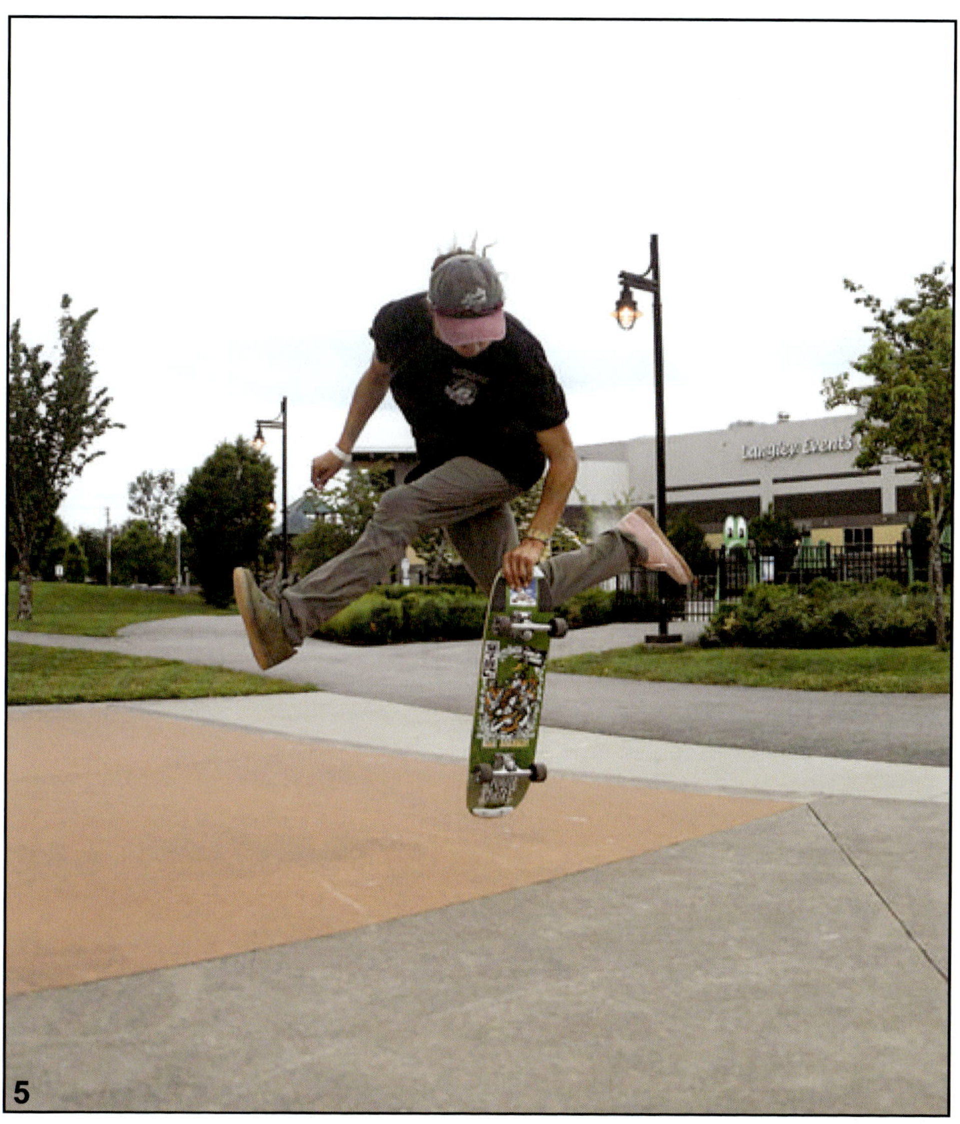

Ollie Air-Walk: Ein Trick von Rodney Mullen um 1985. Voraussetzung: Du solltest einen hohen Ollie und und eine sehr gute Sprungkraft im Repertoire haben.

1,2) Fahre schnell an, Fußstellung wie bei einem Ollie, etwas in die Hocke gehen und anspannen wie eine Feder für den Sprung.

3) Poppe das Board auf den Boden, sodass es sich senkrecht aufrichten kann und spring dabei hoch.

4,5) Schnappe dir daes Board an der Nose, zugleich ziehst du die Beine über Kreuz auseinander.

6-8) Ziehe die Beine an, um auf dem Board zu landen und sauber auszufahren.

Ollie Air-Walk Fingerflip

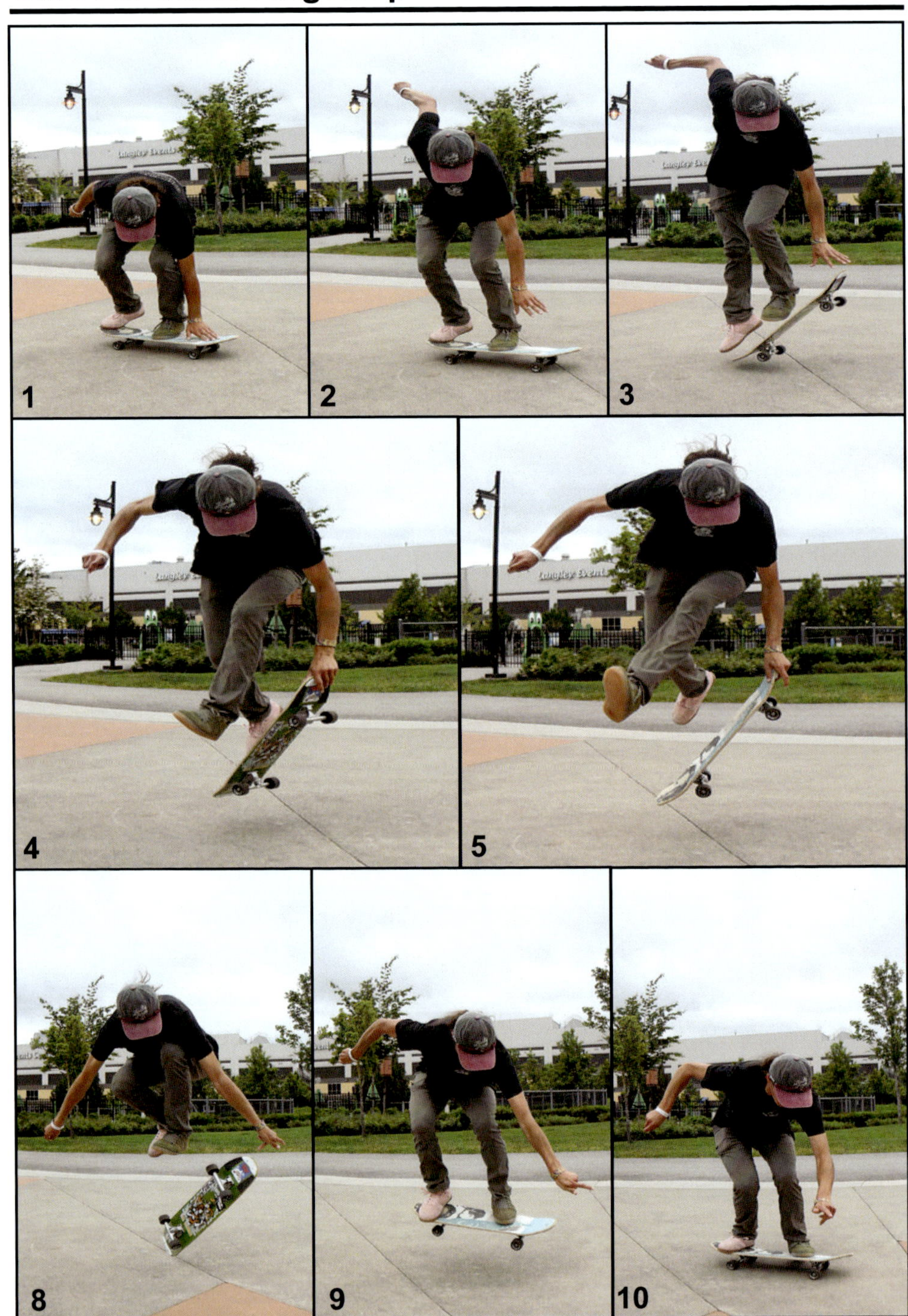

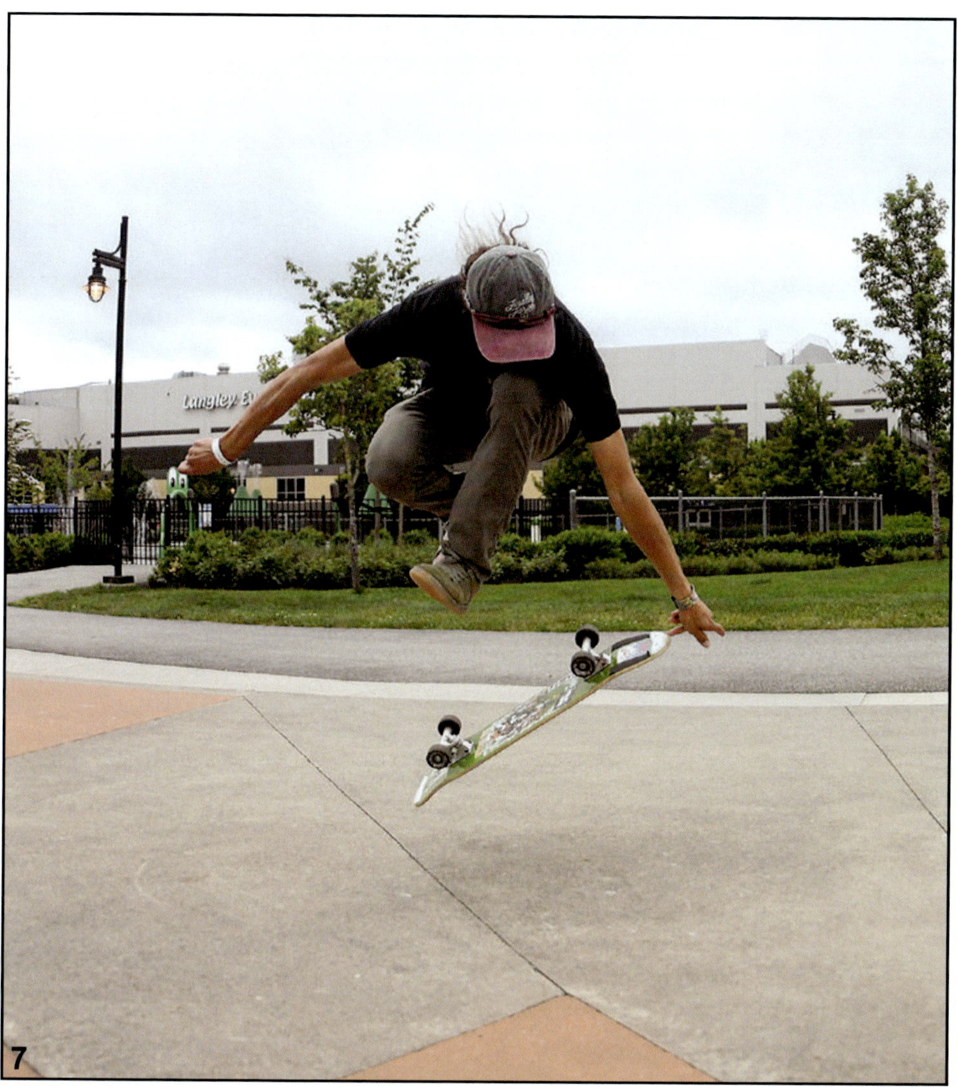

Ollie Air-Walk Fingerflip: Ebenfalls ein Trick von Rodney Mullen um 1985. Voraussetzung: Du solltest einen Fingerflip und Ollie Air-Walk können und sehr gute Sprungkraft haben.

1,2) Schnell anfahren, Fußstellung wie bei einem Ollie, dabei etwas in die Hocke gehen und anspannen wie eine Feder für den Sprung.

3) Poppe das Board auf den Boden, sodass es sich aufrichten kann und springe dabei hoch.

4-7) Schnappe dir das Board an der Nose und mache einen Fingerflip, zugleich ziehe die Beine über Kreuz auseinander.

8-10) Beine anziehen, bevor du auf dem Board landest.

Ollie Air-Walk Varial Fingerflip

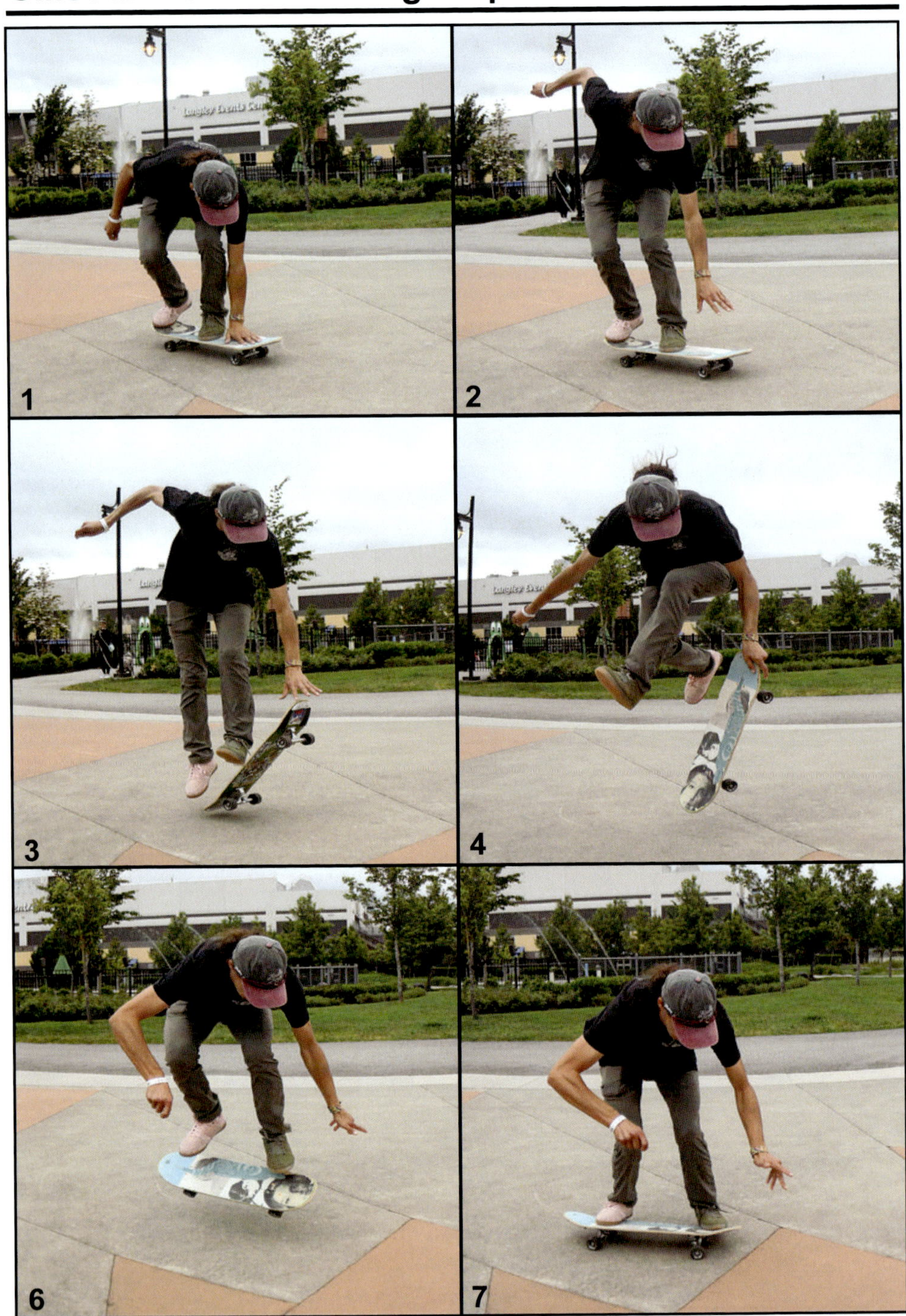

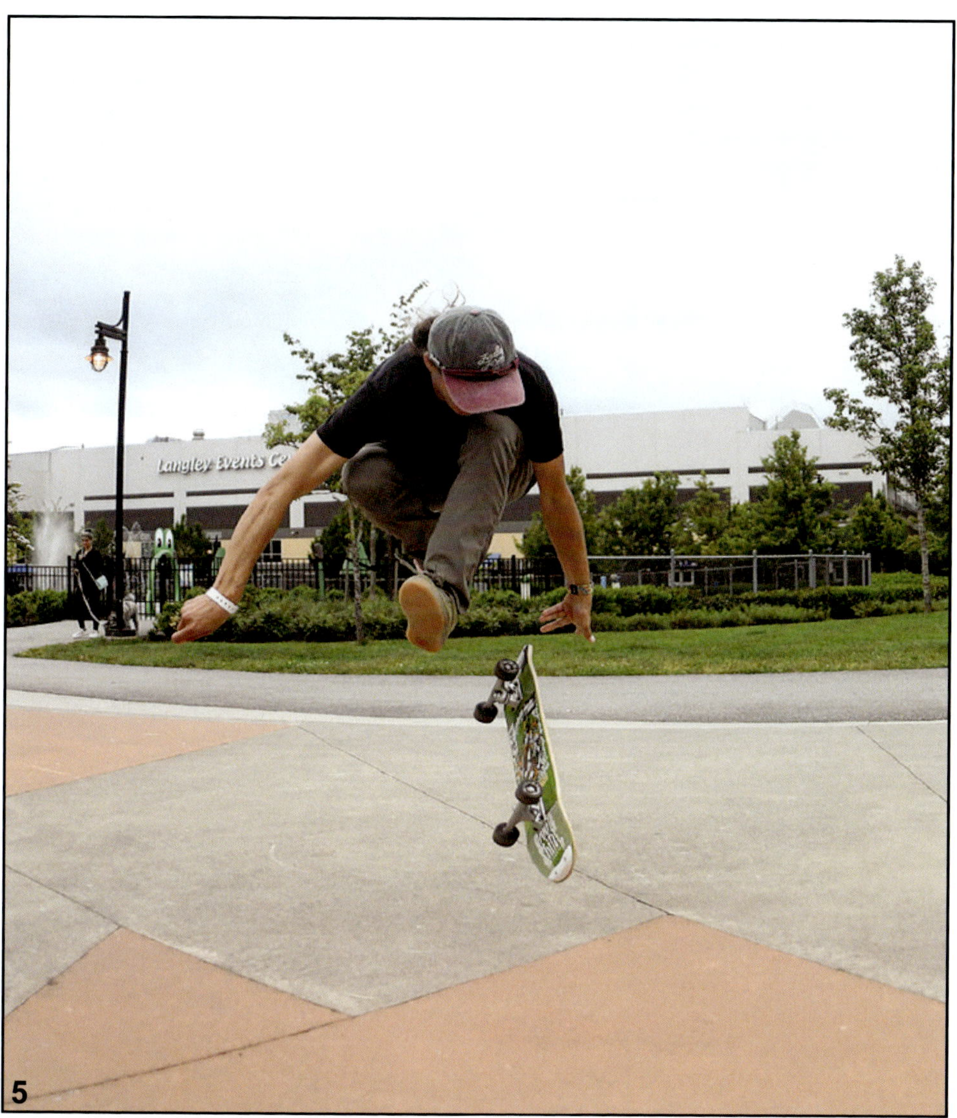

Ollie Air-Walk Varial Fingerflip: Noch ein Trick von Rodney Mullen aus ca. 1986. Voraussetzung: Ollie Air-Walk Fingerflip.

- **1,2)** Schnell anfahren, Fußstellung wie bei einem Ollie, dabei etwas in die Hocke gehen und anspannen wie eine Feder für den Sprung.
- **3)** Poppe das Board auf den Boden, sodass es sich aufrichten kann und springe dabei hoch.
- **4,5)** Schnapp dir das Board an der Nose und mache einen Varial Fingerflip, zugleich ziehst du die Beine über Kreuz auseinander.
- **6-7)** Beine stark anziehen zur Landung auf dem Board.

Bebop

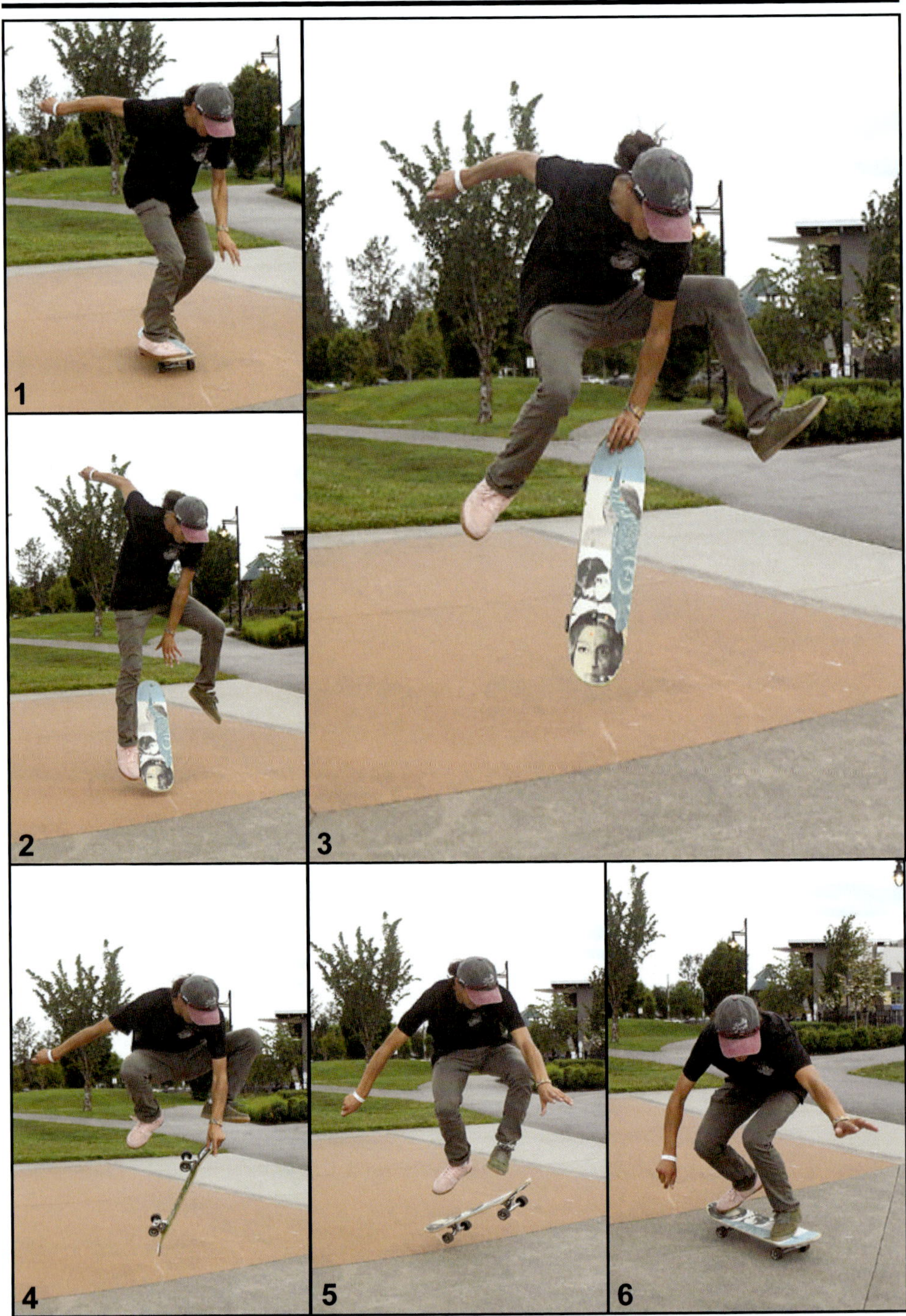

Fakie Be-Bop

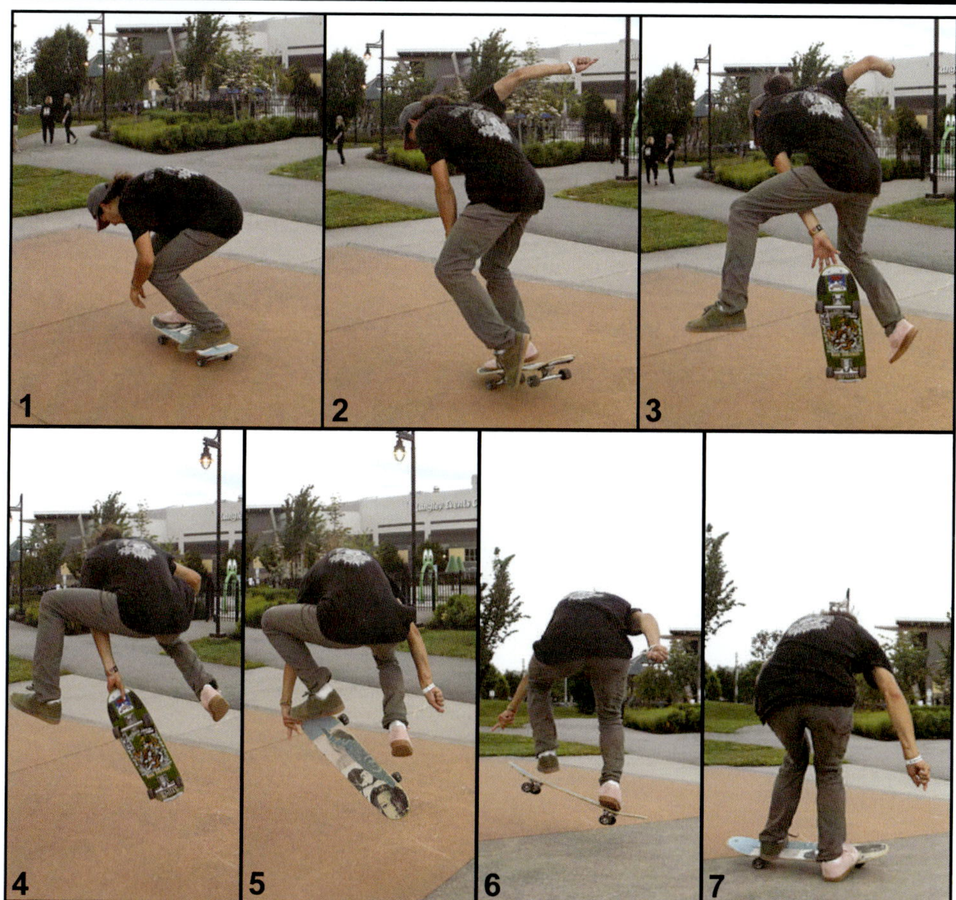

← **Bebop:**
Ein explosiver Trick mit schnellem Bewegungsablauf. Voraussetzung: Sehr starke Sprungkraft.

1) Mäßig anfahren und den hinteren Fuß vorne auf die Nose stellen. Mit diesem Fuß poppst du das Board. Der Vordere bleibt in der Mitte seitlich an der Boardkante.

2) Poppe das Board so, dass es hochspringen kann, dabei ziehe die Beine auseinander. **3,4)** Schnappe dir das Board und drehe es schnell, dabei die Beine anziehen.

5,6) In Fahrposition auf dem Board landen.

Fakie Bebop:
Voraussetzung: Verschiedene Ollie-Airs und starke Sprungkraft:

1) Du fährst vorwärts, drehst deinen Körper aber so herum, als ob du Fakie fahren würdest.

2) Poppe das Board auf den Boden. und springe dabei hoch.

3-7) Ziehe die Beine auseinander und greife das Board mit der Hand. Drehe das Board eilig, dabei Beine anziehen und dann landen.

Nollie Be-Bop

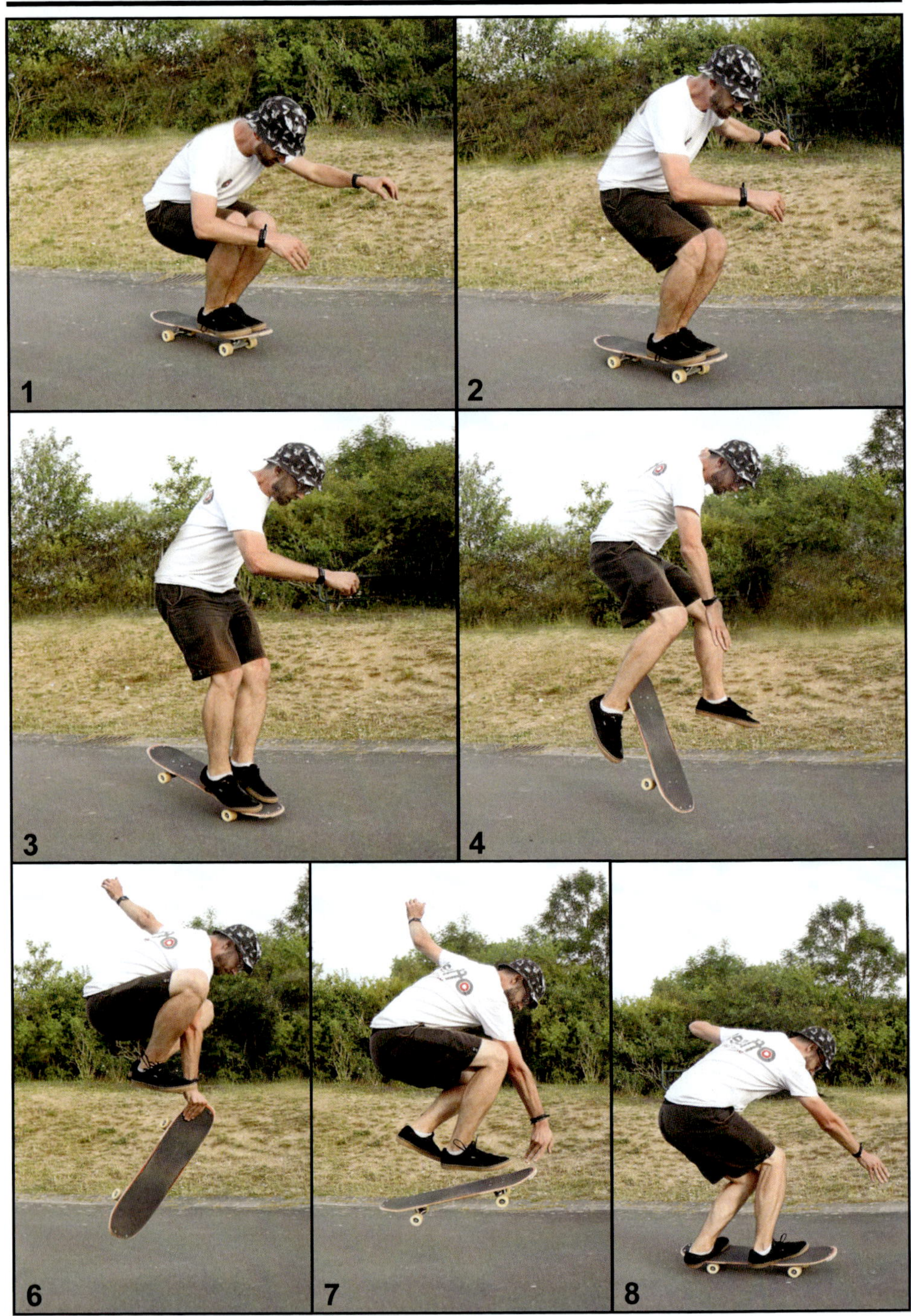

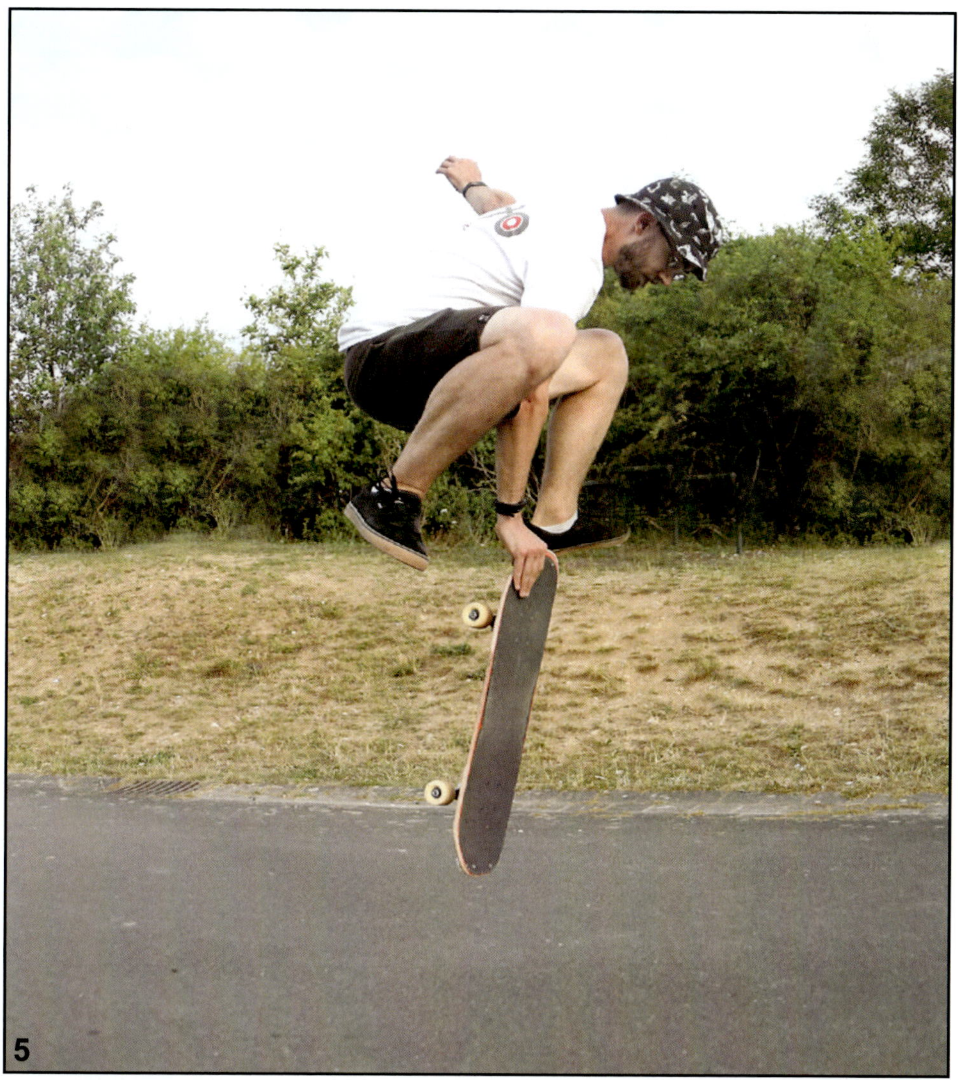

5

Nollie Bebop:
Voraussetzung für diesen beeindruckenden Jump-Trick sind verschiedene Ollie-Airs und eine ausgeprägte Sprungkraft:

1,2) Schnell anfahren und dann mit beiden Füßen auf die Nose stellen. Gehe in die Hocke, um den Sprung aufzuladen.

3,4) Poppe das Board auf den Boden, sodass es senkrecht hochspringt, während du mit gespreizten Beinen hochspringst, damit das Board zwischen ihnen durchspringen kann.

5-8) Die Beine dabei hoch anziehen, schnappe dir eilig das Board, um es etwas zu drehen und zu landen.

540° Shove-It

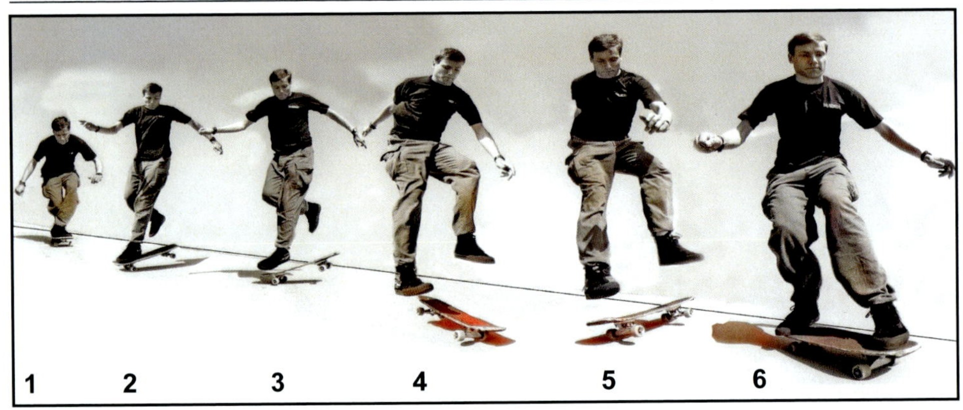

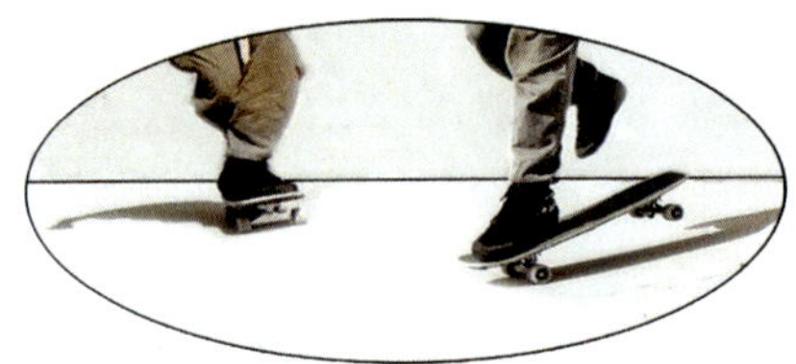

540° Shove-It: 1) Schnell anfahren, die richtige Fußstellung ist entscheidend! Den vorderen Fuß auf der Nose etwas nach außen gedreht platzieren. Mit den Armen und Beinen Schwung holen für eine Backside-Drehung und sprungbereit machen. **2)** Das Board über den Boden schieben, dabei etwas hoch und nach vorne springen. **3-6)** In Fahrposition landen.

One-Footed 540° Shove-It

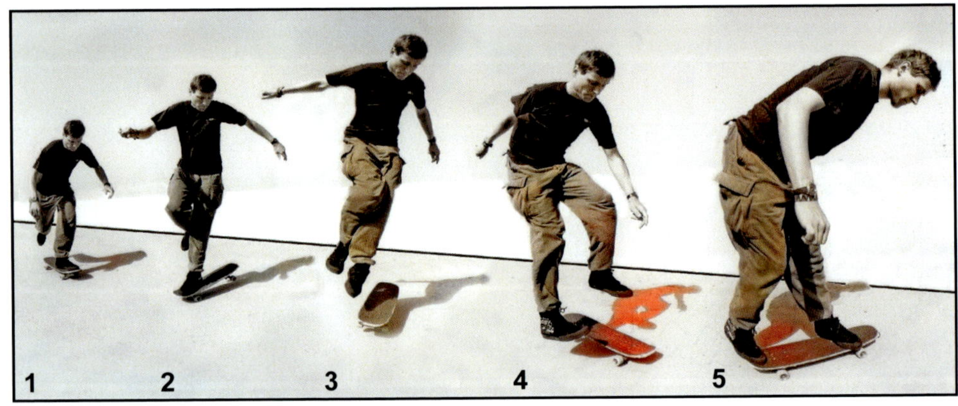

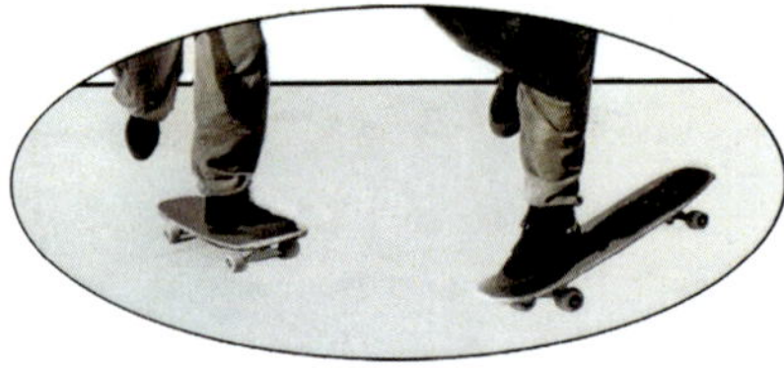

One-Footed 540° Shove-It: Bei diesem Trick musst du mehr Druck beim Absprung anwenden, da nur mit einem Fuß gezogen wird, das andere Bein unterstützt den Schwung beim Drehen. Ansonsten der gleiche Ablauf wie bei einem 540° Shove-It.

Frontside 540° Shove-It

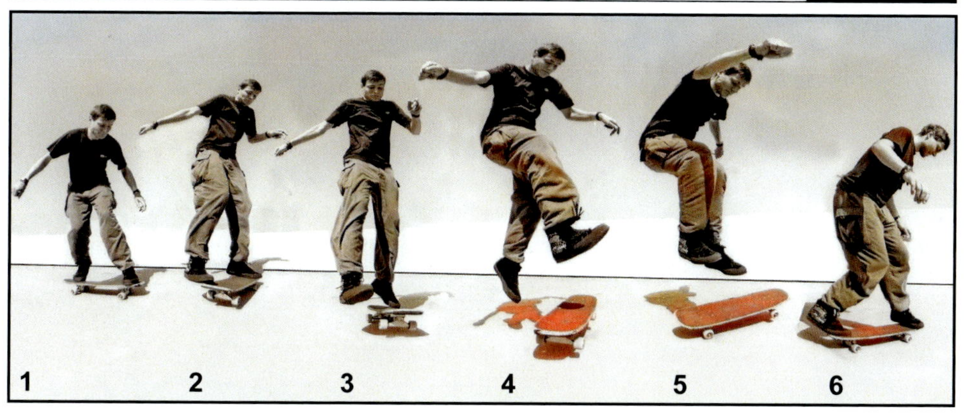

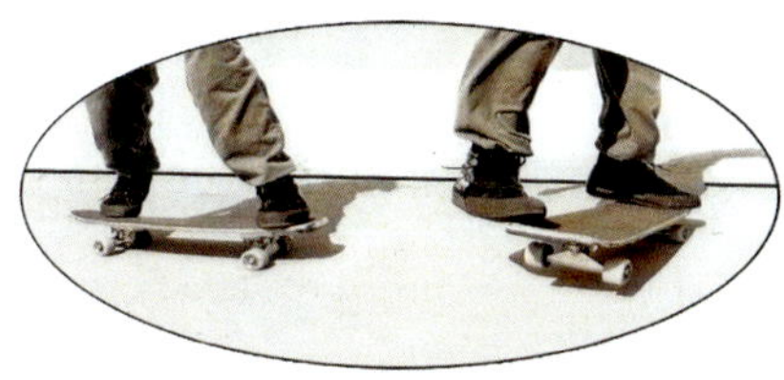

Frontside 540° Shove-It:
1) Schnell anfahren. Auch hier ist die richtige Fußstellung entscheidend! Den vorderen Fuß auf die Nose stellen. Den Hinteren über die hintere Achse. Mit diesem Fuß schiebst du das Board. Mit den Armen und Beinen Schwung holen für eine eine Frontside-Drehung und sprungbereit machen. **2)** Das Board mit dem hinteren Fuß stark schieben, dabei springst du etwas hoch und nach vorne. **3-6)** Bei richtiger Ausführung macht das Board eine 540°-Drehung um die Vertikalachse. Breitbeinig landen und die Balance halten.

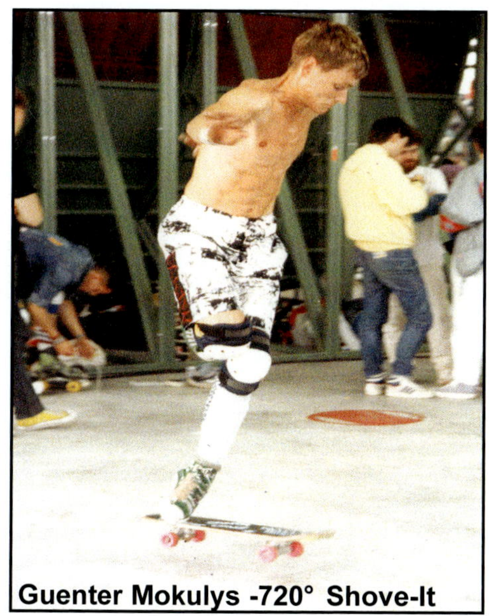

Guenter Mokulys -720° Shove-It

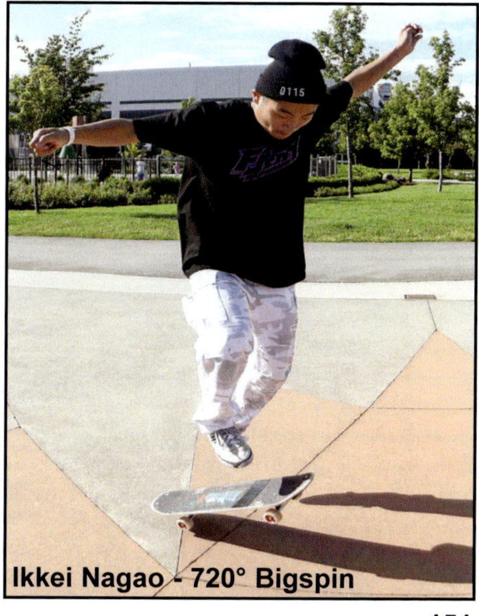

Ikkei Nagao - 720° Bigspin

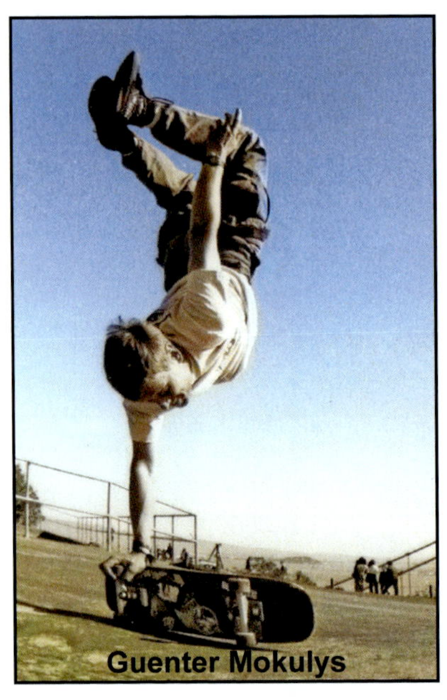
Guenter Mokulys

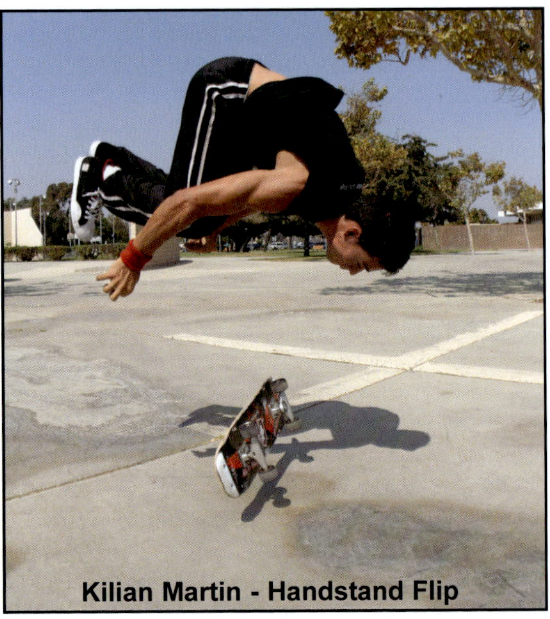
Kilian Martin - Handstand Flip

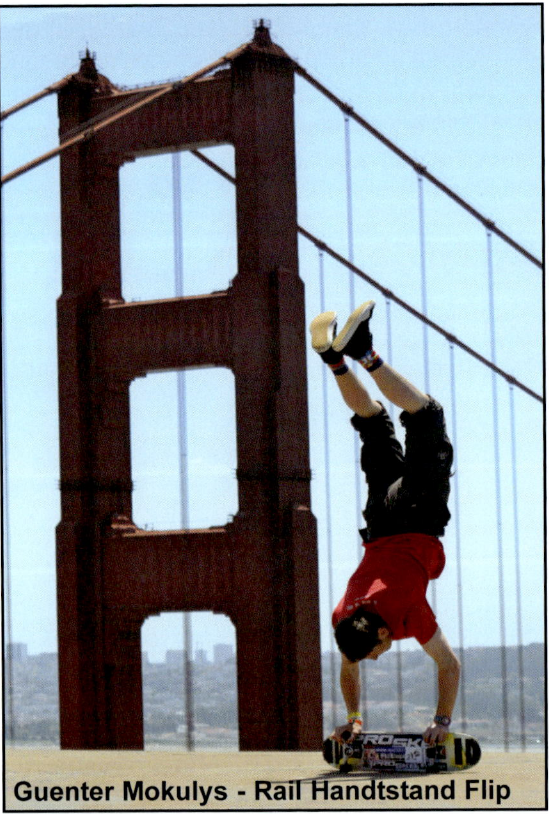
Guenter Mokulys - Rail Handtstand Flip

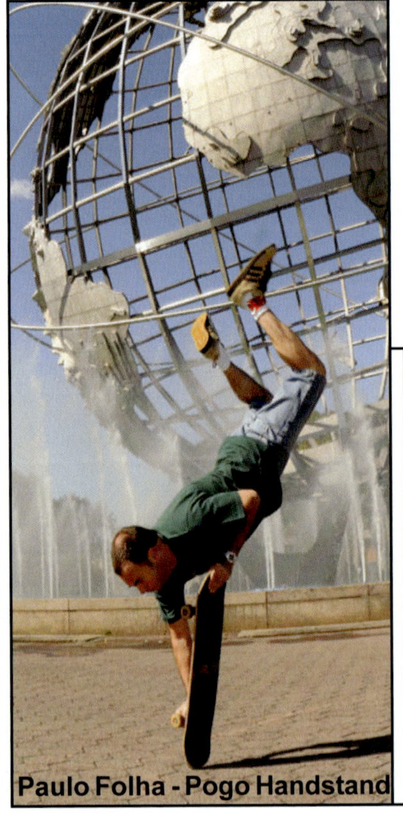
Paulo Folha - Pogo Handstand

Handstand Tricks

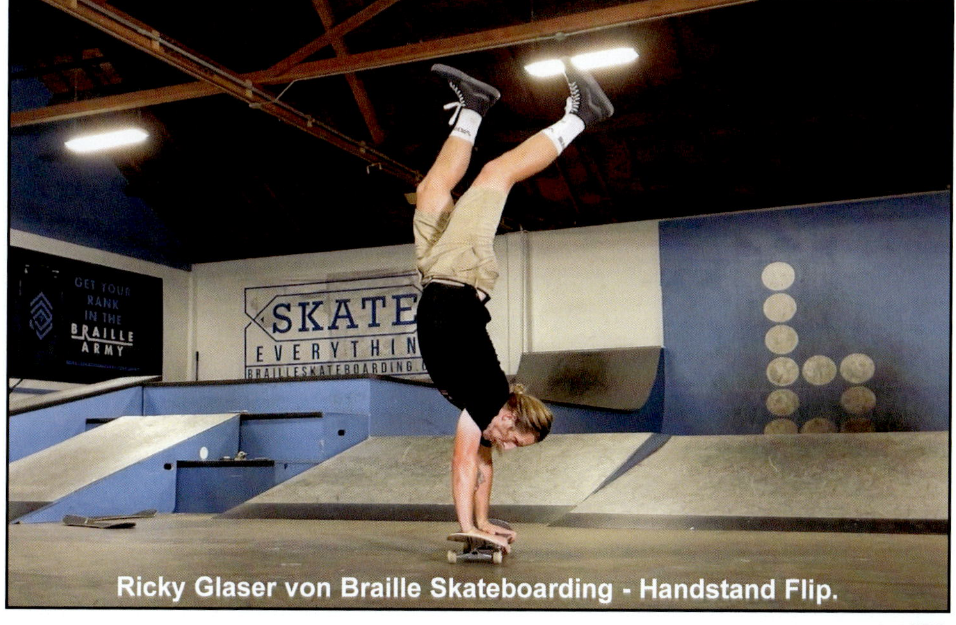

Ricky Glaser von Braille Skateboarding - Handstand Flip.

Handstand

Handstand: Auch der Handstand ist ein Grundelement im Freestyle-Skateboarding. Ein Handstand ist kein Trick für den du besonders kräftig sein musst. Nein, selbst kleine Kinder können einen guten Handstand lernen. Es sind Technik und Körperbeherrschung auf die es ankommt. Jeder, der nur etwas sportlich ist, kann auch einen Handstand lernen. Übe einen Handstand zuerst an der Wand, so kannst du deine Füße zu Abstützen an die Wand lehnen ohne überzukippen. Dann das Training auf dem Boden. Um länger im Handstand stehen zu können, konzentriere dich im Handstand auf einen fixen Punkt unter dir. So fokusiert, wirst du mit der Zeit länger und sauberer im Handstand stehen können. Zum ausbalancieren nutzt du die Handgelenke und beugst oder streckst die Unterschenkel. Wenn du ihn gut kannst, versuche diesen auf dem Skateboard, zuerst im Stand (ggf. erst auf einer Wiese, da fällt man weicher und das Board rollt nicht weg), dann aus der Fahrt.

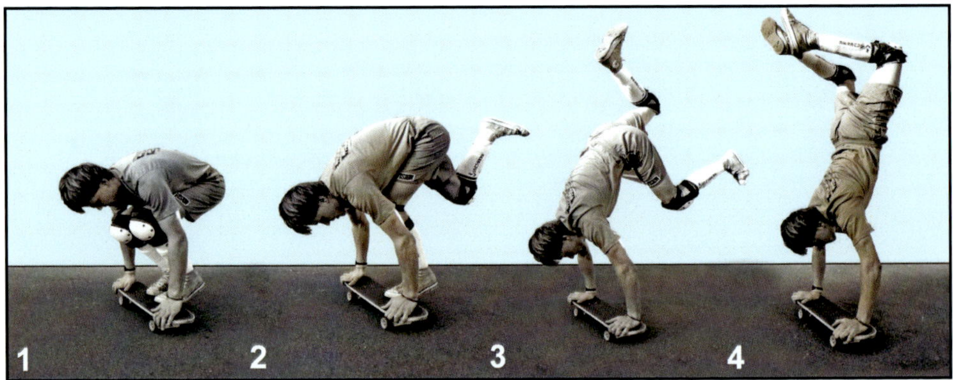

Vom Skateboard in den Handstand zu kommen ist schon etwas schwieriger, eine gute Beweglichkeit ist Voraussetzung. Regelmäßiges Stretching wird dir dabei sehr hilfreich sein!

1) Die Füße eng nebeneinander auf die Board-Kante stellen. Gewöhne dir von Anfang an die richtige Haltung der Hände an: An Tail und Nose greifen die Finger etwas über die Kante des Boards hinaus!

2) Die Arme sind und bleiben gestreckt. Nehme Schwung, indem du zunächst nur ein Bein nach oben ziehst.

3) Dann das andere Bein nachziehen und den Kopf in den Nacken legen.

4) Dann im Handstand wie oben beschrieben fokusieren und gut balancieren.

Wenn du dir das so noch nicht zutraust, dann kannst du auch folgende Methode auf dem Boden ohne Skateboard probieren: Ziehe eine Linie und stelle die Füße darauf, die Hände links und rechts neben den Füßen, genau so, wie du es auf einem Skateboard ausführen würdest. Übe so lange, bis du die Sicherheit hast, es mal auf dem Skateboard zu versuchen.

Handstand Flip

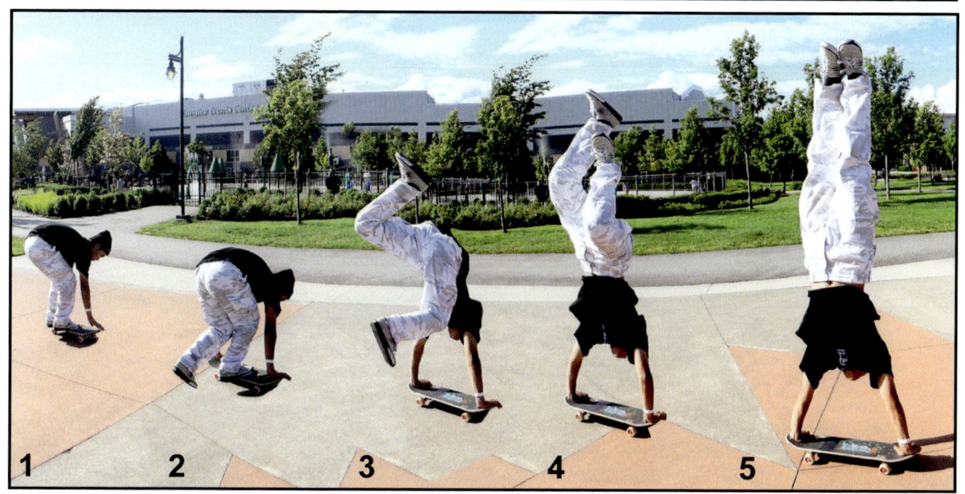

Kannst du den Handstand auf den Boden, dann versuche es mal aus der Fahrt.

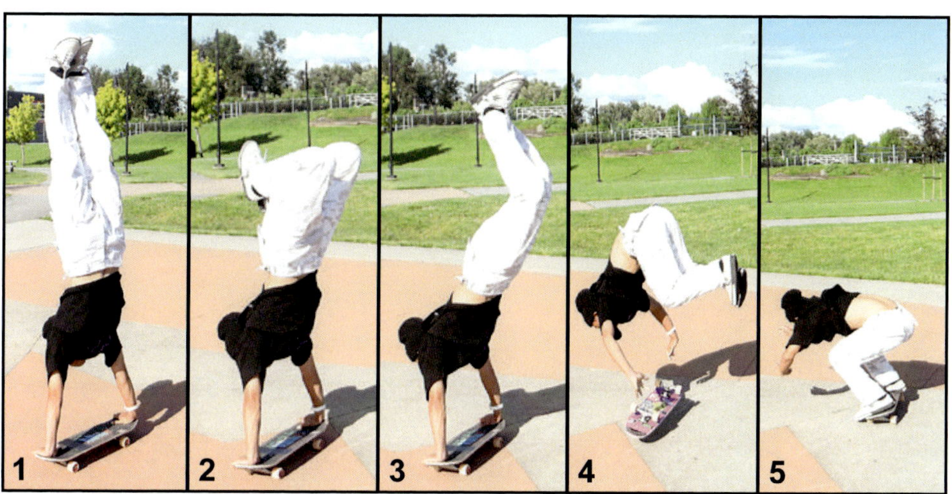

Handstand Flip: Der Klassiker unter den Handstand-Tricks. Mit der richtigen Technik ist der Trick nicht sehr schwer und schnell zu erlernen.

1) Ausgeführt aus dem Stand oder der Fahrt ist der Sprung genau gleich. Sauber einen Handstand stehen, die Hände auf Tail und Nose, die Finger umklammern die Bordkante.

2) Ziehe die Beine an, um Schwung zu holen.

3) Springe hoch, drehe dich dabei und winkle die Beine an.

4,5) Zugleich drehst du das Board mit den Händen. 360° um die Längsachse. Lande breitbeinig und richte dich auf.

One-Armed Handstand Flip

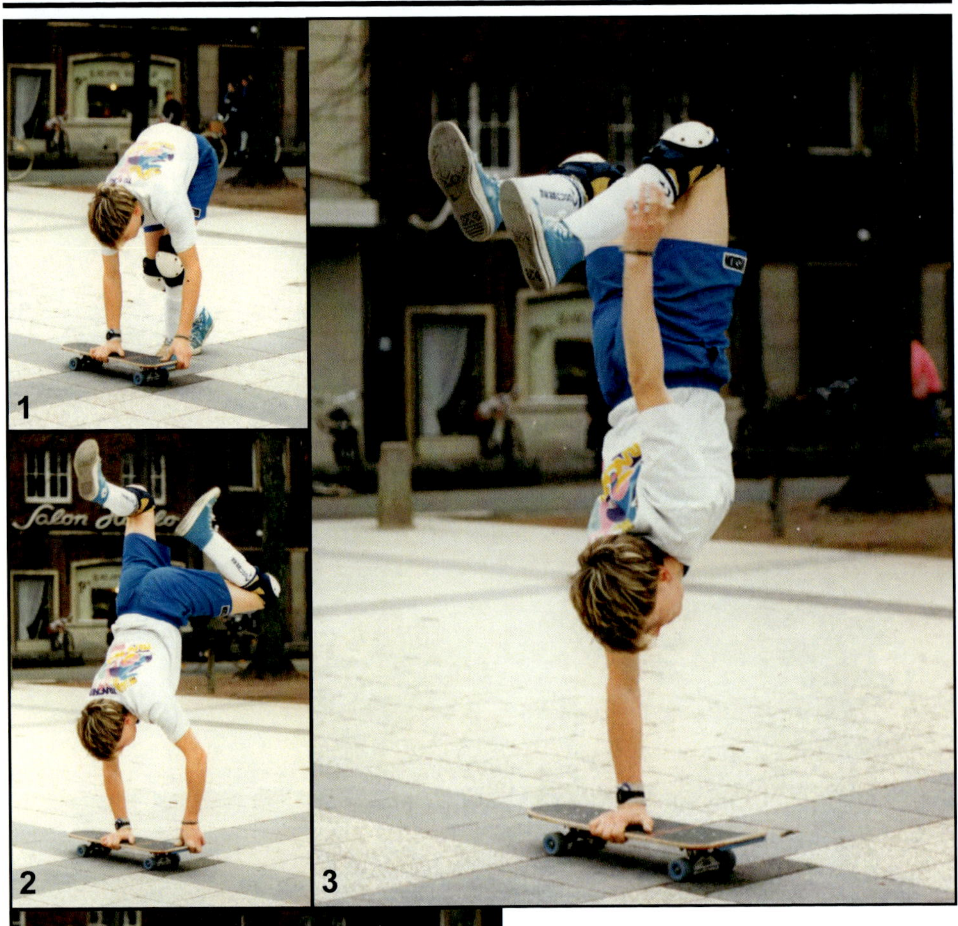

1 2 3 4 5

One-Armed Handstand Flip:
Voraussetzung: Sehr stabiler Handstand, Handstand-Flip und ein sehr gutes Boardgefühl. Das Schwere an diesen Trick ist nicht der Flip selber, sondern die Balance auf dem Skateboard zu halten.

1) In den regulären Handstand gehen. **2)** Ausbalancieren. **3,4)** Beine anwinkeln, um Schwung für den Flip zu holen. Dann eine Hand nach oben nehmen und schon folgt der Sprung. Flippe dabei das Board. **5)** Breitbeinig landen und aufrichten.

Rail Handstand Flip

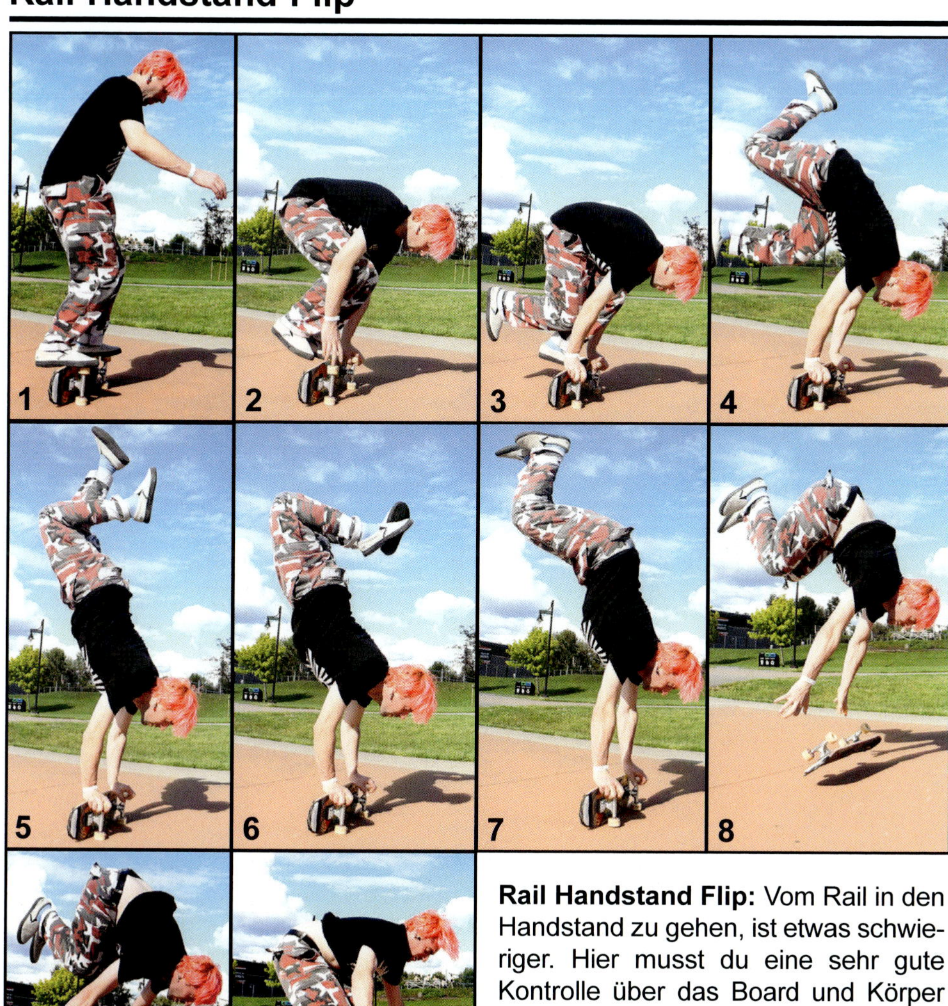

Rail Handstand Flip: Vom Rail in den Handstand zu gehen, ist etwas schwieriger. Hier musst du eine sehr gute Kontrolle über das Board und Körper haben. Hinzu kommt noch, dass du gut aufpassen musst, dass dir das Board im Handstand nicht umkippt. **1)** Auf dem Rail starten, die Füße stehen auf den Rollen. **2-4)** Der eine Fuß steht dabei leicht neben der Rolle, damit du die Hand auf diese setzen kannst, sobald der Fuß nach oben geht: Mit einem Bein Schwung holen, dabei die Hand der gleichen Seite auf die Rolle setzen.

5) Im Handstand hast du beide Hände auf den Rollen und der Bordkante.

6) Die Rollen umklammerst du für den Flip. Beine anwinkeln für den Absprung.

7-9) Drücke dich ab und flippe das Board eine Dreivierteldrehung um die Längsachse. **10)** Breitbeinig auf das Board springen und aufrichten.

Handstand Fingerflip

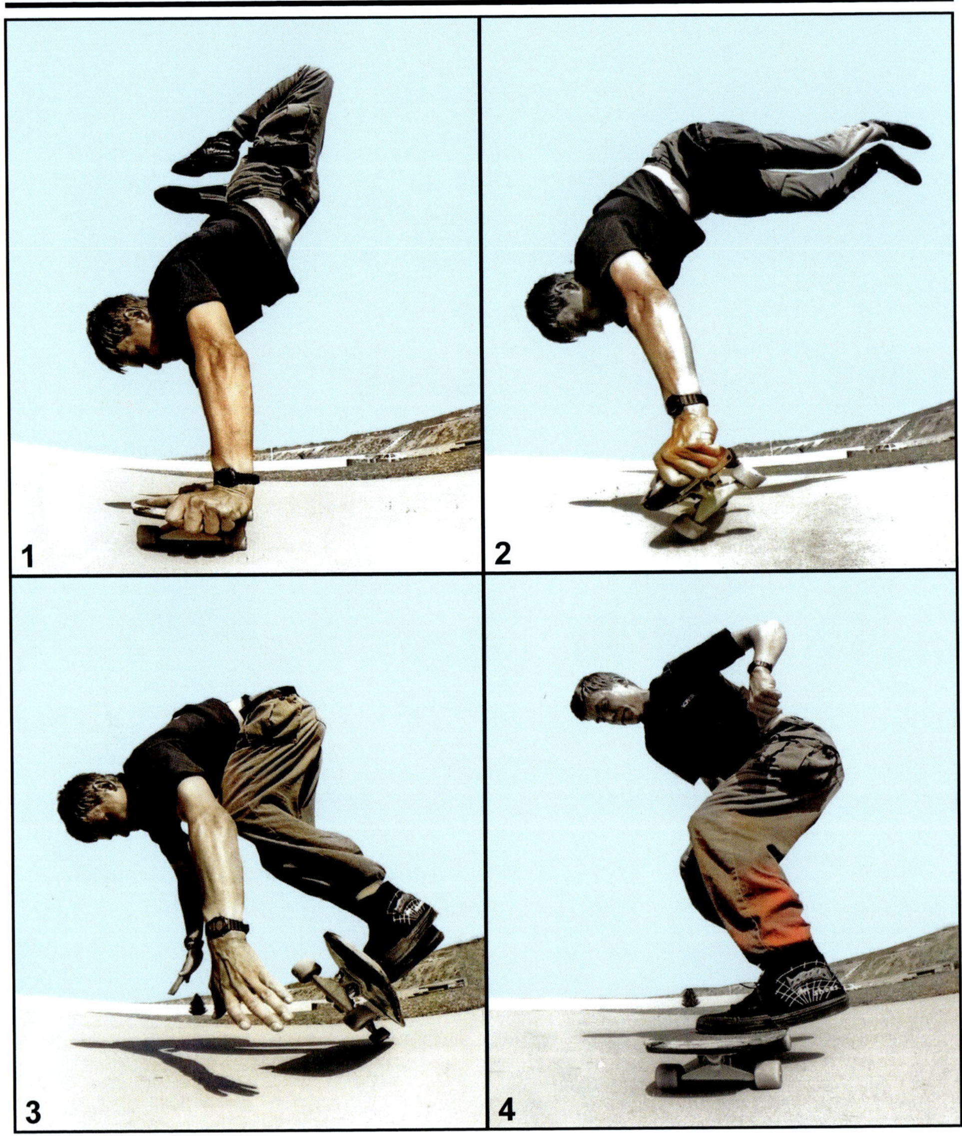

Handstand Fingerflip: Bei diesen Handstand Flip musst du eine Hand vorne an der Nose halten, wie bei einem Fingerflip.

1) Vom Board in den Handstand, die Beine stark anwinkeln für einen guten Schwung beim Absprung.

2) Springe ab, weit nach vorne, zugleich drehst du das Board als einen

3,4) Fingerflip. Die Beine sind bei der Landung angewinkelt.

Pogo Handstand Flip

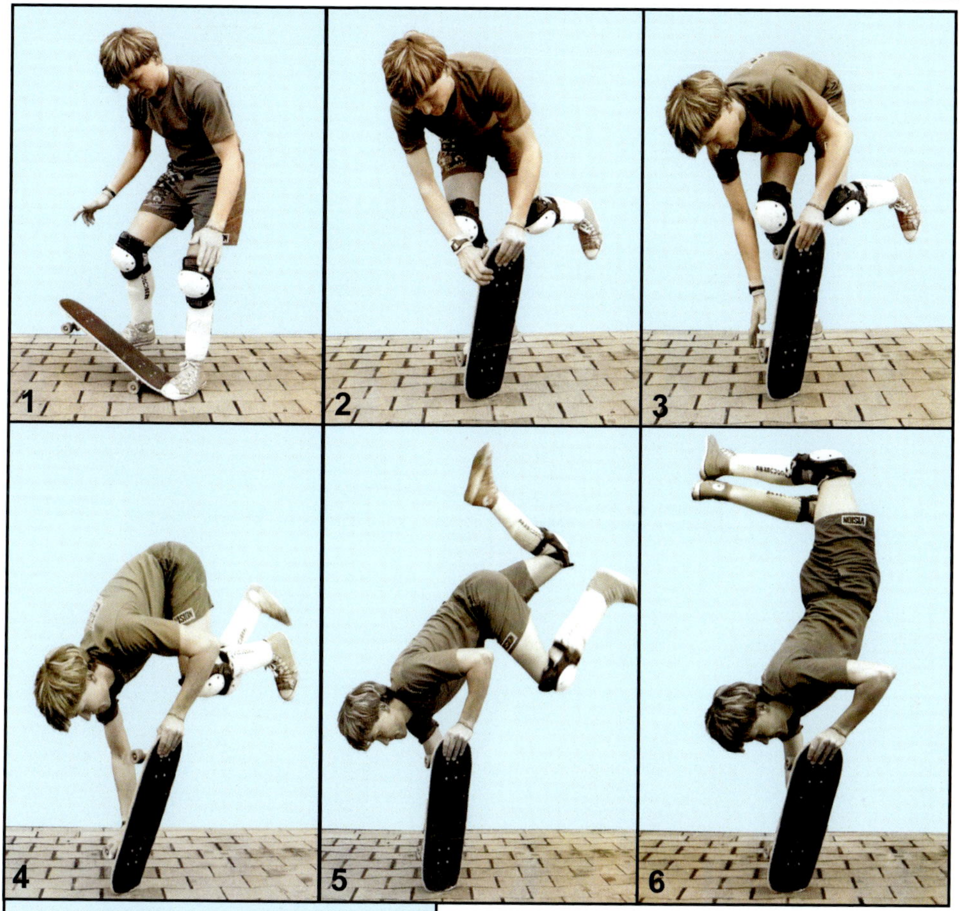

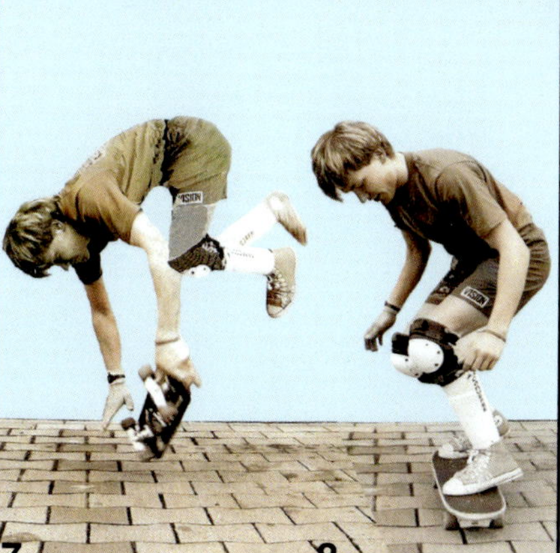

Pogo Handstand Flip:
Das ist einer der schönsten Handstand Tricks. Hierfür solltest du schon einen perfekten Handstand können.

1-5) Im 50/50 hüpfen, dabei die Handinnenfläche auf die Nose setzen und im richtigen Moment den Fuß auf der Achse mit der anderen Hand wechseln. Zugleich diesen Fuß und Bein mit Schwung nach oben ziehen.

6) Ein schöner Pogo Handstand ist es nur, wenn der Körper nach oben durchgestreckt ist. **7,8)** Mit der Hand drehst du das Board und springst darauf.

One-Armed Handstand Flip

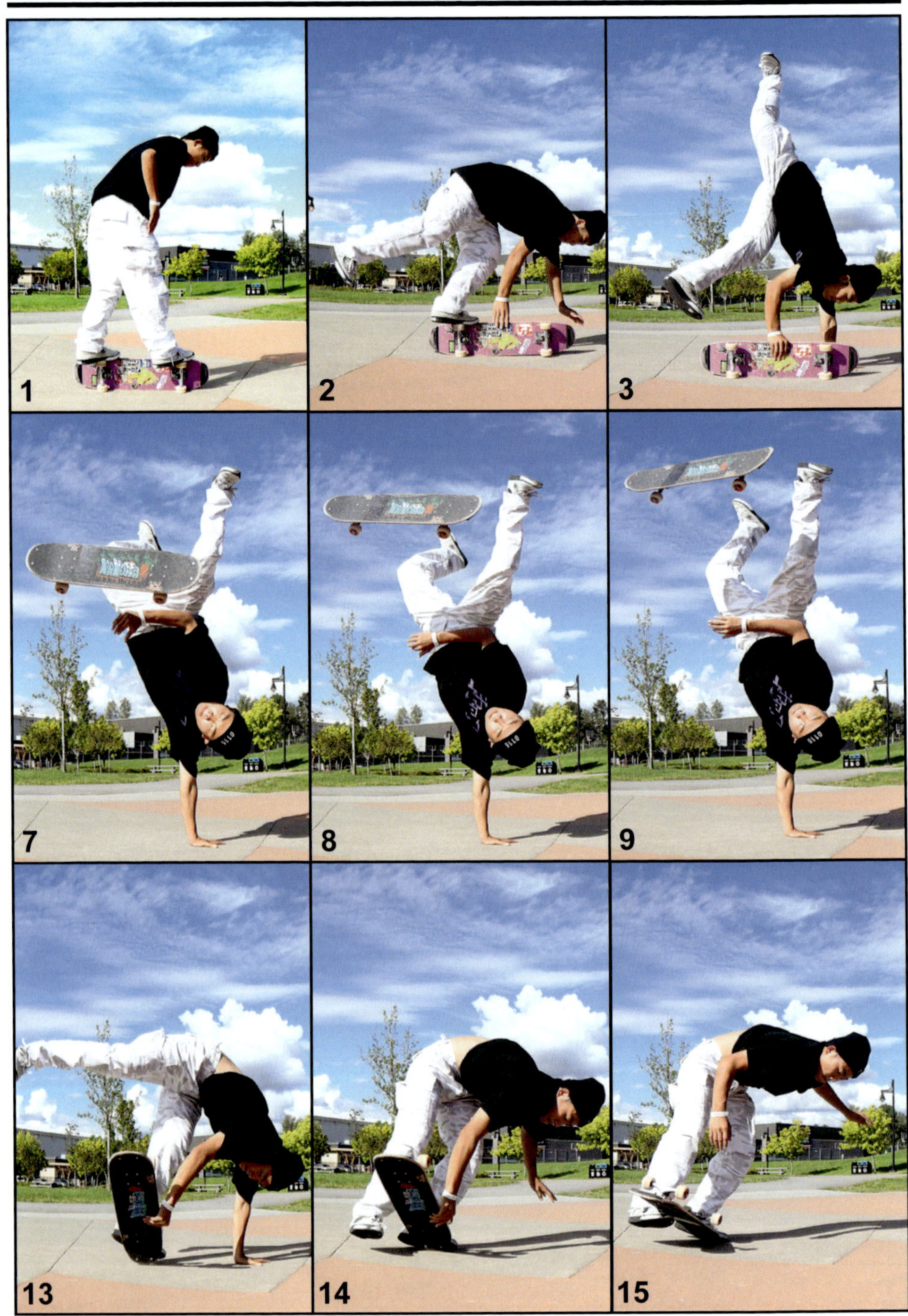

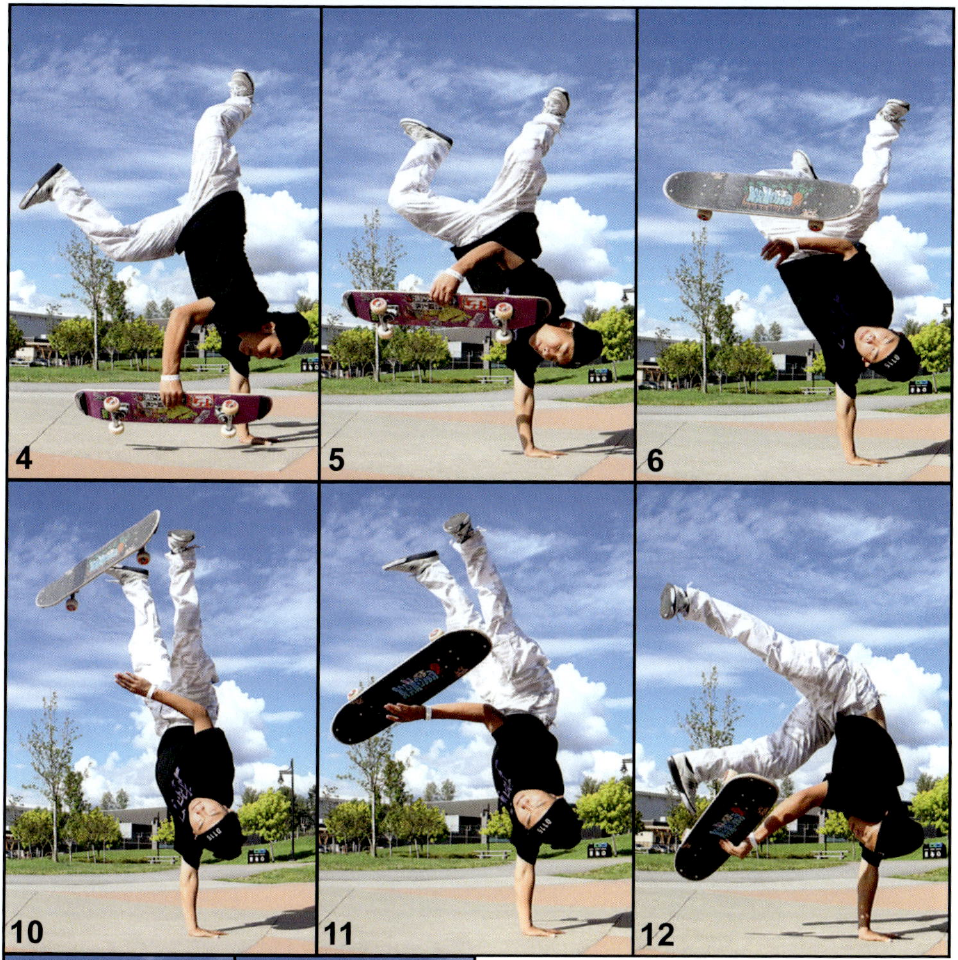

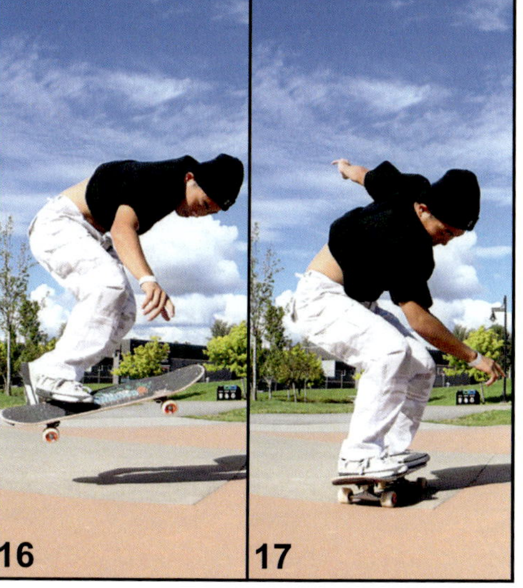

One-Armed Handstand Flip:
Der original One-Armed Handstand ohne Board-Drehung entstand Anfang der 80er Jahre und mit Board-Drehung so in '83, '84. Der hier Gezeigte ist aber neu und von Ikkei Nagao. **1-5)** Vom Rail in den Handstand gehen. **5-10)** Sobald du perfekt auf einer Hand stehst, schleuderst du das Board ca. 2 Meter weit hoch und lässt es 4-5 Drehungen um die Längsachse flippen. **11)** Dann fange es noch im Handstand wieder auf. **12-17)**Jetzt direkt in den No-Hand Casper auf das Board gehen und wie gewohnt aufspringen.

One-Armed Handstand Wheel-Spinning to Casper

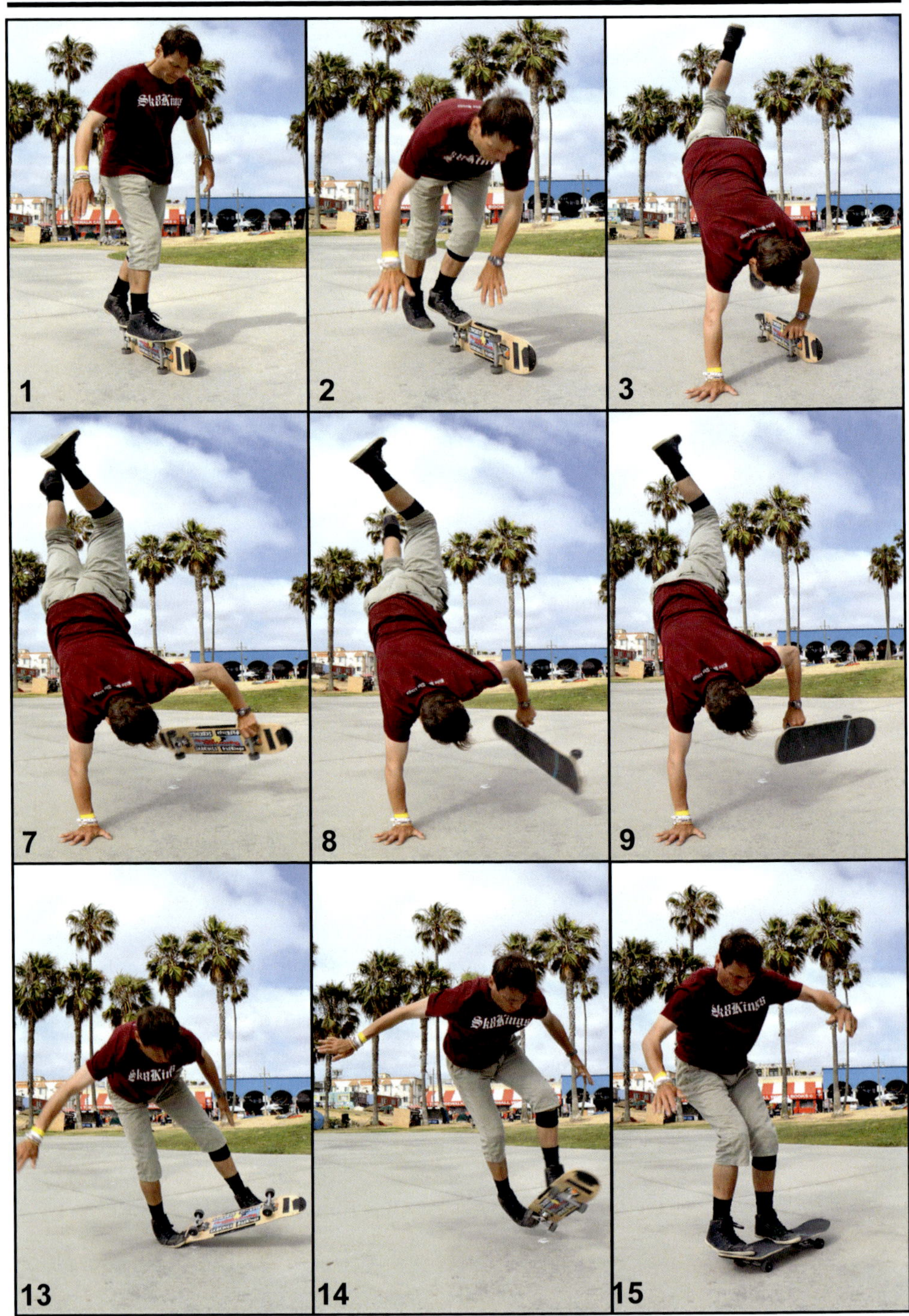

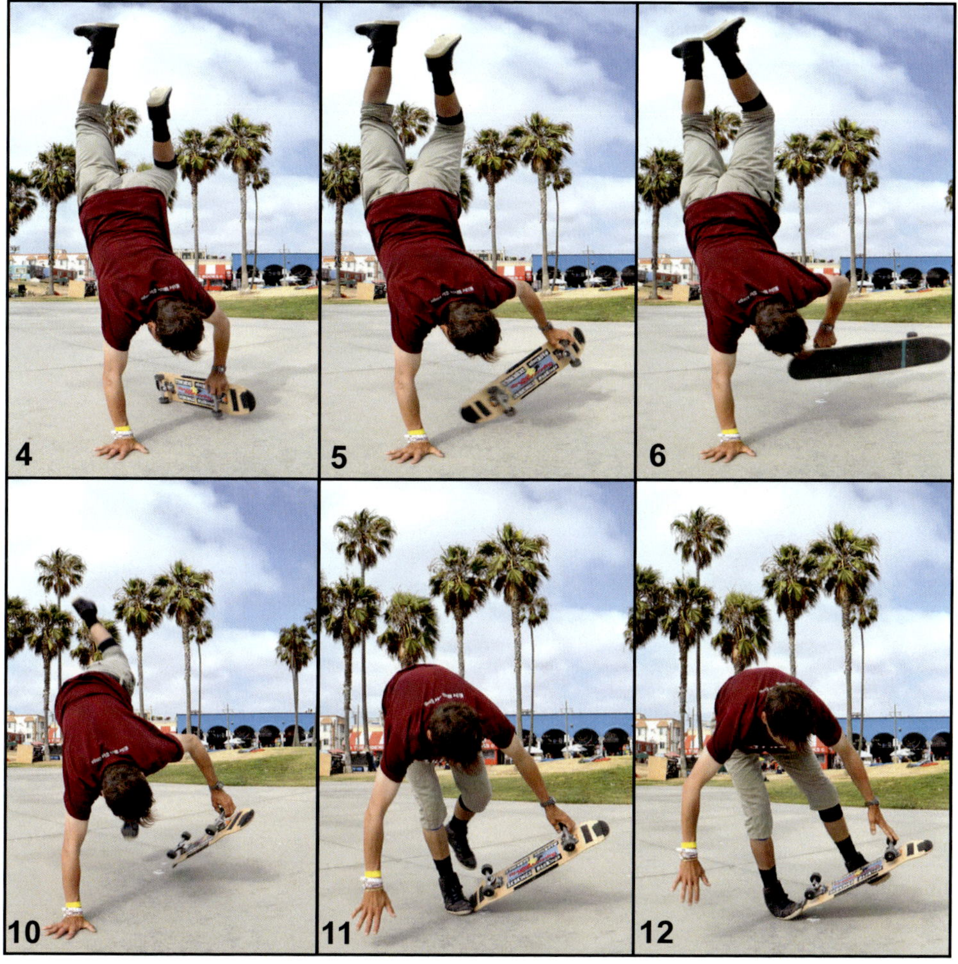

One-Armed Handstand Wheel-Spinning to Casper: Ein Trick von mir aus dem Jahr 1987. Voraussetzung ist ein perfekter Handstand und eine gute Board-Kontrolle.

- **1-3)** Vom Rail mit Schwung in den Handstand wechseln, eine Hand auf den Boden, mit der anderen Hand umklammerst du die Rolle.
- **4-9)** Sobald du im Handstand stehst, ziehst du das Board hoch und drehst es so 2 mal um die Rolle.
- **10,11)** Lande mit einem Fuß auf dem Tail, sobald du runter kommst.
- **12)** Der Andere hält das Board im No-Hand Casper.
- **13-15)** Vom No-Hand Casper zurück auf dein Board springen.

YOYO Plant

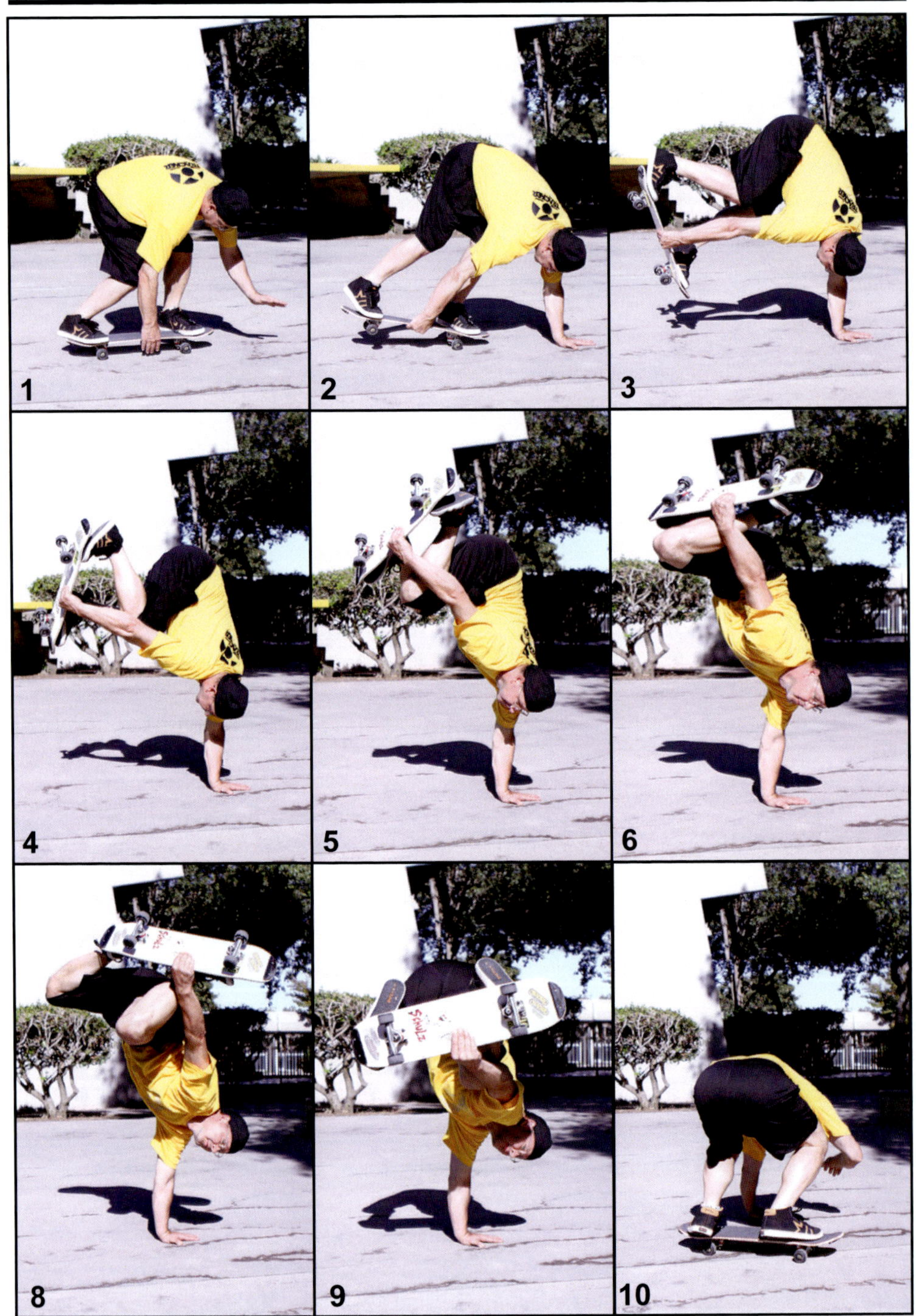

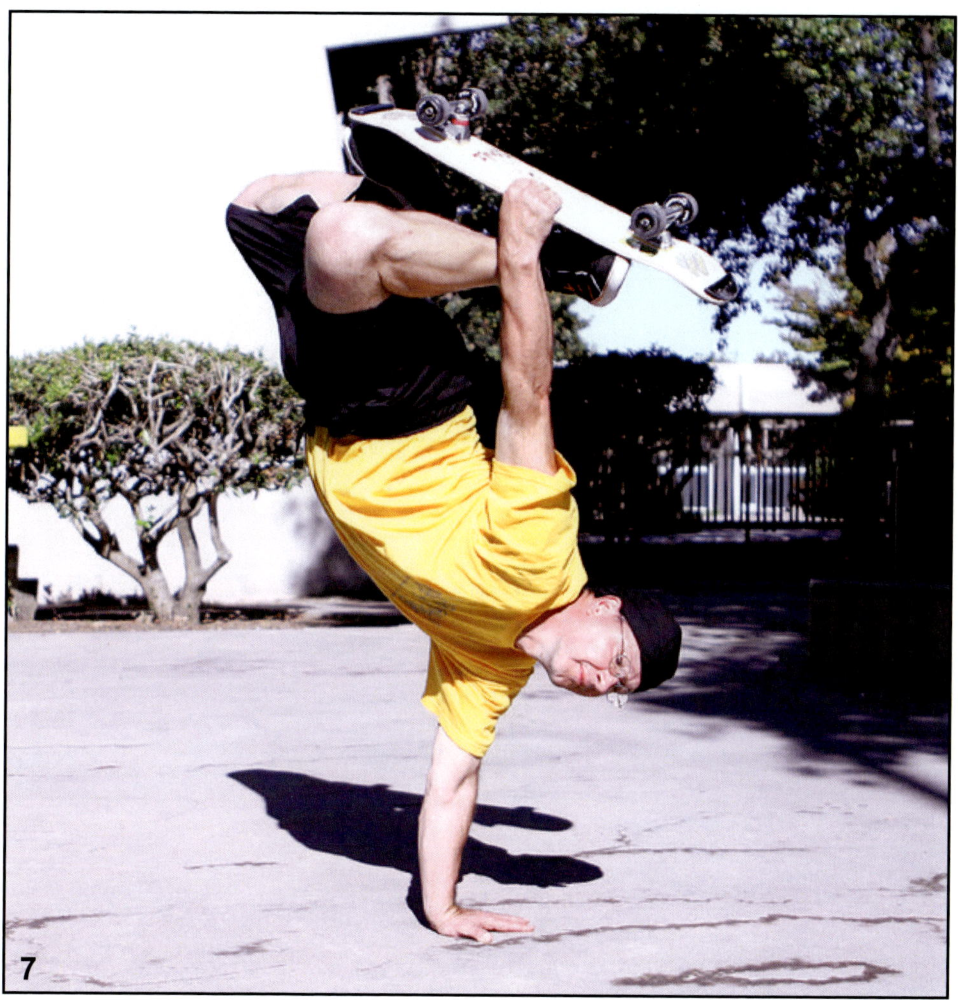

7

YOYO Plant: Dieser Trick ist von Joachim "YoYo" Schulz aus dem Jahr 1982. Weil zu dieser Zeit in 1982 keine Halfpipe zur Verfügung stand, hatte YoYo eines Tages die Idee, einen Invert (Handplant) einfach auf ebenem Boden auszuführen. Der YoYo Plant war geboren! Ein sehr schöner Trick, aber recht schwer zu lernen.

1,2) Langsam im Fakie anfahren. Gehe in die Hocke. Eine Hand am Board, die Andere vor dir auf den Boden setzen.

3) Jetzt wird es schwer: Das Board mit Schwung hochziehen, dabei setzt du den Tail kurz auf den Boden. Zugleich musst du dein Körpergewicht auf die Hand am Boden verlagern.

4-7) Den Handplant nun so in die Senkrechte zu strecken, da gehört schon einiges an Übung dazu!

8-10) Runter auf's Board zu kommen ist dann nicht mehr so schwer.

English Handstand Flip

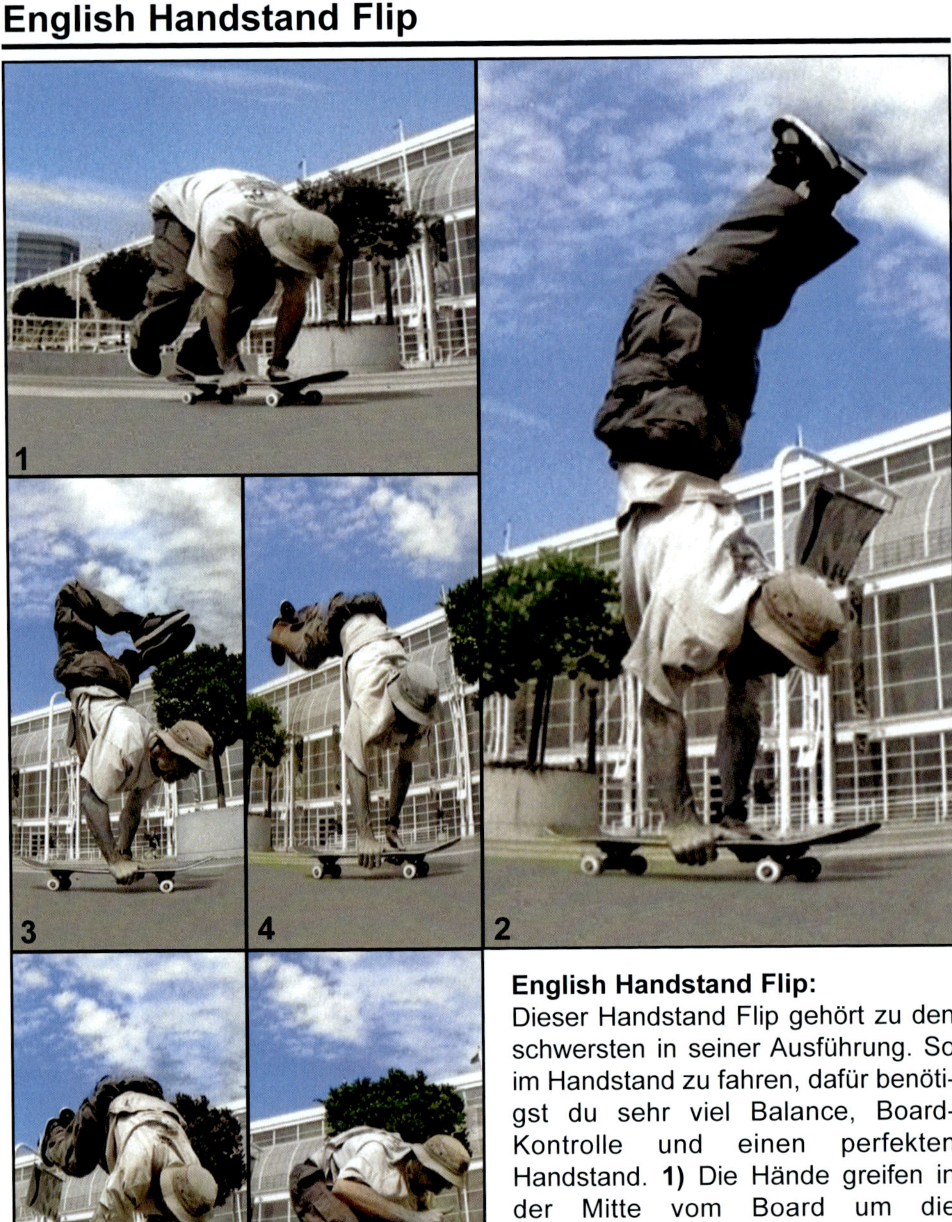

English Handstand Flip:
Dieser Handstand Flip gehört zu den schwersten in seiner Ausführung. So im Handstand zu fahren, dafür benötigst du sehr viel Balance, Board-Kontrolle und einen perfekten Handstand. **1)** Die Hände greifen in der Mitte vom Board um die Boardkante. **2)** Mit Schwung in den Handstand gehen. Das musst du sehr gut kontrollieren, sonst rutscht dir das Board nach hinten weg. **3-6)** So im Handstand fahren ist sehr schwer. Der Flip selber ist gar nicht so schwer.

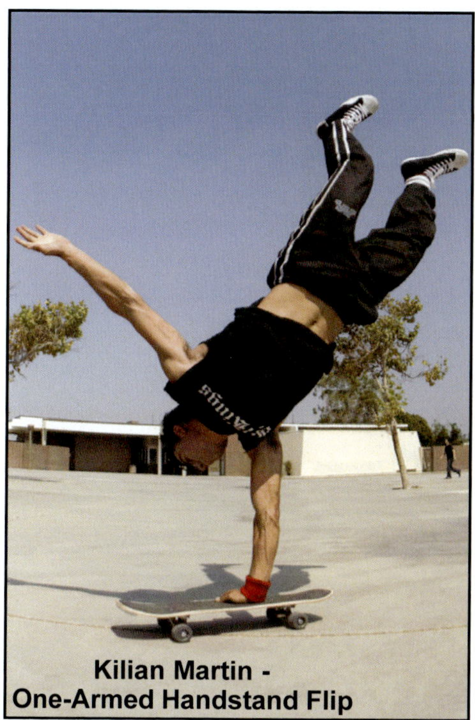

Kilian Martin -
One-Armed Handstand Flip

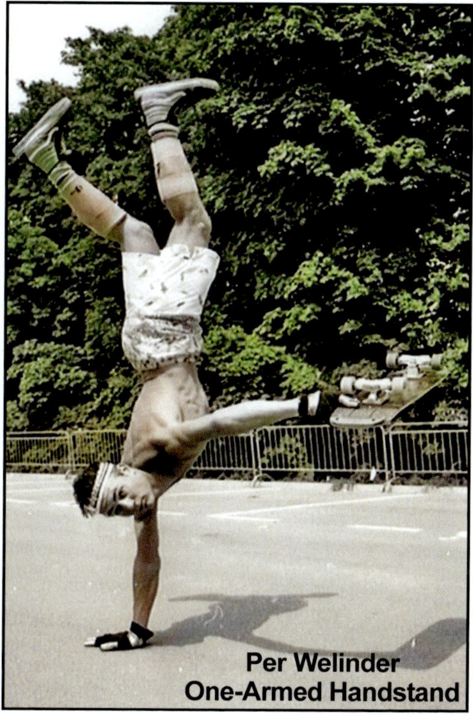

Per Welinder
One-Armed Handstand

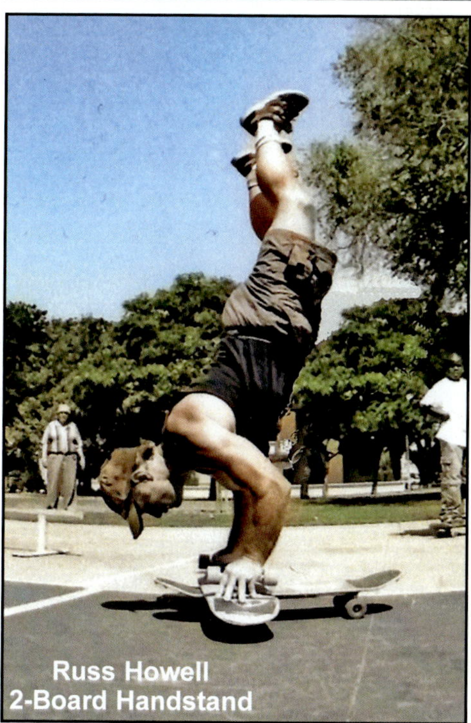

Russ Howell
2-Board Handstand

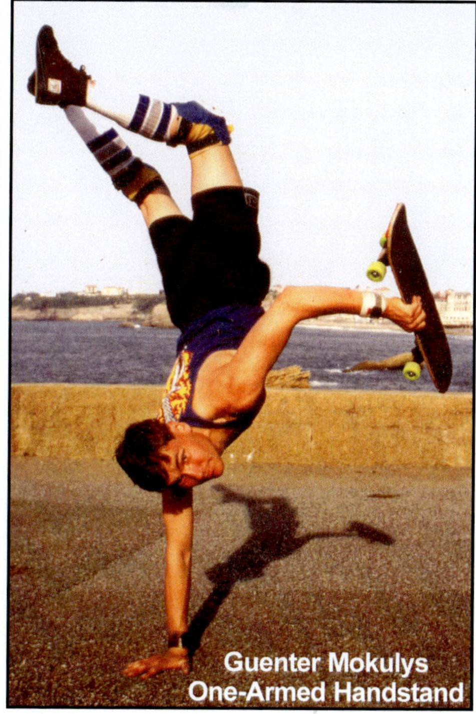

Guenter Mokulys
One-Armed Handstand

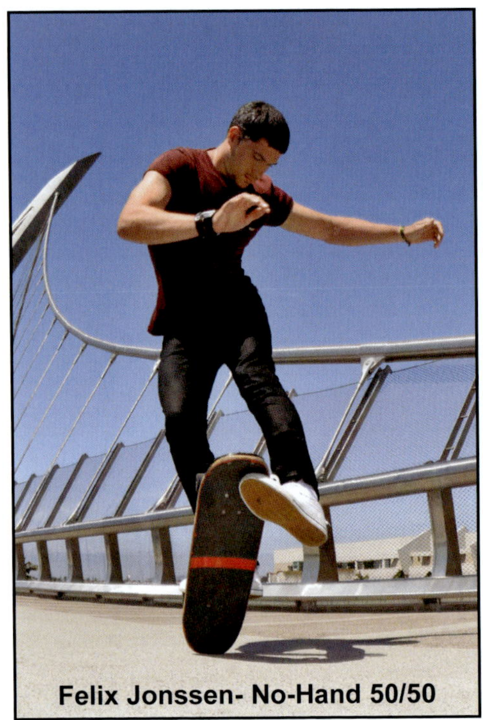

Felix Jonssen- No-Hand 50/50

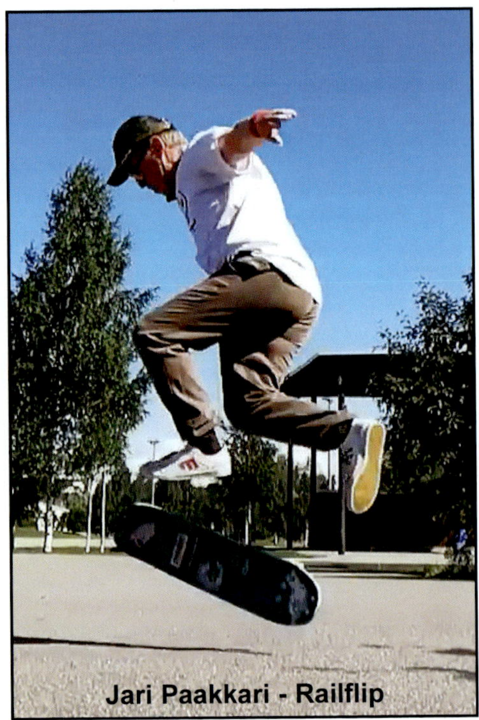

Jari Paakkari - Railflip

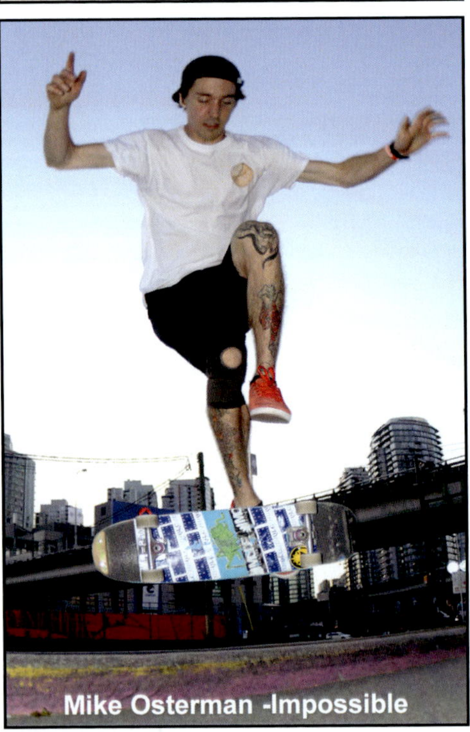

Mike Osterman -Impossible

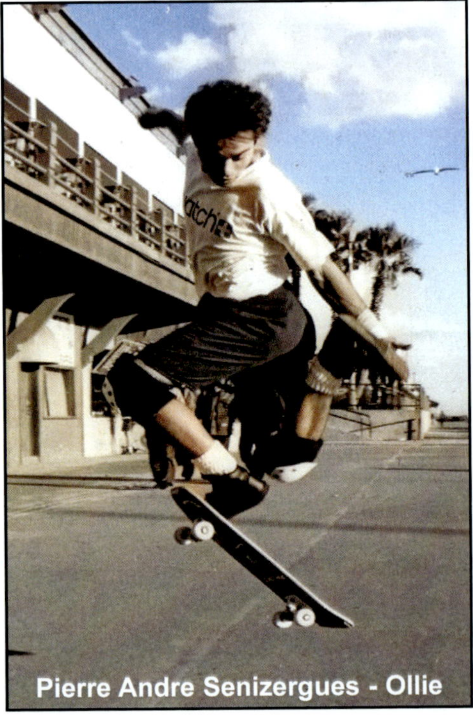

Pierre Andre Senizergues - Ollie

Combo Tricks

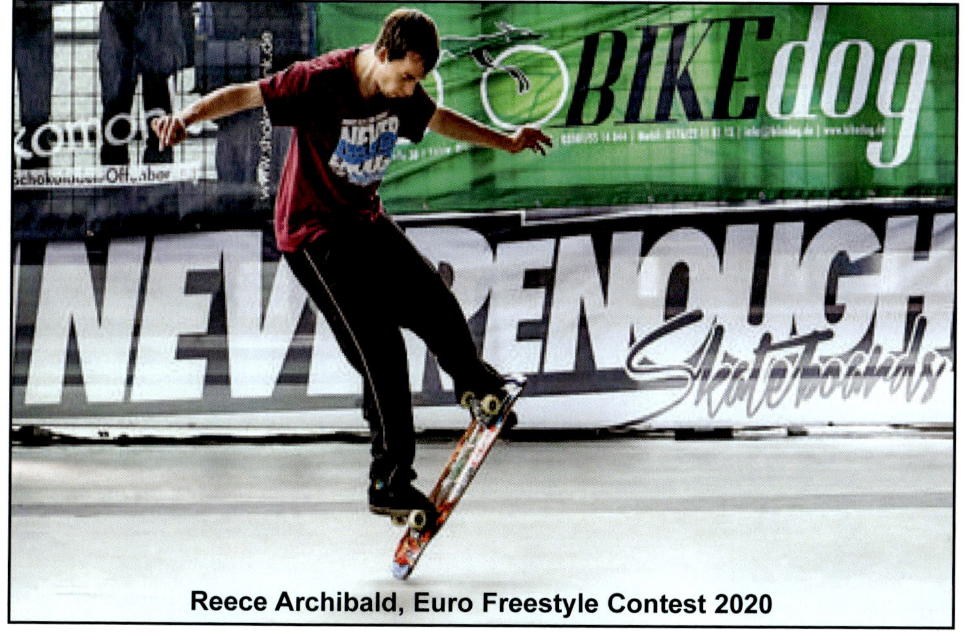

Reece Archibald, Euro Freestyle Contest 2020

Kickflip to Spacewalk

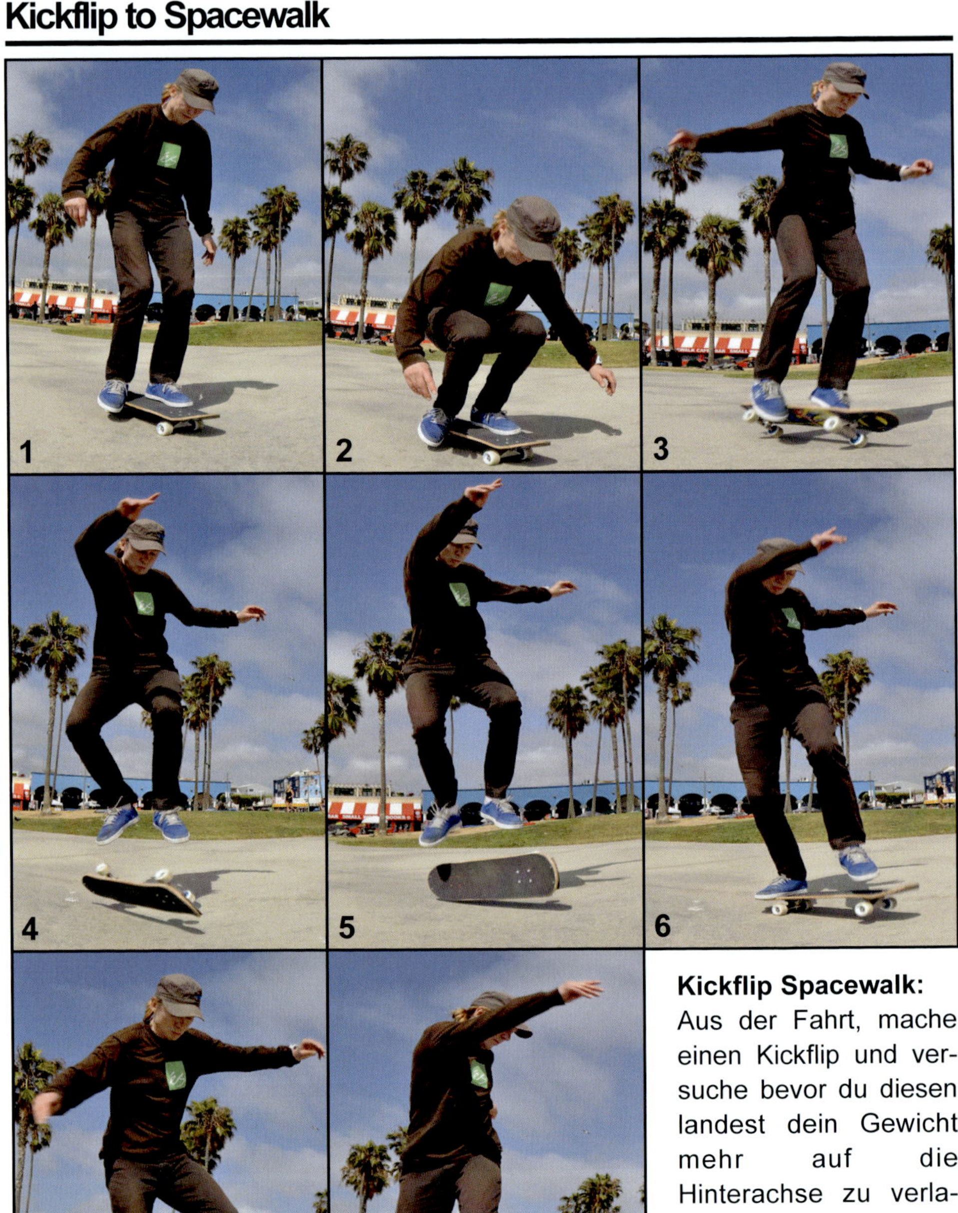

Kickflip Spacewalk:
Aus der Fahrt, mache einen Kickflip und versuche bevor du diesen landest dein Gewicht mehr auf die Hinterachse zu verlagern.
Balance halten auf 2 Rollen. Im Wheelie weiterfahren oder als Spacewalk weiter machen.

Rolling to No-Hand 50/50 to $1^{1/2}$ Flip

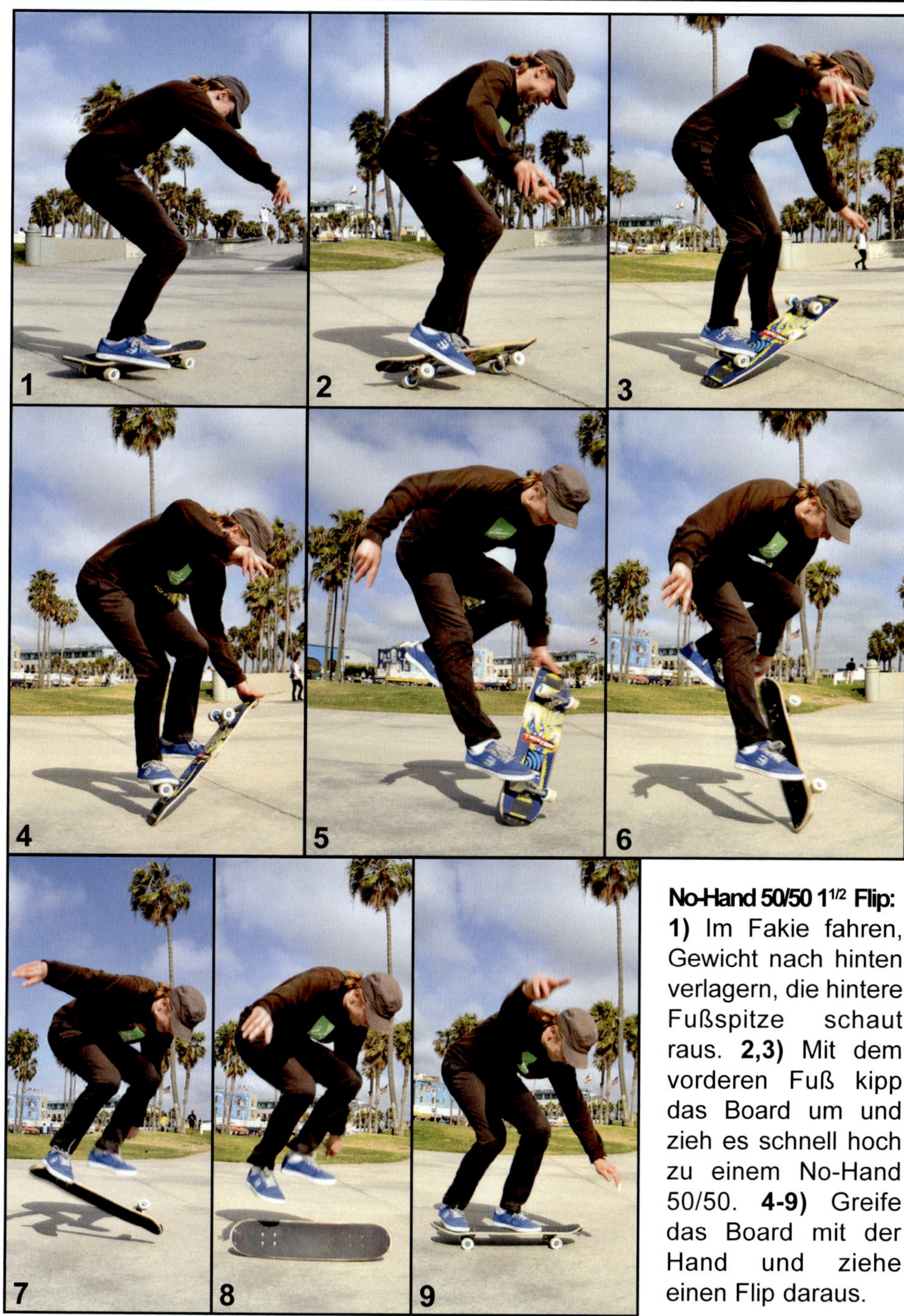

No-Hand 50/50 $1^{1/2}$ Flip:
1) Im Fakie fahren, Gewicht nach hinten verlagern, die hintere Fußspitze schaut raus. **2,3)** Mit dem vorderen Fuß kipp das Board um und zieh es schnell hoch zu einem No-Hand 50/50. **4-9)** Greife das Board mit der Hand und ziehe einen Flip daraus.

Shove-It to Kickflip

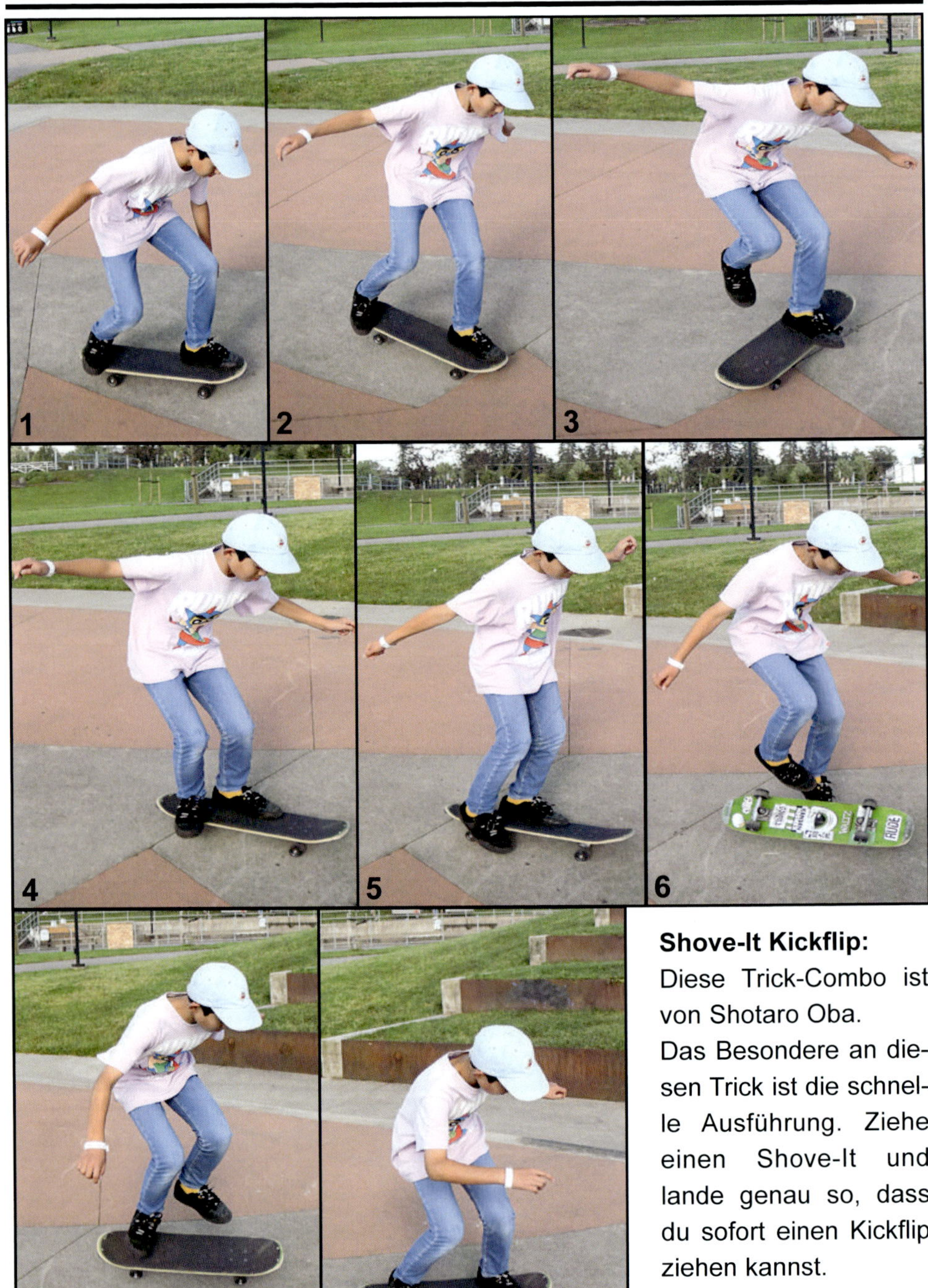

Shove-It Kickflip:
Diese Trick-Combo ist von Shotaro Oba.
Das Besondere an diesen Trick ist die schnelle Ausführung. Ziehe einen Shove-It und lande genau so, dass du sofort einen Kickflip ziehen kannst.

Kickflip to Fakie Kickflip

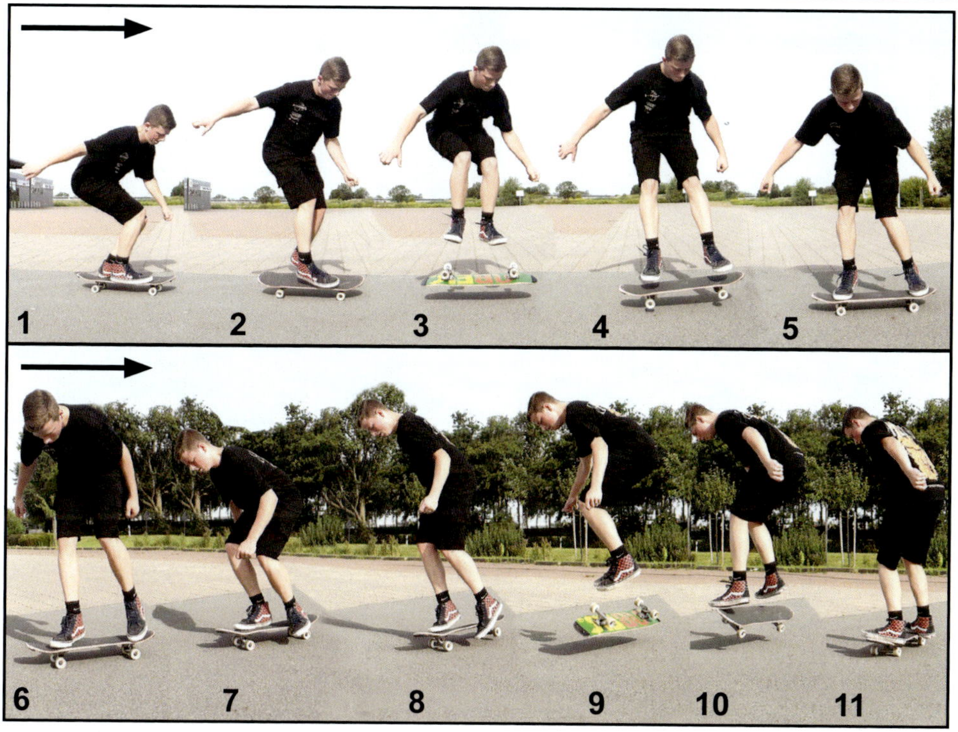

Kickflip to Fakie Kickflip:

Diese Trick-Combo ist von Melvin Mühring.

Hier haben wir noch so eine schnelle Trick-Combo. Aus der fahrt einen Kickflip machen, mit Körperdrehung und so landen, dass du dann im Fakie einen 2ten Kickflip machen kannst.

Versuche beide Tricks in einem gleichlaufenden Bewegungsablauf zu machen.

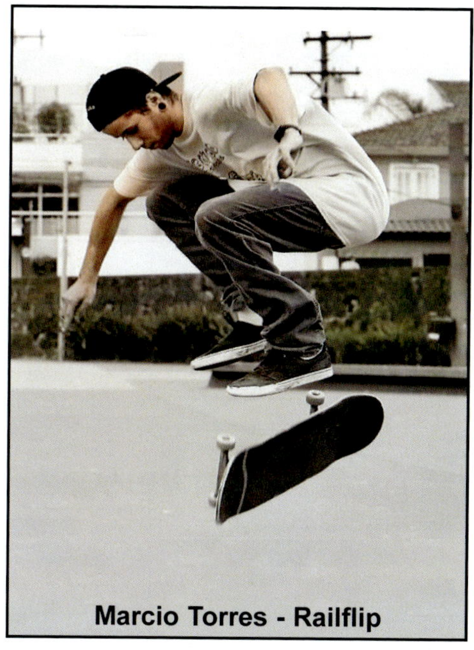

Marcio Torres - Railflip

Ollie Pop to Casper Flip to Casper

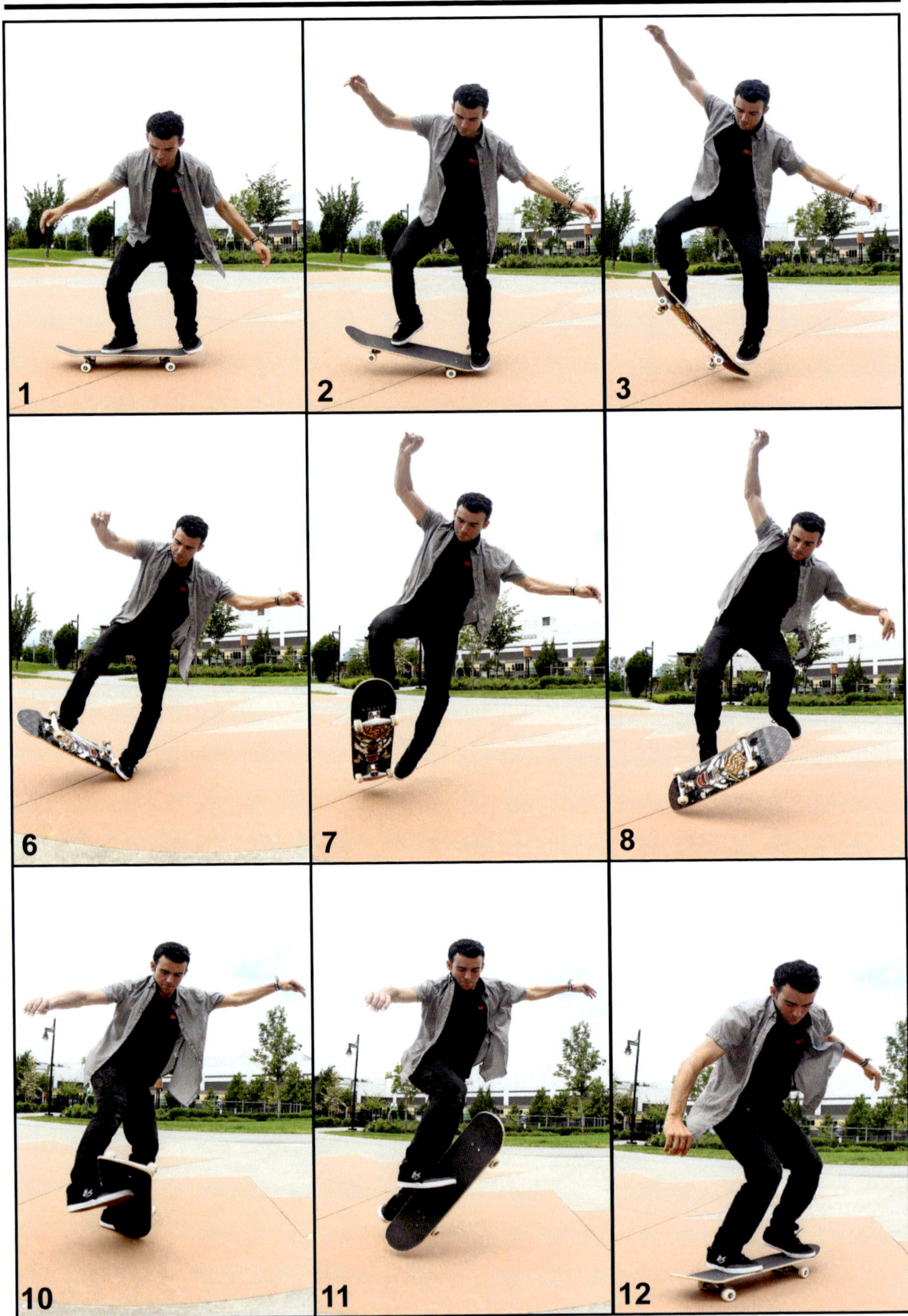

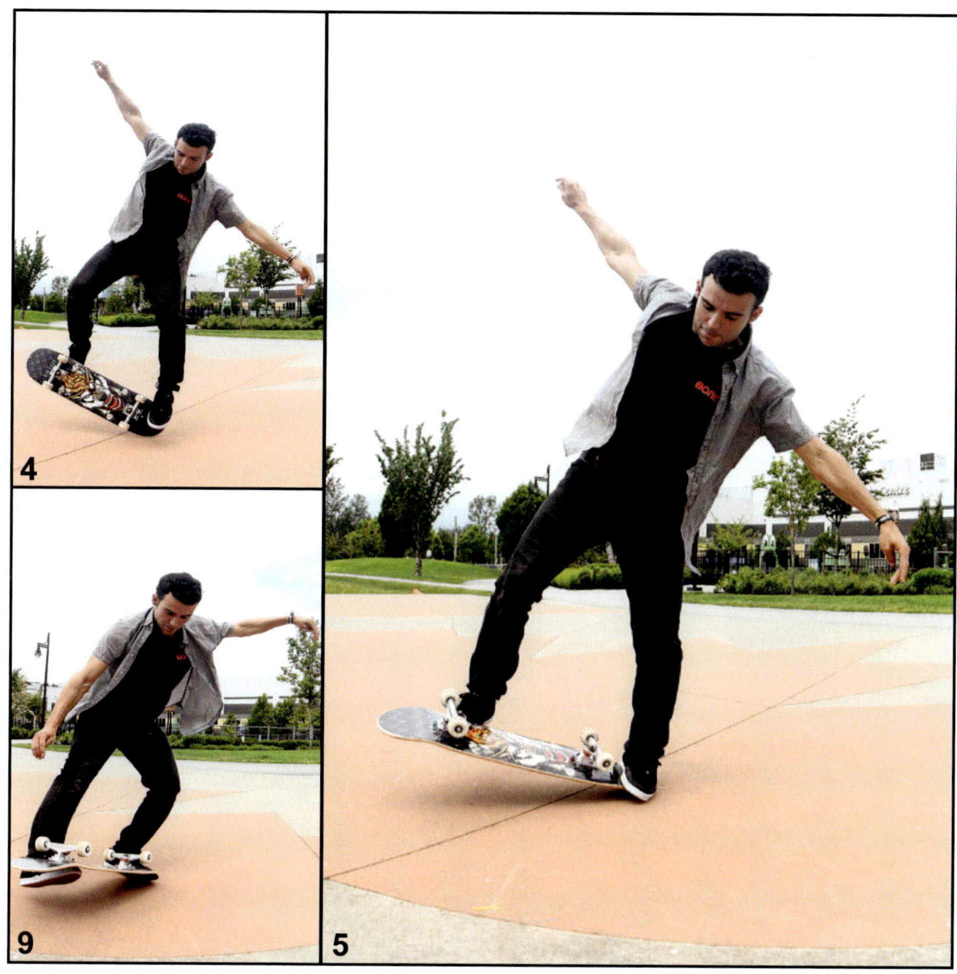

Ollie Pop to Casper Flip to Casper: Eine Trick-Combo von Kilian Martin.

1,2) Starte in Ollie Position, wie bei einem Ollie Kickflip.

3) Lehne dich etwas nach hinten, wenn du den Ollie poppst.

4-6) Poppe das Board auf den Boden und ziehe einen Kickflip. Dann fange das Board im No-Hand Casper, Balance halten!

7,8) Aus dem No-Hand Casper ziehst du das Board mit dem haltenden Fuß zu dir hin. Den Fuß auf dem Tail schiebst du zur Seite weg. Beide Fußbewegungen sind gleichzeitig ausführen.

9,10) Lande wieder im No-Hand Casper.

11,12) Zurück auf's Board.

Sidewinder Transfer to Rail to Railflip

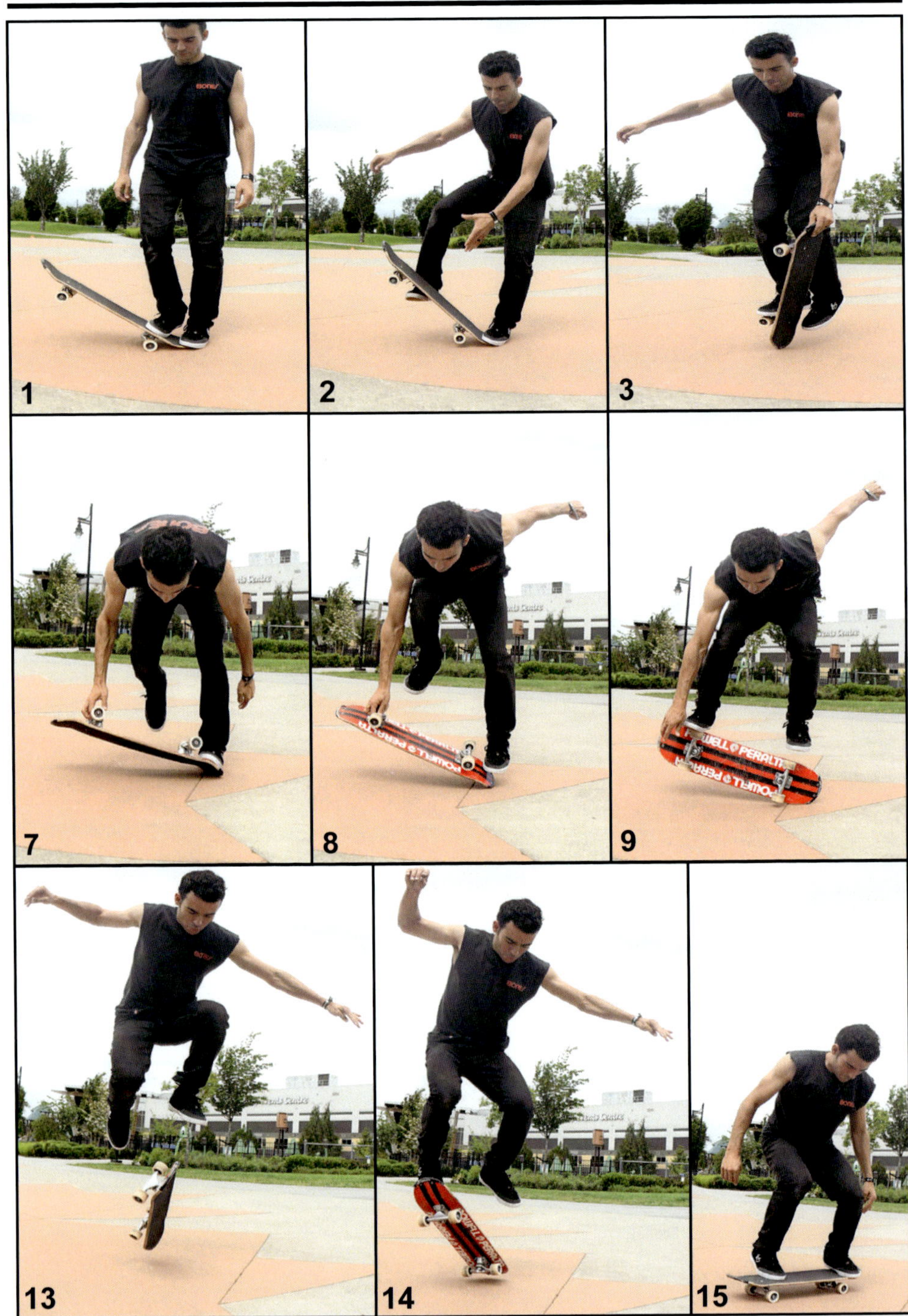

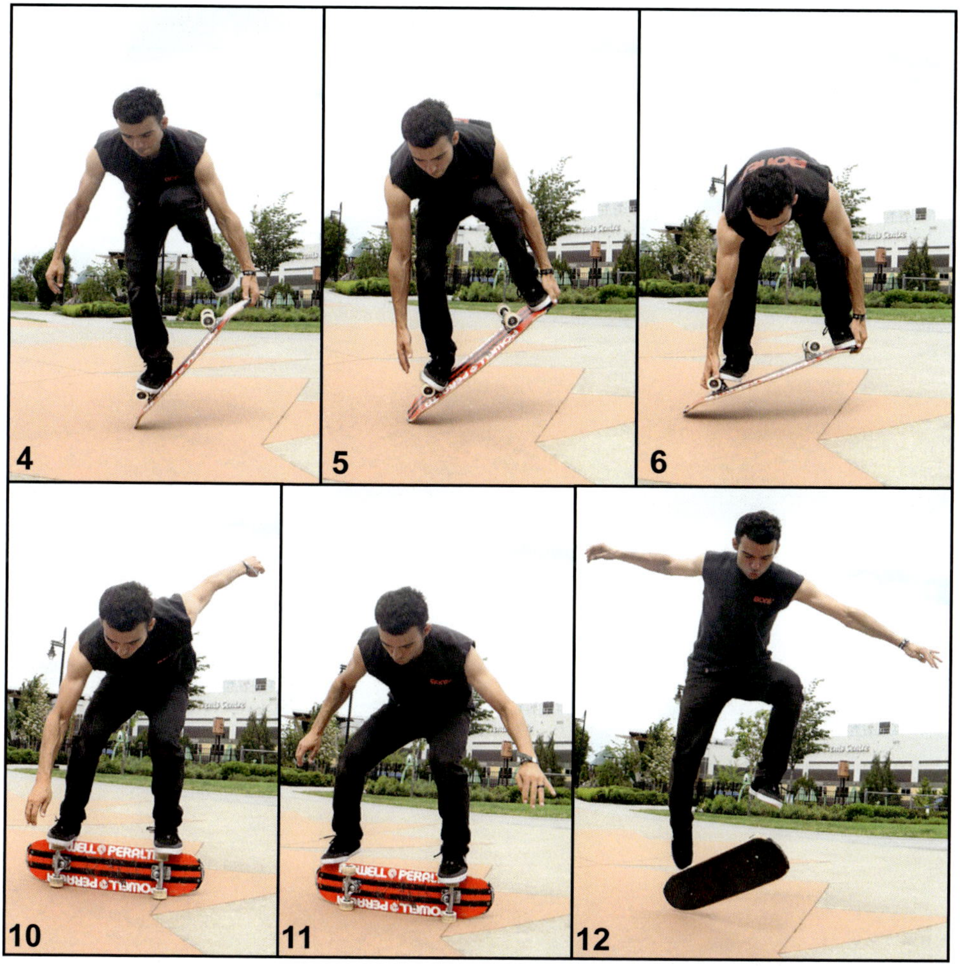

Sidewinder Transfer to Rail to Railflip:
Eine Trick-Combo von Kilian Martin.

- **1-3)** Gehe in den 50/50.
- **4-7)** Dann einen Sidewinder vom 50/50 to Casper.
- **8-10)** Aus dem Casper gehst du direkt dich auf das Rail.
- **11-15)** Dann einen Double Railflip anschließen.

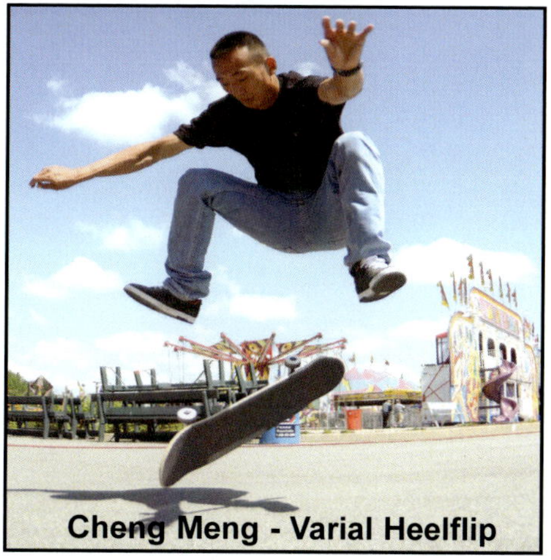

Cheng Meng - Varial Heelflip

Impossible to Truck to Crossfoot Sidewinder

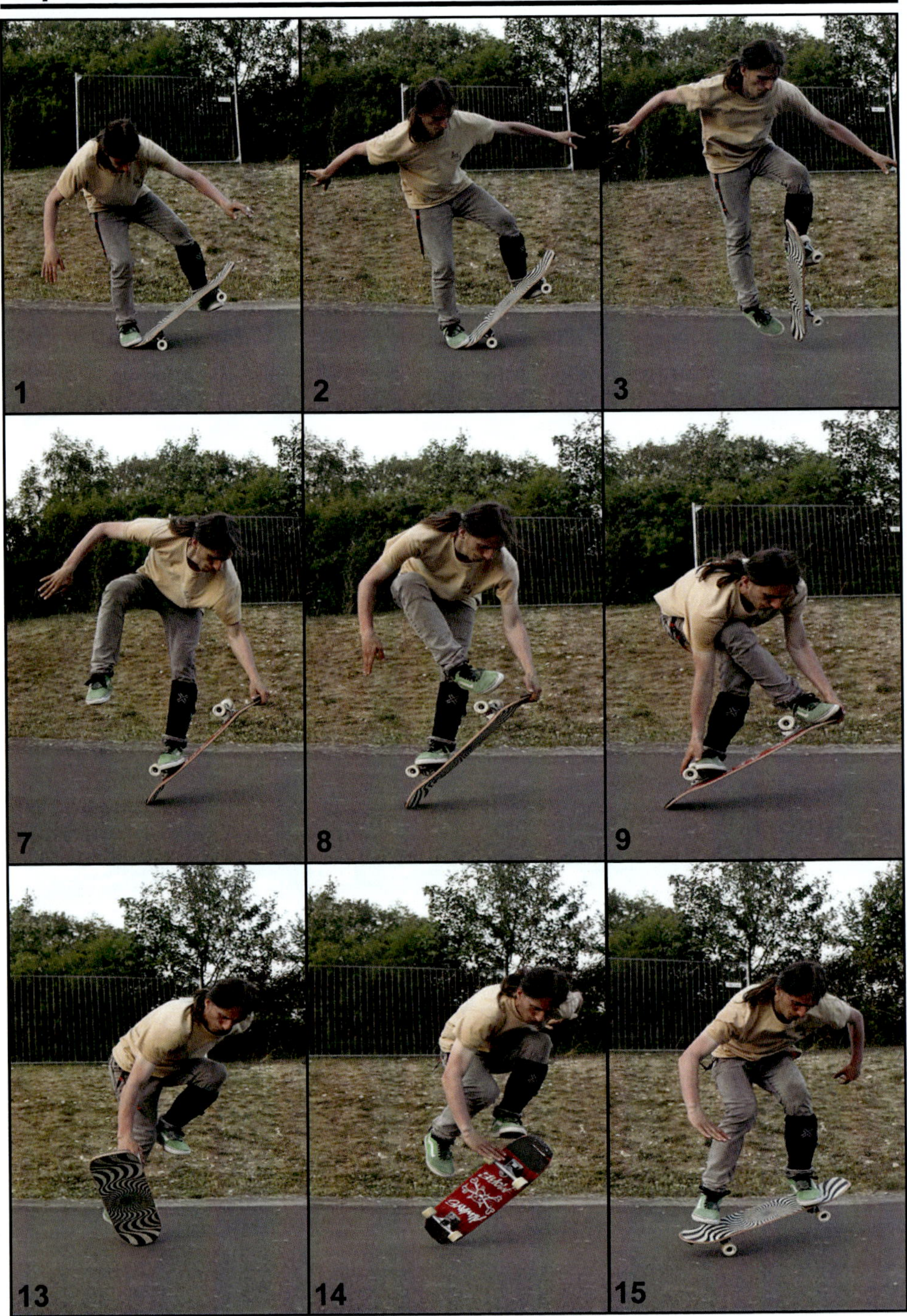

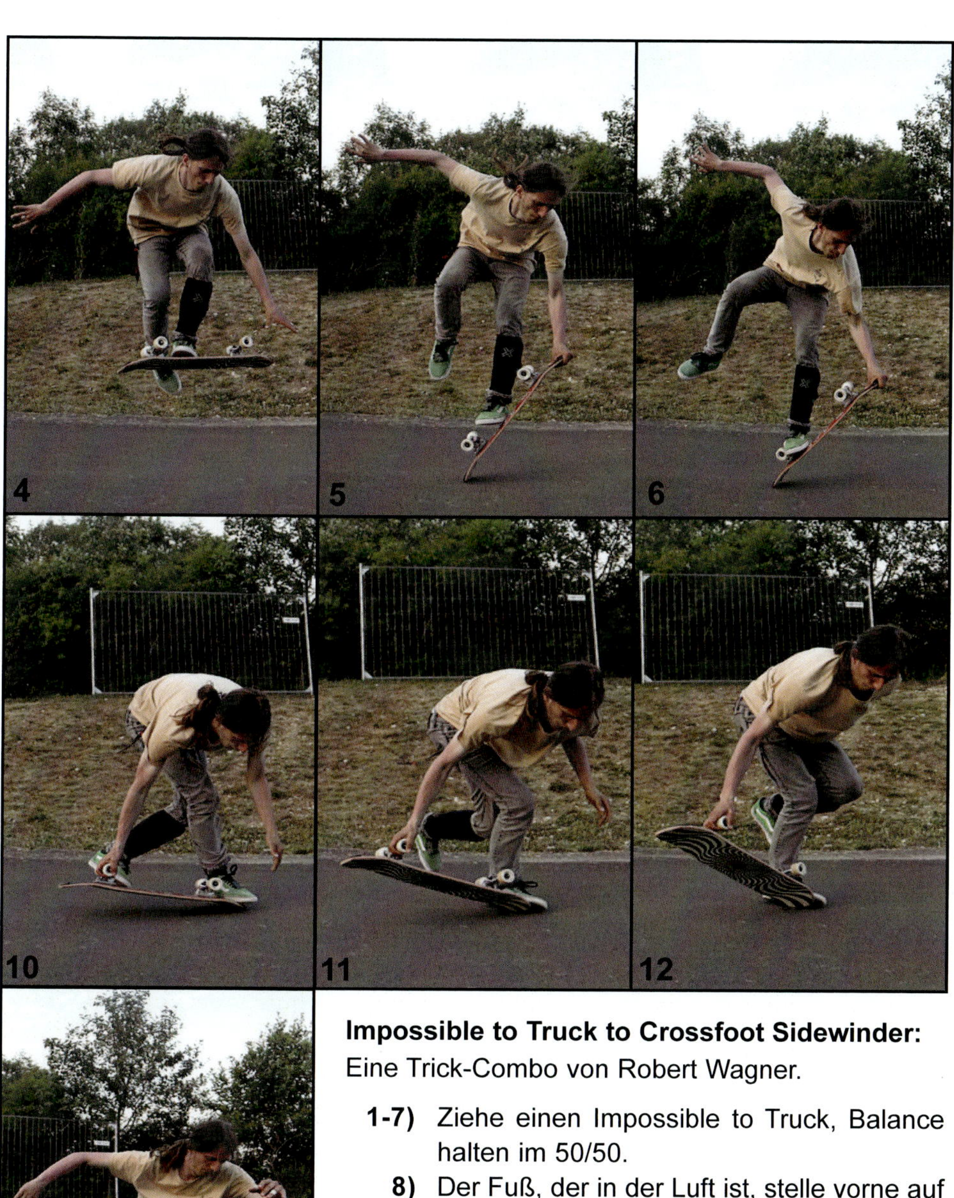

Impossible to Truck to Crossfoot Sidewinder:
Eine Trick-Combo von Robert Wagner.

1-7) Ziehe einen Impossible to Truck, Balance halten im 50/50.

8) Der Fuß, der in der Luft ist, stelle vorne auf die Nose und die Hand die Frei ist greift die untere Rolle da wo der Fuß auf der Achse steht. Jetzt stehst du im Crossfoot.

9-11) Seitenwechsel (Sidewinder) durch Gewichtsverlagerung.

12-10) Da du die Hand an der Rolle hast, kannst du das Board gut flippen und darauf springen.

Ollie to Pogo to Rail to Reintgesflip

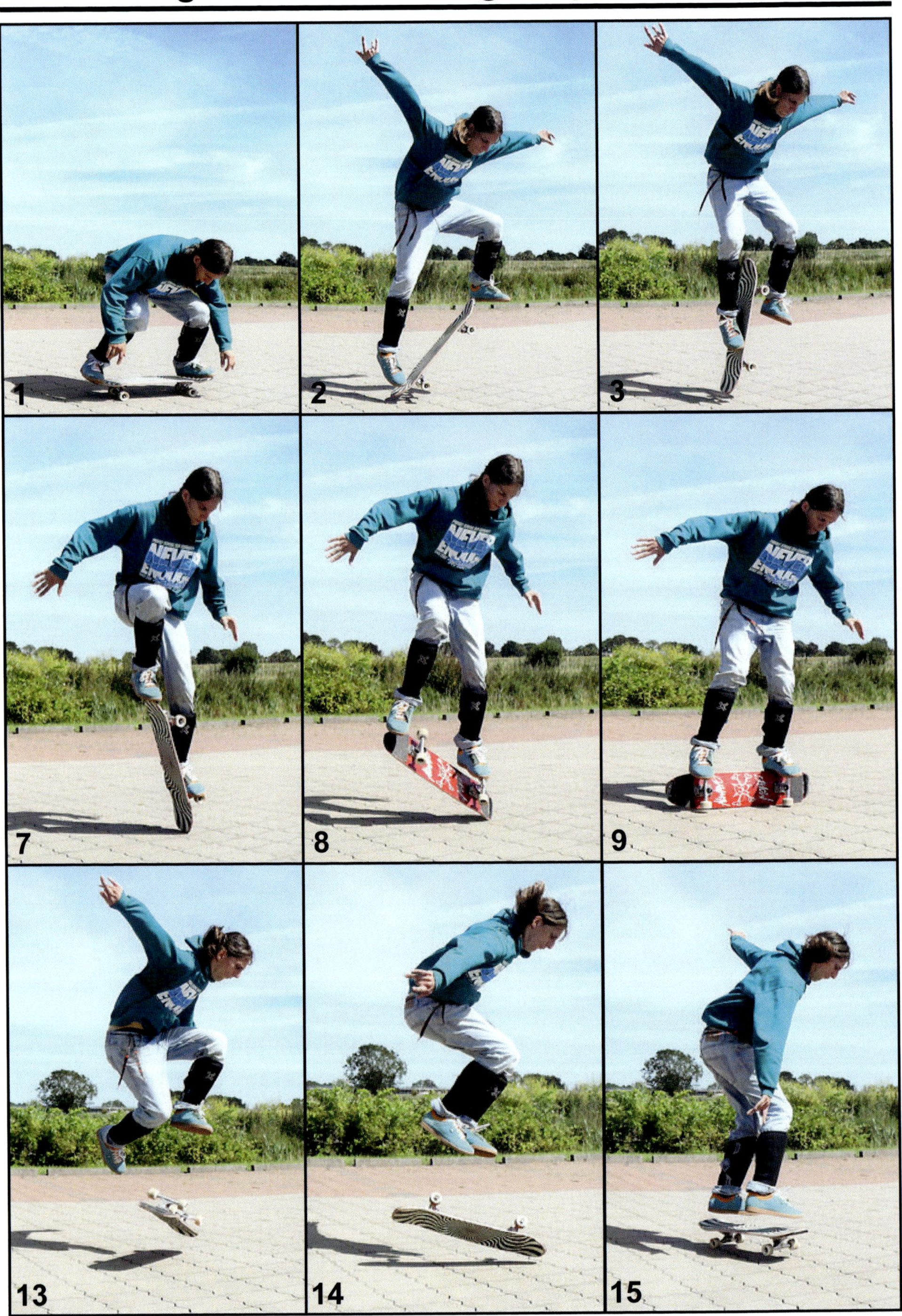

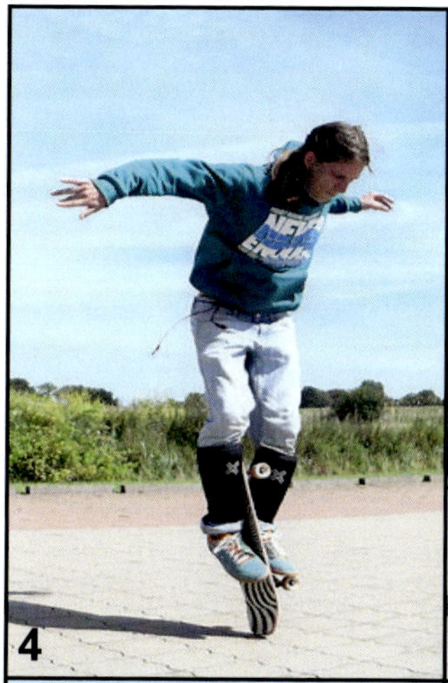

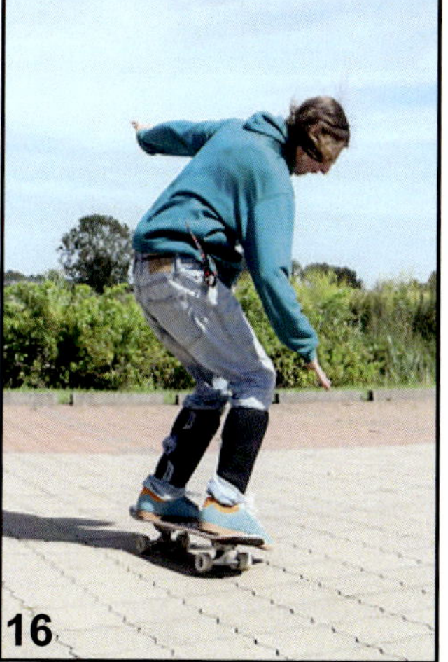

Ollie to Pogo to Rail to Reintgesflip:

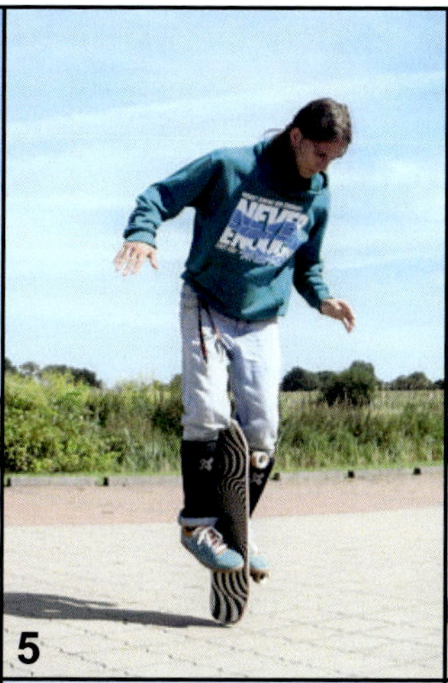

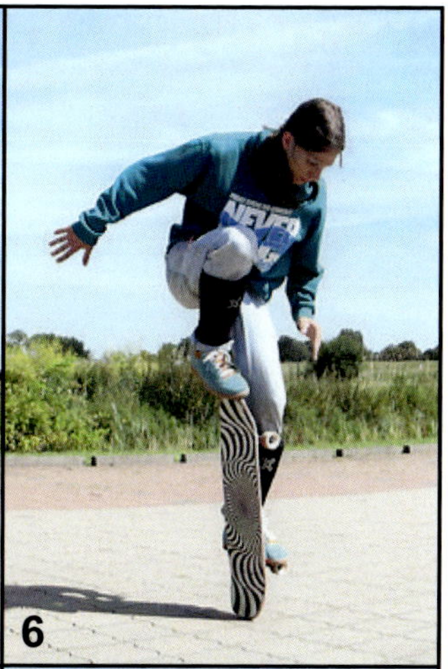

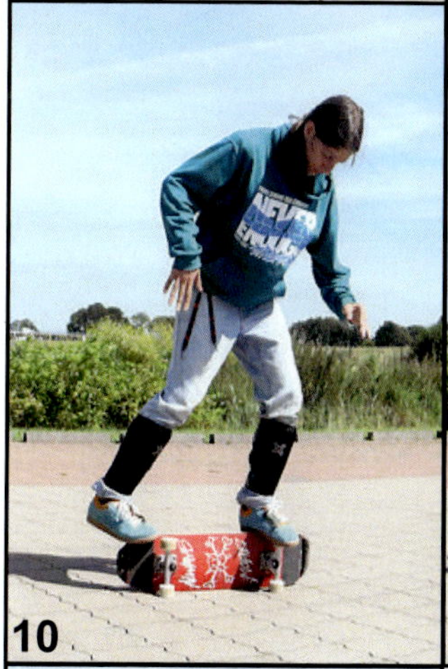

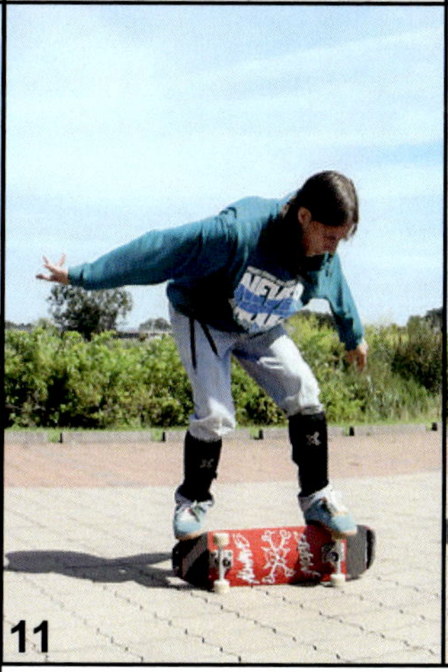

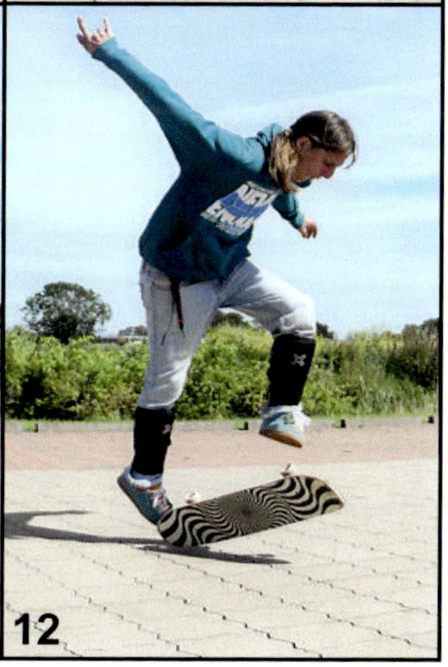

Eine Trick-Combo von Robert Wagner.

1-5) Ollie poppen und im Pogo landen.

6-9) Balance halten, dann einen Fuß auf die Nose stellen und von da aus das Board in Richtung Rail drücken.

10-16) Vom Rail erfolgt nun der Reintgesflip. das ist ein nach vorne gezogener Railflip. Achte bei diesem Trick auf die genaue Fußstellung. Den Fuß schräg auf die Kante setzen und dann das Board nach vorne flippen. Etwas hochspringen, Board flippen lassen und landen.

No-Hand Flip to No-Hand Casper Flip to 50/50

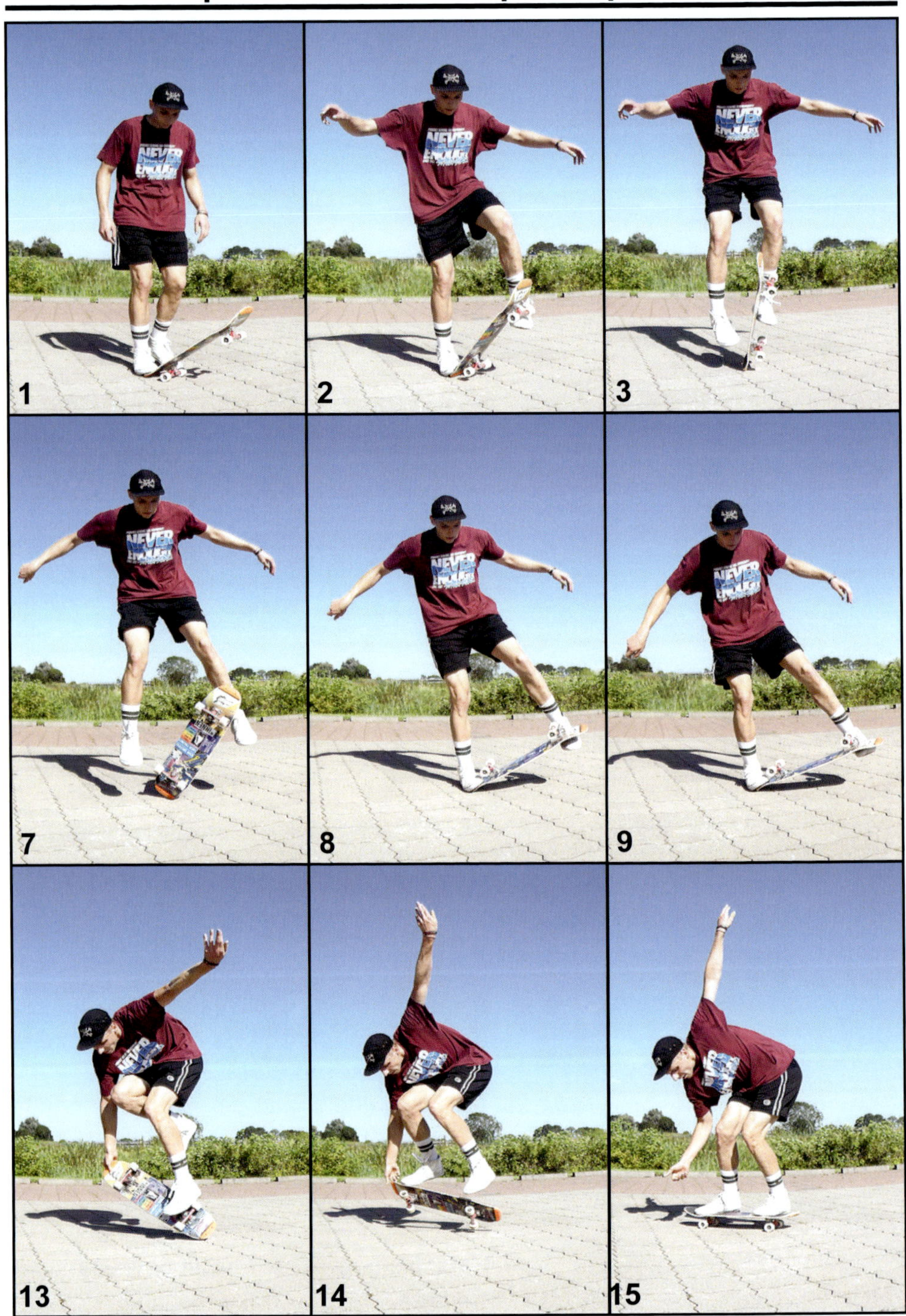

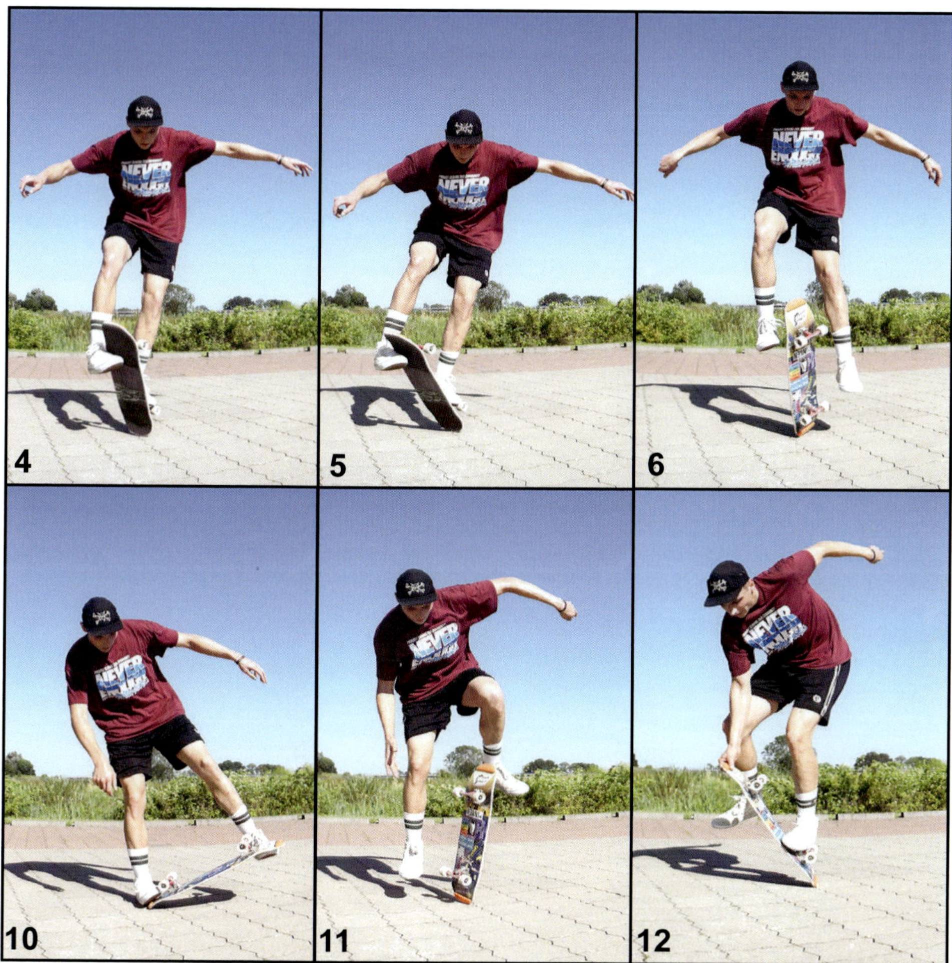

No-Hand Flip to Nohand Casper Flip to 50/50: Voraussetzung: 50/50, No-Hand Casper, No-Hand 50/50 und ein sichere Board-Kontrolle. Auch eine schöne Trickkombination aus verschiedenen Tricks.

1-4) Vom Tail in den No-hand 50/50 gehen.

5-7) Ziehe das Board zu dir hin und springe dabei etwas hoch.

8,9) Lande seitenverkehrt im No-Hand Casper und halte die Balance.

10-12) Jetzt mache den gleichen Absprung wie zuvor: Ziehe das Board zu dir hin, schnappe es dir mit der Hand und versuche auf der Achse zu landen. Das ist nicht einfach!

13-15) Aus dem 50/50 auf das Board springen.

Butterflip to Carousel

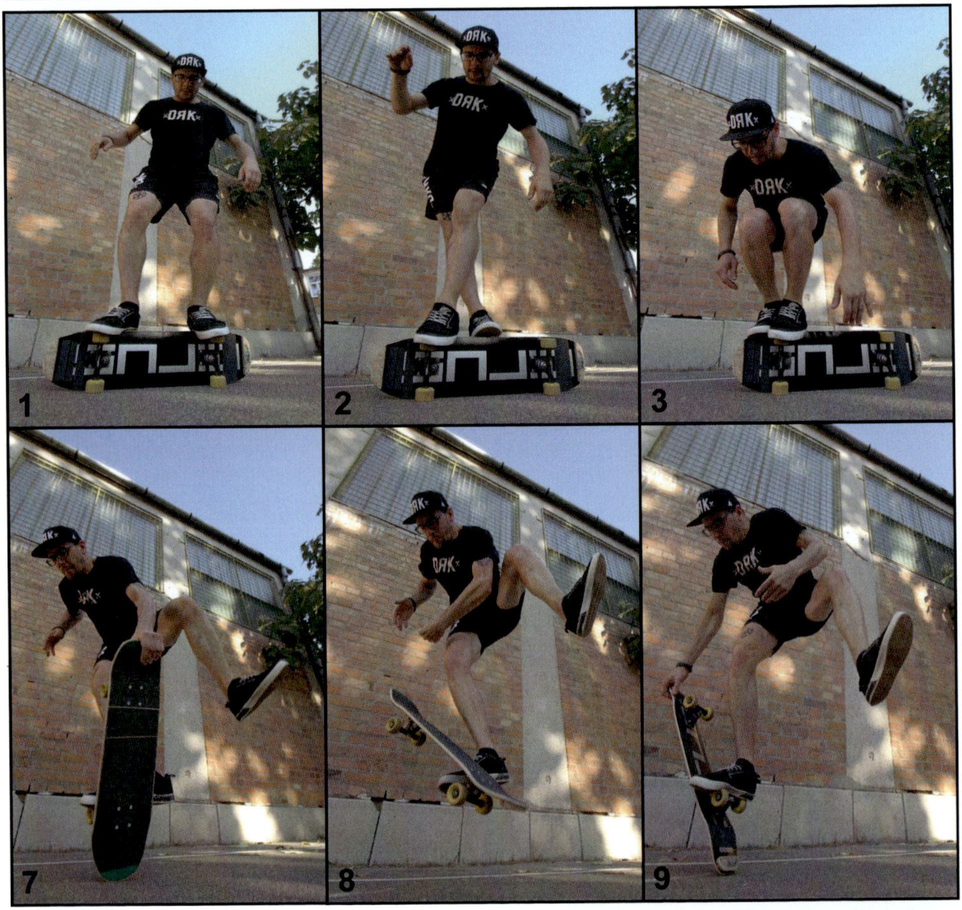

Butterflip to Caroussel:
Eine Trick-Combo von Turi Zoltán.

1-6) Vom Rail den Butterflip springen. Kurz Balance halten und gleich

7-9) Schwung für den nächsten Trick nehmen.

10-12) Aus dem 50/50 in den Carousel springen. Dann auf das Board springen.

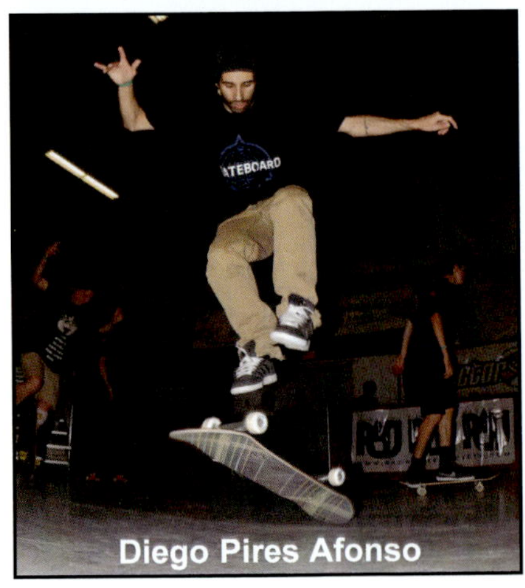
Diego Pires Afonso

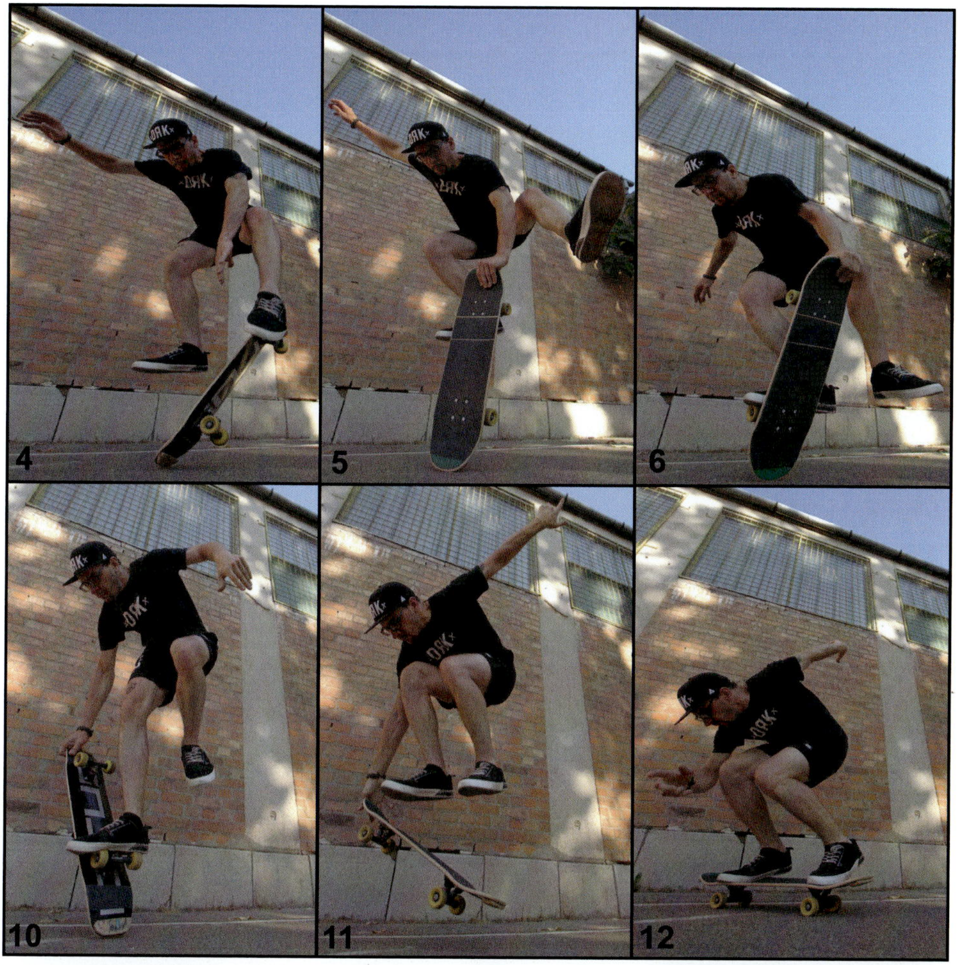

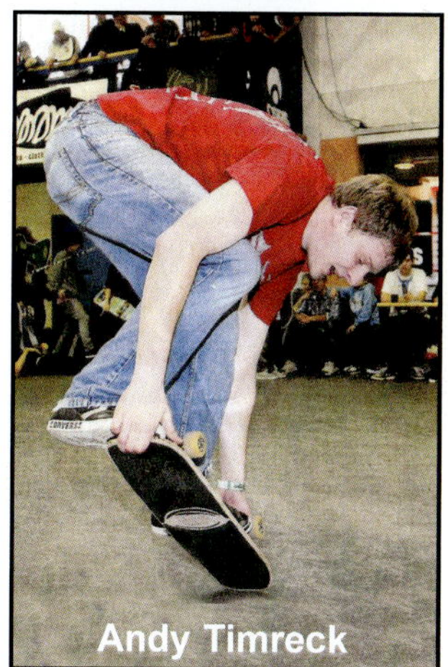

Andy Timreck

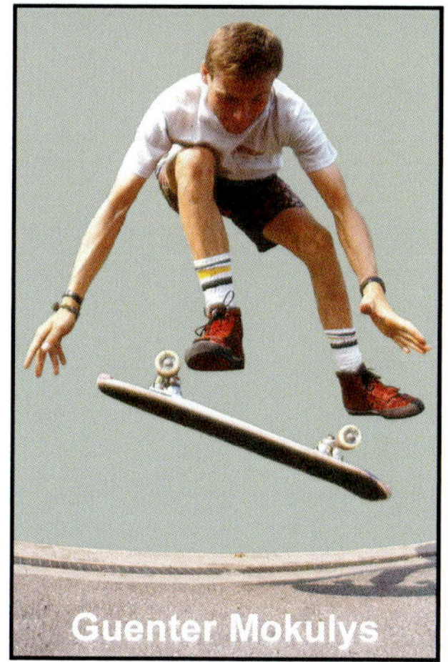

Guenter Mokulys

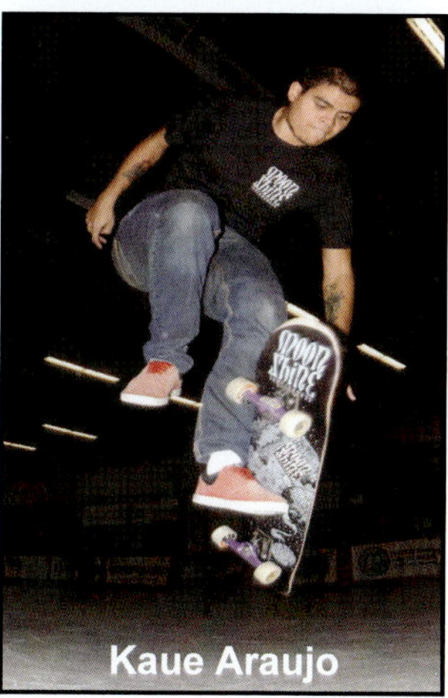

Kaue Araujo

Impossible to Truck Flip 360° to 50/50 Flip $1^{1/2}$ to Rail Railflip

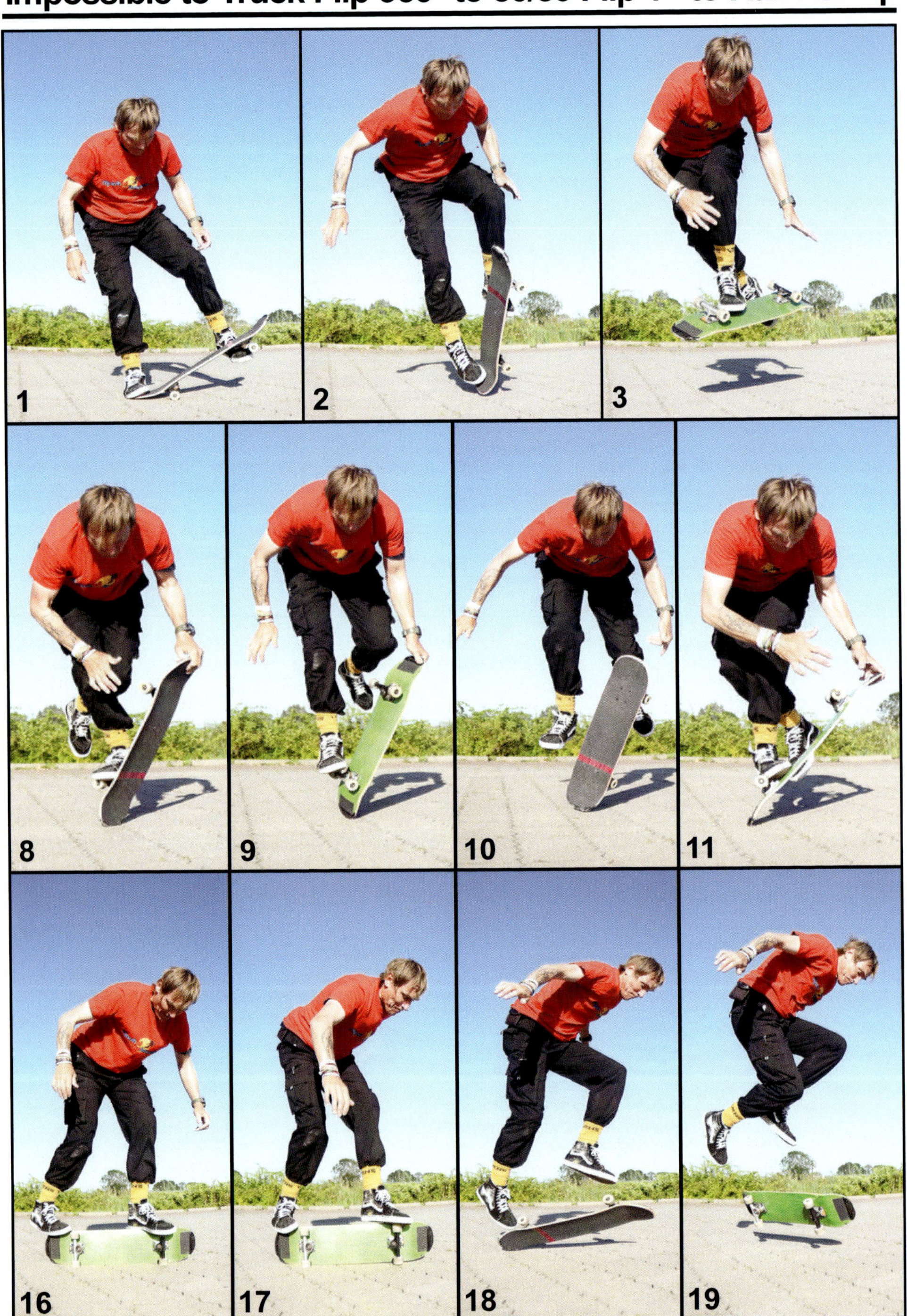

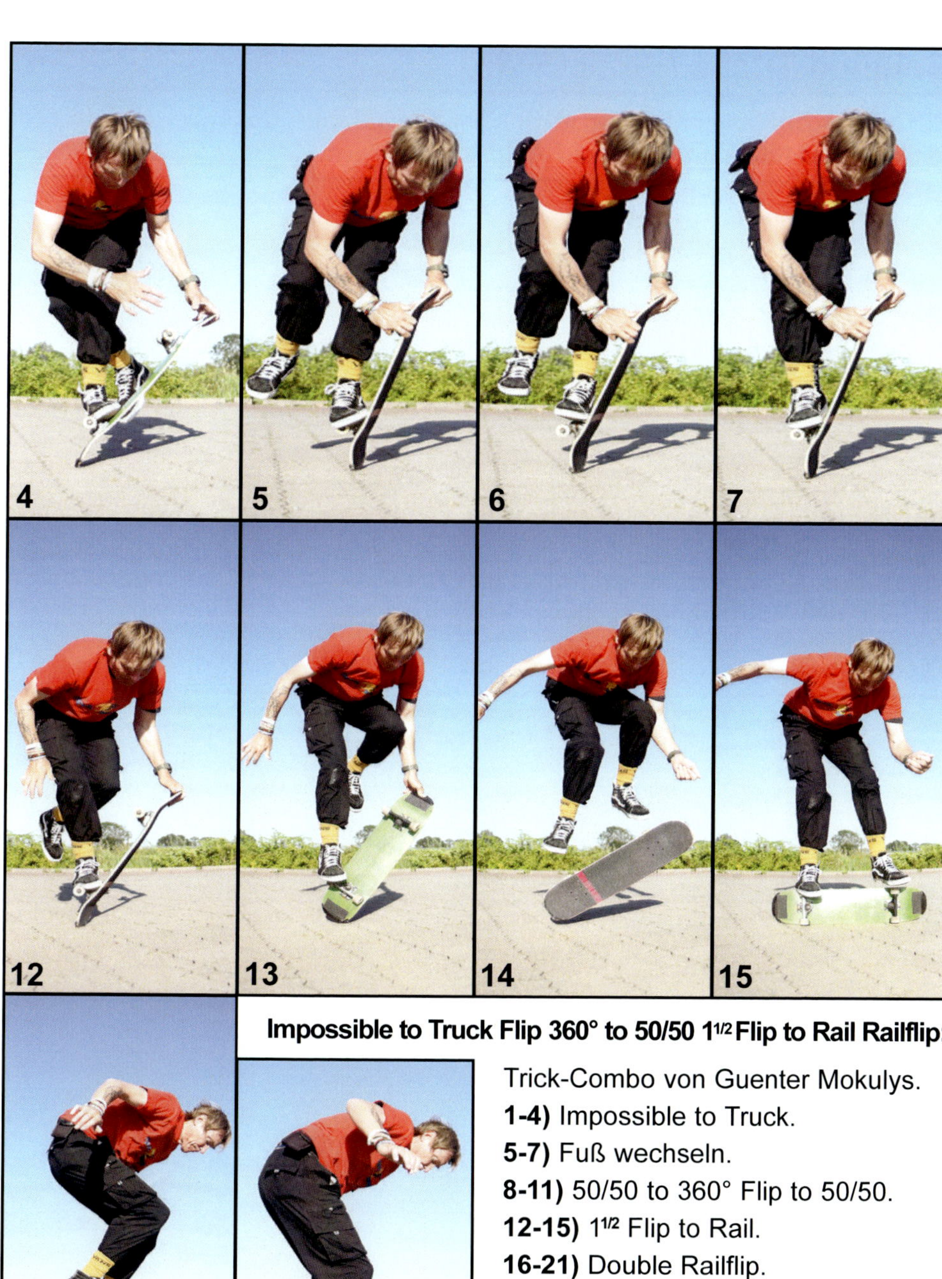

Impossible to Truck Flip 360° to 50/50 1½ Flip to Rail Railflip:

Trick-Combo von Guenter Mokulys.

1-4) Impossible to Truck.

5-7) Fuß wechseln.

8-11) 50/50 to 360° Flip to 50/50.

12-15) 1½ Flip to Rail.

16-21) Double Railflip.

Zwischen den Tricks die Balance halten durch Hüpfen.

Balance Tricks / Spacewalk

Besonders Spacewalk und Nose Spacewalk sind gute Übungen, um ein sehr gutes Gefühl für dein Skateboard zu bekommen.

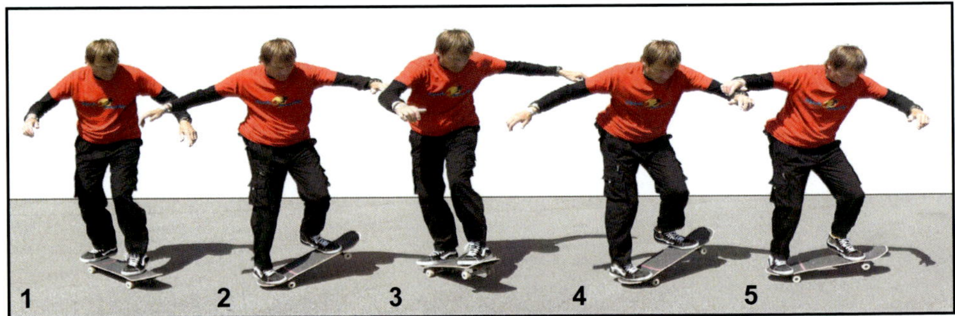

Spacewalk: Der Klassiker im Freestyle Skateboarding. Diese Balance-Bewegung kannst du schnell lernen. Eine Tick Tack-Bewegung auf 2 Rollen, um sich Vorwärts zu bewegen. Wenn du einen Wheelie fahren kannst, versuche im Wheelie mit den Armen auszubalancieren.

Nose Spacewalk

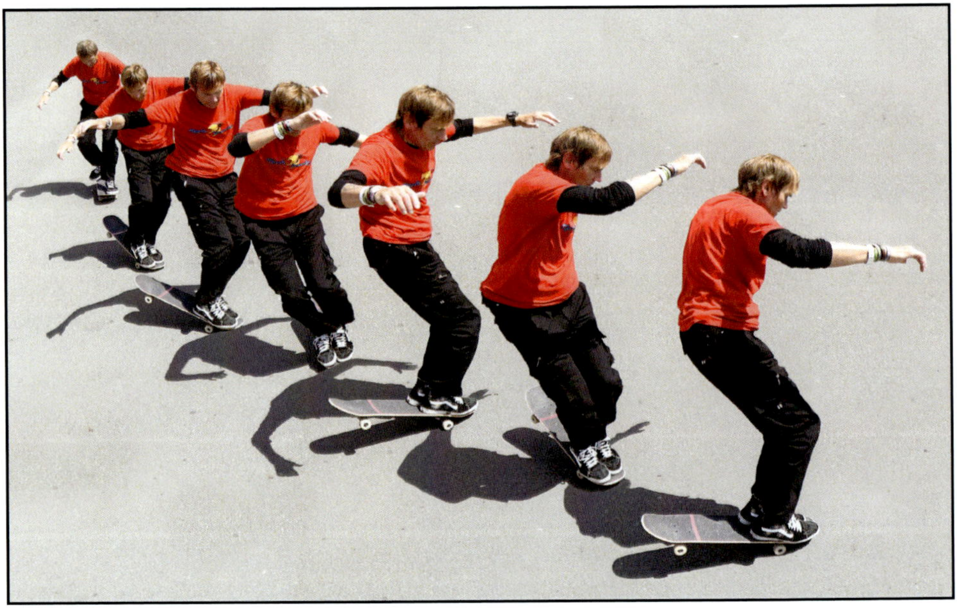

Nose Spacewalk: Dieser Trick ist am Anfang nicht einfach zu lernen. Fange am besten mit einem Nose Wheelie an, stelle aber beide Füße auf die Nose. Fahren, und auf 2 Rollen balancieren. Wenn du das sicher kannst, dann versuche dazu eine Tick Tack-Bewegung. Mit den Armen Balance halten, dabei die Hüfte hin und her bewegen. Es wird eine Zeit lang dauern bis du das kannst, viel üben!

Tucknee Spacewalk / Tucknee - Wheelie

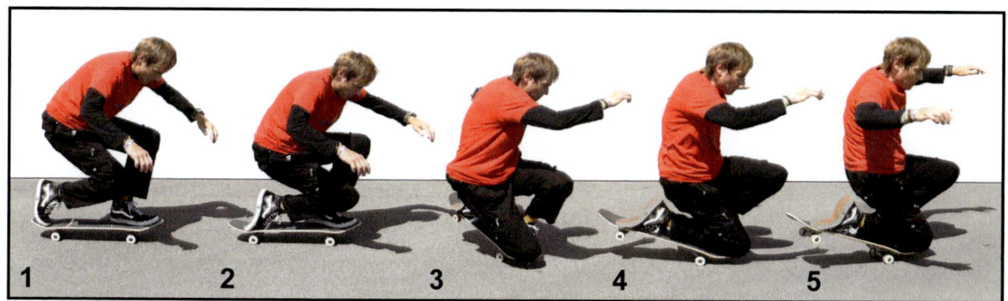

Tucknee Spacewalk: Erfunden von Guenter Mokulys im Jahr 1987. Dieser Trick ist am Anfang nicht einfach, gutes Board-Gefühl und Balance sind wichtig. Die richtige Fußstellung hilft beim Lernen des Tricks. Aus der Fahrt gehst du in die Hocke. Einen Fuß setzt du auf die Kante von der Nose. Der andere Fuß, genauer gesagt die Fußoberseite, liegt über der hinteren Achse. Das Knie liegt vorne auf der Nose. Das Board leicht nach vorne wippen auf den beiden vorderen Rollen die Balance halten. Durch die Tick Tack-Bewegung kannst du besser Balance halten und dich vorwärtsbewegen.

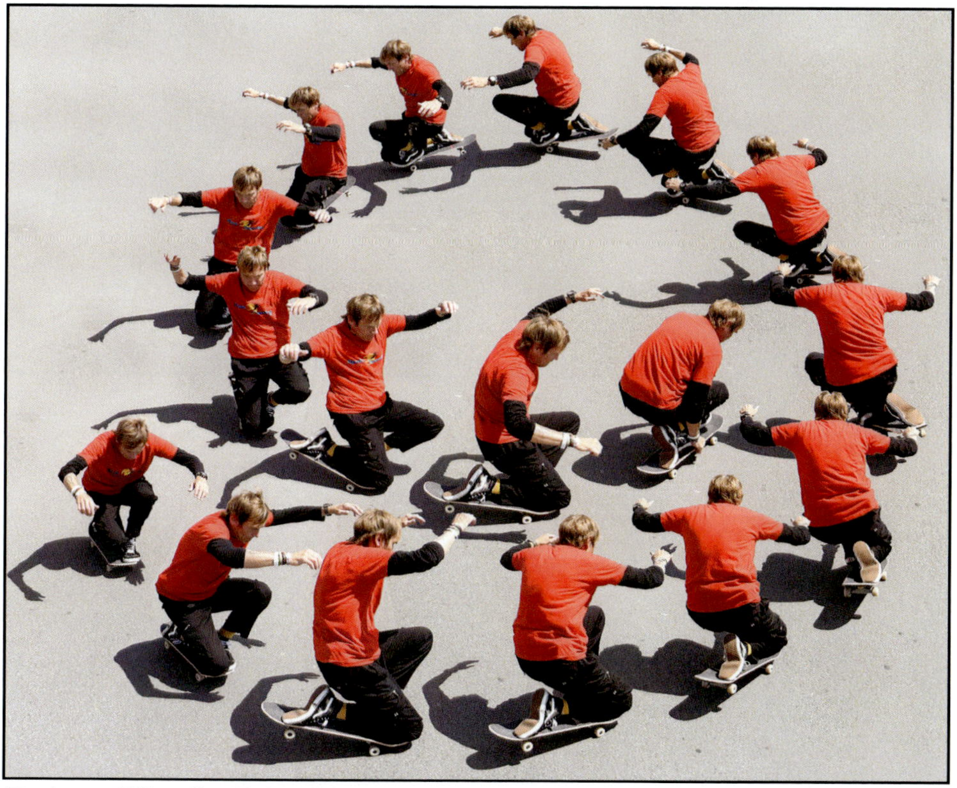

Tucknee Wheelie: Schnell fahren im Tucknee und einen Wheelie halten, balancieren und durch Gewichtsverlagerungen Kurven fahren. Sehr viel üben!

Coconut Wheelie

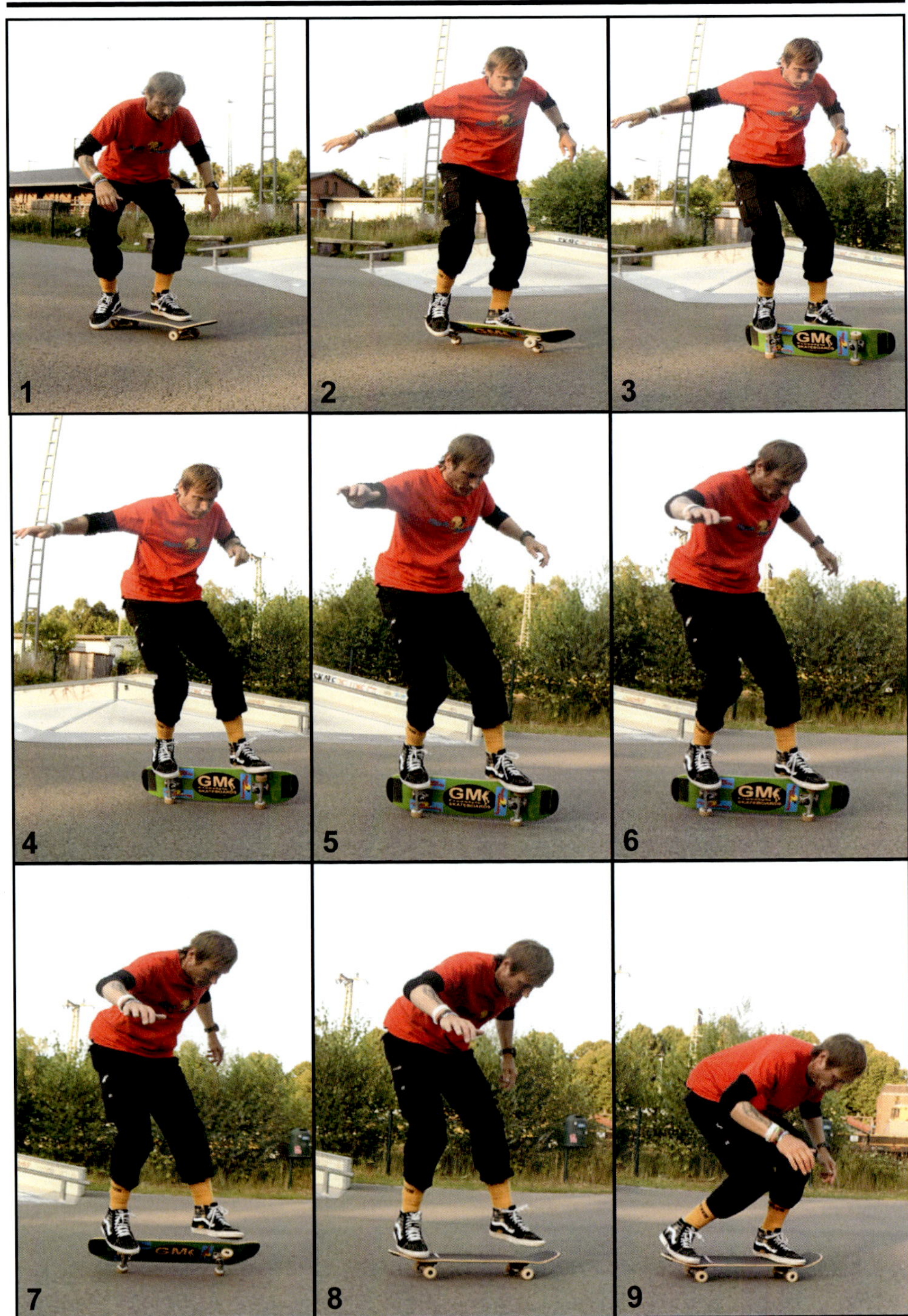

Flamingo

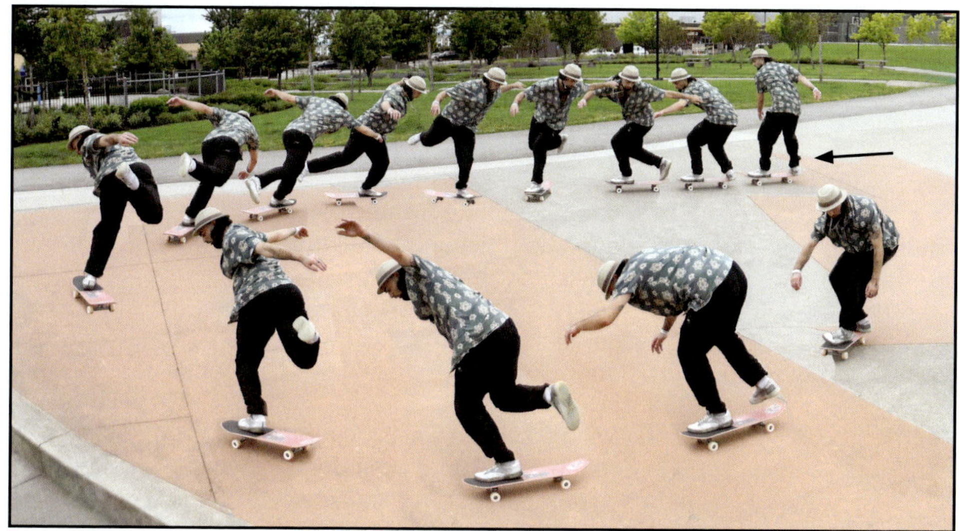

Flamingo: Du fährst diesen Trick schnell an und stellst deinen vorderen Fuß über die vordere Achse und verlagerst dein Gewicht auf diesen. Der Fuß, mit dem du pushst, bleibt nun in der Luft und balanciert im weiteren Verlauf dein Gleichgewicht aus, die Arme unterstützen dabei. Zur Einleitung der 180°-Frontside-Drehung hole etwas Schwung mit den Armen. Drehe dich mit dem Schwung, dabei rutschst du mit der unbelasteten Hinterachse so weit herum, bis du in der Rückwärts-Position bist und übergangslos auf dem einen Bein weiter Fakie fahren kannst. Bei richtiger Ausführung ziehst du nach der halben Drehung einen großen Kreis auf nur einem Bein rückwärts fahrend. Der Trick erfordert gute Balance und Körperspannung.

← **Coconut Wheelie:**

1) Richtig schnell anfahren. Stelle die Hacke über die hintere Achse.

2,3) Mit dem vorderen Fuß kippst du das Board nun auf die Rollen, jedoch nicht bis auf das Rail! Verlagere dein Gewicht auf den hinteren Fuß, dieser hält bei der Kippbewegung gegen und verhindert ein Aufsetzen des Rails auf den Boden.

4-6) Ziehe den vorderen Fuß auf die vordere Rolle und Rail. Du musst jetzt gut ausbalancieren, um nur auf den Rollen fahren zu können. Für eine bessere Stabilität gehe etwas in die Knie.

7-9) Lässt die Geschwindigkeit nach, kippst du das Board wieder in Fahrposition und landest. Am Anfang wirst du nur 1 bis 2 Meter weit kommen. Wenn du es richtig drauf hast, sind auch 30 Meter und mehr möglich, z.B. 33 Meter als Guiness World Record im Jahr 2015 von Per Canguru. Viel üben bis dahin!

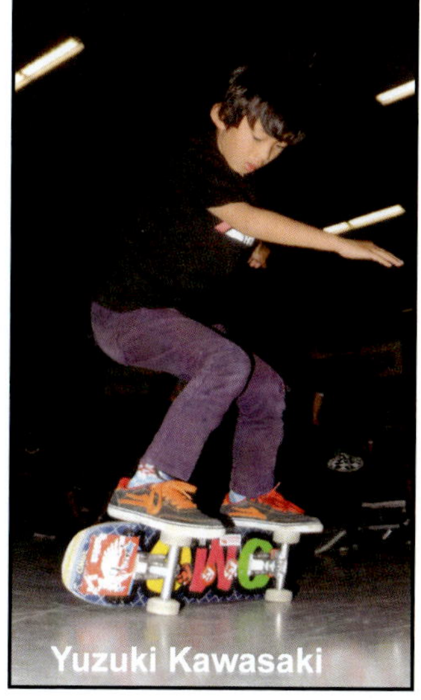

Yuzuki Kawasaki

Skateboard - Wiki

Airs:	Im Freestyle sind das Sprünge wie z.B. bei einem Air-Walk.
Backside:	Eine Drehung über die Brustseite zur Fahrtrichtung.
Carven:	In einer Kurve mittels Druck auf das Board beschleunigen.
Crossfoot Pogo:	Ein Fuß auf der Achse, der andere hält das Board, die Beine gekreuzt, ohne Benutzung der Hände.
Crossfoot Casper:	Ein Fuß auf Tail oder Nose, der Andere hält das Board, Beine gekreuzt, ohne Benutzung der Hände.
Fakie:	In der normalen Stellung auf dem Board rückwärts fahren.
Flatland:	Eine ebene Fläche, die zum Skaten geeignet ist.
50/50:	Im Freestyle: Das Stehen auf der Achse, mit einem Fuß und einer Hand am Board.
50/50 Casper:	Das stehen unter der Achse (Tail/Nose), mit einer Hand am Board.
Flat:	Jede ebene Fläche, die sich zum Skaten nutzen lässt.
Flip:	Das Drehen des Boards mit dem Fuß oder der Hand um die Längsachse oder Vertikalachse.
Freestyle:	Eine grundlegende Skateboard-Disziplin, bei der Tricks aus der Fahrt oder aus dem Stand im Flatland durchgeführt werden, ebenso gehören Handstände und Pirouetten auf dem Board zum Trick-Repertoire.
Footwork:	Das Board mit den Füßen drehen in allen Richtungen.
Frontside:	Eine Drehung über die Rückenseite zur Fahrtrichtung.
Goofy / Regular:	Die Grundstellungen auf einem Skateboard.
Grundstellungen:	Die Anfangsbewegung eines bestimmten Tricks.
Mr. Wilson:	Ein Sturz, bei dem dir das Board praktisch den Boden unter den Füßen wegzieht.
Mongopushen:	Das Abstoßen zum Beschleunigen mit dem vorderen Fuß. Durch falsch angewöhntes Skaten erlernt und beibehalten.
Manual:	Das Fahren und gleichzeitige Balancieren auf nur einer Achse.
Nohand Casper:	Ein Fuß auf Tail/Nose, der Andere hält das Board in der Luft.
No-Hand 50/50:	Das Stehen mit einem Fuß auf der Achse und der andere Fuß hält das Board in der Luft.
Nollie:	Ein von der Nose statt vom Tail gesprungener Ollie-Trick.
Nose:	Das vordere nach oben gebogene Ende des Decks.
Offset Wheels:	Spezielle Wheels, damit dein Board perfekt auf dem Rail steht, die Montagemutter schaut nicht aus der Rolle.
Ollie:	Mit dem Tail gepoppter Sprung.
Pirouetten:	Pirouetten: Das Drehen auf einer Achse im Kreis.
Pogo:	Du klemmst das Board hochkant zwischen deine Beine, ein Fuß steht dabei auf der Achse. Ohne Benutzung der Hände.
Pop / poppen:	Das ruckartige Drücken des Tails auf den Boden, um mit dem Skateboard einen Ollie Pop-Trick zu springen.

Begriffserklärungen

Primo: Stehen auf der Kante vom Board. Auch Rail genannt.
Rail: Auch Primo genannt. Vom Rail Tricks machen, z.B. beim Railflip.
Pushen: Das Anfahren und Beschleunigen mit dem Skateboard.
Shove-It: Das Board mit den Füßen ohne zu flippen um die Vertikalachse verschieben, Backside oder Frontside gedreht.
Slide: Seitlich zur Fahrt über Gegenstände und Böden rutschen.
Switch: Wechseln der eigenen Grundstellung.
Tail: Das hintere, nach oben gebogene Ende des Decks.
Tailsaver: Auch Skidplate genannt, sind Verstärkungen für Tail und Nose.
Wheelie: Das Balancieren auf einer Achse im Stand und in der Fahrt.

Vorderer Fuß: Der Fuß der in Fahrtrichtung vorne steht.
Hinterer Fuß: Der Fuß, der in Fahrtrichtung hinten steht.
Regular Foot: Der linke Fuß steht in Fahrtrichtung vorne.
Goofy Foot: Der rechte Fuß steht in Fahrtrichtung vorne.

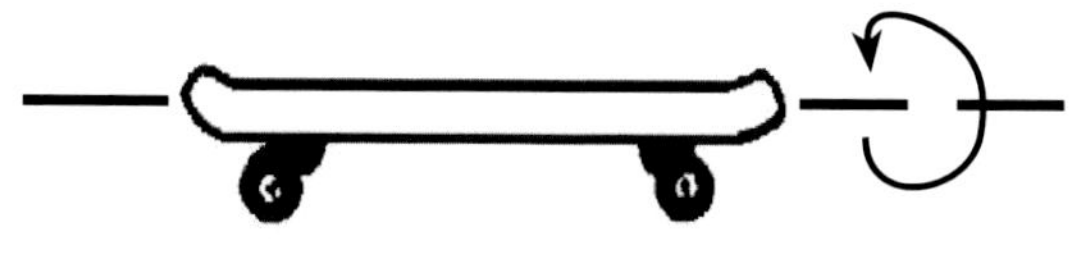

Längsachse:

Drehung um die Längsachse, läuft in ganzen, halben und viertel Schritten ab. Diese ist die häufigste Drehung.

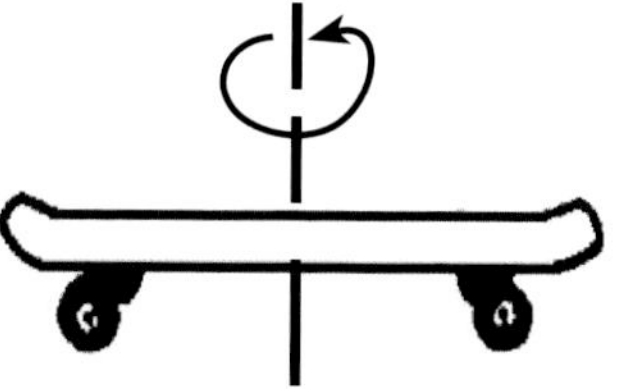

Vertikalachse:

Drehung um die Vertikalachse, wird als Grad-Drehung bezeichnet, also 180° bzw. 360° usw.

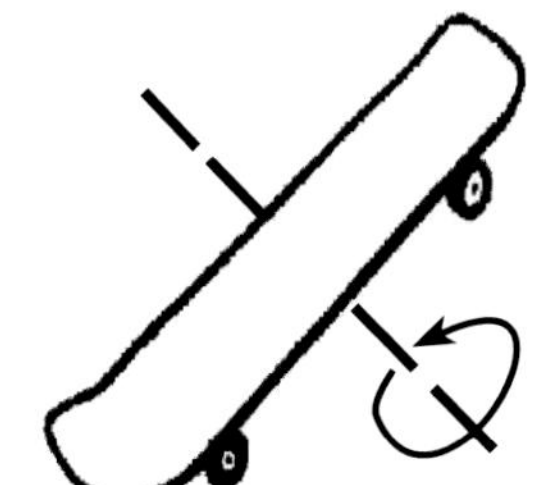

Querachse:

Drehung um die Querachse, sie weitaus seltener und kommt z.B. beim Impossible vor.

Warum Skateboard Bücher?

"Mit Sicherheit in's Ungewisse"

Eine interessanter Text von Christian Heise über die Geschichte und Bedeutung von Freestyle-Skateboarding und meiner Skateboard-Bücher. Christian ist ein guter Freund und der Organisator von vielen Skateboard-Contests und aktuell den "Euro Freestyle Skateboarding Championships" in Brandenburg an der Havel, Deutschland. Diese ist in nur 3 Jahren zur größten Freestyle-Veranstaltung weltweit gewachsen, mit über 120 Wettbewerbs-Teilnehmern allein in 2022! Viel Spass beim Lesen!

Mein Skateboard Leben begann Anfang der 90er Jahre im beschaulichen Münsterland in der Stadt Ahlen in Westfalen. Unweit von Münster, der damaligen Skateboard-Metropole in Europa, mit seinen internationalen Masterships, dem Berg Fidel Beton Skatepark, der alten kleinen Skatehalle und einem der größten Skateshops weltweit. Obwohl es nur knappe 30 km entfernt waren, so war Münster ein absoluter Traum für mich, das preiswerte Schülerferienticket ermöglichte mir so viele gute Session's an verschiedenen Street-Spots in der ganzen Stadt, dem Snake-Run und überdimensionierten Pool. Street- und Transition Skaten haben echt Spaß gemacht! Aber was machen diese Typen mit dem Board auf einer Rolle, im Handstand oder sogar mit unzähligen Pirouetten? Ich hatte noch keinen Begriff oder gar eine Erklärung dazu in meinen jungen Jahren, die Magie von „Freestyle Skateboarding" hatte mich aber sofort voll eingenommen, ich war schock-verliebt und versuchte jede Kleinigkeit davon aufzusaugen. Leider ging wenig später schon der gnadenlose Absturz dieser Disziplin los. Welches wiederum mein Glück war, ohne jegliche finanziellen Mittel. Als frischer Übersiedler aus der damaligen DDR gelangte ich durch einen Freund an ein blaues Guenter Mokulys Pro-Deck und die erste Version seines "Freestyle Skateboard Book". Meine erste Begegnung mit dem „Typen" aus Münster, den so gut wie alle Skater damals kannten und der fast so gut ist wie Rodney Mullen.

So erzählten es mir meine Freunde in der Schule, an unseren Lieblingsspot, dem Rathausplatz in Ahlen und an unserer Funpipe hinter der Turnhalle. In der ersten Ausgabe stand sogar eine Telefonnummer, mit dem Angebot von Günter, wer Fragen hat oder zusammen trainieren möchte, meldet sich, natürlich haben wir uns nicht getraut diese Nummer zu wählen. Er war schon damals, wie zu allen Zeiten, eine Legende, Geheimnis und Mythos in einer Person. Die Aussagen zu Freestyle waren damals schon zwiegespalten, von völliger Begeisterung bis zur dämonischen Verteufelung, es war so gut wie jede Meinung vertreten. Gut so, denn meist fühlte sich meine Jugend in den 90er genauso an. Und so konnte ich mich mit dieser Sonderstellung gut anfreunden. Mit dem Buch in der Tasche versuchte ich erste Tricks zu lernen, verstand aber oftmals nicht die Zusammenhänge und Abläufe, da ich sie nur sehr selten "in echt" zu sehen bekommen habe.

Alles ist soviel einfacher, wenn du es einmal mit deinen eigenen Augen gesehen hast. Daher konnte ich mir verschiedene Tricks mit dem Buch selbst beibringen, und wusste durch das Buch, dass es auf diesem Planeten noch andere Freestyle-Skater gibt und habe stundenlang jedes Board in dem Buch präzise studiert. Jedes einzelne Board Set Up in diesem Buch habe ich versucht genau zu analysieren.

Mein Board war ein breites 8.125 Freestyle-Skateboard, in dem Buch waren aber sehr kleine Boards um die 7.0 inch in Aktion zu sehen.
Anfangs dachte ich sogar, die Bilder seien verzogen oder skaliert, erst später verstand ich, dass Freestyle-Boards zum Ende hin wesentlich breiter wurden.
Sogar die Orte in Münster, an denen viele der Sequenzen im Buch entstanden sind, habe ich aufgesucht: Der alte Busbahnhof, der Parkplatz vor der Skatehalle, die Straße am Bahndamm und viele Orte mehr in der Innenstadt. Zur Orientierung für die neuen Ortskenntnisse und zum Wiedererkennen bewiesen sich schon damals Graffities an den Wänden als Wegweiser und als kostenlose Navigation. Ich konnte erste Pogo's, etwas Footwork, Railflips und war verdammt glücklich einer dieser Zauberer mit Freestyle-Magie auf dem Board zu sein. Denn Internet oder dergleichen war noch lange nicht geboren.
Mit Guenter verschwand dann auch Freestyle von der Bildfläche in Deutschland und auf der ganzen Welt spätestens im Jahr 1994. Mit diesem rapiden Verfall entstanden auch die wildesten Gerüchte und homophobe Anfeindungen und der essenzielle Skate-Spirit war in diesen Jahren stark zerrüttet und von immer wieder neu aufkommenden, mehr oder weniger hilfreichen Trends geprägt. Heutzutage, nach vielen Jahren und stundenlangen Gesprächen, mit der entsprechenden Erfahrung und der Rückkehr der Skater zu einer breiteren und offenen Skate-Szene, kann ich durchaus sagen, dass dies definitiv die düstersten Jahre für Skateboarding in Deutschland waren. Ich skatete wieder mehr Rampen und Street, durchaus mit viel Erfolg und guten Contest Platzierungen und es ging so langsam in Richtung der 2000er Jahre. Freestyle fuhr ich selten mit einem regulären Street Board und nur abseits und für mich allein. Über viele Jahre gab es so gut wie keine Freestyle-Artikel zu kaufen, zu tauschen oder aufzufinden. Ich habe selbst bei alten Skateshops, Sportgeschäften oder Skatern danach gebettelt, ob sie mal im Lager, auf dem Dachboden oder im Keller danach suchen könnten. Mit Ausnahme seltener Funde, ähnlich einem Lotteriegewinn auf dem Flohmarkt, jedoch ohne jeden wirklichen Erfolg.
Im Jahr 2002 staunte ich, als im Boardstein-Magazin ein Artikel mit Freestyle-Skatern erschien. Wenige Wochen später erspähte ich auf einer Street Skate Demo in Berlin an der Nationalgalerie ein paar Freestyle-Skater mit dem "Rolling Four Team". Sie machten einfach ihre eigene Session, die Leuten fanden es gut und ihr Boss, mit dem typischen Berliner Mundwerk hörte auf den Namen Starsky und hatte den Hut auf. Von ihm kaufte ich einige Tage später wieder ein Freestyle-Board. Im Folgejahr 2003 besuchte ich meinen ersten Freestyle-Contest im alten Skatepark in Paderborn. Genau am Anfang der 90er Jahre kam es wieder zu einem totalen Flash! Die Freestyler um Yoyo Schulz, Bernhard Kümpel, Luis Max Escarate, Jari Paakarri und viele mehr zeigten wunderbare Tricks und selbst Guenter war wieder mit dabei, sogar in echt und lebendig. Ich traute meinen Augen kaum, da ich durch die wildesten Gerüchte jahrelang glaubte, Guenter sei seit einigen Jahren nicht mehr auf dieser Welt. Gute 10 Jahre später wiederholte sich nun die gleiche Magie für mich wie Anfang der 90er Jahre.

Warum Skateboard Bücher?

Einmal mehr durch die Freestyle-Skater und Guenters neues "Flatland Book", das kurz zuvor erschien und durch die Tricks durch die Freestyle-Skateboard weiter lebte. In dieser Wiederholung war aber alles intensiver, so fuhr ich zahlreiche Contests auf der ganzen Welt und lernte viele Tricks, die für mich unerreichbar schienen und durfte fester Bestandteil dieser Szene werden. Ich habe durch dieses zweite Buch meinen Spirit, neue Freundschaften und Orte kennengelernt, von denen ich vorher nie geträumt hatte. Ich hatte genau das Lebensgefühl zurück, welches mich als Kind zum Skateboarding gebracht hatte, welch eine wunderbare Bereicherung. Dies steigerte meine Motivation auf ganz neue Ziele, brachte mir einen neuen Blick und Erfahrung auf mein persönliches Skaten und Leben. Es wäre zu viel des Guten hier alles aufzuzählen, vielmehr möchte ich euch diese Message mit auf den Weg geben: Freestyle-Skateboarding hat seinen Ursprung, Überlebenskampf und Weiterentwicklung und steht und fällt mit den wichtigen Köpfen der Szene. Ihr Engagement, wichtigen Verdienste und notwendigen Netzwerke sind unser aller Wohl – und gemeinschaftlicher Vorteil unserer Freestyle-Community.

Viele unserer "Never Enough Team"-Fahrer haben durch Guenter's Freestyle-Skateboarding Bücher angefangen, sich weiterentwickelt und wurden fantastische Skater rund um den Globus. Wenn ihr die neue Ausgabe des Buches heute in den Händen haltet, ist Freestyle größer als je zuvor und es gibt unzählige Brands, eine riesige Auswahl an Produkten für die Szene und einige gute internationale Contests und Events. Unsere Szene, die sich heute mit aller Selbstverständlichkeit als stolze Community versteht, hat sich trotz aller Widerstände durchgesetzt, ist zusammen gewachsen und ist einmal gestorben und wieder aufgestanden. Totgesagte leben länger, wie wahr doch diese einfachen Worte in unserem Zusammenhang sind. Diese Höhen und Tiefen spiegeln sich auch in Guenter Mokulys's Freestyle-Büchern in aller Deutlichkeit wider, quer durch die vergangenen Jahrzehnte und auf in eine neue, ungewisse Zukunft! Eines ist aber mit Sicherheit klar, die Bücher sind ein fester Bestandteil und haben großen Anteil an dem, was wir heute unter Freestyle-Skateboarding verstehen und erleben. Sie waren das erste funktionierende Social Media der Szene. Dazu wollte ich mit diesem Text einfach mal Danke sagen, für die Einflüsse, die Motivation und die gemachten Erfahrungen. Alles begann mit dem "Freestyle Skateboard Book", keiner der über 100 Contests, die ich mitfahren durfte, "Never Enough" oder der "Euro Freestyle", die ganzen Freundschaften, nichts von dem, was ich heute bin, würde es für mich ohne dieses Buch geben.

Dafür gilt Guenter Mokulys große Anerkennung, Respekt und Dankbarkeit! Die Bücher werden auch die nächsten Jahrzehnte überleben, genau wie unsere Freestyle-Community. Danke Guenter!

Christian Heise
Gastgeber der Euro Freestyle Championships und Inhaber des Never Enough Streetstore

Und genau darum schreibe ich Skateboard Bücher.
Um anderen Menschen diesen Sport näherzubringen. Für mich ist Skateboarding, Freestyle-Skateboarding nicht nur ein Sport, sondern eine Lebensaufgabe. Alles dreht sich nur um Skateboarding, obwohl ich sehr spät damit angefangen habe. Mit 18, 19 Jahre. Ich hatte aber schon früh die Gelegenheit, mit den besten Skateboarder zu trainieren, diese Tricks zu fotografieren, um durch diese Foto-Sequenzen meine eigenen Tricks zu gestalten.
Gesagt, getan, ich habe durch Fotos gelernt und denke, das können auch andere so auch lernen.
Und noch etwas, Videos heutzutage sind schön anzusehen, wechseln aber schnell. Bücher sind zeitlos und machen sich gut im Regal.
Darum Skateboard Bücher!

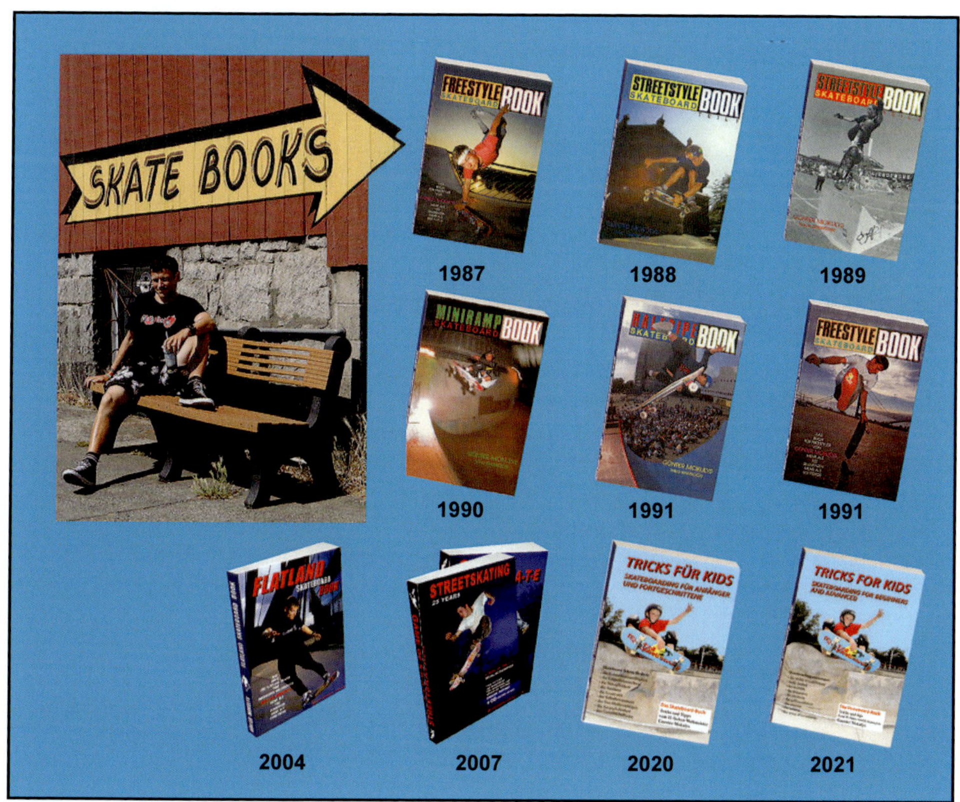

Die Skateboard Bücher von Guenter Mokulys:

1987, Freestyle Skateboard Buch.
1988, Streetstyle Skateboard Buch Teil 1.
1989, Streetstyle Skateboard Buch Teil 2.
1990, Miniramp Skateboard Buch.
1991, Halfpipe Skateboard Buch.
1991, Freestyle Skateboard Buch.
2004, Flatland Skateboard Buch.
2007, Street/Game of SKATE Buch.
2020, Tricks für Kids.
2021, Tricks für Kids (Englisch)

Skateboarder im Buch

Sequenzen von 30 Skateboarder:

Alex Foster	England
Andrei Novelli Vasile	Rumänien
Christian Heise	Deutschland
Dan Garb	USA
Danny "Darkslide" Klahold	Deutschland
Daniel Adam	Deutschland
Darryl Grogan	USA
Denham Hill	England
Emil Holland	Deutschland
Erwin Shuvit	Holland
Guenter Mokulys	Deutschland
Ikkei Nagao	Japan
Isamu Yamamoto	Japan
Josh Mexi Dunstone	Australien
Jotaro Oba	Japan
Kilian Martin	USA
Lucio De Lima	Kanada
Marius Constantin	Rumänien
Melvin Mühring	Deutschland
Nick Beaulieu	USA
Patrick Schwarz	Deutschland
Rhiana Grigore	Rumänien
Rodney Mullen	USA
Robert Wagner	Deutschland
Shotaro Oba	Japan
Stefan Lillis Akesson	Schweden
Timbo Vens	Deutschland
Tony Gale	England
Turi Zoltan	Ungarn
YoYo Schulz	Deutschland

Skateboarder im Buch:

A. J. Kohn	USA
Albert Kuncz	Ungarn
Andy Timreck	Deutschland
Cheng Meng	China
Diego Pires Afonso	Brasilien
Don Brown	USA
Eli Meyers	Dänemark
Felix Jonsson	Schweden
Jari Paakkari	Finland
Kaue Araujo	Brasilien
K. P. Reintges	Deutschland
Mario Steinemann	Schweiz
Marcio Torres	Brasilien
Mike Osterman	USA
Monika Pasekel	Deutschland
Paulo Folha	Brasilien
Pierre Andre Senizergues	USA
Reece Archibald	Schottland
Rene Shigueto	Brasilien
Per Welinder	USA
Ricky Glaser	USA
Rogerio Antigo	Brasilien
Russ Howell	USA
Ryan Brynelson	Kanada
Starsky	Deutschland
TaiTai	Brasilien
Yuzuki Kawasaki	Japan

Ich bedanke mich herzlich bei allen beteiligten Skatern in diesem Buch für die gute Zusammenarbeit beim Shooting der spektakulären Tricks in Fotos und Sequenzen!
Ein weiterer Dank geht an unseren Texaner Ian-Carlo Pruett für die Übersetzung der Englischsprachigen Ausgabe!

Guenter Mokulys

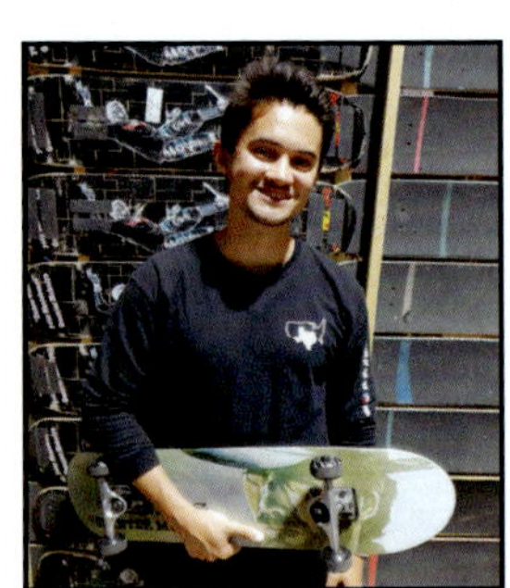

Ian-Carlo Pruett

Der Autor: Guenter Mokulys

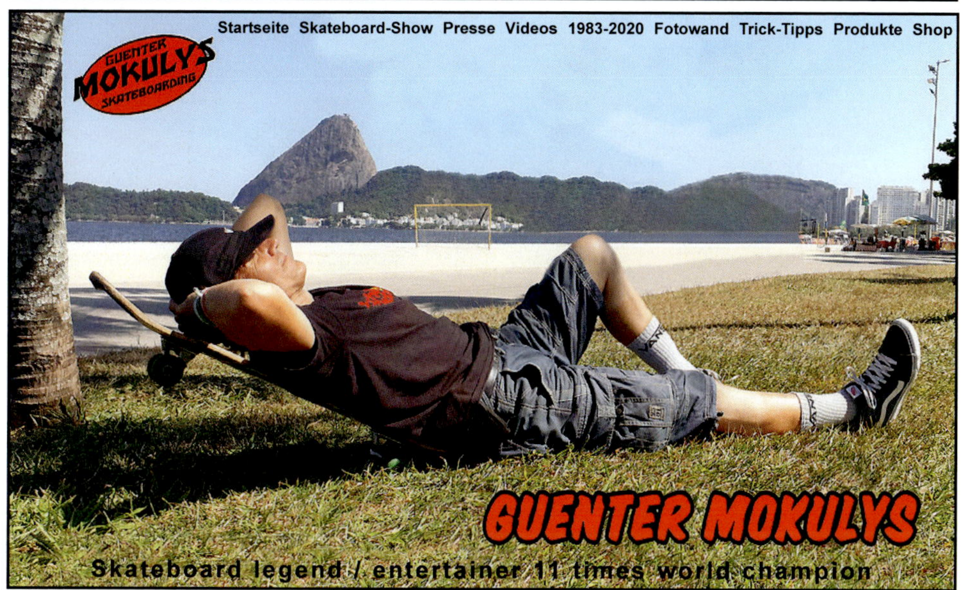

Mit 58 Jahren zählt Guenter Mokulys unverändert zur Elite der weltbesten Freestyle-Skateboarder und absolviert bis heute weltweit Wettbewerbe und Showauftritte und erntet von seinen Mitstreitern besonders durch seine routinierten, meist fehlerfreien Läufe Respekt und Anerkennung.
In seiner Karriere kann er auf 11 Weltmeister-Titel, 8 Europameister-Titel und zahlreiche Deutsche Meistertitel zurückblicken. Von bisher insgesamt über 120 Wettbewerben, konnte er mehr als die Hälfte mit dem ersten Platz abschließen.
Im Freestyle Skateboarding hält er mit 51 Jahren zudem den Rekord als ältester Champion einer Weltmeisterschaft und der Europameisterschaft sogar mit 57 Jahren.
Er ist Profi-Sportler, Entertainer, Autor, Fotograf und Online-Skateshop-Betreiber mit eigenen Produkten unter seiner Marke Marshall-Skateboarding.
Mehr Infos auf www.wikipedia.de und www.guentermokulys.de

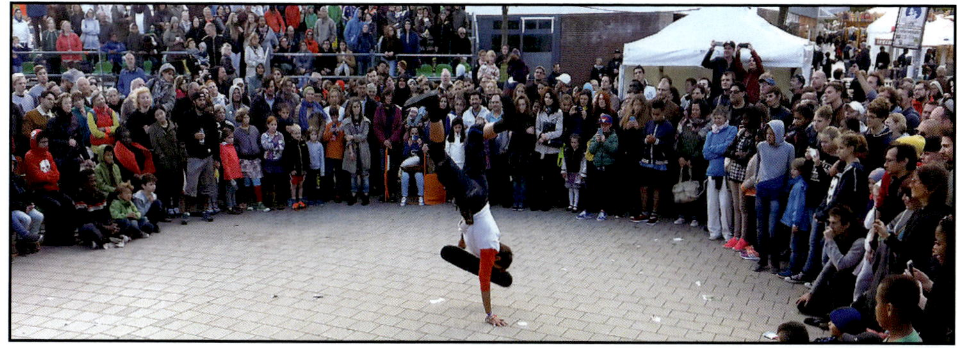

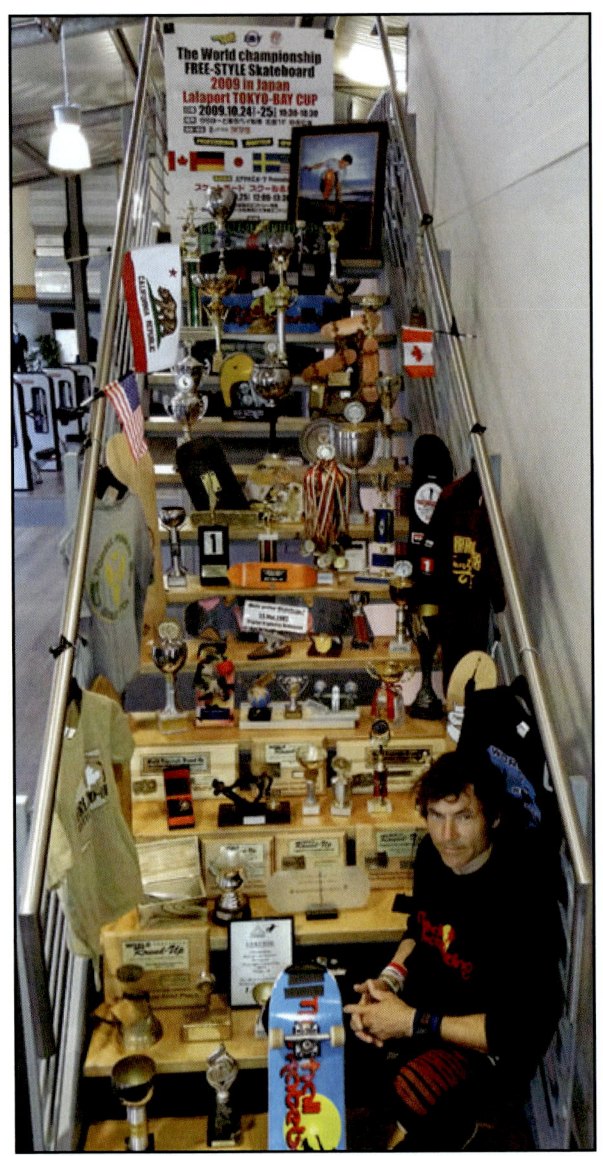

Durch sein Leben im Dienste des Skateboardings ist Guenter Mokulys die Treppe raufgefallen:
"In 1986 hatte ich als Angestellter noch einen Chef, der mir keinen Urlaub für die Teilnahme an der "Transworld Skateboard Championships" geben wollte.
Also bin ich in sein Büro gegangen, habe gekündigt und ihm mitgeteilt, dass ich Weltmeister werde. Seine Reaktion könnt ihr euch vorstellen. Gerne hätte ich sein Gesicht gesehen, als ich 5 Wochen später Amateur-Weltmeister war. Und so fing alles an. Keep on pushing!" **Guenter Mokulys**